BERLITZ REISEGUIDER

En verdensomspennende reiseguideserie – bøker som passer lommen både i størrelse og pris. 128 sider spekket med råd om hva man bør se og gjøre, hva man kan kjøpe og spise. Alle bilder og kart i farger. En god følgesvenn på reisen.

Afrika
Tunisia

Danmark
København

Finland
Helsinki og
 Sør-Finland

Frankrike
Frankrike (256 s.)
Den franske riviera
Loire-dalen
Paris

Hellas
Aten
De gre
Korfu
Kreta
Rhod

Israel
Jerusalem

Italia
Firenze
Den italienske riviera
Italia (256 s.)
Roma
Venezia

Jugoslavia
Dubrovnik
 og Sør-Dalmatia
Istria og den
 kroatiske kyst
Split og Dalmatia

Kypros

Nederland
Amsterdam

Costa del Sol
 og Andalusia

Ibiza og Formentera
Kanariøyene
Madrid
Mallorca og Menorca

SSSR
Leningrad
Moskva

Storbritannia
London
Skottland

Sverige
Stockholm

USA
New York

Østerrike
Wien

Berlitz Dictionaries

Dansk	Engelsk, Fransk, Italiensk, Spansk, Tysk
Deutsch	Dänisch, Englisch, Finnisch, Französisch, Italienisch, Niederländisch, Norwegisch, Portugiesisch, Schwedisch, Spanisch
English	Danish, Dutch, Finnish, French, German, Italian, Norwegian, Portuguese, Spanish, Swedish
Español	Alemán, Danés, Finlandés, Francés, Holandés, Inglés, Noruego, Sueco
Français	Allemand, Anglais, Danois, Espagnol, Finnois, Italien, Néerlandais, Norvégien, Portugais, Suédois
Italiano	Danese, Finlandese, Francese, Inglese, Norvegese, Olandese, Svedese, Tedesco
Nederlands	Duits, Engels, Frans, Italiaans, Portugees, Spaans
Norsk	Engelsk, Fransk, Italiensk, Spansk, Tysk
Português	Alemão, Francês, Holandês, Inglês, Sueco
Suomi	Englanti, Espanja, Italia, Ranska, Ruotsi, Saksa
Svenska	Engelska, Finska, Franska, Italienska, Portugisiska, Spanska, Tyska

5/8/91

To Marilyn + John
Have a great Trip
Leland + Dorothy

BERLITZ®

engelsk-norsk
norsk-engelsk
ordbok

english-norwegian
norwegian-english
dictionary

By the Staff of Berlitz Guides

Revised edition 1981
Library of Congress Catalog Card Number: 78-78086

8th printing 1991
Printed in Switzerland

Innhold

Contents

Forord

I valget av 12 500 ord og uttrykk på hvert språk har vi først og frems
tatt sikte på å dekke den reisendes behov. Denne boken – utarbeide
ved hjelp av en databank – vil derfor være en god følgesvenn fo
turister og forretningsreisende som setter pris på den tryggheten e
hendig ordbok gir. Samtidig vil alle som interesserer seg for språket
her finne et grunnleggende ordforråd.

Vi håper at ordboken, i likhet med våre parlører og reise-guider, ve
sitt praktiske format vil tiltale dagens reisende.

Foruten alt det en ordbok vanligvis inneholder, finner De også:

● en lydskrift som følger det internasjonale fonetiske alfabetet (IPA)

● en gastronomisk ordliste som gjør det lettere å tyde hva som skjule
   seg bak et spisekart i utlandet

● en rekke praktiske opplysninger som tallord, vanlige forkortelser
   hvordan man angir klokkeslett, bøyning av uregelmessige verb, sam
   et avsnitt med nyttige uttrykk

Det sier seg selv at en ordbok av dette formatet ikke kan ansees for
være fullstendig. Vi håper likevel at De med boken i lommen vil føl
Dem vel rustet til en reise utenlands.

Vi tar gjerne imot kommentarer, kritikk og forslag som kan bidra ti
å forbedre fremtidige utgaver.

Preface

In selecting the 12.500 word-concepts in each language for this dictionary, the editors have had the traveller's needs foremost in mind. This book will prove invaluable to all the millions of travellers, tourists and business people who appreciate the reassurance a small and practical dictionary can provide. It offers them—as it does beginners and students—all the basic vocabulary they are going to encounter and to have to use, giving the key words and expressions to allow them to cope in everyday situations.

Like our successful phrase books and travel guides, these dictionaries—created with the help of a computer data bank—are designed to slip into pocket or purse, and thus have a role as handy companions at all times.

Besides just about everything you normally find in dictionaries, there are these Berlitz bonuses:

- imitated pronunciation next to each foreign-word entry, making it easy to read and enunciate words whose spelling may look forbidding

- a unique, practical glossary to simplify reading a foreign restaurant menu and to take the mystery out of complicated dishes and indecipherable names on bills of fare

- useful information on how to tell the time and how to count, on conjugating irregular verbs, commonly seen abbreviations and converting to the metric system, in addition to basic phrases.

While no dictionary of this size can pretend to completeness, we expect the user of this book will feel well armed to tackle foreign travel with confidence. We should, however, be very pleased to receive comments, criticism and suggestions that you think may be of help in preparing future editions.

engelsk-norsk

english-norwegian

Veiledning

Ved utarbeidelsen av denne ordboken har vi først og fremst tatt sikte på å gjøre den så praktisk og anvendelig som mulig. Mindre viktige språklige opplysninger er utelatt. Oppslagsordene står i alfabetisk rekkefølge uansett om uttrykket skrives i ett ord, med bindestrek, eller i to eller flere ord. Det eneste unntaket fra denne regelen er noen få idiomatiske uttrykk, som De vil finne under det meningsbærende ordet. Når et oppslagsord følges av flere sammensetninger eller uttrykk, er også disse satt i alfabetisk rekkefølge.

Hvert hovedoppslagsord er fulgt av lydskrift (se Uttale), og vanligvis av ordklasse. I fall et oppslagsord tilhører flere ordklasser, er oversettelsene gruppert sammen etter de respektive ordklassene.

Dersom et substantiv har uregelmessig flertallsform, er denne angitt. I tilfeller der det kan oppstå tvil, har vi gitt eksempler på bruken.

Bølgestrek (~) er brukt som gjentagelsestegn for oppslagsordet når dette forekommer senere i artikkelen (f. eks. ved uregelmessig flertallsform, sammensatte ord, etc.).

Når det gjelder uregelmessig flertallsform av sammensatte ord, er bare den delen som forandres, skrevet helt ut; en kort strek (–) står for den uforandrede delen.

En stjerne (*) foran et verb betyr at verbet er uregelmessig. Bøyningsmønstret finner De i listen over uregelmessige verb.

I denne ordboken har vi anvendt vanlig engelsk stavemåte. Alle ord som må regnes som amerikanske, er merket *Am* (se listen over forkortelser).

Forkortelser

adj	adjektiv	*p*	imperfektum
adv	adverb	*pl*	flertall
Am	amerikansk	*plAm*	flertall (amerikansk)
art	artikkel	*pp*	perfektum partisipp
c	felleskjønn	*pr*	presens
conj	konjunksjon	*pref*	prefiks (forstavelse)
n	substantiv	*prep*	preposisjon
nAm	substantiv	*pron*	pronomen
	(amerikansk)	*suf*	suffiks (endelse)
nt	intetkjønn	*v*	verb
num	tallord	*vAm*	verb (amerikansk)

Uttale

I denne delen av ordboken er hvert stikkord fulgt av internasjonal lyd-skrift (IPA). Hvert enkelt tegn i denne fonetiske skriften står for en bestemt lyd. Tegn som her ikke er nærmere forklart, uttales omtrent som de tilsvarende norske bokstavene.

Konsonanter

ð	en slags lespende, stemt s-lyd; uttales med tungespissen løftet mot overtennene
g	alltid som i gå, aldri som i gi
k	alltid som i ku, aldri som i kinn
ŋ	som ng i lang
r	en stemt r-lyd som dannes ved at tungebladet heves mot den bakre del av gommene
ʃ	som sj i øst- og nordnorsk sjø
θ	en slags lespende, stemmeløs s-lyd
w	som o i ost, men meget svak
z	stemt s-lyd
ʒ	stemt sj-lyd

Merk: Transkripsjonen [sj] skal alltid uttales som en s fulgt av en j-lyd, ikke som i øst- og nordnorsk sjø.

Vokaler

ɑː	som a i far
æ	omtrent som æ i lærd
ʌ	omtrent som a i katt
e	som i telegram
ɛ	som e i penn
ə	som e i gate
ɔ	som o i tolv
u	som o i ost

1) Et kolon [:] etter en vokal angir lang vokallyd.

2) Noen franske låneord har nasalert vokal (dvs. at ved uttalen går luften ut både gjennom munn og nese); dette er angitt med en tilde over vokalen (f.eks. [ɑ̃]).

Diftonger

En diftong består av to vokaler hvorav den ene er sterk (betont) og den andre svak (ubetont), og uttales som en glidende lyd som bare utgjør en stavelse, som f. eks. **ei** i st**ei**n. I engelske diftonglyder er det alltid den andre vokalen som er svak. Dersom diftongen etterfølges av en [ə] medfører dette en ytterligere svekkelse av den andre vokalen.

Trykk

Tegnet ['] står foran den trykksterke stavelsen, [ˌ] foran stavelser med bitrykk.

Amerikansk uttale

Lydskriften her i boken følger britisk uttale. Selv om amerikansk uttale varierer sterkt fra den ene delen av USA til den annen, kan en sette opp visse regler for forskjellen mellom amerikansk og britisk uttale. Her er noen av dem:

1) I motsetning til på britisk engelsk uttales **r** både når den etterfølges av konsonant og på slutten av ord.

2) I mange ord (f. eks. *ask, castle, laugh,* osv.) blir [ɑː] til [æː].

3) Lyden [ɔ] uttaler amerikanerne som [ɑ] eller [ɔː].

4) I ord som *duty, tune, new,* osv. utelates ofte [j]-lyden som på britisk engelsk går forut for [uː].

5) Mange ord har trykkforskyvning i forhold til britisk uttale.

A

a [ei,ə] *art* (an) en *art*

abbey [ˈæbi] *n* abbedi *nt*

abbreviation [əˌbriːviˈeiʃən] *n* forkortelse *c*

aberration [ˌæbəˈreiʃən] *n* avvik *nt*; feil *c*; sinnsforvirring *c*

ability [əˈbiləti] *n* dyktighet *c*; evne *c*

able [ˈeibəl] *adj* i stand til, dyktig; *be ~ to *være i stand til; *kunne

abnormal [æbˈnɔːməl] *adj* abnorm

aboard [əˈbɔːd] *adv* om bord

abolish [əˈbɔliʃ] *v* avskaffe

abortion [əˈbɔːʃən] *n* abort *c*

about [əˈbaut] *prep* om; angående; rundt; *adv* omtrent, omkring

above [əˈbʌv] *prep* over; ovenfor; *adv* over; ovenfor

abroad [əˈbrɔːd] *adv* utenlands

abscess [ˈæbses] *n* byll *c*

absence [ˈæbsəns] *n* fravær *nt*

absent [ˈæbsənt] *adj* fraværende

absolutely [ˈæbsəluːtli] *adv* absolutt

abstain from [əbˈstein] *avholde seg fra

abstract [ˈæbstrækt] *adj* abstrakt

absurd [əbˈsəːd] *adj* urimelig, absurd

abundance [əˈbʌndəns] *n* overflod *c*

abundant [əˈbʌndənt] *adj* rikelig

abuse [əˈbjuːs] *n* misbruk *nt*

abyss [əˈbis] *n* avgrunn *c*

academy [əˈkædəmi] *n* akademi *nt*

accelerate [əkˈseləreit] *v* akselerere, øke farten

accelerator [əkˈseləreitə] *n* gasspedal *c*

accent [ˈæksənt] *n* aksent *c*; betoning *c*

accept [əkˈsept] *v* akseptere, *ta imot, *motta

access [ˈækses] *n* tilgang *c*

accessary [əkˈsesəri] *n* medskyldig *c*

accessible [əkˈsesəbəl] *adj* tilgjengelig

accessories [əkˈsesəriz] *pl* tilbehør *nt*

accident [ˈæksidənt] *n* ulykke *c*, uhell *nt*

accidental [ˌæksiˈdentəl] *adj* tilfeldig

accommodate [əˈkɔmədeit] *v* skaffe husrom

accommodation [əˌkɔməˈdeiʃən] *n* husrom *nt*, losji *nt*

accompany [əˈkʌmpəni] *v* ledsage; akkompagnere

accomplish [əˈkʌmpliʃ] *v* fullende; fullføre

in accordance with [in əˈkɔːdəns wið] i overensstemmelse med

according to [əˈkɔːdiŋ tuː] ifølge; i overensstemmelse med

account [əˈkaunt] *n* konto *c*; redegjørelse *c*; ~ for avlegge regnskap for; **on** ~ **of** på grunn av

accountable [ə'kauntəbəl] *adj* ansvarlig; forklarlig

accurate ['ækjurət] *adj* nøyaktig

accuse [ə'kju:z] *v* beskylde; anklage

accused [ə'kju:zd] *n* anklagede

accustom [ə'kʌstəm] *v* venne; **accustomed** vant

ache [eik] *v* verke; *n* verk *c*

achieve [ə'tʃi:v] *v* oppnå; prestere

achievement [ə'tʃi:vmənt] *n* prestasjon *c*

acid ['æsid] *n* syre *c*

acknowledge [ək'nɔlidʒ] *v* erkjenne; innrømme; bekrefte

acne ['ækni] *n* filipens *c*

acorn ['eikɔ:n] *n* eikenøtt *c*

acquaintance [ə'kweintəns] *n* bekjent *c*

acquire [ə'kwaiə] *v* erverve

acquisition [ˌækwi'ziʃən] *n* ervervelse *c*

acquittal [ə'kwitəl] *n* frifinnelse *c*

across [ə'krɔs] *prep* over; på den andre siden av; *adv* på den andre siden

act [ækt] *n* handling *c*; akt *c*; nummer *nt*; *v* handle, oppføre seg; spille

action ['ækʃən] *n* handling *c*, aksjon *c*

active ['æktiv] *adj* aktiv; virksom

activity [æk'tivəti] *n* aktivitet *c*

actor ['æktə] *n* skuespiller *c*

actress ['æktris] *n* skuespillerinne *c*

actual ['æktʃuəl] *adj* faktisk, virkelig

actually ['æktʃuəli] *adv* faktisk

acute [ə'kju:t] *adj* akutt

adapt [ə'dæpt] *v* tilpasse

add [æd] *v* *legge sammen; tilføye

adding-machine ['ædiŋməˌʃi:n] *n* regnemaskin *c*

addition [ə'diʃən] *n* addisjon *c*; tilføyelse *c*

additional [ə'diʃənəl] *adj* ekstra; ytterligere

address [ə'dres] *n* adresse *c*; *v* adressere; henvende seg til

addressee [ˌædre'si:] *n* adressat *c*

adequate ['ædikwət] *adj* tilstrekkelig; passende, adekvat

adjective ['ædʒiktiv] *n* adjektiv *nt*

adjourn [ə'dʒə:n] *v* *utsette

adjust [ə'dʒʌst] *v* justere; tilpasse

administer [əd'ministə] *v* bestyre; tildele

administration [ədˌmini'streiʃən] *n* administrasjon *c*; ledelse *c*

administrative [əd'ministrətiv] *adj* administrerende; forvaltende; ~ **law** forvaltningsrett *c*

admiral ['ædmərəl] *n* admiral *c*

admiration [ˌædmə'reiʃən] *n* beundring *c*

admire [əd'maiə] *v* beundre

admission [əd'miʃən] *n* adgang *c*; opptak *nt*

admit [əd'mit] *v* *bli opptatt; innrømme, erkjenne

admittance [əd'mitəns] *n* adgang *c*; **no** ~ adgang forbudt

adopt [ə'dɔpt] *v* adoptere, *vedta

adorable [ə'dɔ:rəbəl] *adj* henrivende

adult ['ædʌlt] *n* voksen *c*; *adj* voksen

advance [əd'va:ns] *n* fremskritt *nt*; forskudd *nt*; *v* *gjøre fremskritt; betale på forskudd; **in** ~ på forhånd, på forskudd

advanced [əd'va:nst] *adj* avansert

advantage [əd'va:ntidʒ] *n* fordel *c*

advantageous [ˌædvən'teidʒəs] *adj* fordelaktig

adventure [əd'ventʃə] *n* eventyr *nt*

adverb ['ædvə:b] *n* adverb *nt*

advertisement [əd'və:tismənt] *n* annonse *c*

advertising ['ædvətaiziŋ] *n* reklame *c*

advice [əd'vais] *n* råd *nt*

advise [əd'vaiz] *v* *rådgi, råde

advocate ['ædvəkət] *n* talsmann *c*

aerial ['ɛəriəl] *n* antenne *c*

aeroplane ['ɛərəplein] *n* fly *nt*

affair [ə'fɛə] *n* anliggende *nt*; kjærlighetsaffære *c*, forhold *nt*

affect [ə'fekt] *v* påvirke; vedrøre

affected [ə'fektid] *adj* affektert

affection [ə'fekʃən] *n* hengivenhet *c*

affectionate [ə'fekʃənit] *adj* hengiven, kjærlig

affiliated [ə'filieitid] *adj* tilsluttet

affirmative [ə'fə:mətiv] *adj* bekreftende

affliction [ə'flikʃən] *n* lidelse *c*

afford [ə'fɔ:d] *v* *ha råd til

afraid [ə'freid] *adj* redd, engstelig; *be ~ *være redd

Africa ['æfrikə] Afrika

African ['æfrikən] *adj* afrikansk; *n* afrikaner *c*

after ['ɑ:ftə] *prep* etter; *conj* etter at

afternoon [,ɑ:ftə'nu:n] *n* ettermiddag *c*; this ~ i ettermiddag

afterwards ['ɑ:ftəwədz] *adv* senere; etterpå

again [ə'gen] *adv* igjen; atter; ~ and again igjen på gang

against [ə'genst] *prep* mot

age [eidʒ] *n* alder *c*; alderdom *c*; of ~ myndig; under ~ umyndig

aged ['eidʒid] *adj* gammel

agency ['eidʒənsi] *n* agentur *nt*; byrå *nt*

agenda [ə'dʒendə] *n* dagsorden *c*

agent ['eidʒənt] *n* agent *c*, representant *c*

aggressive [ə'gresiv] *adj* aggressiv

ago [ə'gou] *adv* for ... siden

agrarian [ə'grɛəriən] *adj* jordbruks-, landbruks-

agree [ə'gri:] *v* *være enig; *gå med på; stemme overens

agreeable [ə'gri:əbəl] *adj* behagelig

agreement [ə'gri:mənt] *n* kontrakt *c*; overenskomst *c*, avtale *c*; overensstemmelse *c*

agriculture ['ægrikʌltʃə] *n* jordbruk *nt*

ahead [ə'hed] *adv* fremover; ~ of foran; *go ~ *gå videre; straight ~ rett frem

aid [eid] *n* hjelp *c*; *v* *hjelpe, *bistå

ailment ['eilmənt] *n* lidelse *c*; sykdom *c*

aim [eim] *n* sikte *nt*; ~ at rette mot, sikte på; strebe etter, *ta sikte på

air [ɛə] *n* luft *c*; *v* lufte

air-conditioning ['ɛəkən,diʃəniŋ] *n* luft-kondisjonering *c*; air-conditioned *adj* luft-kondisjonert

aircraft ['ɛəkrɑ:ft] *n* (pl ~) flymaskin *c*; fly *nt*

airfield ['ɛəfi:ld] *n* flyplass *c*

air-filter ['ɛə,filtə] *n* luftfilter *c*

airline ['ɛəlain] *n* flyselskap *nt*

airmail ['ɛəmeil] *n* luftpost *c*

airplane ['ɛəplein] *n*Am fly *nt*

airport ['ɛəpɔ:t] *n* lufthavn *c*

air-sickness ['ɛə,siknəs] *n* luftsyke *c*

airtight ['ɛətait] *adj* lufttett

airy ['ɛəri] *adj* luftig

aisle [ail] *n* sideskip *nt*; midtgang *c*

alarm [ə'lɑ:m] *n* alarm *c*; *v* alarmere, forurolige

alarm-clock [ə'lɑ:mklɔk] *n* vekkerklokke *c*

album ['ælbəm] *n* album *nt*

alcohol ['ælkəhɔl] *n* alkohol *c*

alcoholic [,ælkə'hɔlik] *adj* alkoholholdig

ale [eil] *n* øl *nt*

algebra ['ældʒibrə] *n* algebra *c*

Algeria [æl'dʒiəriə] Algerie

Algerian [æl'dʒiəriən] *adj* algerisk; *n* algerier *c*

alien ['eiliən] *n* utlending *c*; *adj* utenlandsk

alike [ə'laik] *adj* likedan, lik; *adv* likedan

alimony ['æliməni] *n* underholdsbidrag *nt*

alive [ə'laiv] *adj* levende

all [ɔ:l] *adj* all; ~ **in** alt inkludert; ~ **right!** fint!; **at** ~ overhodet

allergy ['ælədʒi] *n* allergi *c*

alley ['æli] *n* smug *nt*

alliance [ə'laiəns] *n* allianse *c*

Allies ['ælaiz] *pl* allierte *pl*

allot [ə'lɔt] *v* tildele

allow [ə'lau] *v* *tillate, bevilge; ~ **to** *la; *be allowed *være tillatt; *be allowed to *ha lov til

allowance [ə'lauəns] *n* bidrag *nt*

all-round [ɔ:l'raund] *adj* allsidig

almanac ['ɔ:lmənæk] *n* almanakk *c*

almond ['ɑ:mənd] *n* mandel *c*

almost ['ɔ:lmoust] *adv* nesten

alone [ə'loun] *adv* alene

along [ə'lɔŋ] *prep* langs

aloud [ə'laud] *adv* høyt

alphabet ['ælfəbet] *n* alfabet *nt*

already [ɔ:l'redi] *adv* allerede

also ['ɔ:lsou] *adv* også; dessuten, likeledes

altar ['ɔ:ltə] *n* alter *nt*

alter ['ɔ:ltə] *v* forandre, endre

alteration [ˌɔ:ltə'reiʃən] *n* forandring *c*, endring *c*

alternate [ɔ:l'tə:nət] *adj* vekselvis

alternative [ɔ:l'tə:nətiv] *n* alternativ *nt*

although [ɔ:l'ðou] *conj* skjønt

altitude ['æltitju:d] *n* høyde *c*

alto ['æltou] *n* (pl ~s) alt *c*

altogether [ˌɔ:ltə'geðə] *adv* fullstendig; i det hele

always ['ɔ:lweiz] *adv* alltid

am [æm] *v* (pr be)

amaze [ə'meiz] *v* forbause, forundre

amazement [ə'meizmənt] *n* forbauselse *c*

ambassador [æm'bæsədə] *n* ambassadør *c*

amber ['æmbə] *n* rav *nt*

ambiguous [æm'bigjuəs] *adj* tvetydig

ambitious [æm'biʃəs] *adj* ærgjerrig

ambulance ['æmbjuləns] *n* ambulanse *c*, sykebil *c*

ambush ['æmbuʃ] *n* bakhold *nt*

America [ə'merikə] Amerika

American [ə'merikən] *adj* amerikansk; *n* amerikaner *c*

amethyst ['æmiθist] *n* ametyst *c*

amid [ə'mid] *prep* blant, midt i

ammonia [ə'mouniə] *n* salmiakk *c*

amnesty ['æmnisti] *n* amnesti *nt*

among [ə'mʌŋ] *prep* blant, mellom; ~ **other things** blant annet

amount [ə'maunt] *n* mengde *c*; beløp *nt*, sum *c*; ~ **to** *beløpe seg til

amuse [ə'mju:z] *v* more, *underholde

amusement [ə'mju:zmənt] *n* fornøyelse *c*, atspredelse *c*

amusing [ə'mju:ziŋ] *adj* gøyal

anaemia [ə'ni:miə] *n* anemi *c*

anaesthesia [ˌænis'θi:ziə] *n* bedøvelse *c*

anaesthetic [ˌænis'θetik] *n* bedøvelsesmiddel *nt*

analyse ['ænəlaiz] *v* analysere

analysis [ə'næləsis] *n* (pl -ses) analyse *c*

analyst ['ænəlist] *n* analytiker *c*; psykoanalytiker *c*

anarchy ['ænəki] *n* anarki *nt*

anatomy [ə'nætəmi] *n* anatomi *c*

ancestor ['ænsestə] *n* forfader *c*

anchor ['æŋkə] *n* anker *nt*

anchovy ['æntʃovi] *n* ansjos *c*

ancient ['einʃənt] *adj* gammel; foreldet, gammeldags; urtids-

and [ænd, ənd] *conj* og

angel ['eindʒəl] *n* engel *c*

anger ['æŋgə] *n* sinne *nt*; raseri *nt*

angle ['æŋgəl] *v* fiske; *n* vinkel *c*

angry ['æŋgri] *adj* sint

animal ['æniməl] *n* dyr *nt*

ankle ['æŋkəl] *n* ankel *c*

annex[1] ['æneks] *n* anneks *nt;* tillegg *nt*

annex[2] [ə'neks] *v* annektere

anniversary [,æni'və:səri] *n* årsdag *c*

announce [ə'nauns] *v* *kunngjøre, *bekjentgjøre

announcement [ə'naunsmənt] *n* kunngjøring *c*, bekjentgjørelse *c*

annoy [ə'nɔi] *v* ergre, irritere

annoyance [ə'nɔiəns] *n* ergrelse *c*

annoying [ə'nɔiiŋ] *adj* ergerlig, irriterende

annual ['ænjuəl] *adj* årlig; *n* årbok *c*

per annum [pər 'ænəm] per år

anonymous [ə'nɔniməs] *adj* anonym

another [ə'nʌðə] *adj* en til; en annen

answer ['ɑ:nsə] *v* svare; besvare; *n* svar *nt*

ant [ænt] *n* maur *c*

anthology [æn'θɔlədʒi] *n* antologi *c*

antibiotic [,æntibai'ɔtik] *n* antibiotikum *nt*

anticipate [æn'tisipeit] *v* *forutse, *foregripe

antifreeze ['æntifri:z] *n* frysevæske *c*

antipathy [æn'tipəθi] *n* motvilje *c*

antique [æn'ti:k] *adj* antikk; *n* antikvitet *c;* ~ **dealer** antikvitetshandler *c*

antiquity [æn'tikwəti] *n* oldtid *c;* **antiquities** antikviteter *pl*

antiseptic [,ænti'septik] *n* antiseptisk middel

antlers ['æntləz] *pl* gevir *nt*

anxiety [æŋ'zaiəti] *n* bekymring *c*

anxious ['æŋkʃəs] *adj* ivrig; engstelig

any ['eni] *adj* hvilke som helst

anybody ['enibɔdi] *pron* hvem som helst

anyhow ['enihau] *adv* på hvilken som helst måte

anyone ['eniwʌn] *pron* enhver

anything ['eniθiŋ] *pron* hva som helst

anyway ['eniwei] *adv* i hvert fall

anywhere ['eniweə] *adv* hvor som helst

apart [ə'pɑ:t] *adv* atskilt, separat; ~ **from** bortsett fra

apartment [ə'pɑ:tmənt] *nAm* leilighet *c;* ~ **house** *Am* leiegård *c*

aperitif [ə'perətiv] *n* aperitiff *c*

apologize [ə'pɔlədʒaiz] *v* *be om unnskyldning

apology [ə'pɔlədʒi] *n* unnskyldning *c*

apparatus [,æpə'reitəs] *n* apparat *nt*

apparent [ə'pærənt] *adj* tilsynelatende; tydelig

apparently [ə'pærəntli] *adv* åpenbart; øyensynlig

apparition [,æpə'riʃən] *n* åpenbaring *c*

appeal [ə'pi:l] *n* appell *c*

appear [ə'piə] *v* *se ut til, synes; *fremgå; vise seg; *fremtre

appearance [ə'piərəns] *n* fremtoning *c;* utseende *nt;* opptreden *c*

appendicitis [ə,pendi'saitis] *n* blindtarmbetennelse *c*

appendix [ə'pendiks] *n* (pl -dices, -dixes) blindtarm *c*

appetite ['æpətait] *n* matlyst *c*, appetitt *c*

appetizer ['æpətaizə] *n* appetittvekker *c*

appetizing ['æpətaiziŋ] *adj* appetittlig

applause [ə'plɔ:z] *n* applaus *c*

apple ['æpəl] *n* eple *nt*

appliance [ə'plaiəns] *n* apparat *nt*, anordning *c*

application [,æpli'keiʃən] *n* anvendelse *c;* søknad *c;* ansøkning *c*

apply [ə'plai] *v* anvende; bruke; ansøke; *gjelde

appoint [ə'pɔint] *v* utnevne

appointment [ə'pɔintmənt] *n* avtale *c*, møte *nt;* utnevnelse *c*

appreciate [ə'pri:ʃieit] *v* *verdsette; påskjønne

appreciation [əˌpriːʃiˈeiʃən] n vurdering c; verdsettelse c

approach [əˈproutʃ] v nærme seg; n fremgangsmåte c; adkomst c

appropriate [əˈproupriət] adj formålstjenlig, passende, rett

approval [əˈpruːvəl] n godkjennelse c; billigelse c; **on ~** på prøve

approve [əˈpruːv] v godkjenne

approximate [əˈprɔksimət] adj omtrentlig

approximately [əˈprɔksimətli] adv cirka, omtrent

apricot [ˈeiprikɔt] n aprikos c

April [ˈeiprəl] april

apron [ˈeiprən] n forkle nt

Arab [ˈærəb] adj arabisk; n araber c

arbitrary [ˈɑːbitrəri] adj vilkårlig

arcade [ɑːˈkeid] n buegang c, arkade c

arch [ɑːtʃ] n bue c; hvelv nt

archaeologist [ˌɑːkiˈɔlədʒist] n arkeolog c

archaeology [ˌɑːkiˈɔlədʒi] n arkeologi c

archbishop [ˌɑːtʃˈbiʃəp] n erkebiskop c

arched [ɑːtʃt] adj bueformet

architect [ˈɑːkitekt] n arkitekt c

architecture [ˈɑːkitektʃə] n byggekunst c, arkitektur c

archives [ˈɑːkaivz] pl arkiv nt

are [ɑː] v (pr be)

area [ˈɛəriə] n område nt; areal nt; ~ **code** fjernvalgnummer nt

Argentina [ˌɑːdʒənˈtiːnə] Argentina

Argentinian [ˌɑːdʒənˈtiniən] adj argentinsk; n argentiner c

argue [ˈɑːgjuː] v diskutere, debattere, argumentere; trette

argument [ˈɑːgjumənt] n argument nt; diskusjon c

arid [ˈærid] adj uttørret

*arise [əˈraiz] v *oppstå

arithmetic [əˈriθmətik] n regning c

arm [ɑːm] n arm c; våpen nt; armlene nt; v bevæpne

armchair [ˈɑːmtʃɛə] n lenestol c

armed [ɑːmd] adj bevæpnet; ~ **forces** væpnede styrker

armour [ˈɑːmə] n rustning c

army [ˈɑːmi] n armé c

aroma [əˈroumə] n aroma c

around [əˈraund] prep omkring; adv rundt

arrange [əˈreindʒ] v ordne; arrangere

arrangement [əˈreindʒmənt] n ordning c

arrest [əˈrest] v arrestere; n arrestasjon c, pågripelse c

arrival [əˈraivəl] n ankomst c

arrive [əˈraiv] v *ankomme

arrow [ˈærou] n pil c

art [ɑːt] n kunst c; kunstferdighet c; ~ **collection** kunstsamling c; ~ **exhibition** kunstutstilling c; ~ **gallery** kunstgalleri nt; ~ **history** kunsthistorie c; **arts and crafts** kunst og håndverk; ~ **school** kunstakademi nt

artery [ˈɑːtəri] n pulsåre c

artichoke [ˈɑːtitʃouk] n artisjokk c

article [ˈɑːtikəl] n gjenstand c; artikkel c

artifice [ˈɑːtifis] n list c

artificial [ˌɑːtiˈfiʃəl] adj kunstig

artist [ˈɑːtist] n kunstner c; kunstnerinne c

artistic [ɑːˈtistik] adj kunstnerisk, artistisk

as [æz] conj liksom, som; like; fordi, ettersom; ~ **from** fra; fra og med; ~ **if** som om

asbestos [æzˈbestɔs] n asbest c

ascend [əˈsend] v *stige; *stige opp; *bestige

ascent [əˈsent] n stigning c; oppstigning c

ascertain [ˌæsəˈtein] v konstatere; førvisse seg om, *fastslå

ash [æʃ] n aske c

ashamed [ə'ʃeimd] adj skamfull; *be ~ skamme seg

ashore [ə'ʃɔ:] adv i land

ashtray ['æʃtrei] n askebeger nt

Asia ['eiʃə] Asia

Asian ['eiʃən] adj asiatisk; n asiat c

aside [ə'said] adv til siden, til side

ask [ɑ:sk] v *spørre; *be; *innby

asleep [ə'sli:p] adj sovende

asparagus [ə'spærəgəs] n asparges c

aspect ['æspekt] n utseende nt; aspekt nt

asphalt ['æsfælt] n asfalt c

aspire [ə'spaiə] v strebe

aspirin ['æspərin] n aspirin c

ass [æs] n esel nt

assassination [ə,sæsi'neiʃən] n mord nt

assault [ə'sɔ:lt] v *angripe; *overfalle

assemble [ə'sembəl] v samle, *sette sammen

assembly [ə'sembli] n forsamling c, sammenkomst c

assignment [ə'sainmənt] n oppdrag nt

assign to [ə'sain] tildele; *tilskrive

assist [ə'sist] v *bistå, *hjelpe; ~ at *hjelpe til med

assistance [ə'sistəns] n hjelp c; assistanse c, understøttelse c

assistant [ə'sistənt] n assistent c

associate¹ [ə'souʃiət] n partner c, kompanjong c; forbundsfelle c; medlem nt

associate² [ə'souʃieit] v *forbinde; ~ with *omgås

association [ə,sousi'eiʃən] n forening c

assort [ə'sɔ:t] v sortere

assortment [ə'sɔ:tmənt] n utvalg nt, sortiment c

assume [ə'sju:m] v *anta, formode

assure [ə'ʃuə] v forsikre

asthma ['æsmə] n astma c

astonish [ə'stɔniʃ] v forbløffe, forbause

astonishing [ə'stɔniʃiŋ] adj forbausende

astonishment [ə'stɔniʃmənt] n forbauselse c

astronomy [ə'strɔnəmi] n astronomi c

asylum [ə'sailəm] n asyl nt

at [æt] prep på, hos, i

ate [et] v (p eat)

atheist ['eiθiist] n ateist c

athlete ['æθli:t] n idrettsutøver c

athletics [æθ'letiks] pl friidrett c

Atlantic [ət'læntik] Atlanterhavet

atmosphere ['ætməsfiə] n atmosfære c; stemning c

atom ['ætəm] n atom nt

atomic [ə'tɔmik] adj atom-

atomizer ['ætəmaizə] n sprayflaske c; spray c, vaporisator c

attach [ə'tætʃ] v feste; *vedlegge; attached to knntytte til

attack [ə'tæk] v *angripe; n angrep nt

attain [ə'tein] v oppnå

attainable [ə'teinəbəl] adj oppnåelig

attempt [ə'tempt] v forsøke, prøve; n forsøk c

attend [ə'tend] v *overvære; ~ on betjene; ~ to *ta hånd om, *ta seg av; *være oppmerksom på

attendance [ə'tendəns] n deltakelse c

attendant [ə'tendənt] n vakt c

attention [ə'tenʃən] n oppmerksomhet c; *pay ~ *være oppmerksom

attentive [ə'tentiv] adj oppmerksom

attic ['ætik] n loft nt

attitude ['ætitju:d] n holdning c

attorney [ə'tə:ni] n advokat c

attract [ə'trækt] v *tiltrekke

attraction [ə'trækʃən] n attraksjon c; tiltrekning c, sjarm c

attractive [ə'træktiv] adj tiltrekkende

auburn ['ɔ:bən] adj kastanjebrun

auction ['ɔːkʃən] n auksjon c
audible ['ɔːdibəl] adj hørbar
audience ['ɔːdiəns] n publikum nt
auditor ['ɔːditə] n tilhører c
auditorium [,ɔːdiˈtɔːriəm] n auditorium nt
August ['ɔːgəst] august
aunt [ɑːnt] n tante c
Australia [ɔˈstreiliə] Australia
Australian [ɔˈstreiliən] adj australsk; n australier c
Austria ['ɔstriə] Østerrike
Austrian ['ɔstriən] adj østerriksk; n østerriker c
authentic [ɔːˈθentik] adj autentisk; ekte
author ['ɔːθə] n forfatter c
authoritarian [ɔːˌθɔriˈtɛəriən] adj autoritær
authority [ɔːˈθɔrəti] n autoritet c; myndighet c; authorities pl myndigheter
authorization [,ɔːθərɑiˈzeiʃən] n tillatelse c; autorisasjon c
automatic [,ɔːtəˈmætik] adj automatisk
automation [,ɔːtəˈmeiʃən] n automatisering c
automobile ['ɔːtəməbiːl] n bil c; ~ club automobilklubb c
autonomous [ɔːˈtɔnəməs] adj selvstyrt
autopsy ['ɔːtɔpsi] n obduksjon c
autumn ['ɔːtəm] n høst c
available [əˈveiləbəl] adj tilgjengelig, disponibel, for hånden
avalanche ['ævəlɑːnʃ] n snøskred nt
avaricious [,ævəˈriʃəs] adj grisk
avenue ['ævənjuː] n aveny c
average ['ævəridʒ] adj gjennomsnittlig; n gjennomsnitt nt; on the ~ i gjennomsnitt
averse [əˈvɜːs] adj uvillig
aversion [əˈvɜːʃən] n motvilje c
avert [əˈvɜːt] v vende bort

avoid [əˈvɔid] v *unngå; *unnvike
await [əˈweit] v vente på, avvente
awake [əˈweik] adj våken
*awake [əˈweik] v vekke
award [əˈwɔːd] n pris c; v tildele
aware [əˈwɛə] adj klar over
away [əˈwei] adv bort; *go ~ reise bort
awful ['ɔːfəl] adj forferdelig, redselsfull
awkward ['ɔːkwəd] adj pinlig; klosset
awning ['ɔːniŋ] n markise c
axe [æks] n øks c
axle ['æksəl] n aksel c

B

baby ['beibi] n baby c; ~ carriage Am barnevogn c
babysitter ['beibiˌsitə] n barnevakt c
bachelor ['bætʃələ] n ungkar c
back [bæk] n rygg c; adv tilbake; *go ~ vende tilbake
backache ['bækeik] n ryggsmerter pl
backbone ['bækboun] n ryggrad c
background ['bækgraund] n bakgrunn c; utdannelse c
backwards ['bækwədz] adv baklengs
bacon ['beikən] n bacon nt
bacterium [bækˈtiːriəm] n (pl -ria) bakterie c
bad [bæd] adj dårlig; alvorlig; slem
bag [bæg] n pose c; veske c, håndveske c; koffert c
baggage ['bægidʒ] n bagasje c; ~ deposit office Am bagasjeoppbevaring c; hand ~ håndbagasje c
bail [beil] n kausjon c
bailiff ['beilif] n fogd c
bait [beit] n agn nt
bake [beik] v bake
baker ['beikə] n baker c

bakery ['beikəri] n bakeri nt

balance ['bæləns] n likevekt c; balanse c; saldo c

balcony ['bælkəni] n balkong c

bald [bɔ:ld] adj skallet

ball [bɔ:l] n ball c; ball nt

ballet ['bælei] n ballett c

balloon [bə'lu:n] n ballong c

ballpoint-pen ['bɔ:lpɔintpen] n kulepenn c

ballroom ['bɔ:lru:m] n ballsal c

bamboo [bæm'bu:] n (pl ~s) bambus c

banana [bə'na:nə] n banan c

band [bænd] n orkester nt; bånd nt

bandage ['bændidʒ] n bandasje c

bandit ['bændit] n banditt c

bangle ['bæŋgəl] n armbånd nt

banisters ['bænistəz] pl gelender nt

bank [bæŋk] n bredd c; bank c; v *sette i banken; ~ account bankkonto c

banknote ['bæŋknout] n pengeseddel c

bank-rate ['bæŋkreit] n diskonto c

bankrupt ['bæŋkrʌpt] adj konkurs, fallitt

banner ['bænə] n banner nt

banquet ['bæŋkwit] n bankett c

banqueting-hall ['bæŋkwitiŋhɔ:l] n bankettsal c

baptism ['bæptizəm] n dåp c

baptize [bæp'taiz] v døpe

bar [ba:] n bar c; stang c

barber ['ba:bə] n frisør c

bare [beə] adj naken, bar

barely ['beəli] adv så vidt

bargain ['ba:gin] n godt kjøp; v *kjøpslå, prute

baritone ['bæritoun] n baryton c

bark [ba:k] n bark c; v gjø

barley ['ba:li] n bygg nt

barmaid ['ba:meid] n barpike c

barman ['ba:mən] n (pl -men) bar-

tender c

barn [ba:n] n låve c

barometer [bə'rɔmitə] n barometer nt

baroque [bə'rɔk] adj barokk

barracks ['bærəks] pl kaserne c

barrel ['bærəl] n fat nt, tønne c

barrier ['bæriə] n barriere c; bom c

barrister ['bæristə] n advokat c

bartender ['ba:ˌtendə] n bartender c

base [beis] n base c, basis c; fundament nt; v basere

baseball ['beisbɔ:l] n baseball c

basement ['beismənt] n kjelleretasje c

basic ['beisik] adj grunnleggende

basilica [bə'zilikə] n basilika c

basin ['beisən] n bolle c

basis ['beisis] n (pl bases) basis c, grunnlag nt

basket ['ba:skit] n kurv c

bass¹ [beis] n bass c

bass² [bæs] n (pl ~) åbor c

bastard ['ba:stəd] n bastard c; skurk c

batch [bætʃ] n bunke c

bath [ba:θ] n bad nt; ~ salts badesalt nt; ~ towel badehåndkle nt

bathe [beið] v bade

bathing-cap ['beiðiŋkæp] n badehette c

bathing-suit ['beiðiŋsu:t] n badedrakt c; badebukse c

bathrobe ['ba:θroub] n badekåpe c

bathroom ['ba:θru:m] n badeværelse nt; toalett nt

batter ['bætə] n deig c

battery ['bætəri] n batteri nt

battle ['bætəl] n slag nt; kamp c, strid c; v kjempe

bay [bei] n bukt c; v gjø

*be [bi:] v *være

beach [bi:tʃ] n strand c; nudist ~ nudistbadestrand c

bead [bi:d] n perle c; beads pl perlekjede nt; rosenkrans c

beak [bi:k] *n* nebb *nt*

beam [bi:m] *n* stråle *c*; bjelke *c*

bean [bi:n] *n* bønne *c*

bear [beə] *n* bjørn *c*

*****bear** [beə] *v* *bære; tåle; *holde ut

beard [biəd] *n* skjegg *nt*

bearer ['beərə] *n* innehaver *c*

beast [bi:st] *n* dyr *nt*; ~ **of prey** rovdyr *nt*

beat [bi:t] *n* rytme *c*; slag *nt*

*****beat** [bi:t] *v* *slå

beautiful ['bju:tifəl] *adj* vakker

beauty ['bju:ti] *n* skjønnhet *c*; ~ **parlour** skjønnhetssalong *c*; ~ **salon** skjønnhetssalong *c*; ~ **treatment** skjønnhetspleie *c*

beaver ['bi:və] *n* bever *c*

because [bi'kɔz] *conj* fordi; ettersom; ~ **of** på grunn av

*****become** [bi'kʌm] *v* *bli; kle

bed [bed] *n* seng *c*; ~ **and board** kost og losji, full pensjon; ~ **and breakfast** værelse med frokost

bedding ['bediŋ] *n* sengetøy *nt*

bedroom ['bedru:m] *n* soveværelse *nt*

bee [bi:] *n* bie *c*

beech [bi:tʃ] *n* bøk *c*

beef [bi:f] *n* oksekjøtt *nt*

beehive ['bi:haiv] *n* bikube *c*

been [bi:n] *v* (pp be)

beer [biə] *n* øl *nt*

beet [bi:t] *n* bete *c*

beetle ['bi:təl] *n* bille *c*

beetroot ['bi:tru:t] *n* rødbete *c*

before [bi'fɔ:] *prep* før; foran; *conj* før; *adv* tidligere

beg [beg] *v* tigge; *bønnfalle; *be

beggar ['begə] *n* tigger *c*

*****begin** [bi'gin] *v* begynne; starte

beginner [bi'ginə] *n* nybegynner *c*

beginning [bi'giniŋ] *n* begynnelse *c*; start *c*

on behalf of [ɔn bi'hɑ:f ɔv] på vegne av; til fordel for

behave [bi'heiv] *v* oppføre seg

behaviour [bi'heivjə] *n* oppførsel *c*

behind [bi'haind] *prep* bak; *adv* bak

beige [beiʒ] *adj* beige

being ['bi:iŋ] *n* vesen *nt*

Belgian ['beldʒən] *adj* belgisk; *n* belgier *c*

Belgium ['beldʒəm] Belgia

belief [bi'li:f] *n* tro *c*

believe [bi'li:v] *v* tro

bell [bel] *n* klokke *c*; ringeklokke *c*

bellboy ['belbɔi] *n* pikkolo *c*

belly ['beli] *n* mage *c*

belong [bi'lɔŋ] *v* tilhøre

belongings [bi'lɔŋiŋz] *pl* eiendeler

beloved [bi'lʌvd] *adj* elsket

below [bi'lou] *prep* nedenfor; under; *adv* nede

belt [belt] *n* belte *nt*; **garter** ~ *Am* strømpeholder *c*

bench [bentʃ] *n* benk *c*

bend [bend] *n* sving *c*, bøyning *c*; krumning *c*

*****bend** [bend] *v* bøye; ~ **down** bøye seg

beneath [bi'ni:θ] *prep* under; *adv* under

benefit ['benifit] *n* utbytte *nt*; fordel *c*; *v* *ha fordel av

bent [bent] *adj* (pp bend) bøyd

beret ['berei] *n* alpelue *c*

berry ['beri] *n* bær *nt*

berth [bə:θ] *n* køye *c*

beside [bi'said] *prep* ved siden av

besides [bi'saidz] *adv* dessuten; forresten; *prep* foruten

best [best] *adj* best

bet [bet] *n* veddemål *nt*; innsats *c*

*****bet** [bet] *v* vedde

betray [bi'trei] *v* forråde

better ['betə] *adj* bedre

between [bi'twi:n] *prep* mellom

beverage ['bevəridʒ] *n* drikk *c*

beware [bi'weə] *v* *ta seg i vare, vok-

te seg
bewitch [bi'witʃ] v forhekse
beyond [bi'jɔnd] prep hinsides; på den andre siden av; ut over; adv bortenfor
bible ['baibəl] n bibel c
bicycle ['baisikəl] n sykkel c
big [big] adj stor; omfangsrik; tykk; viktig
bile [bail] n galle c
bilingual [bai'liŋgwəl] adj tospråklig
bill [bil] n regning c, nota c; v fakturere
billiards ['biljədz] pl biljard c
*bind [baind] v *binde
binding ['baindiŋ] n bokbind nt
binoculars [bi'nɔkjələz] pl kikkert c
biology [bai'ɔlədʒi] n biologi c
birch [bəːtʃ] n bjørk c
bird [bəːd] n fugl c
birth [bəːθ] n fødsel c
birthday ['bəːθdei] n fødselsdag c
biscuit ['biskit] n småkake c
bishop ['biʃəp] n biskop c
bit [bit] n bit c; smule c
bitch [bitʃ] n tispe c
bite [bait] n bit c; stikk nt
*bite [bait] v *bite
bitter ['bitə] adj bitter
black [blæk] adj svart; ~ market svartebørs c
blackberry ['blækbəri] n bjørnebær nt
blackbird ['blækbəːd] n svarttrost c
blackboard ['blækbɔːd] n tavle c
black-currant [,blæk'kʌrənt] n solbær nt
blackmail ['blækmeil] n pengeutpresning c; v presse penger av
blacksmith ['blæksmiθ] n grovsmed c
bladder ['blædə] n blære c
blade [bleid] n blad nt; ~ of grass gresstrå nt
blame [bleim] n skyld c; bebreidelse c; v klandre, bebreide

blank [blæŋk] adj blank
blanket ['blæŋkit] n ullteppe nt; teppe nt
blast [blɑːst] n eksplosjon c
blazer ['bleizə] n blazer c, sportsjakke c
bleach [bliːtʃ] v bleke
bleak [bliːk] adj ødslig, barsk
*bleed [bliːd] v blø; flå
bless [bles] v velsigne
blessing ['blesiŋ] n velsignelse c
blind [blaind] n persienne c, rullegardin c/nt; adj blind; v blende
blister ['blistə] n blemme c, gnagsår nt
blizzard ['blizəd] n snøstorm c
block [blɔk] v sperre, blokkere; n kloss c; kvartal nt; ~ of flats leiegård c
blonde [blɔnd] n blondine c
blood [blʌd] n blod nt; ~ pressure blodtrykk nt
blood-poisoning ['blʌd,pɔizəniŋ] n blodforgiftning c
blood-vessel ['blʌd,vesəl] n blodkar nt
blot [blɔt] n flekk c; blotting paper trekkpapir nt
blouse [blauz] n bluse c
blow [blou] n fik c, slag nt; vindkast nt
*blow [blou] v blåse
blow-out ['blouaut] n punktering c
blue [bluː] adj blå; nedtrykt
blunt [blʌnt] adj sløv; butt
blush [blʌʃ] v rødme
board [bɔːd] n planke c; tavle c; pensjon c; styre nt; ~ and lodging kost og losji, full pensjon
boarder ['bɔːdə] n pensjonær c
boarding-house ['bɔːdiŋhaus] n pensjonat nt
boarding-school ['bɔːdiŋskuːl] n pensjonatskole c
boast [boust] v *skryte

boat [bout] *n* båt *c*, skip *nt*

body ['bɔdi] *n* kropp *c*; legeme *nt*

bodyguard ['bɔdiga:d] *n* livvakt *c*

body-work ['bɔdiwɑ:k] *n* karosseri *nt*

bog [bɔg] *n* myr *c*

boil [bɔil] *v* koke; *n* byll *c*

bold [bould] *adj* dristig; frekk

Bolivia [bə'liviə] Bolivia

Bolivian [bə'liviən] *adj* boliviansk; *n* bolivianer *c*

bolt [boult] *n* slå *c*; bolt *c*

bomb [bɔm] *n* bombe *c*; *v* bombardere

bond [bɔnd] *n* obligasjon *c*

bone [boun] *n* bein *nt*; fiskebein *nt*; *v* skjære ut bein

bonnet ['bɔnit] *n* bilpanser *nt*

book [buk] *n* bok *c*; *v* reservere, bestille; bokføre

booking ['bukiŋ] *n* bestilling *c*, reservasjon *c*

bookmaker ['buk,meikə] *n* totalisator *c*

bookseller ['buk,selə] *n* bokhandler *c*

bookstand ['bukstænd] *n* bokstand *c*

bookstore ['bukstɔ:] *n* bokhandel *c*

boot [bu:t] *n* støvel *c*; bagasjerom *nt*

booth [bu:ð] *n* bu *c*; bås *c*

border ['bɔ:də] *n* grense *c*; kant *c*

bore[1] [bɔ:] *v* kjede; bore; *n* kjedelig person

bore[2] [bɔ:] *v* (p bear)

boring ['bɔ:riŋ] *adj* kjedelig

born [bɔ:n] *adj* født

borrow ['bɔrou] *v* låne

bosom ['buzəm] *n* barm *c*; bryst *c*

boss [bɔs] *n* boss *c*, sjef *c*

botany ['bɔtəni] *n* botanikk *c*

both [bouθ] *adj* begge; both ... and både ... og

bother ['bɔðə] *v* plage; bry seg; *n* bry *nt*

bottle ['bɔtəl] *n* flaske *c*; ~ opener flaskeåpner *c*; hot-water ~ varmeflaske *c*

bottleneck ['bɔtəlnek] *n* flaskehals *c*

bottom ['bɔtəm] *n* bunn *c*; akterspeil *nt*, bak *c*; *adj* underste

bough [bau] *n* gren *c*

bought [bɔ:t] *v* (p, pp buy)

boulder ['bouldə] *n* rullestein *c*

bound [baund] *n* grense *c*; *be ~ to *måtte; ~ for på vei til

boundary ['baundəri] *n* grense *c*

bouquet [bu'kei] *n* bukett *c*

bourgeois ['buəʒwa:] *adj* spissborgerlig

boutique [bu'ti:k] *n* butikk *c*

bow[1] [bau] *v* bukke

bow[2] [bou] *n* bue *c*; ~ tie sløyfe *c*

bowels [bauəlz] *pl* tarmer

bowl [boul] *n* bolle *c*

bowling ['bouliŋ] *n* kilespill *nt*, bowling *c*; ~ alley bowlingbane *c*

box[1] [bɔks] *v* bokse; boxing match boksekamp *c*

box[2] [bɔks] *n* eske *c*

box-office ['bɔks,ɔfis] *n* billettluke *c*, billettkontor *nt*

boy [bɔi] *n* gutt *c*; tjener *c*; ~ scout guttespeider *c*

bra [bra:] *n* brystholder *c*

bracelet ['breislit] *n* armbånd *nt*

braces ['breisiz] *pl* bukseseler *pl*

brain [brein] *n* hjerne *c*; forstand *c*

brain-wave ['breinweiv] *n* innfall *c*

brake [breik] *n* bremse *c*; ~ drum bremsetrommel *c*; ~ lights bremselys *pl*

branch [bra:ntʃ] *n* gren *c*; filial *c*

brand [brænd] *n* merke *nt*; brennemerke *nt*

brand-new [,brænd'nju:] *adj* splinter ny

brass [bra:s] *n* messing *c*; ~ band hornorkester *nt*

brassiere ['bræziə] *n* brystholder *c*

brave [breiv] *adj* modig, tapper

Brazil [brə'zil] Brasil

Brazilian [brə'ziljən] adj brasiliansk; n brasilianer c

breach [bri:tʃ] n åpning c

bread [bred] n brød nt; wholemeal ~ helkornbrød nt

breadth [bredθ] n bredde c

break [breik] n brudd nt; frikvarter nt

*break [breik] v *bryte; ~ down *gå i stykker; inndele

breakdown ['breikdaun] n maskinskade c, motorstopp c/nt

breakfast ['brekfəst] n frokost c

bream [bri:m] n (pl ~) brasme c

breast [brest] n bryst nt

breaststroke ['breststrouk] n brystsvømming c

breath [breθ] n pust c

breathe [bri:ð] v puste

breathing ['bri:ðiŋ] n åndedrett nt

breed [bri:d] n rase c; slag nt

*breed [bri:d] v ale opp, oppdrette

breeze [bri:z] n bris c

brew [bru:] v brygge

brewery ['bru:əri] n bryggeri nt

bribe [braib] v *bestikke

bribery ['braibəri] n bestikkelse c

brick [brik] n murstein c

bricklayer ['brikleiə] n murer c

bride [braid] n brud c

bridegroom ['braidgru:m] n brudgom c

bridge [bridʒ] n bro c; bridge c

brief [bri:f] adj kort; kortfattet

briefcase ['bri:fkeis] n dokumentmappe c

briefs [bri:fs] pl truse c

bright [brait] adj skinnende; oppvakt

brill [bril] n slettvar c

brilliant ['briljənt] adj strålende; begavet

brim [brim] n rand c

*bring [briŋ] v *ta med, *bringe; *medbringe; ~ back *bringe tilbake; ~ up *oppdra; *ta opp

brisk [brisk] adj livlig

Britain ['britən] Britannia

British ['britiʃ] adj britisk

Briton ['britən] n brite c

broad [brɔ:d] adj bred; utstrakt, vidstrakt; almen

broadcast ['brɔ:dkɑ:st] n sending c

*broadcast ['brɔ:dkɑ:st] v kringkaste

brochure ['brouʃuə] n brosjyre c

broke¹ [brouk] v (p break)

broke² [brouk] adj blakk

broken ['broukən] adj (pp break) knust, i stykker; i uorden

broker ['broukə] n megler c

bronchitis [brɔŋ'kaitis] n bronkitt c

bronze [brɔnz] n bronse c; adj bronse-

brooch [broutʃ] n brosje c

brook [bruk] n bekk c

broom [bru:m] n kost c

brothel ['brɔθəl] n bordell nt

brother ['brʌðə] n bror c

brother-in-law ['brʌðərinlɔ:] n (pl brothers-) svoger c

brought [brɔ:t] v (p, pp bring)

brown [braun] adj brun

bruise [bru:z] n blått merke; v *slå

brunette [bru:'net] n brunette c

brush [brʌʃ] n børste c; pensel c; v børste

brutal ['bru:təl] adj brutal

bubble ['bʌbəl] n boble c

bucket ['bʌkit] n spann nt

buckle ['bʌkəl] n spenne c

bud [bʌd] n knopp c

budget ['bʌdʒit] n budsjett nt

buffet ['bufei] n koldtbord nt

bug [bʌg] n veggedyr nt; bille c; insekt nt

*build [bild] v bygge

building ['bildiŋ] n bygning c

bulb [bʌlb] n blomsterløk c; light ~

lyspære c

Bulgaria [bʌl'geəriə] Bulgaria

Bulgarian [bʌl'geəriən] adj bulgarsk; n bulgarer c

bulk [bʌlk] n last c; masse c; størsteparten c

bulky ['bʌlki] adj fyldig, omfangsrik

bull [bul] n tyr c, okse c

bullet ['bulit] n kule c

bullfight ['bulfait] n tyrefektning c

bullring ['bulriŋ] n tyrefektningsarena c

bump [bʌmp] v støte; støte sammen; dunke; n støt nt

bumper ['bʌmpə] n støtfanger c

bumpy ['bʌmpi] adj humpet

bun [bʌn] n hvetebolle c

bunch [bʌntʃ] n bukett c; flokk c

bundle ['bʌndəl] n bunt c; v bunte, *binde sammen

bunk [bʌŋk] n køye c

buoy [bɔi] n bøye c

burden ['bəːdən] n byrde c

bureau ['bjuərou] n (pl ~x, ~s) skrivebord nt; kommode c

bureaucracy [bjuə'rɔkrəsi] n byråkrati nt

burglar ['bəːglə] n innbruddstyv c

burgle ['bəːgəl] v *begå innbrudd

burial ['beriəl] n begravelse c

burn [bəːn] n brannsår nt

***burn** [bəːn] v *brenne; *svi

***burst** [bəːst] v *sprekke; *briste

bury ['beri] v begrave; grave ned

bus [bʌs] n buss c

bush [buʃ] n busk c

business ['biznəs] n forretninger pl, handel c; virksomhet c, forretning c; yrke nt; affære c; ~ **hours** åpningstid c, kontortid c; ~ **trip** forretningsreise c; **on** ~ i forretninger

business-like ['biznislaik] adj forretningsmessig

businessman ['biznəsmən] n (pl

-men) forretningsmann c

bust [bʌst] n byste c

bustle ['bʌsəl] n travelhet c

busy ['bizi] adj opptatt; travel

but [bʌt] conj men; dog; prep unntatt

butcher ['butʃə] n slakter c

butter ['bʌtə] n smør nt

butterfly ['bʌtəflai] n sommerfugl c; ~ **stroke** butterfly c

buttock ['bʌtək] n rumpeballe c

button ['bʌtən] n knapp c; v knappe

buttonhole ['bʌtənhoul] n knapphull nt

***buy** [bai] v kjøpe; anskaffe

buyer ['baiə] n kjøper c

by [bai] prep av; med; ved

by-pass ['baipaːs] n ringvei c; v *omgå

C

cab [kæb] n drosje c

cabaret ['kæbərei] n kabaret c; nattklubb c

cabbage ['kæbidʒ] n kål c

cab-driver ['kæb,draivə] n drosjesjåfør c

cabin ['kæbin] n kabin c; hytte c; omkledningskabin c; lugar c

cabinet ['kæbinət] n kabinett nt

cable ['keibəl] n kabel c; telegram nt; v telegrafere

café ['kæfei] n kafé c

cafeteria [,kæfə'tiəriə] n kafeteria c

caffeine ['kæfiːn] n kaffein c

cage [keidʒ] n bur nt

cake [keik] n kake c

calamity [kə'læməti] n ulykke c, katastrofe c

calcium ['kælsiəm] n kalsium nt

calculate ['kælkjuleit] v regne ut

calculation [,kælkju'leiʃən] n utregning c

calendar ['kæləndə] n kalender c

calf [kɑ:f] n (pl calves) kalv c; legg c; ~ **skin** kalveskinn nt

call [kɔ:l] v rope; kalle; ringe opp; n rop nt; besøk nt, visitt c; oppringning c; *be called *hete; ~ **names** skjelle ut; ~ **on** besøke; ~ **up** Am ringe opp

callus ['kæləs] n hard hud

calm [kɑ:m] adj stille, rolig; ~ **down** berolige; roe seg, falle til ro

calorie ['kæləri] n kalori c

Calvinism ['kælvinizəm] n kalvinisme c

came [keim] v (p come)

camel ['kæməl] n kamel c

cameo ['kæmiou] n (pl ~s) kamé c

camera ['kæmərə] n fotografiapparat nt; filmkamera nt; ~ **shop** fotoforretning c

camp [kæmp] n leir c; v campe

campaign [kæm'pein] n kampanje c

camp-bed [ˌkæmp'bed] n feltseng c

camper ['kæmpə] n campinggjest c

camping ['kæmpiŋ] n camping c; ~ **site** campingplass c

camshaft ['kæmʃɑ:ft] n kamaksel c

can [kæn] n boks c; ~ **opener** boksåpner c

***can** [kæn] v *kan

Canada ['kænədə] Canada

Canadian [kə'neidiən] adj kanadisk; n kanadier c

canal [kə'næl] n kanal c

canary [kə'neəri] n kanarifugl c

cancel ['kænsəl] v annullere; avbestille

cancellation [ˌkænsə'leiʃən] n annullering c

cancer ['kænsə] n kreft c

candid ['kændid] adj åpen, oppriktig

candidate ['kændidət] n kandidat c

candle ['kændəl] n stearinlys nt

candy ['kændi] nAm sukkertøy nt; gotter pl, søtsaker pl; ~ **store** Am sjokoladeforretning c

cane [kein] n rør nt; stokk c

canister ['kænistə] n boks c

canoe [kə'nu:] n kano c

canteen [kæn'ti:n] n kantine c

canvas ['kænvəs] n seilduk c

cap [kæp] n lue c, skyggelue c

capable ['keipəbəl] adj dyktig, kompetent

capacity [kə'pæsəti] n kapasitet c; evne c

cape [keip] n cape c; kapp nt

capital ['kæpitəl] n hovedstad c; kapital c; adj viktig, hoved-; ~ **letter** stor bokstav

capitalism ['kæpitəlizəm] n kapitalisme c

capitulation [kəˌpitju'leiʃən] n kapitulasjon c

capsule ['kæpsju:l] n kapsel c

captain ['kæptin] n kaptein c; flykaptein c

capture ['kæptʃə] v fange, *ta til fange; erobre; n arrestasjon c; erobring c

car [kɑ:] n bil c; ~ **hire** bilutleie c; ~ **park** parkeringsplass c; ~ **rental** Am bilutleie c

carafe [kə'ræf] n karaffel c

caramel ['kærəməl] n karamell c

carat ['kærət] n karat c

caravan ['kærəvæn] n campingvogn c; husvogn c

carburettor [ˌkɑ:bju'retə] n forgasser c

card [kɑ:d] n kort nt; brevkort nt

cardboard ['kɑ:dbɔ:d] n papp c; adj kartong-

cardigan ['kɑ:digən] n ulljakke c

cardinal ['kɑ:dinəl] n kardinal c; adj hoved-

care [keə] n omsorg c; bekymring c;

~ **about** bekymre seg om; ~ **for** bry seg om; ***take** ~ **of** passe på, ***ta vare på**

career [kə'riə] n karriere c

carefree ['kɛəfri:] adj ubekymret

careful ['kɛəfəl] adj forsiktig; omhyggelig, nøyaktig

careless ['kɛələs] adj likegyldig, skjødesløs

caretaker ['kɛə,teikə] n vaktmester c

cargo ['ka:gou] n (pl ~es) last c, frakt c

carnival ['ka:nivəl] n karneval nt

carp [ka:p] n (pl ~) karpe c

carpenter ['ka:pintə] n snekker c

carpet ['ka:pit] n gulvteppe nt, teppe nt

carriage ['kæridʒ] n passasjervogn c; hestevogn c, vogn c

carriageway ['kæridʒwei] n kjørebane c

carrot ['kærət] n gulrot c

carry ['kæri] v *bære; føre; ~ **on** *fortsette; ~ **out** utføre

carry-cot ['kærikɔt] n babybag c

cart [ka:t] n kjerre c

cartilage ['ka:tilidʒ] n brusk c

carton ['ka:tən] n kartong c

cartoon [ka:'tu:n] n tegnefilm c

cartridge ['ka:tridʒ] n patron c

carve [ka:v] v *skjære; *skjære i, *skjære ut

carving ['ka:viŋ] n utskjæring c, skurd c

case [keis] n tilfelle nt; sak c; koffert c; etui nt; attaché ~ dokumentmappe c; **in** ~ hvis c; **in** ~ **of** i tilfelle av

cash [kæʃ] n kontanter pl; v innkassere, heve

cashier [kæ'ʃiə] n kasserer c; kassererske c

cashmere ['kæʃmiə] n kasjmir c

casino [kə'si:nou] n (pl ~s) kasino nt

cask [ka:sk] n fat nt, tønne c

cast [ka:st] n kast nt

*cast [ka:st] v kaste; **cast iron** støpejern nt

castle ['ka:səl] n slott nt, borg c

casual ['kæʒuəl] adj uformell; tilfeldig, flyktig

casualty ['kæʒuəlti] n ulykke c; offer nt

cat [kæt] n katt c

catacomb ['kætəkoum] n katakombe c

catalogue ['kætələg] n katalog c

catarrh [kə'ta:] n katarr c

catastrophe [kə'tæstrəfi] n katastrofe c

*catch [kætʃ] v fange; *gripe; overrumple; nå, *rekke

category ['kætigəri] n kategori c

caterer [ˌkeitərər] n matleverandør c

cathedral [kə'θi:drəl] n katedral c, domkirke c

catholic ['kæθəlik] adj katolsk

cattle ['kætəl] pl kveg nt

caught [kɔ:t] v (p, pp catch)

cauliflower ['kɔliflauə] n blomkål c

cause [kɔ:z] v forårsake; volde; n årsak c; grunn c; sak c; ~ **to** *få til å

causeway ['kɔ:zwei] n opphøyd vei c

caution ['kɔ:ʃən] n forsiktighet c; v advare

cautious ['kɔ:ʃəs] adj forsiktig

cave [keiv] n grotte c; hule c

cavern ['kævən] n hule c

caviar ['kævia:] n kaviar c

cavity ['kævəti] n hulrom nt

cease [si:s] v opphøre

ceiling ['si:liŋ] n tak nt

celebrate ['selibreit] v feire

celebration [ˌseli'breiʃən] n feiring c

celebrity [si'lebrəti] n berømmelse c

celery ['seləri] n selleri c

celibacy ['selibəsi] n sølibat nt

cell [sel] n celle c

cellar ['selə] n kjeller c

cellophane ['seləfein] n cellofan c

cement [si'ment] n sement c

cemetery ['semitri] n gravlund c

censorship ['sensəʃip] n sensur c

centigrade ['sentigreid] adj celsius

centimetre ['sentimi:tə] n centimeter c

central ['sentrəl] adj sentral; ~ heating sentralfyring c; ~ station sentralstasjon c

centralize ['sentrəlaiz] v sentralisere

centre ['sentə] n sentrum nt; midtpunkt nt

century ['sentʃəri] n århundre nt

ceramics [si'ræmiks] pl keramikk c, leirvarer pl

ceremony ['serəməni] n seremoni c

certain ['sə:tən] adj sikker; viss

certificate [sə'tifikət] n attest c; vitnesbyrd nt, diplom nt, dokument nt

chain [tʃein] n rekke c, kjetting c

chair [tʃeə] n stol c; sete nt

chairman ['tʃeəmən] n (pl -men) formann c

chalet ['ʃælei] n hytte c

chalk [tʃɔ:k] n kritt nt

challenge ['tʃæləndʒ] v utfordre; n utfordring c

chamber ['tʃeimbə] n rom nt

chambermaid ['tʃeimbəmeid] n værelsespike c

champagne [ʃæm'pein] n champagne c

champion ['tʃæmpjən] n mester c; forkjemper c

chance [tʃɑ:ns] n slump c; sjanse c, anledning c; risiko c; tilfelle nt; by ~ tilfeldigvis

change [tʃeindʒ] v forandre; veksle; kle seg om; skifte; n forandring c, endring c; småpenger pl, vekslepenger pl

channel ['tʃænəl] n kanal c; English

Channel Den engelske kanal

chaos ['keiɔs] n kaos nt

chaotic [kei'ɔtik] adj kaotisk

chap [tʃæp] n fyr c

chapel ['tʃæpəl] n kapell nt, kirke c

chaplain ['tʃæplin] n kapellan c

character ['kærəktə] n karakter c

characteristic [ˌkærəktə'ristik] adj betegnende, karakteristisk; n kjennetegn nt; karaktertrekk nt

characterize ['kærəktəraiz] v karakterisere

charcoal ['tʃɑ:koul] n trekull nt

charge [tʃɑ:dʒ] v kreve; *pålegge; anklage; laste; n pris c; ladning c, byrde c, belastning c; anklage c; ~ plate Am kredittkort nt; free of ~ kostfri; in ~ of ansvarlig for; *take ~ of *påta seg

charity ['tʃærəti] n velgjørenhet c

charm [tʃɑ:m] n sjarm c; amulett c

charming ['tʃɑ:miŋ] adj sjarmerende

chart [tʃɑ:t] n tabell c; diagram nt; sjøkart nt; conversion ~ omregningstabell c

chase [tʃeis] v *forfølge; jage bort, *fordrive; n jakt c

chasm ['kæzəm] n kløft c

chassis ['ʃæsi] n (pl ~) chassis nt

chaste [tʃeist] adj kysk

chat [tʃæt] v prate, skravle; n prat c/nt

chatterbox ['tʃætəbɔks] n skravlebøtte c

chauffeur ['ʃoufə] n sjåfør c

cheap [tʃi:p] adj billig; gunstig

cheat [tʃi:t] v jukse, *snyte

check [tʃek] v sjekke, kontrollere; n rute c; regning c; sjekk c; check! sjakk!; ~ in *skrive seg inn; ~ out *forlate

check-book ['tʃekbuk] nAm sjekkhefte nt

checkerboard ['tʃekəbɔ:d] nAm

sjakkbrett *nt*

checkers ['tʃekəz] *plAm* damspill *nt*

checkroom ['tʃekru:m] *nAm* garderobe *c*

check-up ['tʃekʌp] *n* undersøkelse *c*

cheek [tʃi:k] *n* kinn *nt*

cheek-bone ['tʃi:kboun] *n* kinnbein *c*

cheer [tʃiə] *v* hylle, hilse med jubel; ~ **up** oppmuntre

cheerful ['tʃiəfəl] *adj* lystig, glad

cheese [tʃi:z] *n* ost *c*

chef [ʃef] *n* kjøkkensjef *c*

chemical ['kemikəl] *adj* kjemisk

chemist ['kemist] *n* apoteker *c*; **chemist's** apotek *c*

chemistry ['kemistri] *n* kjemi *c*

cheque [tʃek] *n* sjekk *c*

cheque-book ['tʃekbuk] *n* sjekkhefte *nt*

chequered ['tʃekəd] *adj* rutet

cherry ['tʃeri] *n* kirsebær *nt*

chess [tʃes] *n* sjakk *c*

chest [tʃest] *n* bryst *nt*; brystkasse *c*; kiste *c*; ~ **of drawers** kommode *c*

chestnut ['tʃesnʌt] *n* kastanje *c*

chew [tʃu:] *v* tygge

chewing-gum ['tʃu:iŋgʌm] *n* tyggegummi *c*

chicken ['tʃikin] *n* kylling *c*; broiler *c*

chickenpox ['tʃikinpɔks] *n* vannkopper *pl*

chief [tʃi:f] *n* sjef *c*; *adj* hoved-, over-

chieftain ['tʃi:ftən] *n* høvding *c*

chilblain ['tʃilblein] *n* frostknute *c*

child [tʃaild] *n* (pl children) barn *nt*

childbirth ['tʃaildbə:θ] *n* fødsel *c*

childhood ['tʃaildhud] *n* barndom *c*

Chile ['tʃili] Chile

Chilean ['tʃiliən] *adj* chilensk; *n* chilener *c*

chill [tʃil] *n* kuldegysning *c*

chilly ['tʃili] *adj* kjølig

chimes [tʃaimz] *pl* klokkespill *nt*

chimney ['tʃimni] *n* skorstein *c*

chin [tʃin] *n* hake *c*

China ['tʃainə] Kina

china ['tʃainə] *n* porselen *nt*

Chinese [tʃai'ni:z] *adj* kinesisk; *n* kineser *c*

chink [tʃiŋk] *n* sprekk *c*

chip [tʃip] *n* flis *c*; spillemerke *nt*; *v* *slå hakk i, snitte; **chips** pommes frites

chiropodist [ki'rɔpədist] *n* fotspesialist *c*

chisel ['tʃizəl] *n* meisel *c*

chives [tʃaivz] *pl* gressløk *c*

chlorine ['klɔ:ri:n] *n* klor *c*

chock-full [tʃɔk'ful] *adj* proppfull, fullstappet

chocolate ['tʃɔklət] *n* sjokolade *c*; konfekt *c*

choice [tʃɔis] *n* valg *nt*; utvalg *nt*

choir [kwaiə] *n* kor *nt*

choke [tʃouk] *v* kveles; kvele; *n* choke *c*

*****choose** [tʃu:z] *v* *velge

chop [tʃɔp] *n* kotelett *c*; *v* hakke

Christ [kraist] Kristus

christen ['krisən] *v* døpe

christening ['krisəniŋ] *n* dåp *c*

Christian ['kristʃən] *adj* kristen; ~ **name** fornavn *nt*

Christmas ['krisməs] jul *c*

chromium ['kroumiəm] *n* krom *c*

chronic ['krɔnik] *adj* kronisk

chronological [ˌkrɔnə'lɔdʒikəl] *adj* kronologisk

chuckle ['tʃʌkəl] *v* klukke, *le

chunk [tʃʌŋk] *n* stort stykke

church [tʃə:tʃ] *n* kirke *c*

churchyard ['tʃə:tʃjɑ:d] *n* kirkegård *c*

cigar [si'gɑ:] *n* sigar *c*; ~ **shop** sigarbutikk *c*

cigarette [ˌsigə'ret] *n* sigarett *c*

cigarette-case [ˌsigə'retkeis] *n* sigarettetui *nt*

cigarette-holder [ˌsigə'ret,houldə] *n* sigarettmunnstykke *nt*

cigarette-lighter [ˌsigəˈretˌlaitə] *n* sigarettenner *c*

cinema [ˈsinəmə] *n* kino *c*

cinnamon [ˈsinəmən] *n* kanel *c*

circle [ˈsəːkəl] *n* sirkel *c*; krets *c*; balkong *c*; *v* *omgi, omringe

circulation [ˌsəːkjuˈleiʃən] *n* sirkulasjon *c*; blodomløp *nt*; omløp *nt*

circumstance [ˈsəːkəmstæns] *n* omstendighet *c*

circus [ˈsəːkəs] *n* sirkus *nt*

citizen [ˈsitizən] *n* borger *c*

citizenship [ˈsitizənʃip] *n* statsborgerskap *nt*

city [ˈsiti] *n* by *c*

civic [ˈsivik] *adj* borger-

civil [ˈsivəl] *adj* sivil; høflig; ~ **law** sivilrett *c*; ~ **servant** statstjenestemann *c*

civilian [siˈviljən] *adj* sivil; *n* sivilperson *c*

civilization [ˌsivəlaiˈzeiʃən] *n* sivilisasjon *c*

civilized [ˈsivəlaizd] *adj* sivilisert

claim [kleim] *v* kreve; *påstå; *n* krav *nt*, fordring *c*

clamp [klæmp] *n* krampe *c*; skruestikke *c*

clap [klæp] *v* klappe, applaudere

clarify [ˈklærifai] *v* *klarlegge, *klargjøre

class [klɑːs] *n* klasse *c*

classical [ˈklæsikəl] *adj* klassisk

classify [ˈklæsifai] *v* gruppere

class-mate [ˈklɑːsmeit] *n* klassekamerat *c*

classroom [ˈklɑːsruːm] *n* klasseværelse *nt*

clause [klɔːz] *n* klausul *c*

claw [klɔː] *n* klo *c*

clay [klei] *n* leire *c*

clean [kliːn] *adj* ren; *v* rense, gjøre rent

cleaning [ˈkliːniŋ] *n* rengjøring *c*; ~ **fluid** vaskemiddel *nt*

clear [kliə] *adj* klar; tydelig; *v* rydde

clearing [ˈkliəriŋ] *n* lysning *c*

cleft [kleft] *n* kløft *c*

clergyman [ˈkləːdʒimən] *n* (pl -men) prest *c*

clerk [klɑːk] *n* kontorist *c*; sekretær *c*

clever [ˈklevə] *adj* intelligent; flink, begavet, klok

client [ˈklaiənt] *n* kunde *c*; klient *c*

cliff [klif] *n* klippe *c*

climate [ˈklaimit] *n* klima *nt*

climb [klaim] *v* klatre; *n* klatring *c*

clinic [ˈklinik] *n* klinikk *c*

cloak [klouk] *n* kappe *c*

cloakroom [ˈkloukruːm] *n* garderobe *c*

clock [klɔk] *n* klokke *c*; **at ... o'clock** klokken ...

cloister [ˈklɔistə] *n* kloster *nt*

close¹ [klouz] *v* lukke; **closed** *adj* stengt, lukket

close² [klous] *adj* nær

closet [ˈklɔzit] *n* skap *nt*; garderobeskap *nt*

close-up [ˈklousʌp] *n* nærbilde *nt*

cloth [klɔθ] *n* stoff *nt*; klut *c*

clothes [klouðz] *pl* klær *pl*

clothes-brush [ˈklouðzbrʌʃ] *n* klesbørste *c*

clothing [ˈklouðiŋ] *n* klær *pl*

cloud [klaud] *n* sky *c*

cloud-burst [ˈklaudbəːst] *n* skybrudd *nt*

cloudy [ˈklaudi] *adj* skyet, overskyet

clover [ˈklouvə] *n* kløver *c*

clown [klaun] *n* klovn *c*

club [klʌb] *n* klubb *c*, forening *c*; kølle *c*, klubbe *c*

clumsy [ˈklʌmzi] *adj* klosset

clutch [klʌtʃ] *n* clutch *c*; grep *nt*

coach [koutʃ] *n* buss *c*; jernbanevogn *c*; trener *c*

coagulate [kouˈægjuleit] *v* størkne,

koagulere
coal [koul] *n* kull *nt*
coarse [kɔːs] *adj* grov
coast [koust] *n* kyst *c*
coat [kout] *n* frakk *c*, kåpe *c*
coat-hanger ['kout,hæŋə] *n* kleshenger *c*
cobweb ['kɔbweb] *n* spindelvev *c*
cocaine [kou'kein] *n* kokain *c/nt*
cock [kɔk] *n* hane *c*
cocktail ['kɔkteil] *n* cocktail *c*
coconut ['koukənʌt] *n* kokosnøtt *c*
cod [kɔd] *n* (pl ~) torsk *c*
code [koud] *n* kode *c*
coffee ['kɔfi] *n* kaffe *c*
cognac ['kɔnjæk] *n* konjakk *c*
coherence [kou'hiərəns] *n* sammenheng *c*
coin [kɔin] *n* mynt *c*
coincide [,kouin'said] *v* *falle sammen med
cold [kould] *adj* kald; *n* kulde *c*; forkjølelse *c*; *catch a ~ *bli forkjølet
collapse [kə'læps] *v* *bryte sammen
collar ['kɔlə] *n* halsbånd *nt*; krage *c*; ~ stud krageknapp *c*
collarbone ['kɔləboun] *n* kragebein *c*
colleague ['kɔliːg] *n* kollega *c*
collect [kə'lekt] *v* samle; hente, avhente; samle inn
collection [kə'lekʃən] *n* samling *c*; tømming *c*
collective [kə'lektiv] *adj* kollektiv
collector [kə'lektə] *n* samler *c*; innsamler *c*
college ['kɔlidʒ] *n* høyere læreinstitusjon *c*; høyskole *c*
collide [kə'laid] *v* kollidere
collision [kə'liʒən] *n* sammenstøt *nt*, kollisjon *c*; påseiling *c*
Colombia [kə'lɔmbiə] Colombia
Colombian [kə'lɔmbiən] *adj* colombiansk; *n* colombianer *c*

colonel ['kəːnəl] *n* oberst *c*
colony ['kɔləni] *n* koloni *c*
colour ['kʌlə] *n* farge *c*; *v* farge; ~ film fargefilm *c*
colourant ['kʌlərənt] *n* fargemiddel *nt*
colour-blind ['kʌləblaind] *adj* fargeblind
coloured ['kʌləd] *adj* farget
colourful ['kʌləfəl] *adj* fargerik
column ['kɔləm] *n* søyle *c*, pilar *c*; spalte *c*; kolonne *c*
coma ['koumə] *n* koma *c*
comb [koum] *v* gre; *n* kam *c*
combat ['kɔmbæt] *n* kamp *c*; *v* bekjempe, kjempe
combination [,kɔmbi'neiʃən] *n* kombinasjon *c*
combine [kəm'bain] *v* kombinere; sammenstille
come [kʌm] *v* *komme; ~ across støte på; *komme over
comedian [kə'miːdiən] *n* skuespiller *c*; komiker *c*
comedy ['kɔmədi] *n* komedie *c*, lystspill *nt*; **musical ~** musikkspill *nt*
comfort ['kʌmfət] *n* komfort *c*, bekvemmelighet *c*, velvære *nt*; trøst *c*; *v* trøste
comfortable ['kʌmfətəbəl] *adj* bekvem, komfortabel
comic ['kɔmik] *adj* komisk
comics ['kɔmiks] *pl* tegneserie *c*
coming ['kʌmiŋ] *n* komme *nt*; *adj* kommende
comma ['kɔmə] *n* komma *nt*
command [kə'mɑːnd] *v* befale; *n* befaling *c*
commander [kə'mɑːndə] *n* befalshavende *c*
commemoration [kə,memə'reiʃən] *n* minnefest *c*
commence [kə'mens] *v* begynne
comment ['kɔment] *n* kommentar *c*; *v*

kommentere

commerce ['kɔmɔːs] n handel c

commercial [kɔ'mɔːʃəl] adj handels-, kommersiell; n reklame c; ~ **law** handelsrett c

commission [kɔ'miʃən] n kommisjon c

commit [kɔ'mit] v *overlate, betro; *begå

committee [kɔ'miti] n komité c, utvalg nt

common ['kɔmən] adj felles; vanlig, alminnelig; simpel

commune ['kɔmjuːn] n kommune c

communicate [kɔ'mjuːnikeit] v meddele

communication [kɔ,mjuːni'keiʃən] n kommunikasjon c; meddelelse c

communiqué [kɔ'mjuːnikei] n kommuniké nt

communism ['kɔmjunizəm] n kommunisme c

communist ['kɔmjunist] n kommunist c

community [kɔ'mjuːnəti] n samfunn nt

commuter [kɔ'mjuːtə] n pendler c

compact ['kɔmpækt] adj kompakt

companion [kɔm'pænjən] n ledsager c

company ['kʌmpəni] n selskap nt; kompani nt, firma nt

comparative [kɔm'pærətiv] adj relativ

compare [kɔm'pɛə] v sammenligne

comparison [kɔm'pærisən] n sammenligning c

compartment [kɔm'pɑːtmənt] n kupé c

compass ['kʌmpəs] n kompass c/nt; passer c

compel [kɔm'pel] v overtale

compensate ['kɔmpənseit] v kompensere, erstatte

compensation [,kɔmpən'seiʃən] n kompensasjon c; skadeserstatning c

compete [kɔm'piːt] v konkurrere

competition [,kɔmpə'tiʃən] n konkurranse c

competitor [kɔm'petitər] n konkurrent c

compile [kɔm'pail] v samle

complain [kɔm'plein] v klage

complaint [kɔm'pleint] n klage c; **complaints book** klagebok c

complete [kɔm'pliːt] adj fullstendig, komplett; v fullende

completely [kɔm'pliːtli] adv helt, totalt

complex ['kɔmpleks] n kompleks nt; adj innviklet

complexion [kɔm'plekʃən] n hudfarge c

complicated ['kɔmplikeitid] adj komplisert, innviklet

compliment ['kɔmplimənt] n kompliment c; v komplimentere, ønske til lykke

compose [kɔm'pouz] v *sette sammen; komponere

composer [kɔm'pouzə] n komponist c

composition [,kɔmpə'ziʃən] n komposisjon c; sammensetning c

comprehensive [,kɔmpri'hensiv] adj omfattende

comprise [kɔm'praiz] v innbefatte, omfatte

compromise ['kɔmprəmaiz] n kompromiss nt

compulsory [kɔm'pʌlsəri] adj obligatorisk

comrade ['kɔmreid] n kamerat c

conceal [kən'siːl] v skjule

conceited [kən'siːtid] adj selvgod

conceive [kən'siːv] v oppfatte, tenke ut; forestille seg

concentrate ['kɔnsəntreit] v konsentrere

concentration [,kɔnsən'treiʃən] n konsentrasjon *c*

conception [kən'sepʃən] *n* forestilling *c*; befruktning *c*

concern [kən'sɔ:n] *v* *gjelde, *angå; *n* bekymring *c*; anliggende *nt*; bedrift *c*, foretagende *nt*

concerned [kən'sɔ:nd] *adj* bekymret; innblandet

concerning [kən'sɔ:niŋ] *prep* angående, vedrørende

concert ['kɔnsət] *n* konsert *c*; ~ **hall** konsertsal *c*

concession [kən'seʃən] *n* konsesjon *c*

concierge [ˌkɔ̃si'eəʒ] *n* vaktmester *c*

concise [kən'sais] *adj* konsis

conclusion [kən'klu:ʒən] *n* konklusjon *c*, slutning *c*

concrete ['kɔŋkri:t] *adj* konkret; *n* betong *c*

concurrence [kən'kʌrəns] *n* overensstemmelse *c*

concussion [kən'kʌʃən] *n* hjernerystelse *c*

condition [kən'diʃən] *n* vilkår *nt*; kondisjon *c*, tilstand *c*; omstendighet *c*

conditional [kən'diʃənəl] *adj* betinget

conduct[1] ['kɔndʌkt] *n* oppførsel *c*

conduct[2] [kən'dʌkt] *v* ledsage; dirigere

conductor [kən'dʌktə] *n* leder *c*; dirigent *c*

confectioner [kən'fekʃənə] *n* konditor *c*

conference ['kɔnfərəns] *n* konferanse *c*

confess [kən'fes] *v* *tilstå; skrifte; bekjenne

confession [kən'feʃən] *n* tilståelse *c*; skriftemål *nt*

confidence ['kɔnfidəns] *n* tillit *c*

confident ['kɔnfidənt] *adj* tillitsfull

confidential [ˌkɔnfi'denʃəl] *adj* konfidensiell

confirm [kən'fə:m] *v* bekrefte

confirmation [ˌkɔnfə'meiʃən] *n* bekreftelse *c*

confiscate ['kɔnfiskeit] *v* *beslaglegge, konfiskere

conflict ['kɔnflikt] *n* konflikt *c*

confuse [kən'fju:z] *v* forvirre

confusion [kən'fju:ʒən] *n* forvirring *c*

congratulate [kəŋ'grætʃuleit] *v* gratulere

congratulation [kəŋˌgrætʃu'leiʃən] *n* gratulasjon *c*, lykkønskning *c*

congregation [ˌkɔŋgri'geiʃən] *n* menighet *c*; forsamling *c*

congress ['kɔŋgres] *n* kongress *c*

connect [kə'nekt] *v* *forbinde; kople; kople til

connection [kə'nekʃən] *n* forbindelse *c*; sammenheng *c*

connoisseur [ˌkɔnə'sɔ:] *n* kjenner *c*

connotation [ˌkɔnə'teiʃən] *n* bibetydning *c*

conquer ['kɔŋkə] *v* erobre; beseire

conqueror ['kɔŋkərə] *n* erobrer *c*

conquest ['kɔŋkwest] *n* erobring *c*

conscience ['kɔnʃəns] *n* samvittighet *c*

conscious ['kɔnʃəs] *adj* bevisst

consciousness ['kɔnʃəsnəs] *n* bevissthet *c*

conscript ['kɔnskript] *n* vernepliktig *c*

consent [kən'sent] *v* samtykke; bifalle; *n* samtykke *nt*

consequence ['kɔnsikwəns] *n* følge *c*, konsekvens *c*

consequently ['kɔnsikwəntli] *adv* altså

conservative [kən'sə:vətiv] *adj* konservativ

consider [kən'sidə] *v* betrakte; overveie; *anse, mene

considerable [kən'sidərəbəl] *adj* betraktelig; betydelig, anselig

considerate [kən'sidərət] *adj* hensynsfull

consideration [kənˌsidə'reiʃən] *n* over-

veielse c; omtanke c, hensynsfull-
het c

considering [kən'sidəriŋ] *prep* i be-
traktning av

consignment [kən'sainmənt] *n* sen-
ding c

consist of [kən'sist] **bestå av

conspire [kən'spaiə] *v* sammensverge
seg

constant ['kɔnstənt] *adj* konstant

constipated ['kɔnstipeitid] *adj* for-
stoppet

constipation [ˌkɔnsti'peiʃən] *n* forstop-
pelse c

constituency [kən'stitʃuənsi] *n* valg-
krets c

constitution [ˌkɔnsti'tjuːʃən] *n* grunn-
lov c

construct [kən'strʌkt] *v* konstruere;
bygge, oppføre

construction [kən'strʌkʃən] *n* kon-
struksjon c; oppførelse c, bygning c

consul ['kɔnsəl] *n* konsul c

consulate ['kɔnsjulət] *n* konsulat nt

consult [kən'sʌlt] *v* *rådspørre

consultation [ˌkɔnsəl'teiʃən] *n* konsul-
tasjon c; ~ **hours** konsultasjonstid
c

consumer [kən'sjuːmə] *n* forbruker c

contact ['kɔntækt] *n* kontakt c; *v* kon-
takte; ~ **lenses** kontaktlinser *pl*

contagious [kən'teidʒəs] *adj* smitt-
som, smittende

contain [kən'tein] *v* *inneholde; rom-
me

container [kən'teinə] *n* beholder c;
container c

contemporary [kən'tempərəri] *adj*
samtidig

contempt [kən'tempt] *n* ringeakt c,
forakt c

content [kən'tent] *adj* tilfreds

contents ['kɔntents] *pl* innhold nt

contest ['kɔntest] *n* strid c; konkur-

ranse c

continent ['kɔntinənt] *n* kontinent nt,
verdensdel c; fastland nt

continental [ˌkɔnti'nentəl] *adj* konti-
nental

continual [kən'tinjuəl] *adj* stadig;
continually *adv* uopphørlig

continue [kən'tinjuː] *v* *fortsette

continuous [kən'tinjuəs] *adj* uavbrutt,
kontinuerlig

contour ['kɔntuə] *n* omriss nt

contraceptive [ˌkɔntrə'septiv] *n* pre-
vensjonsmiddel nt

contract[1] ['kɔntrækt] *n* kontrakt c

contract[2] [kən'trækt] *v* *pådra seg

contractor [kən'træktə] *n* entreprenør
c

contradict [ˌkɔntrə'dikt] *v* *motsi

contradictory [ˌkɔntrə'diktəri] *adj*
motstridende

contrary ['kɔntrəri] *n* det motsatte;
adj motsatt; **on the** ~ tvert imot

contrast ['kɔntraːst] *n* kontrast c,
motsetning c

contribution [ˌkɔntri'bjuːʃən] *n* bidrag
nt

control [kən'troul] *n* kontroll c; *v* kon-
trollere

controversial [ˌkɔntrə'vəːʃəl] *adj* kon-
troversiell, omstridt

convenience [kən'viːnjəns] *n* bekvem-
melighet c

convenient [kən'viːnjənt] *adj* bekvem;
passende, egnet, beleilig

convent ['kɔnvənt] *n* nonnekloster nt

conversation [ˌkɔnvə'seiʃən] *n* samtale
c

convert [kən'vəːt] *v* omvende; omreg-
ne

convict[1] [kən'vikt] *v* *finne skyldig

convict[2] ['kɔnvikt] *n* domfelt c

conviction [kən'vikʃən] *n* overbevis-
ning c; domfellelse c

convince [kən'vins] *v* overbevise

convulsion [kən'vʌlʃən] *n* krampe-trekning *c*

cook [kuk] *n* kokk *c;* *v* lage mat, til-berede

cookbook ['kukbuk] *nAm* kokebok *c*

cooker ['kukə] *n* komfyr *c;* **gas ~** gasskomfyr *c*

cookery-book ['kukəribuk] *n* kokebok *c*

cookie ['kuki] *nAm* småkake *c*

cool [ku:l] *adj* kjølig; **cooling system** kjølesystem *nt*

co-operation [kou,ɔpə'reiʃən] *n* samar-beid *nt;* medvirkning *c*

co-operative [kou'bpərətiv] *adj* koope-rativ; samarbeidsvillig; *n* samvirke-lag *nt*

co-ordinate [kou'ɔ:dineit] *v* samordne

co-ordination [kou,ɔ:di'neiʃən] *n* koor-dinasjon *c*

copper ['kɔpə] *n* kopper *nt*

copy ['kɔpi] *n* kopi *c;* avskrift *c;* ek-semplar *nt;* *v* kopiere; etterligne; **carbon ~** gjenpart *c*

coral ['kɔrəl] *n* korall *c*

cord [kɔ:d] *n* tau *nt;* snor *c*

cordial ['kɔ:diəl] *adj* hjertelig

corduroy ['kɔ:dərɔi] *n* kordfløyel *c*

core [kɔ:] *n* kjerne *c;* kjernehus *nt*

cork [kɔ:k] *n* kork *c*

corkscrew ['kɔ:kskru:] *n* korketrekker *c*

corn [kɔ:n] *n* korn *nt;* liktorn *c;* **~ on the cob** maiskolbe *c*

corner ['kɔ:nə] *n* hjørne *nt*

cornfield ['kɔ:nfi:ld] *n* kornåker *c*

corpse [kɔ:ps] *n* lik *nt*

corpulent ['kɔ:pjulənt] *adj* korpulent; tykk, fyldig

correct [kə'rekt] *adj* korrekt, riktig; *v* rette, korrigere

correction [kə'rekʃən] *n* rettelse *c*

correctness [kə'rektnəs] *n* nøyaktig-het *c*

correspond [,kɔri'spɔnd] *v* brevveksle; svare til, tilsvare

correspondence [,kɔri'spɔndəns] *n* korrespondanse *c*, brevveksling *c*

correspondent [,kɔri'spɔndənt] *n* kor-respondent *c*

corridor ['kɔridɔ:] *n* korridor *c*

corrupt [kə'rʌpt] *adj* korrupt; *v* *be-stikke

corruption [kə'rʌpʃən] *n* bestikkelse *c*

corset ['kɔ:sit] *n* korsett *nt*

cosmetics [kɔz'metiks] *pl* kosmetika *pl*

cost [kɔst] *n* kostnad *c;* pris *c*

***cost** [kɔst] *v* koste

cosy ['kouzi] *adj* koselig

cot [kɔt] *nAm* feltseng *c*

cottage ['kɔtidʒ] *n* hytte *c*

cotton ['kɔtən] *n* bomull *c;* bomulls-

cotton-wool ['kɔtənwul] *n* vatt *c*

couch [kautʃ] *n* divan *c*

cough [kɔf] *n* hoste *c;* *v* hoste

could [kud] *v* (p can)

council ['kaunsəl] *n* råd *nt;* rådsfor-samling *c*

councillor ['kaunsələ] *n* rådsmedlem *nt*

counsel ['kaunsəl] *n* råd *nt*

counsellor ['kaunsələ] *n* rådgiver *c*

count [kaunt] *v* *telle; *telle opp; medregne; *anse; *n* greve *c*

counter ['kauntə] *n* disk *c*

counterfeit ['kauntəfi:t] *v* forfalske

counterfoil ['kauntəfɔil] *n* talong *c*

counterpane ['kauntəpein] *n* senge-teppe *nt*

countess ['kauntis] *n* grevinne *c*

country ['kʌntri] *n* land *nt;* landom-råde *nt;* **~ house** landsted *nt*

countryman ['kʌntrimən] *n* (pl -men) landsmann *c*

county ['kaunti] *n* grevskap *nt*

couple ['kʌpəl] *n* par *nt*

coupon ['ku:pɔn] *n* kupong *c*

courage ['kʌridʒ] n tapperhet c, mot nt

courageous [kə'reidʒəs] adj tapper, modig

course [kɔ:s] n kurs c; rett c; løp nt; kurs nt, kursus nt; intensive ~ lynkurs nt; of ~ naturligvis, selvfølgelig

court [kɔ:t] n domstol c; hoff nt; gårdsplass c

courteous ['kɔ:tiəs] adj høflig

cousin ['kʌzən] n kusine c, fetter c

cover ['kʌvə] v dekke; n ly nt, skjul nt; lokk nt; perm c; ~ charge kuvertavgift c

cow [kau] n ku c

coward ['kauəd] n feiging c

cowardly ['kauədli] adj feig

crab [kræb] n krabbe c

crack [kræk] n smell nt; sprekk c; v *smelle; *slå i stykker, *knekke, *sprekke

cracker ['krækə] nAm kjeks c

cradle ['kreidəl] n vugge c

cramp [kræmp] n krampe c

crane [krein] n kran c

crankcase ['kræŋkkeis] n veivkasse c

crankshaft ['kræŋkʃɑ:ft] n veivaksel c

crash [kræʃ] n kollisjon c; v kollidere; styrte; ~ barrier barriere c

crate [kreit] n sprinkelkasse c

crater ['kreitə] n krater nt

crawl [krɔ:l] v krabbe; n crawl c

craze [kreiz] n mani c

crazy ['kreizi] adj gal, sinnssyk, tåpelig

creak [kri:k] v knirke

cream [kri:m] n krem c; fløte c; adj kremgul

creamy ['kri:mi] adj fløteaktig

crease [kri:s] v skrukke, krølle; n fold c; rynke c; press c

create [kri'eit] v skape; kreere

creature ['kri:tʃə] n skapning c

credible ['kredibəl] adj troverdig

credit ['kredit] n kreditt c; v *godskrive; ~ card kredittkort nt

creditor ['kreditə] n kreditor c

credulous ['kredjuləs] adj godtroende

creek [kri:k] n vik c

*creep [kri:p] v *krype

creepy ['kri:pi] adj nifs, uhyggelig

cremate [kri'meit] v kremere

cremation [kri'meiʃən] n kremering c

crew [kru:] n mannskap nt

cricket ['krikit] n cricket c; siriss c

crime [kraim] n forbrytelse c

criminal ['kriminəl] n forbryter c; adj forbrytersk, kriminell; ~ law strafferett c

criminality [,krimi'næləti] n kriminalitet c

crimson ['krimzən] adj høyrød

crippled ['kripəld] adj vanfør

crisis ['kraisis] n (pl crises) krise c

crisp [krisp] adj sprø

critic ['kritik] n kritiker c

critical ['kritikəl] adj kritisk; risikabel

criticism ['kritisizəm] n kritikk c

criticize ['kritisaiz] v kritisere

crochet ['krouʃei] v hekle

crockery ['krɔkəri] n steintøy nt

crocodile ['krɔkədail] n krokodille c

crooked ['krukid] adj kroket, fordreid; uærlig

crop [krɔp] n avling c

cross [krɔs] v *gå over; adj tverr, sint; n kors nt

cross-eyed ['krɔsaid] adj skjeløyd

crossing ['krɔsiŋ] n overfart c; kryss nt; fotgjengerovergang c; jernbaneovergang c

crossroads ['krɔsroudz] n gatekryss nt

crosswalk ['krɔswɔ:k] nAm fotgjengerovergang c

crow [krou] n kråke c

crowbar ['kroubɑ:] n brekkjern nt

crowd [kraud] n mengde c, folke-
mengde c

crowded ['kraudid] adj overfylt; tett-
pakket

crown [kraun] n krone c; v krone

crucifix ['kru:sifiks] n krusifiks nt

crucifixion [,kru:si'fikʃən] n korsfestel-
se c

crucify ['kru:sifai] v korsfeste

cruel [kruəl] adj grusom

cruise [kru:z] n sjøreise c, cruise nt

crumb [krʌm] n smule c

crusade [kru:'seid] n korstog nt

crust [krʌst] n skorpe c

crutch [krʌtʃ] n krykke c

cry [krai] v *gråte; *skrike; rope; n
skrik nt; rop nt

crystal ['kristəl] n krystall c/nt; adj
krystall-

Cuba ['kju:bə] Cuba

Cuban ['kju:bən] adj kubansk; n ku-
baner c

cube [kju:b] n kube c; terning c

cuckoo ['kuku:] n gjøk c

cucumber ['kju:kəmbə] n agurk c

cuddle ['kʌdəl] v kjæle med; klemme

cudgel ['kʌdʒəl] n kjepp c, klubbe c

cuff [kʌf] n mansjett c

cuff-links ['kʌfliŋks] pl mansjettknap-
per pl

cul-de-sac ['kʌldəsæk] n blindgate c

cultivate ['kʌltiveit] v dyrke

culture ['kʌltʃə] n kultur c

cultured ['kʌltʃəd] adj kultivert

cunning ['kʌniŋ] adj slu

cup [kʌp] n kopp c; pokal c

cupboard ['kʌbəd] n skap nt

curb [kə:b] n fortauskant c; v tøyle

cure [kjuə] v helbrede, lege; n kur c;
helbredelse c

curio ['kjuəriou] n (pl ~s) kuriositet
c

curiosity [,kjuəri'ɔsəti] n nysgjerrighet
c

curious ['kjuəriəs] adj vitebegjærlig,
nysgjerrig; merkverdig

curl [kə:l] v krølle; n krøll c

curler ['kə:lə] n hårrull c

curling-tongs ['kə:liŋtɔŋz] pl krøll-
tang c

curly ['kə:li] adj krøllet

currant ['kʌrənt] n korint c; rips c

currency ['kʌrənsi] n valuta c;
foreign ~ utenlandsk valuta

current ['kʌrənt] n strøm c; adj nåvæ-
rende, aktuell; alternating ~ vek-
selstrøm c; direct ~ likestrøm c

curry ['kʌri] n karri c

curse [kə:s] v banne; forbanne; n
banning c; forbannelse c

curtain ['kə:tən] n gardin c/nt; teppe
nt

curve [kə:v] n kurve c; krumning c

curved [kə:vd] adj krum, buet

cushion ['kuʃən] n pute c

custodian [kʌ'stoudiən] n oppsyns-
mann c

custody ['kʌstədi] n varetekt c; forva-
ring c; formynderskap nt

custom ['kʌstəm] n vane c; skikk c

customary ['kʌstəməri] adj alminne-
lig, sedvanlig, vanlig

customer ['kʌstəmə] n kunde c

Customs ['kʌstəmz] pl toll c; ~ duty
tollavgift c; ~ officer toller c

cut [kʌt] n kutt nt

*cut [kʌt] v *skjære; klippe; *skjære
ned; ~ off *skjære av; klippe av;
stenge av

cutlery ['kʌtləri] n bestikk nt

cutlet ['kʌtlət] n kotelett c

cycle ['saikəl] n sykkel c; kretsløp nt,
syklus c

cyclist ['saiklist] n syklist c

cylinder ['silində] n sylinder c; ~
head topplokk nt

cystitis [si'staitis] n blærekatarr c

Czech [tʃek] adj tsjekkoslovakisk; n

tsjekkoslovak c

Czechoslovakia [ˌtʃekəslə'vɑːkiə] Tsjekkoslovakia

D

dad [dæd] n far c

daddy ['dædi] n pappa c

daffodil ['dæfədil] n påskelilje c

daily ['deili] adj daglig; n dagsavis c

dairy ['deəri] n meieri nt

dam [dæm] n demning c

damage ['dæmidʒ] n skade c; v skade

damp [dæmp] adj fuktig; n fuktighet c; v fukte

dance [dɑːns] v danse; n dans c

dandelion ['dændilaiən] n løvetann c

dandruff ['dændrəf] n flass nt

Dane [dein] n danske c

danger ['deindʒə] n fare c

dangerous ['deindʒərəs] adj farlig

Danish ['deiniʃ] adj dansk

dare [deə] v *tore, våge; utfordre

daring ['deəriŋ] adj dristig

dark [dɑːk] adj mørk; n mørke nt

darling ['dɑːliŋ] n kjæreste c, skatt c

darn [dɑːn] v stoppe

dash [dæʃ] v styrte; n tankestrek c

dashboard ['dæʃbɔːd] n instrumentbord nt

data ['deitə] pl data pl

date¹ [deit] n dato c; avtale c; v datere; **out of** ~ umoderne

date² [deit] n daddel c

daughter ['dɔːtə] n datter c

dawn [dɔːn] n daggry nt

day [dei] n dag c; **by** ~ om dagen; ~ **trip** dagstur c; **per** ~ per dag; **the** ~ **before yesterday** i forgårs

daybreak ['deibreik] n daggry nt

daylight ['deilait] n dagslys nt; ~ **saving time** sommertid c

dead [ded] adj død

deaf [def] adj døv

deal [diːl] n transaksjon c, handel c

***deal** [diːl] v dele ut; ~ **with** *ta seg av; handle med

dealer ['diːlə] n kortgiver c, forhandler c

dear [diə] adj kjær; dyr; dyrebar

death [deθ] n død c; ~ **penalty** dødsstraff c

debate [di'beit] n debatt c

debit ['debit] n debet c

debt [det] n gjeld c

decaffeinated [diː'kæfineitid] adj kaffeinfri

deceit [di'siːt] n bedrag nt

deceive [di'siːv] v *bedra

December [di'sembə] desember

decency ['diːsənsi] n anstendighet c

decent ['diːsənt] adj anstendig

decide [di'said] v *avgjøre

decision [di'siʒən] n beslutning c, avgjørelse c

deck [dek] n dekk nt; ~ **cabin** dekkslugar c; ~ **chair** fluktstol c

declaration [ˌdeklə'reiʃən] n erklæring c; deklarasjon c

declare [di'kleə] v erklære; *oppgi; deklarere

decoration [ˌdekə'reiʃən] n dekorasjon c

decrease [diː'kriːs] v minke, minske; *avta; n nedgang c

dedicate ['dedikeit] v hellige

deduce [di'djuːs] v utlede

deduct [di'dʌkt] v *trekke fra

deed [diːd] n handling c, gjerning c

deep [diːp] adj dyp

deep-freeze [ˌdiːp'friːz] n dypfryser c

deer [diə] n (pl ~) hjort c

defeat [di'fiːt] v *overvinne; n nederlag nt

defective [di'fektiv] adj mangelfull

defence [di'fens] n forsvar nt; vern nt

defend [di'fend] v forsvare

deficiency [di'fiʃənsi] n mangel c

deficit ['defisit] n underskudd nt

define [di'fain] v bestemme, definere

definite ['definit] adj bestemt

definition [ˌdefi'niʃən] n definisjon c

deformed [di'fɔːmd] adj misdannet, vanskapt

degree [di'griː] n grad c

delay [di'lei] v forsinke; *utsette; n forsinkelse c; utsettelse c

delegate ['deligət] n utsending c

delegation [ˌdeli'geiʃən] n delegasjon c

deliberate¹ [di'libəreit] v overveie, *rådslå

deliberate² [di'libərət] adj overlagt

deliberation [diˌlibə'reiʃən] n overveielse c, rådslagning c

delicacy ['delikəsi] n lekkerbisken c; finfølelse c

delicate ['delikət] adj delikat

delicatessen [ˌdelikə'tesən] n delikatesse c; delikatesseforretning c

delicious [di'liʃəs] adj deilig, lekker

delight [di'lait] n glede c, fryd c; v glede

delightful [di'laitfəl] adj henrivende, herlig

deliver [di'livə] v levere, avlevere

delivery [di'livəri] n levering c, leveranse c; nedkomst c; ~ **van** varebil c

demand [di'maːnd] v behøve, forlange; n krav nt; etterspørsel c

democracy [di'mɔkrəsi] n demokrati nt

democratic [ˌdemə'krætik] adj demokratisk

demolish [di'mɔliʃ] v *rive ned; *ødelegge

demolition [ˌdemə'liʃən] n nedrivning c

demonstrate ['demənstreit] v bevise; demonstrere

demonstration [ˌdemən'streiʃən] n demonstrasjon c

den [den] n hi nt; hule c

Denmark ['denmaːk] Danmark

denomination [diˌnɔmi'neiʃən] n benevnelse c; trosretning c; verdienhet c

dense [dens] adj tett

dent [dent] n bulk c

dentist ['dentist] n tannlege c

denture ['dentʃə] n gebiss nt

deny [di'nai] v benekte; nekte

deodorant [diː'oudərənt] n deodorant c

depart [di'paːt] v reise bort, *gå sin vei; *avgå ved døden

department [di'paːtmənt] n avdeling c, departement nt; ~ **store** stormagasin nt

departure [di'paːtʃə] n avreise c

dependant [di'pendənt] adj avhengig

depend on [di'pend] bero på

deposit [di'pɔzit] n depositum nt; pant c; bunnfall nt, avleiring c; v deponere

depository [di'pɔzitəri] n lager nt

depot ['depou] n lagerplass c; stasjon c

depress [di'pres] v tynge ned

depressing [di'presiŋ] adj deprimerende

depression [di'preʃən] n depresjon c; lavtrykk nt; nedgang c

deprive of [di'praiv] *frata

depth [depθ] n dybde c

deputy ['depjuti] n deputert c; stedfortreder c

descend [di'send] v *gå ned

descendant [di'sendənt] n etterkommer c

descent [di'sent] n nedstigning c

describe [di'skraib] v *beskrive

description [di'skripʃən] n beskrivelse

desert[1] [ˈdezət] n ørken c; adj øde
desert[2] [diˈzə:t] v desertere; *forlate
deserve [diˈzə:v] v fortjene
design [diˈzain] v tegne opp; n utkast nt; hensikt c
designate [ˈdezigneit] v peke ut
desirable [diˈzaiərəbəl] adj attråverdig, ønskelig
desire [diˈzaiə] n ønske nt; lyst c, begjær nt; v ønske, attrå, begjære
desk [desk] n skrivebord nt; kateter nt; pult c
despair [diˈspɛə] n håpløshet c; v fortvile
despatch [diˈspætʃ] v avsende
desperate [ˈdespərət] adj fortvilet
despise [diˈspaiz] v forakte
despite [diˈspait] prep tross
dessert [diˈzə:t] n dessert c
destination [ˌdestiˈneiʃən] n bestemmelsessted nt
destine [ˈdestin] v bestemme
destiny [ˈdestini] n skjebne c, lodd c
destroy [diˈstroi] v *ødelegge, *tilintetgjøre
destruction [diˈstrʌkʃən] n ødeleggelse c; undergang c
detach [diˈtætʃ] v løsne
detail [ˈdi:teil] n detalj c
detailed [ˈdi:teild] adj detaljert, utførlig
detect [diˈtekt] v oppdage
detective [diˈtektiv] n detektiv c; ~ story detektivroman c
detergent [diˈtə:dʒənt] n vaskepulver nt
determine [diˈtə:min] v *fastsette, bestemme
determined [diˈtə:mind] adj målbevisst
detour [ˈdi:tuə] n omvei c; omkjøring c
devaluation [ˌdi:væljuˈeiʃən] n deva-

luering c
devalue [ˌdi:ˈvælju:] v devaluere
develop [diˈveləp] v utvikle; fremkalle
development [diˈveləpmənt] n utvikling c
deviate [ˈdi:vieit] v *avvike
devil [ˈdevəl] n djevel c
devise [diˈvaiz] v uttenke
devote [diˈvout] v *hengi
dew [dju:] n dugg c
diabetes [ˌdaiəˈbi:ti:z] n sukkersyke c, diabetes c
diabetic [ˌdaiəˈbetik] n diabetiker c, sukkersykepasient c
diagnose [ˌdaiəgˈnouz] v stille en diagnose; konstatere
diagnosis [ˌdaiəgˈnousis] n (pl -ses) diagnose c
diagonal [daiˈægənəl] n diagonal c; adj diagonal
diagram [ˈdaiəgræm] n diagram nt; grafisk fremstilling
dialect [ˈdaiəlekt] n dialekt c
diamond [ˈdaiəmənd] n diamant c
diaper [ˈdaiəpə] nAm bleie c
diaphragm [ˈdaiəfræm] n mellomgulv nt
diarrhoea [daiəˈriə] n diaré c
diary [ˈdaiəri] n almanakk c; dagbok c
dictaphone [ˈdiktəfoun] n diktafon c
dictate [dikˈteit] v diktere
dictation [dikˈteiʃən] n diktat c
dictator [dikˈteitə] n diktator c
dictionary [ˈdikʃənəri] n ordbok c
did [did] v (p do)
die [dai] v dø
diesel [ˈdi:zəl] n diesel c
diet [ˈdaiət] n diett c
differ [ˈdifə] v *være forskjellig
difference [ˈdifərəns] n forskjell c
different [ˈdifərənt] adj forskjellig; annerledes
difficult [ˈdifikəlt] adj vanskelig; vrien

difficulty ['difikəlti] n vanskelighet c; møye c

*dig [dig] v grave

digest [di'dʒest] v fordøye

digestible [di'dʒestəbəl] adj fordøyelig

digestion [di'dʒestʃən] n fordøyelse c

digit ['didʒit] n siffer nt

dignified ['dignifaid] adj verdig

dike [daik] n dike nt; demning c

dilapidated [di'læpideitid] adj forfallen

diligence ['dilidʒəns] n flid c

diligent ['dilidʒənt] adj flittig

dilute [dai'lju:t] v spe opp, fortynne

dim [dim] adj dunkel, matt; uklar, utydelig

dine [dain] v spise middag

dinghy ['diŋgi] n jolle c

dining-car ['dainiŋka:] n spisevogn c

dining-room ['dainiŋru:m] n spisestue c; spisesal c

dinner ['dinə] n middag c; lunsj c, aftensmat c

dinner-jacket ['dinə,dʒækit] n smoking c

dinner-service ['dinə,sə:vis] n servise nt

diphtheria [dif'θiəriə] n difteri c

diploma [di'plouma] n diplom nt

diplomat ['dipləmət] n diplomat c

direct [di'rekt] adj direkte, likefrem; v rette; veilede; styre; regissere

direction [di'rekʃən] n retning c; direktiv nt; regi c; styre nt, veiledning c; directional signal Am retningsviser c; directions for use bruksanvisning c

directive [di'rektiv] n direktiv nt

director [di'rektə] n direktør c; regissør c

dirt [də:t] n skitt c

dirty ['də:ti] adj skitten, svart

disabled [di'seibəld] adj vanfør, invalid

disadvantage [,disəd'va:ntidʒ] n ulempe c

disagree [,disə'gri:] v *være uenig

disagreeable [,disə'gri:əbəl] adj ubehagelig

disappear [,disə'piə] v *forsvinne

disappoint [,disə'point] v skuffe

disappointment [,disə'pointmənt] n skuffelse c

disapprove [,disə'pru:v] v misbillige

disaster [di'za:stə] n katastrofe c; ulykke c

disastrous [di'za:strəs] adj katastrofal

disc [disk] n skive c; grammofonplate c; slipped ~ skiveprolaps c

discard [di'ska:d] v kassere

discharge [dis'tʃa:dʒ] v lesse av, losse; ~ of *frita for

discipline ['disiplin] n disiplin c

discolour [di'skʌlə] v farge av

disconnect [,diskə'nekt] v utkople; *ta ut kontakten

discontented [,diskən'tentid] adj misfornøyd

discontinue [,diskən'tinju:] v stanse, opphøre

discount ['diskaunt] n rabatt c, avslag nt

discover [di'skʌvə] v oppdage

discovery [di'skʌvəri] n oppdagelse c

discuss [di'skʌs] v diskutere; debattere

discussion [di'skʌʃən] n diskusjon c; samtale c, debatt c

disease [di'zi:z] n sykdom c

disembark [,disim'ba:k] v *gå fra borde, *gå i land

disgrace [dis'greis] n skam c

disguise [dis'gaiz] v forkle seg; n forkledning c

disgusting [dis'gʌstiŋ] adj motbydelig, avskyelig

dish [diʃ] n tallerken c; fat nt; rett c

dishonest [di'sɔnist] *adj* uærlig

disinfect [,disin'fekt] *v* desinfisere

disinfectant [,disin'fektənt] *n* desinfiserende middel

dislike [di'slaik] *v* mislike, avsky; *n* motvilje *c*, avsky *c*, antipati *c*

dislocated ['disləkeitid] *adj* gått av ledd

dismiss [dis'mis] *v* sende bort; *gi sparken, avskjedige

disorder [di'sɔ:də] *n* uorden *c*

dispatch [di'spætʃ] *v* avsende, sende av sted

display [di'splei] *v* utstille; vise; *n* utstilling *c*

displease [di'spli:z] *v* mishage

disposable [di'spouzəbəl] *adj* engangs-

disposal [di'spouzəl] *n* disposisjon *c*

dispose of [di'spouz] kvitte seg med

dispute [di'spju:t] *n* ordstrid *c*; krangel *c/nt*, tvist *c*; *v* *strides, *bestride

dissatisfied [di'sætisfaid] *adj* utilfreds

dissolve [di'zɔlv] *v* oppløse

dissuade from [di'sweid] fraråde

distance ['distəns] *n* avstand *c*; ~ in kilometres kilometertall *nt*

distant ['distənt] *adj* fjern

distinct [di'stiŋkt] *adj* tydelig; forskjellig

distinction [di'stiŋkʃən] *n* forskjell *c*

distinguish [di'stiŋgwiʃ] *v* skjelne, *gjøre forskjell

distinguished [di'stiŋgwiʃt] *adj* fremstående

distress [di'stres] *n* nød *c*; bedrøvelse *c*; ~ signal nødsignal *nt*

distribute [di'stribju:t] *v* utdele

distributor [di'stribjutə] *n* eneforhandler *c*; strømfordeler *c*

district ['distrikt] *n* distrikt *nt*; kvarter *nt*

disturb [di'stə:b] *v* forstyrre

disturbance [di'stə:bəns] *n* forstyrrelse *c*; forvirring *c*

ditch [ditʃ] *n* grøft *c*

dive [daiv] *v* dukke, stupe

diversion [dai'və:ʃən] *n* omkjøring *c*; atspredelse *c*

divide [di'vaid] *v* dele; fordele; skille

divine [di'vain] *adj* guddommelig

division [di'viʒən] *n* deling *c*; atskillelse *c*; avdeling *c*

divorce [di'vɔ:s] *n* skilsmisse *c*; *v* skilles

dizziness ['dizinəs] *n* svimmelhet *c*

dizzy ['dizi] *adj* svimmel

*do [du:] *v* *gjøre; *være tilstrekkelig

dock [dɔk] *n* dokk *c*; kai *c*; *v* *dokksette; *legge til kai

docker ['dɔkə] *n* havnearbeider *c*

doctor ['dɔktə] *n* lege *c*; doktor *c*

document ['dɔkjumənt] *n* dokument *nt*

dog [dɔg] *n* hund *c*

dogged ['dɔgid] *adj* sta

doll [dɔl] *n* dukke *c*

dome [doum] *n* kuppel *c*

domestic [də'mestik] *adj* hus-; innenlands; *n* tjener *c*

domicile ['dɔmisail] *n* bopel *c*

domination [,dɔmi'neiʃən] *n* dominering *c*

dominion [də'minjən] *n* herredømme *nt*

donate [dou'neit] *v* skjenke

donation [dou'neiʃən] *n* donasjon *c*

done [dʌn] *v* (pp do)

donkey ['dɔŋki] *n* esel *nt*

donor ['dounə] *n* donator *c*; giver *c*

door [dɔ:] *n* dør *c*; revolving ~ svingdør *c*; sliding ~ skyvedør *c*

doorbell ['dɔ:bel] *n* ringeklokke *c*

door-keeper ['dɔ:,ki:pə] *n* dørvokter *c*

doorman ['dɔ:mən] *n* (pl -men) portier c

dormitory ['dɔ:mitri] n sovesal c

dose [dous] n dose c

dot [dɔt] n punkt nt

double ['dʌbəl] adj dobbel

doubt [daut] v tvile, betvile; n tvil c; **without** ~ uten tvil

doubtful ['dautfəl] adj tvilsom; usikker

dough [dou] n deig c; penger pl

down[1] [daun] adv ned, nedover; over ende; adj nedslått; prep nedover, langs; ~ **payment** nedbetaling c

down[2] [daun] n dun nt

downpour ['daunpɔ:] n øsregn nt

downstairs [,daun'steəz] adv ned

downstream [,daun'stri:m] adv med strømmen

down-to-earth [,dauntu'ə:θ] adj nøktern

downwards ['daunwədz] adv nedover

dozen ['dʌzən] n (pl ~, ~s) dusin c

draft [drɑ:ft] n veksel c; utkast nt

drag [dræg] v slepe

dragon ['drægən] n drake c

drain [drein] v drenere; n avløp nt

drama ['drɑ:mə] n drama nt; skuespill nt

dramatic [drə'mætik] adj dramatisk

dramatist ['dræmətist] n dramatiker c

drank [dræŋk] v (p drink)

draper ['dreipə] n manufakturhandler c

drapery ['dreipəri] n tekstilvarer pl

draught [drɑ:ft] n trekk c; **draughts** damspill nt

draught-board ['drɑ:ftbɔ:d] n dambrett nt

draw [drɔ:] n trekning c

*draw [drɔ:] v tegne; *trekke; heve; ~ **up** avfatte, *sette opp

drawbridge ['drɔ:bridʒ] n vindebro c

drawer ['drɔ:ə] n skuff c; **drawers**

underbukse c

drawing ['drɔ:iŋ] n tegning c

drawing-pin ['drɔ:iŋpin] n tegnestift c

drawing-room ['drɔ:iŋru:m] n salong c

dread [dred] v frykte; n frykt c

dreadful ['dredfəl] adj fryktelig, forferdelig

dream [dri:m] n drøm c

*dream [dri:m] v drømme

dress [dres] v kle på; kle på seg, kle seg; *forbinde; n kjole c

dressing-gown ['dresiŋgaun] n morgenkåpe c

dressing-room ['dresiŋru:m] n påkledningsrom nt

dressing-table ['dresiŋ,teibəl] n toalettbord nt

dressmaker ['dres,meikə] n sydame c

drill [dril] v bore; trene; n bor nt

drink [driŋk] n drink c, drikk c

*drink [driŋk] v *drikke

drinking-water ['driŋkiŋ,wɔ:tə] n drikkevann nt

drip-dry [,drip'drai] adj strykefri

drive [draiv] n veg c; kjøretur c

*drive [draiv] v kjøre; føre

driver ['draivə] n fører c

drizzle ['drizəl] n duskregn nt

drop [drɔp] v *la falle; n dråpe c

drought [draut] n tørke c

drown [draun] v drukne; ***be drowned** drukne

drug [drʌg] n narkotika c; medisin c

drugstore ['drʌgstɔ:] nAm apotek nt; varehus nt

drum [drʌm] n tromme c

drunk [drʌŋk] adj (pp drink) full, beruset

dry [drai] adj tørr; v tørke

dry-clean [,drai'kli:n] v rense

dry-cleaner's [,drai'kli:nəz] n renseri nt

dryer ['draiə] n tørketrommel c, tør-

keapparat *nt*
duchess [dʌtʃis] *n* hertuginne *c*
duck [dʌk] *n* and *c*
due [dju:] *adj* ventet; skyldig; forfalt til betaling
dues [dju:z] *pl* avgifter *pl*
dug [dʌg] *v* (p, pp dig)
duke [dju:k] *n* hertug *c*
dull [dʌl] *adj* kjedelig; matt; sløv
dumb [dʌm] *adj* stum; dum
dune [dju:n] *n* sanddyne *c*
dung [dʌŋ] *n* gjødsel *c*
dunghill [ˈdʌŋhil] *n* gjødseldynge *c*
duration [djuˈreiʃən] *n* varighet *c*
during [ˈdjuəriŋ] *prep* under, i løpet av
dusk [dʌsk] *n* tusmørke *nt*
dust [dʌst] *n* støv *nt*
dustbin [ˈdʌstbin] *n* søppelkasse *c*
dusty [ˈdʌsti] *adj* støvet
Dutch [dʌtʃ] *adj* hollandsk, nederlandsk
Dutchman [ˈdʌtʃmən] *n* (pl -men) nederlender *c*, hollender *c*
dutiable [ˈdjuːtiəbəl] *adj* avgiftspliktig
duty [ˈdjuːti] *n* plikt *c*; oppgave *c*; innførselstoll *c*; **Customs ~** tollavgift *c*
duty-free [ˌdjuːtiˈfriː] *adj* tollfri
dwarf [dwɔ:f] *n* dverg *c*
dye [dai] *v* farge; *n* farge *c*
dynamo [ˈdainəmou] *n* (pl ~s) dynamo *c*
dysentery [ˈdisəntri] *n* dysenteri *c*

E

each [i:tʃ] *adj* hver; **~ other** hverandre
eager [ˈiːgə] *adj* ivrig, utålmodig
eagle [ˈiːgəl] *n* ørn *c*
ear [iə] *n* øre *nt*

earache [ˈiəreik] *n* øreverk *c*
ear-drum [ˈiədrʌm] *n* trommehinne *c*
earl [ə:l] *n* greve *c*
early [ˈə:li] *adj* tidlig
earn [ə:n] *v* tjene; fortjene
earnest [ˈə:nist] *n* alvor *nt*
earnings [ˈə:niŋz] *pl* inntekt *c*
earring [ˈiəriŋ] *n* øredobb *c*
earth [ə:θ] *n* jord *c*; bakke *c*
earthenware [ˈə:θənweə] *n* steintøy *nt*
earthquake [ˈə:θkweik] *n* jordskjelv *c/nt*
ease [i:z] *n* letthet *c*, utvungenhet *c*; velbefinnende *nt*
east [i:st] *n* øst *c*
Easter [ˈi:stə] påske *c*
easterly [ˈi:stəli] *adj* østlig
eastern [ˈi:stən] *adj* østlig, østre
easy [ˈi:zi] *adj* lett; bekvem; **~ chair** lenestol *c*
easy-going [ˈi:ziˌgouiŋ] *adj* avslappet
***eat** [i:t] *v* spise
eavesdrop [ˈi:vzdrɔp] *v* sniklytte
ebony [ˈebəni] *n* ibenholt *c/nt*
eccentric [ikˈsentrik] *adj* eksentrisk
echo [ˈekou] *n* (pl ~es) gjenlyd *c*, ekko *nt*
eclipse [iˈklips] *n* formørkelse *c*
economic [ˌi:kəˈnɔmik] *adj* økonomisk
economical [ˌi:kəˈnɔmikəl] *adj* økonomisk, sparsommelig
economist [iˈkɔnəmist] *n* økonom *c*
economize [iˈkɔnəmaiz] *v* spare
economy [iˈkɔnəmi] *n* økonomi *c*
ecstasy [ˈekstəzi] *n* ekstase *c*
Ecuador [ˈekwədɔ:] Ecuador
Ecuadorian [ˌekwəˈdɔ:riən] *n* ecuadorianer *c*
eczema [ˈeksimə] *n* eksem *c/nt*
edge [edʒ] *n* kant *c*
edible [ˈedibəl] *adj* spiselig
edition [iˈdiʃən] *n* utgave *c*; **morning ~** morgenutgave *c*
editor [ˈeditə] *n* redaktør *c*

educate ['edʒukeit] v *oppdra, utdanne

education [,edʒu'keiʃən] n utdannelse c; oppdragelse c

eel [i:l] n ål c

effect [i'fekt] n effekt c, virkning c; v *frembringe; in ~ faktisk

effective [i'fektiv] adj effektiv, virkningsfull

efficient [i'fiʃənt] adj virkningsfull, effektiv

effort ['efət] n anstrengelse c; bestrebelse c; prestasjon c

egg [eg] n egg nt

egg-cup ['egkʌp] n eggeglass nt

eggplant ['egpla:nt] n aubergine c

egg-yolk ['egjouk] n eggeplomme c

egoistic [,egou'istik] adj egoistisk

Egypt ['i:dʒipt] Egypt

Egyptian [i'dʒipʃən] adj egyptisk; n egypter c

eiderdown ['aidədaun] n ederdun nt; dyne c

eight [eit] num åtte

eighteen [,ei'ti:n] num atten

eighteenth [,ei'ti:nθ] num attende

eighth [eitθ] num åttende

eighty ['eiti] num åtti

either ['aiðə] pron den ene eller den andre; either ... or enten ... eller

elaborate [i'læbəreit] v utdype

elastic [i'læstik] adj elastisk; tøyelig; ~ band strikk c

elasticity [,elæ'stisəti] n tøyelighet c

elbow ['elbou] n albue c

elder ['eldə] adj eldre

elderly ['eldəli] adj eldre

elect [i'lekt] v *velge

election [i'lekʃən] n valg nt

electric [i'lektrik] adj elektrisk; ~ cord ledning c; ~ razor barbermaskin c

electrician [,ilek'triʃən] n elektriker c

electricity [,ilek'trisəti] n elektrisitet c

electronic [ilek'trɔnik] adj elektronisk

elegance ['eligəns] n eleganse c

elegant ['eligənt] adj elegant

element ['elimənt] n element nt, bestanddel c

elephant ['elifənt] n elefant c

elevator ['eliveitə] nAm heis c

eleven [i'levən] num elleve

eleventh [i'levənθ] num ellevte

elf [elf] n (pl elves) alv c

eliminate [i'limineit] v fjerne; avskaffe

elm [elm] n alm c

else [els] adv ellers

elsewhere [,el'sweə] adv annetsteds

elucidate [i'lu:sideit] v *klargjøre

emancipation [i,mænsi'peiʃən] n frigjøring c

embankment [im'bæŋkmənt] n bredd c; demning c

embargo [em'ba:gou] n (pl ~es) beslag nt; handelsforbud nt

embark [im'ba:k] v *gå om bord

embarkation [,emba:'keiʃən] n innskipning c

embarrass [im'bærəs] v *gjøre brydd, *gjøre forlegen; sjenere; embarrassed brydd, forlegen; embarrassing pinlig

embassy ['embəsi] n ambassade c

emblem ['embləm] n emblem nt; symbol nt

embrace [im'breis] v omfavne; n omfavnelse c

embroider [im'brɔidə] v brodere

embroidery [im'brɔidəri] n broderi nt

emerald ['emərəld] n smaragd c

emergency [i'mə:dʒənsi] n krisesituasjon c, nødstilfelle nt; ~ exit nødutgang c

emigrant ['emigrənt] n utvandrer c

emigrate ['emigreit] v utvandre

emigration [,emi'greiʃən] n emigrasjon c

emotion [i'mouʃən] *n* sinnsbevegelse c, følelse c

emperor ['empərə] *n* keiser c

emphasize ['emfəsaiz] *v* understreke

empire ['empaiə] *n* imperium *nt*, keiserdømme *nt*

employ [im'plɔi] *v* *ansette; anvende

employee [,emplɔi'i:] *n* lønnstaker c, ansatt c

employer [im'plɔiə] *n* arbeidsgiver c

employment [im'plɔimənt] *n* beskjeftigelse c, arbeid *nt*; ~ **exchange** arbeidsformidling c

empress ['empris] *n* keiserinne c

empty ['empti] *adj* tom; *v* tømme

enable [i'neibəl] *v* *sette i stand

enamel [i'næməl] *n* emalje c

enamelled [i'næməld] *adj* emaljert

enchanting [in'tʃɑ:ntiŋ] *adj* bedårende, henrivende

encircle [in'sɔ:kəl] *v* omringe, *omgi; innsirkle

enclose [iŋ'klouz] *v* *vedlegge

enclosure [iŋ'klouʒə] *n* vedlegg *nt*

encounter [iŋ'kauntə] *v* møte; *n* møte *nt*

encourage [iŋ'kʌridʒ] *v* oppmuntre

encyclopaedia [en,saiklə'pi:diə] *n* leksikon *nt*

end [end] *n* ende c, slutt c; *v* slutte; opphøre

ending ['endiŋ] *n* avslutning c

endless ['endləs] *adj* uendelig

endorse [in'dɔ:s] *v* endossere, *skrive bak på

endure [in'djuə] *v* *utholde

enemy ['enəmi] *n* fiende c

energetic [,enə'dʒetik] *adj* energisk

energy ['enədʒi] *n* energi c; kraft c

engage [iŋ'geidʒ] *v* *ansette; bestille; forplikte seg; **engaged** forlovet; opptatt

engagement [iŋ'geidʒmənt] *n* forlovelse c; forpliktelse c; avtale c; ~

ring forlovelsesring c

engine ['endʒin] *n* maskin c, motor c; lokomotiv *nt*

engineer [,endʒi'niə] *n* ingeniør c

England ['iŋglənd] England

English ['iŋgliʃ] *adj* engelsk

Englishman ['iŋgliʃmən] *n* (pl -men) engelskmann c

engrave [iŋ'greiv] *v* gravere

engraving [iŋ'greiviŋ] *n* trykk *nt*; kopperstikk *nt*

enigma [i'nigmə] *n* gåte c

enjoy [in'dʒɔi] *v* *nyte, *ha glede av

enjoyable [in'dʒɔiəbəl] *adj* behagelig, hyggelig, morsom; deilig

enjoyment [in'dʒɔimənt] *n* nytelse c

enlarge [in'lɑ:dʒ] *v* forstørre; utvide

enlargement [in'lɑ:dʒmənt] *n* forstørrelse c

enormous [i'nɔ:məs] *adj* enorm, kolossal

enough [i'nʌf] *adv* nok; *adj* tilstrekkelig

enquire [iŋ'kwaiə] *v* *forespørre; undersøke

enquiry [iŋ'kwaiəri] *n* forespørsel c; undersøkelse c; rundspørring c

enter ['entə] *v* *gå inn, *tre inn i; *innskrive

enterprise ['entəpraiz] *n* virksomhet c; driftighet c

entertain [,entə'tein] *v* *underholde, more; beverte

entertainer [,entə'teinə] *n* underholder c

entertaining [,entə'teiniŋ] *adj* morsom, underholdende

entertainment [,entə'teinmənt] *n* underholdning c, forlystelse c

enthusiasm [in'θju:ziæzəm] *n* entusiasme c

enthusiastic [in,θju:zi'æstik] *adj* entusiastisk

entire [in'taiə] *adj* hel

entirely [in'taiəli] adv helt

entrance ['entrəns] n inngang c; adgang c; inntreden c

entrance-fee ['entrənsfi:] n inngangspenger pl

entry ['entri] n inngang c, adgang c; innføring c; **no ~** adgang forbudt

envelope ['envəloup] n konvolutt c

envious ['enviəs] adj sjalu, misunnelig

environment [in'vaiərənmənt] n miljø nt; omgivelser pl

envoy ['envɔi] n sendemann c

envy ['envi] n misunnelse c; v misunne

epic ['epik] n epos nt; adj episk

epidemic [,epi'demik] n epidemi c

epilepsy ['epilepsi] n epilepsi c

epilogue ['epilɔg] n epilog c

episode ['episoud] n episode c

equal ['i:kwəl] adj lik; n likemann c; v måle seg med

equality [i'kwɔləti] n likhet c

equalize ['i:kwəlaiz] v utjevne

equally ['i:kwəli] adv like

equator [i'kweitə] n ekvator c

equip [i'kwip] v utruste, utstyre

equipment [i'kwipmənt] n utstyr nt

equivalent [i'kwivələnt] adj motsvarende, tilsvarende

eraser [i'reizə] n viskelær nt

erect [i'rekt] v reise; adj oppreist, stående

err [ə:] v feile

errand ['erənd] n ærend nt

error ['erə] n feiltakelse c, feil c

escalator ['eskəleitə] n rulletrapp c

escape [i'skeip] v *unnslippe; *unngå, flykte; n flukt c

escort¹ ['eskɔ:t] n eskorte c

escort² [i'skɔ:t] v ledsage

especially [i'speʃəli] adv især, først og fremst

esplanade [,esplə'neid] n esplanade c

essay ['esei] n essay nt; stil c, avhandling c

essence ['esns] n essens c; vesen nt, kjerne c

essential [i'senʃəl] adj uunnværlig; vesentlig

essentially [i'senʃəli] adv først og fremst

establish [i'stæbliʃ] v etablere; *fastslå

estate [i'steit] n eiendom c

esteem [i'sti:m] n aktelse c, respekt c; v akte

estimate¹ ['estimeit] v vurdere, taksere, *verdsette

estimate² ['estimət] n vurdering c

estuary ['estʃuəri] n elvemunning c

etcetera [et'setərə] og så videre

etching ['etʃiŋ] n radering c

eternal [i'tə:nəl] adj evig

eternity [i'tə:nəti] n evighet c

ether ['i:θə] n eter c

Ethiopia [iθi'oupiə] Etiopia

Ethiopian [iθi'oupiən] adj etiopisk; n etiopier c

Europe ['juərəp] Europa

European [,juərə'pi:ən] adj europeisk; n europeer c

evacuate [i'vækjueit] v evakuere

evaluate [i'væljueit] v vurdere

evaporate [i'væpəreit] v fordampe

even ['i:vən] adj jevn, like, plan; konstant; adv endog

evening ['i:vniŋ] n kveld c; **~ dress** selskapsantrekk nt

event [i'vent] n begivenhet c

eventual [i'ventʃuəl] adj mulig; endelig

ever ['evə] adv noen gang; alltid

every ['evri] adj hver

everybody ['evri,bɔdi] pron enhver

everyday ['evridei] adj daglig

everyone ['evriwʌn] pron enhver

everything ['evriθiŋ] pron alt

everywhere ['evriwɛə] *adv* overalt

evidence ['evidəns] *n* bevis *nt*

evident ['evidənt] *adj* tydelig

evil ['i:vəl] *n* onde *nt; adj* ondsinnet, ond

evolution [ˌi:və'lu:ʃən] *n* evolusjon *c*

exact [igˈzækt] *adj* nøyaktig

exactly [igˈzæktli] *adv* akkurat

exaggerate [igˈzædʒəreit] *v* *overdrive

examination [igˌzæmiˈneiʃən] *n* eksamen *c;* undersøkelse *c;* forhør *nt*

examine [igˈzæmin] *v* undersøke

example [igˈzɑ:mpəl] *n* eksempel *nt; for* ~ for eksempel

excavation [ˌekskəˈveiʃən] *n* utgravning *c*

exceed [ikˈsi:d] *v* *overskride; *overgå

excel [ikˈsel] *v* utmerke seg

excellent ['eksələnt] *adj* fremragende, utmerket

except [ikˈsept] *prep* unntatt

exception [ikˈsepʃən] *n* unntak *nt*

exceptional [ikˈsepʃənəl] *adj* usedvanlig, enestående

excerpt ['eksɔ:pt] *n* utdrag *nt*

excess [ikˈses] *n* utskeielse *c;* overdrivelse *c*

excessive [ikˈsesiv] *adj* overdreven

exchange [iksˈtʃeindʒ] *v* bytte, veksle, utveksle; *n* bytte *nt;* børs *c;* ~ office vekslingskontor *nt;* ~ rate valutakurs *c*

excite [ikˈsait] *v* opphisse

excitement [ikˈsaitmənt] *n* opphisselse *c;* spenning *c*

exciting [ikˈsaitiŋ] *adj* spennende

exclaim [ikˈskleim] *v* *utbryte

exclamation [ˌekskləˈmeiʃən] *n* utrop *nt*

exclude [ikˈsklu:d] *v* utelukke

exclusive [ikˈsklu:siv] *adj* eksklusiv

exclusively [ikˈsklu:sivli] *adv* utelukkende

excursion [ikˈskə:ʃən] *n* utflukt *c*

excuse[1] [ikˈskju:s] *n* unnskyldning *c*

excuse[2] [ikˈskju:z] *v* unnskylde

execute ['eksikju:t] *v* utføre

execution [ˌeksiˈkju:ʃən] *n* henrettelse *c*

executioner [ˌeksiˈkju:ʃənə] *n* bøddel *c*

executive [igˈzekjutiv] *adj* administrerende; *n* utøvende makt; direktør *c*

exempt [igˈzempt] *v* *frita; *adj* fritatt

exemption [igˈzempʃən] *n* fritakelse *c*

exercise ['eksəsaiz] *n* øvelse *c;* oppgave *c; v* øve; utøve

exhale [eksˈheil] *v* puste ut

exhaust [igˈzɔ:st] *n* eksosrør *nt; v* utmatte; ~ **gases** eksos *c*

exhibit [igˈzibit] *v* utstille; fremvise, oppvise

exhibition [ˌeksiˈbiʃən] *n* utstilling *c*

exile ['eksail] *n* eksil *nt;* landflyktig *c*

exist [igˈzist] *v* eksistere

existence [igˈzistəns] *n* eksistens *c*

exit ['eksit] *n* utgang *c;* utkjørsel *c*

exotic [igˈzɔtik] *adj* eksotisk

expand [ikˈspænd] *v* utvide; utbre; utfolde

expect [ikˈspekt] *v* vente

expectation [ˌekspekˈteiʃən] *n* forventning *c*

expedition [ˌekspəˈdiʃən] *n* ekspedisjon *c*

expel [ikˈspel] *v* utvise

expenditure [ikˈspenditʃə] *n* forbruk *nt*

expense [ikˈspens] *n* utgift *c;* **expenses** *pl* omkostninger *pl*

expensive [ikˈspensiv] *adj* dyr; kostbar

experience [ikˈspiəriəns] *n* erfaring *c; v* oppleve, erfare; **experienced** erfaren

experiment [ikˈsperimənt] *n* eksperi-

ment *nt*, forsøk *nt*; *v* eksperimente-
re
expert ['ekspə:t] *n* fagmann *c*, ek-
spert *c*; *adj* sakkyndig
expire [ik'spaiə] *v* *utløpe, opphøre;
utånde; **expired** utløpt
explain [ik'splein] *v* forklare
explanation [,eksplə'neiʃən] *n* forkla-
ring *c*
explicit [ik'splisit] *adj* tydelig, uttryk-
kelig
explode [ik'sploud] *v* eksplodere
exploit [ik'sploit] *v* utnytte
explore [ik'splə:] *v* utforske
explosion [ik'splouʒən] *n* eksplosjon *c*
explosive [ik'splousiv] *adj* eksplosiv; *n*
sprengstoff *nt*
export[1] [ik'spo:t] *v* eksportere, utføre
export[2] ['ekspo:t] *n* utførsel *c*
exportation [,ekspo:'teiʃən] *n* utførsel
c
exports ['ekspo:ts] *pl* eksport *c*
exposition [,ekspə'ziʃən] *n* utstilling *c*
exposure [ik'spouʒə] *n* utsatthet *c*;
eksponering *c*; ~ **meter** lysmåler *c*
express [ik'spres] *v* uttrykke; *gi ut-
trykk for, ytre; *adj* ekspress-; ut-
trykkelig; ~ **train** hurtigtog *nt*
expression [ik'spreʃən] *n* uttrykk *nt*
exquisite [ik'skwizit] *adj* utsøkt
extend [ik'stend] *v* forlenge; utvide;
bevilge
extension [ik'stenʃən] *n* forlengelse *c*;
utvidelse *c*; linje *c*; ~ **cord** skjøte-
ledning *c*
extensive [ik'stensiv] *adj* omfangsrik;
utstrakt, omfattende
extent [ik'stent] *n* omfang *nt*
exterior [ek'stiəriə] *adj* ytre; *n* utside
c
external [ek'stə:nəl] *adj* utvendig
extinguish [ik'stiŋgwiʃ] *v* slokke
extort [ik'sto:t] *v* utpresse
extortion [ik'sto:ʃən] *n* utpressing *c*

extra ['ekstrə] *adj* ekstra
extract[1] [ik'strækt] *v* *trekke ut
extract[2] ['ekstrækt] *n* utdrag *nt*
extradite ['ekstrədait] *v* utlevere en
forbryter
extraordinary [ik'stro:dənri] *adj* used-
vanlig
extravagant [ik'strævəgənt] *adj* ek-
stravagant, overdreven
extreme [ik'stri:m] *adj* ekstrem; yt-
terst, ytterlig; *n* ytterlighet *c*
exuberant [ig'zju:bərənt] *adj* over-
strømmende
eye [ai] *n* øye *nt*
eyebrow ['aibrau] *n* øyenbryn *nt*
eyelash ['ailæʃ] *n* øyenvippe *c*
eyelid ['ailid] *n* øyenlokk *nt*
eye-pencil ['ai,pensəl] *n* øyenblyant *c*
eye-shadow ['ai,ʃædou] *n* øyenskygge
c
eye-witness ['ai,witnəs] *n* øyenvitne
nt

F

fable ['feibəl] *n* fabel *c*; sagn *nt*
fabric ['fæbrik] *n* stoff *nt*; struktur *c*
façade [fə'sɑ:d] *n* fasade *c*
face [feis] *n* ansikt *nt*; *v* konfrontere;
~ **massage** ansiktsmassasje *c*;
facing overfor
face-cream ['feiskri:m] *n* ansiktskrem
c
face-pack ['feispæk] *n* ansiktsmaske *c*
face-powder ['feis,paudə] *n* ansikts-
pudder *nt*
facilities [fə'silətis] *pl* bekvemmelig-
heter *pl*
facility [fə'siləti] *n* letthet *c*; ferdighet
c
fact [fækt] *n* kjensgjerning *c*; **in** ~
faktisk

factor ['fæktə] n faktor c

factory ['fæktəri] n fabrikk c

factual ['fæktʃuəl] adj faktisk

faculty ['fækəlti] n evne c; begavelse c, anlegg nt; fakultet nt

fad [fæd] n nykke nt; motelune nt

fade [feid] v blekne, falme

faience [fai'ɑːs] n fajanse c

fail [feil] v mislykkes; mangle; forsømme; dumpe, *stryke; **without** ~ helt sikkert

failure ['feiljə] n fiasko c

faint [feint] v besvime; adj svak, vag

fair [fɛə] n basar c; varemesse c; adj rettferdig; lyshåret, blond; vakker

fairly ['fɛəli] adv nokså, temmelig, ganske

fairy ['fɛəri] n fe c

fairytale ['fɛəriteil] n eventyr nt

faith [feiθ] n tro c; tillit c

faithful ['feiθful] adj trofast

fake [feik] n forfalskning c

fall [fɔːl] n fall nt; høst c

*****fall** [fɔːl] v *falle

false [fɔːls] adj falsk; gal, uekte; ~ **teeth** gebiss nt

falter ['fɔːltə] v vakle; stamme

fame [feim] n berømmelse c; rykte nt

familiar [fə'miljə] adj velkjent; fortrolig

family ['fæməli] n familie c; slekt c; ~ **name** etternavn nt

famous ['feiməs] adj berømt

fan [fæn] n vifte c; beundrer c; ~ **belt** vifterem c

fanatical [fə'nætikəl] adj fanatisk

fancy ['fænsi] v *ha lyst til, like; tenke seg, forestille seg; n lune nt; fantasi c

fantastic [fæn'tæstik] adj fantastisk

fantasy ['fæntəzi] n fantasi c

far [fɑː] adj fjern; adv meget; **by** ~ uten sammenligning; **so** ~ hittil

far-away ['fɑːrəwei] adj fjern

farce [fɑːs] n farse c

fare [fɛə] n billettpris c; kost c

farm [fɑːm] n bondegård c

farmer ['fɑːmə] n bonde c; **farmer's wife** bondekone c

farmhouse ['fɑːmhaus] n våningshus nt

far-off ['fɑːrɔf] adj fjern

fascinate ['fæsineit] v fengsle, fjetre

fascism ['fæʃizəm] n fascisme c

fascist ['fæʃist] adj fascistisk; n fascist c

fashion ['fæʃən] n mote c; måte c

fashionable ['fæʃənəbəl] adj moderne

fast [fɑːst] adj rask, hurtig; fast

fast-dyed [,fɑːst'daid] adj fargeekte, vaskeekte

fasten ['fɑːsən] v feste; stenge

fastener ['fɑːsənə] n festeinnretning c

fat [fæt] adj tykk, fet; n fett nt

fatal ['feitəl] adj dødelig, skjebnesvanger, fatal

fate [feit] n skjebne c

father ['fɑːðə] n far c; pater c

father-in-law ['fɑːðərinlɔː] n (pl fathers-) svigerfar c

fatherland ['fɑːðələnd] n fedreland nt

fatigue [fə'tiːg] n utmattelse c, tretthet c

fatness ['fætnəs] n fedme c

fatty ['fæti] adj fettholdig

faucet ['fɔːsit] nAm vannkran c

fault [fɔːlt] n feil c, defekt c

faultless ['fɔːltləs] adj feilfri; perfekt

faulty ['fɔːlti] adj defekt, mangelfull

favour ['feivə] n tjeneste c; v privilegere, begunstige

favourable ['feivərəbəl] adj gunstig

favourite ['feivərit] n favoritt c, yndling c; adj yndlings-

fawn [fɔːn] adj gulbrun; n dåkalv c

fear [fiə] n frykt c, engstelse c; v frykte

feasible ['fiːzəbəl] adj mulig, gjennomførbart

feast [fi:st] *n* fest *c*

feat [fi:t] *n* prestasjon *c*

feather ['feðə] *n* fjær *c*

feature ['fi:tʃə] *n* kjennemerke *nt;* ansiktstrekk *nt*

February ['februəri] februar

federal ['fedərəl] *adj* forbunds-

federation [,fedə'reiʃən] *n* forbunds-stat *c*

fee [fi:] *n* honorar *nt;* gebyr *nt*

feeble ['fi:bəl] *adj* svak

*feed [fi:d] *v* mate; **fed up with** lei av

*feel [fi:l] *v* føle; føle på; ~ **like** *ha lyst til

feeling ['fi:liŋ] *n* følelse *c*

fell [fel] *v* (p fall)

fellow ['felou] *n* fyr *c*

felt¹ [felt] *n* filt *c*

felt² [felt] *v* (p, pp feel)

female ['fi:meil] *adj* hunn-

feminine ['feminin] *adj* feminin

fence [fens] *n* gjerde *nt;* stakitt *nt; v* fekte

fender ['fendə] *n* støtdemper *c*

ferment [fə:'ment] *v* gjære

ferry-boat ['feribout] *n* ferje *c*

fertile ['fə:tail] *adj* fruktbar

festival ['festivəl] *n* festival *c*

festive ['festiv] *adj* festlig

fetch [fetʃ] *v* hente; *innbringe

feudal ['fju:dəl] *adj* føydal

fever ['fi:və] *n* feber *c*

feverish ['fi:vəriʃ] *adj* feberaktig

few [fju:] *adj* få

fiancé [fi'ā:sei] *n* forlovede *c*

fiancée [fi'ā:sei] *n* forlovede *c*

fibre ['faibə] *n* fiber *c*

fiction ['fikʃən] *n* skjønnlitteratur *c*, oppdiktning *c*

field [fi:ld] *n* mark, åker *c;* felt *nt;* ~ **glasses** feltkikkert *c*

fierce [fiəs] *adj* vill; heftig

fifteen [,fif'ti:n] *num* femten

fifteenth [,fif'ti:nθ] *num* femtende

fifth [fifθ] *num* femte

fifty ['fifti] *num* femti

fig [fig] *n* fiken *c*

fight [fait] *n* strid *c*, kamp *c*

*fight [fait] *v* kjempe, *slåss

figure ['figə] *n* skikkelse *c*, figur *c;* tall *nt*

file [fail] *n* kartotek *nt*, fil *c;* dokumentsamling *c;* rekke *c*

Filipino [,fili'pi:nou] *n* filippiner *c*

fill [fil] *v* fylle; ~ **in** fylle ut; **filling station** bensinstasjon *c;* ~ **out** *Am* fylle ut; ~ **up** fylle opp

filling ['filiŋ] *n* plombe *c;* fyll *nt*

film [film] *n* film *c; v* filme

filter ['filtə] *n* filter *nt*

filthy ['filθi] *adj* skitten

final ['fainəl] *adj* endelig

finance [fai'næns] *v* finansiere

finances [fai'nænsiz] *pl* finanser *pl*

financial [fai'nænʃəl] *adj* finansiell

finch [fintʃ] *n* finke *c*

*find [faind] *v* *finne

fine [fain] *n* mulkt *c; adj* fin; pen; skjønn, utmerket; ~ **arts** skjønne kunster

finger ['fiŋgə] *n* finger *c;* **little** ~ lillefinger *c*

fingerprint ['fiŋgəprint] *n* fingeravtrykk *nt*

finish ['finiʃ] *v* fullende, avslutte, slutte; opphøre; *n* slutt *c;* mållinje *c;* **finished** ferdig

Finland ['finlənd] Finland

Finn [fin] *n* finne *c*

Finnish ['finiʃ] *adj* finsk

fire [faiə] *n* ild *c;* brann *c; v* *skyte; avskjedige

fire-alarm ['faiərə,la:m] *n* brannalarm *c*

fire-brigade ['faiəbri,geid] *n* brannvesen *nt*

fire-escape ['faiəri,skeip] n branntrapp c

fire-extinguisher ['faiərik,stiŋgwiʃə] n brannslokker c

fireplace ['faiəpleis] n peis c

fireproof ['faiəpru:f] adj brannsikker; ildfast

firm [fə:m] adj fast; solid; n firma nt

first [fə:st] num første; **at ~** først; **i begynnelsen; ~ name** fornavn nt

first-aid [,fə:st'eid] n førstehjelp c; **~ kit** førstehjelpsutstyr nt; **~ post** førstehjelpsstasjon c

first-class [,fə:st'klɑ:s] adj førsteklasses

first-rate [,fə:st'reit] adj førsteklasses, førsterangs

fir-tree ['fə:tri:] n nåletre nt, gran c

fish[1] [fiʃ] n (pl ~, ~es) fisk c; **~ shop** fiskeforretning c

fish[2] [fiʃ] v fiske; **fishing gear** fiskeutstyr nt; **fishing hook** fiskekrok c; **fishing industry** fiskeri nt; **fishing licence** fiskekort nt; **fishing line** fiskesnøre nt; **fishing net** fiskegarn nt; **fishing rod** fiskestang c; **fishing tackle** fiskeredskap c

fishbone ['fiʃboun] n fiskebein nt

fisherman ['fiʃəmən] n (pl -men) fisker c

fit [fit] adj egnet; n anfall nt; v passe; **fitting room** prøverom nt

five [faiv] num fem

fix [fiks] v reparere, ordne

fixed [fikst] adj fast

fizz [fiz] n brusing c

flag [flæg] n flagg nt

flame [fleim] n flamme c

flamingo [flə'miŋgou] n (pl ~s, ~es) flamingo c

flannel ['flænəl] n flanell c

flash [flæʃ] n glimt nt

flash-bulb ['flæʃbʌlb] n blitzlampe c

flash-light ['flæʃlait] n lommelykt c

flask [flɑ:sk] n flaske c; **thermos ~** termosflaske c

flat [flæt] adj flat, plan; n leilighet c; **~ tyre** punktering c

flavour ['fleivə] n smak c; v *sette smak på

flaw [flɔ:] n sprekk c; svakhet c

fleet [fli:t] n flåte c

flesh [fleʃ] n kjøtt nt

flew [flu:] v (p fly)

flex [fleks] n ledning c; v bøye

flexible ['fleksibəl] adj bøyelig

flight [flait] n flytur c; **charter ~** charterflygning c

flint [flint] n flintstein c

float [flout] v *flyte; n flottør c

flock [flɔk] n flokk c

flood [flʌd] n oversvømmelse c; flo c

floor [flɔ:] n gulv nt; etasje c; **first ~** annen etasje; Am første etasje; **~ show** floor-show nt

florist ['florist] n blomsterhandler c

flour [flauə] n mel nt

flow [flou] v strømme, *flyte

flower [flauə] n blomst c

flowerbed ['flauəbed] n blomsterbed nt

flower-shop ['flauəʃɔp] n blomsterforretning c

flown [floun] v (pp fly)

flu [flu:] n influensa c

fluent ['flu:ənt] adj flytende

fluid ['flu:id] adj flytende; n væske c

flute [flu:t] n fløyte c

fly [flai] n flue c; buksesmekk c

***fly** [flai] v *fly

foam [foum] n skum nt; v skumme

foam-rubber ['foum,rʌbə] n skumgummi c

focus ['foukəs] n brennpunkt nt

fog [fɔg] n tåke c

foggy ['fɔgi] adj tåket

foglamp ['fɔglæmp] n tåkelykt c

fold [fould] v brette, folde; folde sammen; n fold c

folk [fouk] n folk nt; ~ song folkevise c

folk-dance ['foukdɑːns] n folkedans c

folklore ['fouklɔː] n folklore c

follow ['fɔlou] v *følge; following adj neste, følgende

*be fond of [biː fɔnd ɔv] like

food [fuːd] n mat c; føde c; ~ poisoning matforgiftning c

foodstuffs ['fuːdstʌfs] pl matvarer pl

fool [fuːl] n tosk c, tåpe c; v narre

foolish ['fuːliʃ] adj fjollet, tåpelig; dum

foot [fut] n (pl feet) fot c; ~ powder fotpudder nt; on ~ til fots

football ['futbɔː] n fotball c; ~ match fotballkamp c

foot-brake ['futbreik] n fotbrems c

footpath ['futpɑːθ] n gangsti c

footwear ['futweə] n skotøy nt

for [fɔː, fə] prep til; i; på grunn av, av, for; conj for

*forbid [fə'bid] v *forby

force [fɔːs] v *tvinge; forsere; n kraft c, styrke c; vold c; by ~ nødtvunget; driving ~ drivkraft c

ford [fɔːd] n vadested nt

forecast ['fɔːkɑːst] n varsel nt; v *forutsi, varsle

foreground ['fɔːgraund] n forgrunn c

forehead ['fɔred] n panne c

foreign ['fɔrin] adj utenlandsk; fremmed

foreigner ['fɔrinə] n utlending c

foreman ['fɔːmən] n (pl -men) formann c

foremost ['fɔːmoust] adj fremst, forrest

foresail ['fɔːseil] n fokk c

forest ['fɔrist] n skog c

forester ['fɔristə] n forstmann c

forge [fɔːdʒ] v forfalske

*forget [fə'get] v glemme

forgetful [fə'getfəl] adj glemsom

*forgive [fə'giv] v *tilgi

fork [fɔːk] n gaffel c; skillevei c; v dele seg

form [fɔːm] n form c; blankett c; klasse c; v forme

formal ['fɔːməl] adj formell

formality [fɔː'mæləti] n formalitet c

former ['fɔːmə] adj forhenværende; tidligere; formerly før i tiden

formula ['fɔːmjulə] n (pl ~e, ~s) formel c

fort [fɔːt] n fort nt

fortnight ['fɔːtnait] n fjorten dager

fortress ['fɔːtris] n festning c

fortunate ['fɔːtʃənət] adj heldig

fortune ['fɔːtʃuːn] n formue c; skjebne c, lykke c

forty ['fɔːti] num førti

forward ['fɔːwəd] adv frem, fremad; v ettersende

foster-parents ['fɔstə,peərənts] pl pleieforeldre pl

fought [fɔːt] v (p, pp fight)

foul [faul] adj skitten; gemen

found¹ [faund] v (p, pp find)

found² [faund] v *grunnlegge, opprette, stifte

foundation [faun'deiʃən] n stiftelse c; ~ cream underlagskrem c

fountain ['fauntin] n springvann nt; kilde c

fountain-pen ['fauntinpen] n fyllepenn c

four [fɔː] num fire

fourteen [,fɔː'tiːn] num fjorten

fourteenth [,fɔː'tiːnθ] num fjortende

fourth [fɔːθ] num fjerde

fowl [faul] n (pl ~s, ~) fjærkre nt

fox [fɔks] n rev c

foyer ['fɔiei] n foajé c

fraction ['frækʃən] n brøkdel c

fracture ['fræktʃə] v *brekke; n brudd

nt

fragile [ˈfrædʒail] *adj* skjør; skrøpelig

fragment [ˈfrægmənt] *n* bruddstykke *nt*; stykke *nt*

frame [freim] *n* ramme *c*; innfatning *c*

France [frɑːns] Frankrike

franchise [ˈfræntʃaiz] *n* stemmerett *c*

frank [ræŋk] *adj* oppriktig

fraternity [frəˈtəːnəti] *n* brorskap *c/nt*

fraud [frɔːd] *n* bedrageri *nt*

fray [frei] *v* trevle opp

free [friː] *adj* fri; gratis; ~ **of charge** gratis; ~ **ticket** fribillett *c*

freedom [ˈfriːdəm] *n* frihet *c*

*****freeze** [friːz] *v* *fryse; fryse

freezing [ˈfriːziŋ] *adj* iskald

freezing-point [ˈfriːziŋpɔint] *n* frysepunkt *nt*

freight [freit] *n* last *c*, frakt *c*

freight-train [ˈfreittrein] *nAm* godstog *nt*

French [frentʃ] *adj* fransk

Frenchman [ˈfrentʃmən] *n* (pl -men) franskmann *c*

frequency [ˈfriːkwənsi] *n* frekvens *c*; hyppighet *c*

frequent [ˈfriːkwənt] *adj* stadig, hyppig; **frequently** ofte

fresh [freʃ] *adj* fersk; forfriskende; ~ **water** ferskvann *nt*

friction [ˈfrikʃən] *n* friksjon *c*

Friday [ˈfraidi] fredag *c*

fridge [fridʒ] *n* kjøleskap *nt*

friend [frend] *n* venn *c*; venninne *c*

friendly [ˈfrendli] *adj* vennlig; vennskapelig

friendship [ˈfrendʃip] *n* vennskap *nt*

fright [frait] *n* skrekk *c*, angst *c*

frighten [ˈfraitən] *v* forskrekke

frightened [ˈfraitənd] *adj* skremt; *****be** ~ *****bli** forskrekket

frightful [ˈfraitfəl] *adj* forferdelig, forskrekkelig

fringe [frindʒ] *n* frynse *c*

frock [frɔk] *n* kjole *c*

frog [frɔg] *n* frosk *c*

from [frɔm] *prep* fra; av; fra og med

front [frʌnt] *n* forside *c*; **in** ~ **of** foran

frontier [ˈfrʌntiə] *n* grense *c*

frost [frɔst] *n* frost *c*

froth [frɔθ] *n* skum *nt*

frozen [ˈfrouzən] *adj* frossen; ~ **food** dypfryst mat

fruit [fruːt] *n* frukt *c*

fry [frai] *v* steke

frying-pan [ˈfraiiŋpæn] *n* stekepanne *c*

fuel [ˈfjuːəl] *n* brensel *nt*; bensin *c*; ~ **pump** *Am* bensinpumpe *c*

full [ful] *adj* full; ~ **board** full pensjon; ~ **stop** punktum *nt*; ~ **up** fullsatt

fun [fʌn] *n* moro *c*, gøy *c/nt*

function [ˈfʌŋkʃən] *n* funksjon *c*

fund [fʌnd] *n* fond *nt*

fundamental [ˌfʌndəˈmentəl] *adj* fundamental

funeral [ˈfjuːnərəl] *n* begravelse *c*

funnel [ˈfʌnəl] *n* trakt *c*

funny [ˈfʌni] *adj* pussig, komisk; merkelig

fur [fəː] *n* pels *c*; ~ **coat** pelskåpe *c*; **furs** pelsverk *nt*

furious [ˈfjuəriəs] *adj* rasende

furnace [ˈfəːnis] *n* ovn *c*

furnish [ˈfəːniʃ] *v* forsyne, skaffe; møblere, innrette; ~ **with** forsyne med

furniture [ˈfəːnitʃə] *n* møbler *pl*

furrier [ˈfʌriə] *n* buntmaker *c*

further [ˈfəːðə] *adj* videre; ytterligere

furthermore [ˈfəːðəmɔː] *adv* dessuten

furthest [ˈfəːðist] *adj* fjernest; lengst

fuse [fjuːz] *n* sikring *c*; lunte *c*

fuss [fʌs] *n* bråk *nt*; oppstyr *nt*, mas *nt*

future [ˈfjuːtʃə] *n* fremtid *c*; *adj* fremtidig

G

gable ['geibəl] n gavl c

gadget ['gædʒit] n innretning c, tingest c

gaiety ['geiəti] n munterhet c, lystighet c

gain [gein] v *vinne; n fortjeneste c

gait [geit] n gangart c

gale [geil] n storm c

gall [gɔ:l] n galle c; ~ **bladder** galleblære c

gallery ['gæləri] n galleri nt; kunstgalleri nt

gallop ['gæləp] n galopp c

gallows ['gælouz] pl galge c

gallstone ['gɔ:lstoun] n gallestein c

game [geim] n spill nt; vilt nt; ~ reserve viltreservat nt

gang [gæŋ] n bande c; gjeng c

gangway ['gæŋwei] n landgang c

gaol [dʒeil] n fengsel nt

gap [gæp] n åpning c

garage ['gærɑ:ʒ] n garasje c; v *sette i garasje

garbage ['gɑ:bidʒ] n avfall nt, søppel nt

garden ['gɑ:dən] n hage c; **public** ~ offentlig parkanlegg; **zoological gardens** zoologisk hage

gardener ['gɑ:dənə] n gartner c

gargle ['gɑ:gəl] v gurgle

garlic ['gɑ:lik] n hvitløk c

garment [,gɑ:mənt] n klesplagg nt

gas [gæs] n gass c; bensin c; ~ **cooker** gasskomfyr c; ~ **pump** Am bensinpumpe c; ~ **station** bensinstasjon c; ~ **stove** gasovn c

gasoline ['gæsəli:n] nAm bensin c

gastric ['gæstrik] adj mage-; ~ **ulcer**

magesår nt

gasworks ['gæswə:ks] n gassverk nt

gate [geit] n port c; grind c

gather ['gæðə] v samle; samles; høste

gauge [geidʒ] n måleinstrument nt

gauze [gɔ:z] n gas c

gave [geiv] v (p give)

gay [gei] adj munter; fargerik

gaze [geiz] v stirre

gazetteer [,gæzə'tiə] n geografisk leksikon

gear [giə] n gir nt; utstyr nt; **change** ~ skifte gir; ~ **lever** girstang c

gear-box ['giəbɔks] n girkasse c

gem [dʒem] n edelsten c, juvel c; klenodie nt

gender ['dʒendə] n kjønn nt

general ['dʒenərəl] adj generell; n general c; ~ **practitioner** almenpraktiserende lege; **in** ~ som regel

generate ['dʒenəreit] v *frembringe

generation [,dʒenə'reiʃən] n generasjon c

generator ['dʒenəreitə] n generator c

generosity [,dʒenə'rɔsəti] n gavmildhet c

generous ['dʒenərəs] adj gavmild

genital ['dʒenitəl] adj kjønns-

genius ['dʒi:niəs] n geni nt

gentle ['dʒentəl] adj mild; lett, øm; forsiktig

gentleman ['dʒentəlmən] n (pl -men) herre c

genuine ['dʒenjuin] adj ekte

geography [dʒi'ɔgrəfi] n geografi c

geology [dʒi'ɔlədʒi] n geologi c

geometry [dʒi'ɔmətri] n geometri c

germ [dʒə:m] n basill c; kim c

German ['dʒə:mən] adj tysk; n tysker c

Germany ['dʒə:məni] Tyskland

gesticulate [dʒi'stikjuleit] v gestikulere

get-together sammenkomst c

*get [get] v *få; hente; *bli; ~ back
*gå tilbake; ~ off *stige av; ~ on
*stige på; *gjøre fremskritt; ~ up
*stå opp

ghost [goust] n spøkelse nt; ånd c
giant ['dʒaiənt] n kjempe c
giddiness ['gidinəs] n svimmelhet c
giddy ['gidi] adj svimmel
gift [gift] n presang c, gave c; evne c
gifted ['giftid] adj begavet
gigantic [dʒai'gæntik] adj enorm
giggle ['gigəl] v fnise
gill [gil] n gjelle c
gilt [gilt] adj forgylt
ginger ['dʒindʒə] n ingefær c
gipsy ['dʒipsi] n sigøyner c
girdle ['gə:dəl] n hofteholder c
girl [gə:l] n pike c; ~ guide pikespei-
der c
*give [giv] v *gi; *overrekke; ~
away røpe; ~ in *gi seg, *gi etter;
~ up *oppgi, *gi opp
glacier ['glæsiə] n isbre c
glad [glæd] adj fornøyd, glad; gladly
med glede, gjerne
gladness ['glædnəs] n glede c
glamorous ['glæmərəs] adj betagende,
fortryllende
glamour ['glæmə] n sjarm c
glance [gla:ns] n blikk nt; v kaste et
blikk
gland [glænd] n kjertel c
glare [gleə] n skarpt lys; skinn nt
glaring ['gleəriŋ] adj blendende
glass [gla:s] n glass nt; glass-; glass-
es briller pl; magnifying ~ for-
størrelsesglass nt
glaze [gleiz] v glasere
glen [glen] n fjelldal c
glide [glaid] v *gli
glider ['glaidə] n glidefly nt
glimpse [glimps] n glimt nt; v skimte
global ['gloubəl] adj verdensomfat-
tende

globe [gloub] n globus c, jordklode c
gloom [glu:m] n mørke nt
gloomy ['glu:mi] adj dyster
glorious ['glɔ:riəs] adj strålende
glory ['glɔ:ri] n ære c, berømmelse c;
ros c, heder c
gloss [glɔs] n glans c
glossy ['glɔsi] adj blank
glove [glʌv] n hanske c
glow [glou] v gløde; n glød c
glue [glu:] n lim nt
*go [gou] v *gå; reise; ~ ahead
*fortsette; ~ away reise bort; ~
back vende tilbake; ~ home *gå
hjem; ~ in *gå inn; ~ on *fortset-
te, *gå videre; ~ out *gå ut; ~
through *gjennomgå, *gå igjen-
nom
goal [goul] n mål nt
goalkeeper ['goul,ki:pə] n målmann c
goat [gout] n geitebukk c, geit c
god [gɔd] n gud c
goddess ['gɔdis] n gudinne c
godfather ['gɔd,fa:ðə] n gudfar c; fad-
der c
goggles ['gɔgəlz] pl dykkerbriller pl,
snøbriller pl
gold [gould] n gull nt; ~ leaf blad-
gull nt
golden ['gouldən] adj gyllen
goldmine ['gouldmain] n gullgruve c
goldsmith ['gouldsmiθ] n gullsmed c
golf [gɔlf] n golf c
golf-club ['gɔlfklʌb] n golfkølle c;
golfklubb c
golf-course ['gɔlfkɔ:s] n golfbane c
golf-links ['gɔlfliŋks] n golfbane c
gondola ['gɔndələ] n gondol c
gone [gɔn] adv (pp go) borte
good [gud] adj bra, god; snill, lydig
good-bye! [,gud'bai] adjø!
good-humoured [,gud'hju:məd] adj
godlyndt
good-looking [,gud'lukiŋ] adj pen

good-natured [ˌgudˈneitʃəd] adj godmodig

goods [gudz] pl varer pl; ~ train godstog nt

good-tempered [ˌgudˈtempəd] adj godmodig

goodwill [ˌgudˈwil] n godvilje c

goose [gu:s] n (pl geese) gås c

gooseberry [ˈguzbəri] n stikkelsbær nt

goose-flesh [ˈgu:sfleʃ] n gåsehud c

gorge [gɔ:dʒ] n kløft c; v proppe seg

gorgeous [ˈgɔ:dʒəs] adj praktfull

gospel [ˈgɔspəl] n evangelium nt

gossip [ˈgɔsip] n sladder c; v sladre

got [gɔt] v (p, pp get)

gourmet [ˈguəmei] n feinschmecker c

gout [gaut] n gikt c

govern [ˈgʌvən] v regjere

governess [ˈgʌvənis] n guvernante c

government [ˈgʌvənmənt] n styre nt, regjering c

governor [ˈgʌvənə] n guvernør c

gown [gaun] n kjole c

grace [greis] n ynde c; nåde c

graceful [ˈgreisfəl] adj yndig, grasiøs

grade [greid] n grad c; klasse c, v klassifisere; gradere

gradient [ˈgreidiənt] n helling c

gradual [ˈgrædʒuəl] adj gradvis

graduate [ˈgrædʒueit] v *ta avsluttende eksamen

grain [grein] n korn nt

gram [græm] n gram nt

grammar [ˈgræmə] n grammatikk c

grammatical [grəˈmætikəl] adj grammatisk

gramophone [ˈgræməfoun] n grammofon c

grand [grænd] adj storartet

granddad [ˈgrændæd] n bestefar c

granddaughter [ˈgrænˌdɔ:tə] n datterdatter c, sønnedatter c

grandfather [ˈgrænˌfɑ:ðə] n farfar c; bestefar c, morfar c

grandmother [ˈgrænˌmʌðə] n farmor c; mormor c, bestemor c

grandparents [ˈgrænˌpeərənts] pl besteforeldre pl

grandson [ˈgrænsʌn] n sønnesønn c, dattersønn c

granite [ˈgrænit] n granitt c

grant [grɑ:nt] v bevilge; innvilge; n stipend nt, tilskudd nt

grapefruit [ˈgreipfru:t] n grapefrukt c

grapes [greips] pl druer pl

graph [græf] n diagram nt

graphic [ˈgræfik] adj grafisk

grasp [grɑ:sp] v *gripe; n grep nt

grass [grɑ:s] n gress nt

grasshopper [ˈgrɑ:sˌhɔpə] n gresshoppe c

grate [greit] n rist c; v raspe

grateful [ˈgreitfəl] adj takknemlig

grater [ˈgreitə] n rivjern nt; rasp c

gratis [ˈgrætis] adj gratis

gratitude [ˈgrætitju:d] n takknemlighet c

gratuity [grəˈtju:əti] n drikkepenger pl

grave [greiv] n grav c; adj alvorlig

gravel [ˈgrævəl] n grus c

gravestone [ˈgreivstoun] n gravstein c

graveyard [ˈgreivjɑ:d] n kirkegård c

gravity [ˈgrævəti] n tyngdekraft c; alvor nt

gravy [ˈgreivi] n sjy c; saus c

graze [greiz] v beite; n skrubbsår c

grease [gri:s] n fett nt; v *smøre

greasy [ˈgri:si] adj fettet

great [greit] adj stor; Great Britain Storbritannia

Greece [gri:s] Hellas

greed [gri:d] n griskhet c

greedy [ˈgri:di] adj grisk; grådig

Greek [gri:k] adj gresk; n greker c

green [gri:n] adj grønn; ~ card grønt kort

greengrocer ['gri:nˌgrousə] n grønn-
sakhandler c

greenhouse ['gri:nhaus] n drivhus nt

greens [gri:nz] pl grønnsaker pl

greet [gri:t] v hilse

greeting ['gri:tiŋ] n hilsen c

grey [grei] adj grå

greyhound ['greihaund] n mynde c

grief [gri:f] n sorg c; smerte c

grieve [gri:v] v sørge

grill [gril] n grill c; v grille

grill-room ['grilru:m] n grillrom nt

grin [grin] v glise, smile bredt; n glis
nt

*grind [graind] v male; finmale

grip [grip] v *gripe; n grep nt, tak nt

grit [grit] n grus c; fasthet c

groan [groun] v stønne

grocer ['grousə] n matvarehandler c;
grocer's matvareforretning c

groceries ['grousəriz] pl kolonialvarer
pl

groin [grɔin] n lyske c

groove [gru:v] n fure c

gross¹ [grous] n (pl ~) gross nt

gross² [grous] adj grov; brutto

grotto ['grɔtou] n (pl ~es, ~s) grot-
te c

ground¹ [graund] n jord c, grunn c;
~ floor første etasje; grounds
tomt c

ground² [graund] v (p, pp grind)

group [gru:p] n gruppe c

grouse [graus] n (pl ~) rype c

grove [grouv] n lund c

*grow [grou] v vokse; dyrke; *bli

growl [graul] v brumme

grown-up ['grounʌp] adj voksen; n
voksen c

growth [grouθ] n vekst c; svulst c

grudge [grʌdʒ] v misunne

grumble ['grʌmbəl] v knurre, klage

guarantee [ˌgærən'ti:] n garanti c;
kausjon c; v garantere

guarantor [ˌgærən'tɔ:] n kausjonist c

guard [ga:d] n vakt c; v bevokte

guardian ['ga:diən] n formynder c

guess [ges] v gjette; *anta; n for-
modning c

guest [gest] n gjest c

guest-house ['gesthaus] n pensjonat
nt

guest-room ['gestru:m] n gjesteværel-
se nt

guide [gaid] n guide c; v vise vei

guidebook ['gaidbuk] n reisehåndbok
c

guide-dog ['gaiddɔg] n førerhund c

guilt [gilt] n skyld c

guilty ['gilti] adj skyldig

guinea-pig ['ginipig] n marsvin nt;
forsøksdyr nt

guitar [gi'ta:] n gitar c

gulf [gʌlf] n golf c; vik c

gull [gʌl] n måke c

gum [gʌm] n tannkjøtt nt; gummi c;
lim nt

gun [gʌn] n revolver c, gevær nt; ka-
non c

gunpowder ['gʌnˌpaudə] n krutt nt

gust [gʌst] n vindkast nt

gusty ['gʌsti] adj blåsende

gut [gʌt] n tarm c; guts vågemot nt

gutter ['gʌtə] n rennestein c

guy [gai] n kar c

gymnasium [dʒim'neiziəm] n (pl ~s,
-sia) gymnastikksal c

gymnast ['dʒimnæst] n turner c

gymnastics [dʒim'næstiks] pl gymna-
stikk c

gynaecologist [ˌgainə'kɔlədʒist] n
kvinnelege c, gynekolog c

H

haberdashery ['hæbədæʃəri] n kortevarehandel c; herreekvipering c

habit [ˈhæbit] n vane c

habitable [ˈhæbitəbəl] adj beboelig

habitual [həˈbitʃuəl] adj vanemessig

had [hæd] v (p, pp have)

haddock [ˈhædək] n (pl ~) kolje c

haemorrhage [ˈheməridʒ] n blødning c

haemorrhoids [ˈhemərɔidz] pl hemorroider pl

hail [heil] n hagl nt

hair [heə] n hår nt; ~ **cream** hårkrem c; ~ **piece** tupé c; ~ **rollers** hårruller pl; ~ **tonic** hårvann nt

hairbrush [ˈheəbrʌʃ] n hårbørste c

haircut [ˈheəkʌt] n hårklipp c

hair-do [ˈheədu:] n frisyre c

hairdresser [ˈheəˌdresə] n frisør c

hair-dryer [ˈheədraiə] n hårtørker c

hair-grip [ˈheəgrip] n hårspenne c

hair-net [ˈheənet] n hårnett nt

hair-oil [ˈheərɔil] n hårolje c

hairpin [ˈheəpin] n virksomhet c

hair-spray [ˈheəsprei] n hårlakk c

hairy [ˈheəri] adj håret

half[1] [ha:f] adj halv

half[2] [ha:f] n (pl halves) halvdel c

half-time [ˌha:fˈtaim] n halvtid c

halfway [ˌha:fˈwei] adv halvveis

halibut [ˈhælibət] n (pl ~) kveite c

hall [hɔ:l] n vestibyle c; sal c

halt [hɔ:lt] v stanse

halve [ha:v] v halvere

ham [hæm] n skinke c

hamlet [ˈhæmlət] n liten landsby

hammer [ˈhæmə] n hammer c

hammock [ˈhæmək] n hengekøye c

hamper [ˈhæmpə] n kurv c

hand [hænd] n hånd c; v *overrekke; ~ **cream** håndkrem c

handbag [ˈhændbæg] n håndveske c

handbook [ˈhændbuk] n håndbok c

hand-brake [ˈhændbreik] n håndbrems c

handcuffs [ˈhændkʌfs] pl håndjern pl

handful [ˈhændful] n håndfull c

handicraft [ˈhændikra:ft] n håndverk nt; kunsthåndverk nt

handkerchief [ˈhæŋkətʃif] n lommetørkle nt

handle [ˈhændəl] n skaft nt, håndtak nt; v håndtere; behandle

hand-made [ˌhændˈmeid] adj håndlaget

handshake [ˈhændʃeik] n håndtrykk nt

handsome [ˈhænsəm] adj pen

handwork [ˈhændwə:k] n kunsthåndverk nt

handwriting [ˈhændˌraitiŋ] n håndskrift c

handy [ˈhændi] adj hendig

*****hang** [hæŋ] v *henge

hanger [ˈhæŋə] n henger c

hangover [ˈhæŋˌouvə] n bakrus c, tømmermenn pl

happen [ˈhæpən] v hende, skje

happening [ˈhæpəniŋ] n hendelse c, begivenhet c

happiness [ˈhæpinəs] n lykke c

happy [ˈhæpi] adj lykkelig, glad

harbour [ˈha:bə] n havn c

hard [ha:d] adj hard; vanskelig; **hardly** neppe

hardware [ˈha:dweə] n jernvarer pl; ~ **store** jernvarehandel c

hare [heə] n hare c

harm [ha:m] n skade c; fortred c; v skade

harmful [ˈha:mfəl] adj skadelig

harmless [ˈha:mləs] adj uskadelig; harmløs

harmony [ˈha:məni] n harmoni c

harp [ha:p] n harpe c

harpsichord [ˈha:psikɔ:d] n cembalo c

harsh [ha:ʃ] adj streng; grusom

harvest [ˈha:vist] n avling c

has [hæz] v (pr have)

haste [heist] n hast c

hasten ['heisən] v skynde seg

hasty ['heisti] adj hurtig; forhastet

hat [hæt] n hatt c; ~ rack knaggrekke c

hatch [hætʃ] n luke c; v ruge ut

hate [heit] v avsky; hate; n hat nt

hatred ['heitrid] n hat nt

haughty ['hɔːti] adj hovmodig

haul [hɔːl] v slepe

*have [hæv] v *ha; *få; ~ to *måtte

haversack ['hævəsæk] n ryggsekk c

hawk [hɔːk] n hauk c; falk c

hay [hei] n høy nt; ~ fever høysnue c

hazard ['hæzəd] n risiko c

haze [heiz] n dis c

hazelnut ['heizəlnʌt] n hasselnøtt c

hazy ['heizi] adj disig

he [hiː] pron han

head [hed] n hode nt; v lede; ~ of state statsoverhode nt; ~ teacher overlærer c

headache ['hedeik] n hodepine c

heading ['hediŋ] n overskrift c

headlamp ['hedlæmp] n frontlys nt

headland ['hedlənd] n odde c

headlight ['hedlait] n frontlys nt

headline ['hedlain] n overskrift c

headmaster [ˌhed'mɑːstə] n overlærer c; rektor c

headquarters [ˌhed'kwɔːtəz] pl hovedkvarter nt

headrest ['hedrest] n nakkestøtte c

head-strong ['hedstrɔŋ] adj sta

head-waiter [ˌhed'weitə] n hovmester c

heal [hiːl] v hele, lege

health [helθ] n helse c; ~ certificate helseattest c

healthy ['helθi] adj sunn

heap [hiːp] n hop c, haug c

*hear [hiə] v høre

hearing ['hiəriŋ] n hørsel c

heart [hɑːt] n hjerte nt; kjerne c; by ~ utenat; ~ attack hjerteanfall nt

heartburn ['hɑːtbəːn] n halsbrann c

hearth [hɑːθ] n ildsted nt

heartless ['hɑːtləs] adj hjerteløs

hearty ['hɑːti] adj hjertelig

heat [hiːt] n hete c, varme c; v varme opp; heating pad varmepute c

heater ['hiːtə] n varmeovn c; immersion ~ dyppekoker c

heath [hiːθ] n hei c

heathen ['hiːðən] n hedning c; adj hedensk

heather ['heðə] n lyng c

heating ['hiːtiŋ] n fyring c

heaven ['hevən] n himmel c

heavy ['hevi] adj tung

Hebrew ['hiːbruː] n hebraisk nt

hedge [hedʒ] n hekk c

hedgehog ['hedʒhɔg] n pinnsvin nt

heel [hiːl] n hæl c

height [hait] n høyde c; høydepunkt nt

heir [ɛə] n arving c

hell [hel] n helvete nt

hello! [he'lou] hallo!; morn!

helm [helm] n ror nt

helmet ['helmit] n hjelm c

helmsman ['helmzmən] n rormann c

help [help] v *hjelpe; n hjelp c

helper ['helpə] n hjelper c

helpful ['helpfəl] adj hjelpsom

helping ['helpiŋ] n porsjon c

hem [hem] n fald c; søm c

hemp [hemp] n hamp c

hen [hen] n høne c

henceforth [ˌhens'fɔːθ] adv heretter

her [həː] pron henne; adj hennes

herb [həːb] n urt c

herd [həːd] n flokk c; bøling c

here [hiə] adv her; ~ you are vær så god

hereditary [hi'reditəri] adj arvelig

hernia ['hə:niə] n brokk c

hero ['hiərou] n (pl ~es) helt c

heron ['herən] n hegre c

herring ['heriŋ] n (pl ~, ~s) sild c

herself [hə:'self] pron seg; selv

hesitate ['heziteit] v nøle

heterosexual [,hetərə'sekʃuəl] adj heteroseksuell

hiccup ['hikʌp] n hikke c

hide [haid] n skinn nt

*hide [haid] v gjemme; skjule

hideous ['hidiəs] adj avskyelig

hierarchy ['haiərɑ:ki] n hierarki nt

high [hai] adj høy

highway ['haiwei] n riksvei c; motorvei c

hijack ['haidʒæk] v kapre

hijacker ['haidʒækə] n kaprer c

hike [haik] v *gå fottur

hill [hil] n bakke c

hillside ['hilsaid] n li c; bakke c

hilltop ['hiltɔp] n bakketopp c

hilly ['hili] adj kupert

him [him] pron ham

himself [him'self] pron seg; selv

hinder ['hində] v hindre

hinge [hindʒ] n hengsel nt

hip [hip] n hofte c

hire [haiə] v leie; for ~ til leie

hire-purchase [,haiə'pə:tʃəs] n avbetalingskjøp nt

his [hiz] adj hans

historian [hi'stɔ:riən] n historiker c

historic [hi'stɔrik] adj historisk

historical [hi'stɔrikəl] adj historisk

history ['histəri] n historie c

hit [hit] n suksess c; slag nt; treff c

*hit [hit] v *slå; ramme, *treffe

hitchhike ['hitʃhaik] v haike

hitchhiker ['hitʃ,haikə] n haiker c

hoarse [hɔ:s] adj hes

hobby ['hɔbi] n hobby c

hobby-horse ['hɔbihɔ:s] n kjepphest c

hockey ['hɔki] n hockey c

hoist [hɔist] v heise

hold [hould] n lasterom nt

*hold [hould] v *holde, *holde på; *beholde; ~ on *holde seg fast; ~ up *holde oppe, støtte

hold-up ['houldʌp] n overfall nt

hole [houl] n hull nt

holiday ['hɔlədi] n ferie c; helligdag c; ~ camp ferieleir c; ~ resort feriested nt; on ~ på ferie

Holland ['hɔlənd] Holland

hollow ['hɔlou] adj hul

holy ['houli] adj hellig

homage ['hɔmidʒ] n hyllest c

home [houm] n hjem nt; pleiehjem nt; adv hjemover, hjemme; at ~ hjemme

home-made [,houm'meid] adj hjemmelaget

homesickness ['houm,siknəs] n hjemlengsel c

homosexual [,houmə'sekʃuəl] adj homoseksuell

honest ['ɔnist] adj ærlig; oppriktig

honesty ['ɔnisti] n ærlighet c

honey ['hʌni] n honning c

honeymoon ['hʌnimu:n] n hvetebrødsdager pl, bryllupsreise c

honk [hɔŋk] vAm tute

honour ['ɔnə] n ære c; v hedre, ære

honourable ['ɔnərəbəl] adj ærefull, hederlig; rettskaffen

hood [hud] n hette c; motorpanser nt

hoof [hu:f] n hov c

hook [huk] n krok c

hoot [hu:t] v tute

hooter ['hu:tə] n signalhorn nt

hop[1] [hɔp] v hoppe; n hopp nt

hop[2] [hɔp] n humle c

hope [houp] n håp nt; v håpe

hopeful ['houpfəl] adj håpefull

hopeless ['houpləs] adj håpløs

horizon [hə'raizən] n horisont c

horizontal [,hɔri'zɔntəl] adj horisontal

horn [hɔːn] *n* horn *nt;* signalhorn *nt*

horrible ['hɔribəl] *adj* redselsfull; grusom, avskyelig, skrekkelig

horror ['hɔrə] *n* gru *c,* redsel *c*

hors-d'œuvre [ɔːˈdəːvr] *n* forrett *c*

horse [hɔːs] *n* hest *c*

horseman ['hɔːsmən] *n* (pl -men) rytter *c*

horsepower ['hɔːsˌpauə] *n* hestekraft *c*

horserace ['hɔːsreis] *n* hesteveddeløp *nt*

horseradish ['hɔːsˌrædiʃ] *n* pepperrot *c*

horseshoe ['hɔːsʃuː] *n* hestesko *c*

hosiery ['həuʒəri] *n* trikotasje *c*

hospitable ['hɔspitəbəl] *adj* gjestfri

hospital ['hɔspitəl] *n* sykehus *nt,* hospital *nt*

hospitality [ˌhɔspiˈtæləti] *n* gjestfrihet *c*

host [houst] *n* vert *c*

hostage ['hɔstidʒ] *n* gissel *nt*

hostel ['hɔstəl] *n* herberge *nt*

hostess ['houstis] *n* vertinne *c*

hostile ['hɔstail] *adj* fiendtlig

hot [hɔt] *adj* het, varm

hotel [houˈtel] *n* hotell *nt*

hot-tempered [ˌhɔtˈtempəd] *adj* hissig

hour [auə] *n* time *c*

hourly ['auəli] *adj* hver time

house [haus] *n* hus *nt;* bolig *c;* ~ **agent** eiendomsmegler *c;* ~ **block** *Am* kvartal *nt;* **public** ~ vertshus *nt*

houseboat ['hausbout] *n* husbåt *c*

household ['haushould] *n* husstand *c*

housekeeper ['hausˌkiːpə] *n* husholderske *c*

housekeeping ['hausˌkiːpiŋ] *n* husholdning *c*

housemaid ['hausmeid] *n* hushjelp *c*

housewife ['hauswaif] *n* husmor *c*

housework ['hauswəːk] *n* husarbeid *c*

how [hau] *adv* hvordan; hvor; ~ **many** hvor mange; ~ **much** hvor mye

however [hauˈevə] *conj* likevel

hug [hʌg] *v* omfavne; klemme; *n* klem *c*

huge [hjuːdʒ] *adj* svær, veldig, enorm

hum [hʌm] *v* nynne

human ['hjuːmən] *adj* menneskelig; ~ **being** menneske *nt*

humanity [hjuˈmænəti] *n* menneskehet *c*

humble ['hʌmbəl] *adj* ydmyk

humid ['hjuːmid] *adj* fuktig

humidity [hjuˈmidəti] *n* fuktighet *c*

humorous ['hjuːmərəs] *adj* vittig, morsom, humoristisk

humour ['hjuːmə] *n* humor *c*

hundred ['hʌndrəd] *n* hundre

Hungarian [hʌŋˈgeəriən] *adj* ungarsk; *n* ungarer *c*

Hungary ['hʌŋgəri] Ungarn

hunger ['hʌŋgə] *n* sult *c*

hungry ['hʌŋgri] *adj* sulten

hunt [hʌnt] *v* jakte; *n* jakt *c;* ~ **for** lete etter

hunter ['hʌntə] *n* jeger *c*

hurricane ['hʌrikən] *n* orkan *c;* ~ **lamp** stormlykt *c*

hurry ['hʌri] *v* forte seg, skynde seg; *n* hastverk *nt;* **in a** ~ i full fart

***hurt** [həːt] *v* *gjøre vondt, skade; såre

hurtful ['həːtfəl] *adj* skadelig

husband ['hʌzbənd] *n* ektemann *c,* mann *c*

hut [hʌt] *n* hytte *c*

hydrogen ['haidrədʒən] *n* vannstoff *nt*

hygiene ['haidʒiːn] *n* hygiene *c*

hygienic [haiˈdʒiːnik] *adj* hygienisk

hymn [him] *n* hymne *c,* salme *c*

hyphen ['haifən] *n* bindestrek *c*

hypocrisy [hiˈpɔkrəsi] *n* hykleri *nt*

hypocrite [ˈhipəkrit] *n* hykler *c*
hypocritical [ˌhipəˈkritikəl] *adj* hyklersk, skinnhellig
hysterical [hiˈsterikəl] *adj* hysterisk

I

I [ai] *pron* jeg
ice [ais] *n* is *c*
ice-bag [ˈaisbæg] *n* ispose *c*
ice-cream [ˈaiskri:m] *n* iskrem *c*
Iceland [ˈaislənd] Island
Icelander [ˈaisləndə] *n* islending *c*
Icelandic [aisˈlændik] *adj* islandsk
icon [ˈaikən] *n* ikon *c/nt*
idea [aiˈdiə] *n* idé *c;* tanke *c,* innfall *nt;* begrep *nt,* forestilling *c*
ideal [aiˈdiəl] *adj* ideell; *n* ideal *nt*
identical [aiˈdentikəl] *adj* identisk
identification [aiˌdentifiˈkeiʃən] *n* identifisering *c*
identify [aiˈdentifai] *v* identifisere
identity [aiˈdentəti] *n* identitet *c;* ~ **card** identitetskort *nt*
idiom [ˈidiəm] *n* idiom *nt*
idiomatic [ˌidiəˈmætik] *adj* idiomatisk
idiot [ˈidiət] *n* idiot *c*
idiotic [ˌidiˈɔtik] *adj* idiotisk
idle [ˈaidəl] *adj* uvirksom; lat; nytteløs
idol [ˈaidəl] *n* avgud *c;* idol *nt*
if [if] *conj* hvis; om
ignition [igˈniʃən] *n* tenning *c;* ~ **coil** tennspole *c*
ignorant [ˈignərənt] *adj* uvitende
ignore [igˈnɔ:] *v* ignorere
ill [il] *adj* syk; dårlig
illegal [iˈli:gəl] *adj* illegal, ulovlig
illegible [iˈledʒəbəl] *adj* uleselig
illiterate [iˈlitərət] *n* analfabet *c*
illness [ˈilnəs] *n* sykdom *c*
illuminate [iˈlu:mineit] *v* opplyse, belyse
illumination [iˌlu:miˈneiʃən] *n* belysning *c*
illusion [iˈlu:ʒən] *n* illusjon *c;* fantasifoster *nt*
illustrate [ˈiləstreit] *v* illustrere
illustration [ˌiləˈstreiʃən] *n* illustrasjon *c*
image [ˈimidʒ] *n* bilde *nt*
imaginary [iˈmædʒinəri] *adj* innbilt
imagination [iˌmædʒiˈneiʃən] *n* fantasi *c*
imagine [iˈmædʒin] *v* forestille seg; innbille seg; tenke seg
imitate [ˈimiteit] *v* imitere, etterligne
imitation [ˌimiˈteiʃən] *n* imitasjon *c,* etterligning *c*
immediate [iˈmi:djət] *adj* øyeblikkelig
immediately [iˈmi:djətli] *adv* straks, øyeblikkelig, umiddelbart
immense [iˈmens] *adj* enorm, veldig, umåtelig
immigrant [ˈimigrənt] *n* innvandrer *c*
immigrate [ˈimigreit] *v* immigrere
immigration [ˌimiˈgreiʃən] *n* immigrasjon *c*
immodest [iˈmɔdist] *adj* ubeskjeden
immunity [iˈmju:nəti] *n* immunitet *c*
immunize [ˈimjunaiz] *v* *gjøre immun
impartial [imˈpɑ:ʃəl] *adj* upartisk
impassable [imˈpɑ:səbəl] *adj* ufremkommelig
impatient [imˈpeiʃənt] *adj* utålmodig
impede [imˈpi:d] *v* hindre, sinke
impediment [imˈpedimənt] *n* hindring *c*
imperfect [imˈpə:fikt] *adj* ufullkommen
imperial [imˈpiəriəl] *adj* keiserlig; riks-
impersonal [imˈpə:sənəl] *adj* upersonlig
impertinence [imˈpə:tinəns] *n* frekkhet *c*

impertinent [im'pɔ:tinənt] adj uforskammet, nesevis

implement¹ ['implimənt] n verktøy nt

implement² ['impliment] v *sette ut i live

imply [im'plai] v antyde; *innebære

impolite [ˌimpə'lait] adj uhøflig

import¹ [im'pɔ:t] v importere, innføre

import² ['impɔ:t] n innførsel c, importvarer pl, import c; ~ duty importavgift c

importance [im'pɔ:təns] n viktighet c, betydning c

important [im'pɔ:tənt] adj betydningsfull, viktig

importer [im'pɔ:tə] n importør c

imposing [im'pouziŋ] adj imponerende

impossible [im'pɔsəbəl] adj umulig

impotence ['impɔtəns] n impotens c

impotent ['impɔtənt] adj impotent; avmektig

impound [im'paund] v *beslaglegge

impress [im'pres] v *gjøre inntrykk på, imponere

impression [im'preʃən] n inntrykk nt

impressive [im'presiv] adj imponerende

imprison [im'prizən] v fengsle

imprisonment [im'prizənmənt] n fangenskap nt

improbable [im'prɔbəbəl] adj usannsynlig

improper [im'prɔpə] adj upassende

improve [im'pru:v] v forbedre

improvement [im'pru:vmənt] n forbedring c

improvise ['imprəvaiz] v improvisere

impudent ['impjudənt] adj uforskammet

impulse ['impʌls] n impuls c; innskytelse c

impulsive [im'pʌlsiv] adj impulsiv

in [in] prep i; om; adv inn

inaccessible [ˌinæk'sesəbəl] adj utilgjengelig

inaccurate [i'nækjurət] adj unøyaktig

inadequate [i'nædikwət] adj utilstrekkelig

incapable [iŋ'keipəbəl] adj udugelig

incense ['insens] n røkelse c

incident ['insidənt] n hendelse c

incidental [ˌinsi'dentəl] adj tilfeldig

incite [in'sait] v anspore, egge

inclination [ˌiŋkli'neiʃən] n tilbøyelighet c

incline [iŋ'klain] n skråning c

inclined [iŋ'klaind] adj tilbøyelig

include [iŋ'klu:d] v innbefatte, omfatte; **included** inkludert

inclusive [iŋ'klu:siv] adj inklusive

income ['iŋkəm] n inntekt c

income-tax ['iŋkəmtæks] n inntektsskatt c

incompetent [iŋ'kɔmpətənt] adj inkompetent; udugelig

incomplete [ˌiŋkəm'pli:t] adj ufullstendig

inconceivable [ˌiŋkən'si:vəbəl] adj utenkelig

inconspicuous [ˌiŋkən'spikjuəs] adj uanselig

inconvenience [ˌiŋkən'vi:njəns] n ubeleilighet c, besvær nt

inconvenient [ˌiŋkən'vi:njənt] adj ubeleilig; besværlig

incorrect [ˌiŋkə'rekt] adj uriktig, feil

increase¹ [iŋ'kri:s] v øke; forsterke, *tilta

increase² ['iŋkri:s] n vekst c; stigning c

incredible [iŋ'kredəbəl] adj utrolig

incurable [iŋ'kjuərəbəl] adj uhelbredelig

indecent [in'di:sənt] adj uanstendig

indeed [in'di:d] adv virkelig

indefinite [in'definit] adj ubestemt; uklar

indemnity [in'demnəti] *n* skadeserstatning *c*, erstatning *c*

independence [ˌindi'pendəns] *n* uavhengighet *c*

independent [ˌindi'pendənt] *adj* uavhengig; selvstendig

index ['indeks] *n* fortegnelse *c*, register *nt*; ~ **finger** pekefinger *c*

India ['indiə] India

Indian ['indiən] *adj* indisk; indiansk; *n* inder *c*; indianer *c*

indicate ['indikeit] *v* antyde, anvise, *angi

indication [ˌindi'keiʃən] *n* tegn *nt*

indicator ['indikeitə] *n* blinklys *nt*

indifferent [in'difərənt] *adj* likegyldig

indigestion [ˌindi'dʒestʃən] *n* dårlig fordøyelse

indignation [ˌindig'neiʃən] *n* forargelse *c*

indirect [ˌindi'rekt] *adj* indirekte

individual [ˌindi'vidʒuəl] *adj* individuell, enkelt; *n* enkeltperson *c*, individ *nt*

Indonesia [ˌində'ni:ziə] Indonesia

Indonesian [ˌində'ni:ziən] *adj* indonesisk; *n* indonesier *c*

indoor ['indɔ:] *adj* innendørs

indoors [ˌin'dɔ:z] *adv* inne

indulge [in'dʌldʒ] *v* *gi etter; *hengi seg til

industrial [in'dʌstriəl] *adj* industriell; ~ **area** industriområde *nt*

industrious [in'dʌstriəs] *adj* flittig

industry ['indəstri] *n* industri *c*

inedible [i'nedibəl] *adj* uspiselig

inefficient [ˌini'fiʃənt] *adj* udugelig; ineffektiv

inevitable [i'nevitəbəl] *adj* uunngåelig

inexpensive [ˌinik'spensiv] *adj* billig

inexperienced [ˌinik'spiəriənst] *adj* uerfaren

infant ['infənt] *n* spedbarn *nt*

infantry ['infəntri] *n* infanteri *nt*

infect [in'fekt] *v* infisere, smitte

infection [in'fekʃən] *n* smitte *c*

infectious [in'fekʃəs] *adj* smittsom

infer [in'fə:] *v* utlede

inferior [in'fiəriə] *adj* dårligere, underlegen; mindreverdig; nedre

infinite ['infinət] *adj* uendelig

infinitive [in'finitiv] *n* infinitiv *c*

infirmary [in'fə:məri] *n* sykestue *c*

inflammable [in'flæməbəl] *adj* ildsfarlig

inflammation [ˌinflə'meiʃən] *n* betennelse *c*

inflatable [in'fleitəbəl] *adj* oppblåsbar

inflate [in'fleit] *v* blåse opp

inflation [in'fleiʃən] *n* inflasjon *c*

influence ['influəns] *n* innflytelse *c*; *v* påvirke

influential [ˌinflu'enʃəl] *adj* innflytelsesrik

influenza [ˌinflu'enzə] *n* influensa *c*

inform [in'fɔ:m] *v* opplyse, informere; underrette, meddele

informal [in'fɔ:məl] *adj* uformell

information [ˌinfə'meiʃən] *n* informasjon *c*; meddelelse *c*, opplysning *c*; ~ **bureau** informasjonskontor *nt*

infra-red [ˌinfrə'red] *adj* infrarød

infrequent [in'fri:kwənt] *adj* sjelden

ingredient [iŋ'gri:diənt] *n* bestanddel *c*, ingrediens *c*

inhabit [in'hæbit] *v* bebo

inhabitable [in'hæbitəbəl] *adj* beboelig

inhabitant [in'hæbitənt] *n* innbygger *c*; beboer *c*

inhale [in'heil] *v* innånde

inherit [in'herit] *v* arve

inheritance [in'heritəns] *n* arv *c*

initial [i'niʃəl] *adj* opprinnelig, begynnelses-; *n* forbokstav *c*; *v* merke med initialer

initiative [i'niʃətiv] *n* initiativ *nt*

inject [in'dʒekt] *v* innsprøyte

injection [in'dʒekʃən] *n* injeksjon *c*

injure ['indʒə] v skade, kveste; krenke

injury ['indʒəri] n skade c; krenkelse c

injustice [in'dʒʌstis] n urett c

ink [iŋk] n blekk nt

inlet ['inlet] n vik c

inn [in] n vertshus nt

inner ['inə] adj indre; ~ **tube** luftslange c

inn-keeper ['in,ki:pə] n vertshusholder c

innocence ['inəsəns] n uskyld c

innocent ['inəsənt] adj uskyldig

inoculate [i'nɔkjuleit] v vaksinere

inoculation [i,nɔkju'leiʃən] n vaksinasjon c

inquire [iŋ'kwaiə] v *forespørre, forhøre seg

inquiry [iŋ'kwaiəri] n forespørsel c; etterforskning c; ~ **office** informasjonskontor nt

inquisitive [iŋ'kwizətiv] adj nysgjerrig

insane [in'sein] adj sinnssyk

inscription [in'skripʃən] n inskripsjon c; påskrift c

insect ['insekt] n insekt nt; ~ **repellent** insektmiddel nt

insecticide [in'sektisaid] n insektmiddel nt

insensitive [in'sensətiv] adj ufølsom

insert [in'sə:t] v *sette inn, *innskyte

inside [,in'said] n innside c; adj indre; adv inne; inni; prep innen, innenfor; ~ **out** vrengt; **insides** innvoller pl

insight ['insait] n innsikt c

insignificant [,insig'nifikənt] adj ubetydelig; intetsigende, uanselig; uvesentlig

insist [in'sist] v insistere; *fastholde

insolence ['insələns] n uforskammethet c

insolent ['insələnt] adj uforskammet, frekk

insomnia [in'sɔmniə] n søvnløshet c

inspect [in'spekt] v inspisere

inspection [in'spekʃən] n inspeksjon c; kontroll c

inspector [in'spektə] n inspektør c

inspire [in'spaiə] v inspirere

install [in'stɔ:l] v installere

installation [,instə'leiʃən] n installasjon c

instalment [in'stɔ:lmənt] n avdrag nt

instance ['instəns] n eksempel nt; tilfelle nt; **for** ~ for eksempel

instant ['instənt] n øyeblikk nt

instantly ['instəntli] adv øyeblikkelig, straks, umiddelbart

instead of [in'sted ɔv] istedenfor

instinct ['instiŋkt] n instinkt nt

institute ['institju:t] n institutt nt; forordning c; v opprette, stifte

institution [,insti'tju:ʃən] n institusjon c, stiftelse c

instruct [in'strʌkt] v undervise

instruction [in'strʌkʃən] n undervisning c; veiledning c

instructive [in'strʌktiv] adj lærerik

instructor [in'strʌktə] n instruktør c

instrument ['instrumənt] n instrument nt; **musical** ~ musikkinstrument nt

insufficient [,insə'fiʃənt] adj utilstrekkelig

insulate ['insjuleit] v isolere

insulation [,insju'leiʃən] n isolasjon c

insulator ['insjuleitə] n isolator c

insult[1] [in'sʌlt] v fornærme

insult[2] ['insʌlt] n fornærmelse c

insurance [in'ʃuərəns] n forsikring c; ~ **policy** forsikringspolise c

insure [in'ʃuə] v forsikre

intact [in'tækt] adj intakt

intellect ['intəlekt] n intellekt nt, forstand c

intellectual [,intə'lektʃuəl] adj intellektuell

intelligence [in'telidʒəns] n intelligens

c

intelligent [in'telidʒənt] adj intelligent

intend [in'tend] v *ha til hensikt

intense [in'tens] adj intens

intention [in'tenʃən] n hensikt c

intentional [in'tenʃənəl] adj tilsiktet

intercourse ['intəkɔːs] n omgang c

interest ['intrəst] n interesse c; rente c; v interessere

interesting ['intrəstin] adj interessant

interfere [,intə'fiə] v *gripe inn; ~ with blande seg inn i

interference [,intə'fiərəns] n innblanding c

interim ['intərim] n mellomtid c; adj foreløpig

interior [in'tiəriə] n innside c

interlude ['intəluːd] n mellomspill nt

intermediary [,intə'miːdjəri] n mellommann c

intermission [,intə'miʃən] n pause c

internal [in'təːnəl] adj indre

international [,intə'næʃənəl] adj internasjonal

interpret [in'təːprit] v tolke

interpreter [in'təːpritə] n tolk c

interrogate [in'terəgeit] v forhøre

interrogation [in,terə'geiʃən] n forhør nt

interrupt [,intə'rʌpt] v *avbryte

interruption [,intə'rʌpʃən] n avbrytelse c

intersection [,intə'sekʃən] n veikryss nt

interval ['intəvəl] n pause c; intervall nt

intervene [,intə'viːn] v *gripe inn

interview ['intəvjuː] n intervju nt

intestine [in'testin] n tarm c; intestines tarmer

intimate ['intimət] adj intim

into ['intu] prep inn i

intolerable [in'tɔlərəbəl] adj utålelig

intoxicated [in'tɔksikeitid] adj beruset

intrigue [in'triːg] n intrige c

introduce [,intrə'djuːs] v introdusere, presentere, innføre

introduction [,intrə'dʌkʃən] n presentasjon c; innledning c

invade [in'veid] v trenge inn

invalid[1] ['invəliːd] n invalid c; adj ufør

invalid[2] [in'vælid] adj ugyldig

invasion [in'veiʒən] n invasjon c

invent [in'vent] v *oppfinne; oppdikte

invention [in'venʃən] n oppfinnelse c

inventive [in'ventiv] adj oppfinnsom

inventor [in'ventə] n oppfinner c

inventory ['invəntri] n vareoversikt c

invert [in'vəːt] v snu om

invest [in'vest] v investere

investigate [in'vestigeit] v etterforske

investigation [in,vesti'geiʃən] n undersøkelse c

investment [in'vestmənt] n investering c; kapitalanbringelse c, pengeanbringelse c

invisible [in'vizəbəl] adj usynlig

invitation [,invi'teiʃən] n innbydelse c

invite [in'vait] v *innby, invitere

invoice ['invɔis] n faktura c

involve [in'vɔlv] v innblande

inwards ['inwədz] adv innover

iodine ['aiədiːn] n jod c

Iran [i'rɑːn] Iran

Iranian [i'reiniən] adj iransk; n iraner c

Iraq [i'rɑːk] Irak

Iraqi [i'rɑːki] adj irakisk; n iraker c

irascible [i'ræsibəl] adj oppfarende

Ireland ['aiələnd] Irland

Irish ['aiəriʃ] adj irsk

Irishman ['aiəriʃmən] n (pl -men) irlending c

iron ['aiən] n jern nt; strykejern nt; jern-; v *stryke

ironical [ai'rɔnikəl] adj ironisk

ironworks ['aiənwəːks] n jernverk nt

irony ['aiərəni] n ironi c

irregular [i'regjulə] *adj* uregelmessig
irreparable [i'repərəbəl] *adj* ubotelig
irrevocable [i'revəkəbəl] *adj* ugjenkallelig
irritable ['iritəbəl] *adj* irritabel
irritate ['iriteit] *v* irritere, ergre
is [iz] *v* (pr be)
island ['ailənd] *n* øy *c*
isolate ['aisəleit] *v* isolere
isolation [ˌaisə'leifən] *n* isolasjon *c*
Israel ['izreil] Israel
Israeli [iz'reili] *adj* israelsk; *n* israeler *c*
issue ['ifu:] *v* *utgi; *n* utstedelse *c*, opplag *nt*; spørsmål *nt*, sak *c*; utgang *c*, resultat *nt*, følge *c*, sluttresultat *nt*; utvei *c*
isthmus ['isməs] *n* landtunge *c*
it [it] *pron* det
Italian [i'tæljən] *adj* italiensk; *n* italiener *c*
italics [i'tæliks] *pl* kursivskrift *c*
Italy ['itəli] Italia
itch [itf] *n* kløe *c*; *v* klø
item ['aitəm] *n* post *c*; punkt *nt*
itinerant [ai'tinərənt] *adj* omreisende
itinerary [ai'tinərəri] *n* reiserute *c*, reiseplan *c*
ivory ['aivəri] *n* elfenbein *nt*
ivy ['aivi] *n* eføy *c*

J

jack [dʒæk] *n* jekk *c*
jacket ['dʒækit] *n* dressjakke *c*, jakke *c*; omslag *nt*
jade [dʒeid] *n* jade *c*
jail [dʒeil] *n* fengsel *nt*
jailer ['dʒeilə] *n* fangevokter *c*
jam [dʒæm] *n* syltetøy *nt*; trafikkork *c*
janitor ['dʒænitə] *n* vaktmester *c*

January ['dʒænjuəri] januar
Japan [dʒə'pæn] Japan
Japanese [ˌdʒæpə'ni:z] *adj* japansk; *n* japaner *c*
jar [dʒa:] *n* krukke *c*
jaundice ['dʒɔ:ndis] *n* gulsott *c*
jaw [dʒɔ:] *n* kjeve *c*
jealous ['dʒeləs] *adj* sjalu
jealousy ['dʒeləsi] *n* sjalusi *c*
jeans [dʒi:nz] *pl* jeans *pl*
jelly ['dʒeli] *n* gelé *c*
jelly-fish ['dʒelifif] *n* manet *c*
jersey ['dʒə:zi] *n* jersey *c*; genser *c*
jet [dʒet] *n* stråle *c*; jetfly *nt*
jetty ['dʒeti] *n* molo *c*
Jew [dʒu:] *n* jøde *c*
jewel ['dʒu:əl] *n* smykke *nt*
jeweller ['dʒu:ələ] *n* gullsmed *c*
jewellery ['dʒu:əlri] *n* smykker
Jewish ['dʒu:if] *adj* jødisk
job [dʒɔb] *n* jobb *c*; stilling *c*
jockey ['dʒɔki] *n* jockey *c*
join [dʒɔin] *v* *forbinde; slutte seg til; forene, sammenføye
joint [dʒɔint] *n* ledd *nt*; sveisesøm *c*; *adj* felles, forent
jointly ['dʒɔintli] *adv* i fellesskap
joke [dʒouk] *n* vits *c*, spøk *c*
jolly ['dʒɔli] *adj* lystig
Jordan ['dʒɔ:dən] Jordan
Jordanian [dʒɔ:'deiniən] *adj* jordansk; *n* jordaner *c*
journal ['dʒə:nəl] *n* tidsskrift *nt*
journalism ['dʒə:nəlizəm] *n* journalistikk *c*
journalist ['dʒə:nəlist] *n* journalist *c*
journey ['dʒə:ni] *n* reise *c*
joy [dʒɔi] *n* glede *c*, fryd *c*
joyful ['dʒɔifəl] *adj* glad
jubilee ['dʒu:bili:] *n* jubileum *c*
judge [dʒʌdʒ] *n* dommer *c*; *v* dømme; bedømme
judgment ['dʒʌdʒmənt] *n* dom *c*
jug [dʒʌg] *n* mugge *c*

Jugoslav [ˌjuːgəˈslɑːv] *adj* jugoslavisk; *n* jugoslav *c*

Jugoslavia [ˌjuːgəˈslɑːviə] Jugoslavia

juice [dʒuːs] *n* saft *c*

juicy [ˈdʒuːsi] *adj* saftig

July [dʒuˈlai] juli

jump [dʒʌmp] *v* hoppe; *n* hopp *nt*, sprang *nt*

jumper [ˈdʒʌmpə] *n* jumper *c*

junction [ˈdʒʌŋkʃən] *n* veikryss *nt*; knutepunkt *nt*

June [dʒuːn] juni

jungle [ˈdʒʌŋgəl] *n* urskog *c*, jungel *c*

junior [ˈdʒuːnjə] *adj* junior

junk [dʒʌŋk] *n* skrap *nt*

jury [ˈdʒuəri] *n* jury *c*

just [dʒʌst] *adj* rettferdig, passende; riktig; *adv* nettopp; akkurat

justice [ˈdʒʌstis] *n* rett *c*; rettferdighet *c*

juvenile [ˈdʒuːvənail] *adj* ungdoms-

K

kangaroo [ˌkæŋgəˈruː] *n* kenguru *c*

keel [kiːl] *n* kjøl *c*

keen [kiːn] *adj* begeistret; skarp

***keep** [kiːp] *v* *holde; bevare; *holde på med; ~ **away from** *holde seg borte fra; ~ **off** *la være; ~ **on** *fortsette; ~ **quiet** tie; ~ **up** *holde ut; ~ **up with** *holde følge med

keg [keg] *n* kagge *c*

kennel [ˈkenəl] *n* hundehus *nt*; kennel *c*

Kenya [ˈkenjə] Kenya

kerosene [ˈkerəsiːn] *n* petroleum *c*

kettle [ˈketəl] *n* kjele *c*

key [kiː] *n* nøkkel *c*

keyhole [ˈkiːhoul] *n* nøkkelhull *nt*

khaki [ˈkɑːki] *n* kaki *c*

kick [kik] *v* sparke; *n* spark *nt*

kick-off [ˌkiˈkɔf] *n* avspark *nt*

kid [kid] *n* barn *nt*, unge *c*; geiteskinn *nt*; *v* skrøne

kidney [ˈkidni] *n* nyre *c*

kill [kil] *v* drepe; *slå i hjel

kilogram [ˈkiləgræm] *n* kilo *c*/*nt*

kilometre [ˈkiləˌmiːtə] *n* kilometer *c*

kind [kaind] *adj* snill, vennlig; god; *n* sort *c*

kindergarten [ˈkindəˌgɑːtən] *n* barnehage *c*, forskole *c*

king [kiŋ] *n* konge *c*

kingdom [ˈkiŋdəm] *n* kongerike *nt*; rike *nt*

kiosk [ˈkiːɔsk] *n* kiosk *c*

kiss [kis] *n* kyss *nt*; *v* kysse

kit [kit] *n* utstyr *nt*

kitchen [ˈkitʃin] *n* kjøkken *nt*; ~ **garden** kjøkkenhage *c*

knapsack [ˈnæpsæk] *n* ryggsekk *c*; ransel *c*

knave [neiv] *n* knekt *c*

knee [niː] *n* kne *nt*

kneecap [ˈniːkæp] *n* kneskål *c*

***kneel** [niːl] *v* knele

knew [njuː] *v* (p know)

knickers [ˈnikəz] *pl* truse *c*

knife [naif] *n* (pl knives) kniv *c*

knight [nait] *n* ridder *c*

***knit** [nit] *v* strikke

knob [nɔb] *n* knott *c*

knock [nɔk] *v* banke; *n* banking *c*; ~ **against** støte på; ~ **down** *slå ned

knot [nɔt] *n* knute *c*; *v* knytte

***know** [nou] *v* *vite; *kunne, kjenne

knowledge [ˈnɔlidʒ] *n* kjennskap *nt*; kunnskap *c*

knuckle [ˈnʌkəl] *n* knoke *c*

L

label [ˈleibəl] *n* etikett *c*; *v* *sette

merkelapp på

laboratory [lə'bɔrətəri] n laboratorium nt

labour ['leibə] n arbeid nt; fødselsveer pl; v *slite, anstrenge seg; **labor permit** Am arbeidstillatelse c

labourer ['leibərə] n arbeider c

labour-saving ['leibə,seiviŋ] adj arbeidsbesparende

labyrinth ['læbərinθ] n labyrint c

lace [leis] n kniplinger pl; lisse c

lack [læk] n savn nt, mangel c; v mangle

lacquer ['lækə] n lakk c

lad [læd] n gutt c

ladder ['lædə] n stige c

lady ['leidi] n dame c; **ladies' room** dametoalett nt

lagoon [lə'guːn] n lagune c

lake [leik] n innsjø c

lamb [læm] n lam nt; lammekjøtt nt

lame [leim] adj lam, halt

lamentable ['læməntəbəl] adj beklagelig

lamp [læmp] n lampe c

lamp-post ['læmppoust] n lyktestolpe c

lampshade ['læmpʃeid] n lampeskjerm c

land [lænd] n land nt; v lande; *gå i land

landlady ['lænd,leidi] n vertinne c

landlord ['lændlɔːd] n vert c, huseier c; husvert c

landmark ['lændmaːk] n landmerke nt; landemerke nt

landscape ['lændskeip] n landskap n

lane [lein] n smug nt, smal vei; fil c

language ['læŋgwidʒ] n språk nt; ~ **laboratory** språklaboratorium nt

lantern ['læntən] n lykt c

lapel [lə'pel] n jakkeslag nt

larder ['laːdə] n spiskammer nt

large [laːdʒ] adj stor; rommelig

lark [laːk] n lerke c

laryngitis [,lærin'dʒaitis] n strupekatarr c

last [laːst] adj sist; forrige; v vare; **at ~** til slutt

lasting ['laːstiŋ] adj varig

latchkey ['lætʃkiː] n entrénøkkel c

late [leit] adj sen; for sent

lately ['leitli] adv i det siste, nylig

lather ['laːðə] n skum nt

Latin America ['lætin ə'merikə] Latin-Amerika

Latin-American [,lætinə'merikən] adj latinamerikansk

latitude ['lætitjuːd] n breddegrad c

laugh [laːf] v *le; n latter c

laughter ['laːftə] n latter c

launch [lɔːntʃ] v *sette i gang; *skyte opp; n motorbåt c

launching ['lɔːntʃiŋ] n sjøsetning c

launderette [,lɔːndə'ret] n selvbetjeningsvaskeri nt

laundry ['lɔːndri] n vaskeri nt; vask c

lavatory ['lævətəri] n toalett nt

lavish ['læviʃ] adj ødsel

law [lɔː] n lov c; rett c; ~ **court** domstol c

lawful ['lɔːfəl] adj lovlig

lawn [lɔːn] n gressplen c

lawsuit ['lɔːsuːt] n rettssak c

lawyer ['lɔːjə] n advokat c; jurist c

laxative ['læksətiv] n avføringsmiddel nt

***lay** [lei] v plassere, *legge, *sette; ~ **bricks** mure

layer [leiə] n lag nt

layman ['leimən] n lekmann c

lazy ['leizi] adj doven

***lead** [liːd] v lede

lead[1] [liːd] n forsprang nt; ledelse c; hunderem c

lead[2] [led] n bly nt

leader ['liːdə] n fører c, anfører c

leadership ['liːdəʃip] n ledelse c; le-

derskap *nt*
leading [ˈliːdiŋ] *adj* ledende
leaf [liːf] *n* (pl leaves) blad *nt*
league [liːg] *n* forbund *nt*
leak [liːk] *v* lekke; *n* lekkasje *c*
leaky [ˈliːki] *adj* lekk
lean [liːn] *adj* mager
*****lean** [liːn] *v* lene seg
leap [liːp] *n* hopp *nt*
*****leap** [liːp] *v* hoppe
leap-year [ˈliːpjiə] *n* skuddår *nt*
*****learn** [ləːn] *v* lære
learner [ˈləːnə] *n* nybegynner *c*
lease [liːs] *n* leiekontrakt *c;* forpakt-
ning *c; v* forpakte bort, leie ut; leie
leash [liːʃ] *n* koppel *nt*, bånd *nt*
least [liːst] *adj* minst; **at** ~ i det
minste; minst
leather [ˈleðə] *n* lær *nt*; skinn-, lær-
leave [liːv] *n* permisjon *c*
*****leave** [liːv] *v* *forlate, *gå bort;
*legge igjen, *etterlate; ~ **behind**
*etterlate; ~ **out** *utelate
Lebanese [ˌlebəˈniːz] *adj* libanesisk; *n*
libaneser *c*
Lebanon [ˈlebənən] Libanon
lecture [ˈlektʃə] *n* foredrag *nt*, fore-
lesning *c*
left[1] [left] *adj* venstre
left[2] [left] *v* (p, pp leave)
left-hand [ˈlefthænd] *adj* venstre
left-handed [ˌleftˈhændid] *adj* keiv-
hendt
leg [leg] *n* bein *nt*
legacy [ˈlegəsi] *n* legat *nt*
legal [ˈliːgəl] *adj* legal, rettslig; juri-
disk
legalization [ˌliːgəlaiˈzeiʃən] *n* legalisa-
sjon *c*
legation [liˈgeiʃən] *n* legasjon *c*
legible [ˈledʒibəl] *adj* leselig
legitimate [liˈdʒitimət] *adj* lovlig
leisure [ˈleʒə] *n* fritid *c;* ro og mak
lemon [ˈlemən] *n* sitron *c*

lemonade [ˌleməˈneid] *n* limonade *c;*
brus *c*
*****lend** [lend] *v* låne bort
length [leŋθ] *n* lengde *c*
lengthen [ˈleŋθən] *v* forlenge
lengthways [ˈleŋθweiz] *adv* på langs
lens [lenz] *n* linse *c;* **telephoto** ~ te-
leobjektiv *nt;* **zoom** ~ zoomlinse *c*
leprosy [ˈleprəsi] *n* spedalskhet *c*
less [les] *adv* mindre
lessen [ˈlesən] *v* minske, forminske
lesson [ˈlesən] *n* leksjon *c*, time *c*
*****let** [let] *v* *la; leie ut; ~ **down** svik-
te
lethal [ˈliːðəl] *adj* dødelig
letter [ˈletə] *n* brev *nt;* bokstav *c;* ~
of credit akkreditiv *nt;* ~ **of rec-
ommendation** anbefalingsbrev *nt*
letter-box [ˈletəbɔks] *n* postkasse *c*
lettuce [ˈletis] *n* bladsalat *c*
level [ˈlevəl] *adj* jevn; plan; *n* plan *nt*,
nivå *nt;* vaterpass *nt; v* nivellere,
utlikne; ~ **crossing** planovergang
c
lever [ˈliːvə] *n* vektstang *c*, hevarm *c*
liability [ˌlaiəˈbiləti] *n* ansvarlighet *c;*
hemsko *c*
liable [ˈlaiəbəl] *adj* ansvarlig; ~ **to**
utsatt for
liberal [ˈlibərəl] *adj* liberal; rundhån-
det, gavmild
liberation [ˌlibəˈreiʃən] *n* befrielse *c*
Liberia [laiˈbiəriə] Liberia
Liberian [laiˈbiəriən] *adj* liberisk; *n* li-
berier *c*
liberty [ˈlibəti] *n* frihet *c*
library [ˈlaibrəri] *n* bibliotek *nt*
licence [ˈlaisəns] *n* bevilling *c;* tilla-
telse *c;* **driving** ~ førerkort *nt;* ~
number *Am* registreringsnummer
nt; ~ **plate** nummerskilt *nt*
license [ˈlaisəns] *v* *gi tillatelse
lick [lik] *v* slikke
lid [lid] *n* lokk *nt*

lie [lai] v lyge; n løgn c

***lie** [lai] v *ligge; ~ **down** *legge seg nedpå

life [laif] n (pl lives) liv nt; ~ **insurance** livsforsikring c

lifebelt [ˈlaifbelt] n livbelte nt

lifetime [ˈlaiftaim] n levetid c

lift [lift] v løfte; n heis c

light [lait] n lys nt; adj lett; lys; ~ **bulb** lyspære c

***light** [lait] v tenne

lighter [ˈlaitə] n lighter c

lighthouse [ˈlaithaus] n fyrtårn nt

lighting [ˈlaitiŋ] n belysning c

lightning [ˈlaitniŋ] n lyn nt

like [laik] v like; adj lik; conj liksom; prep liksom

likely [ˈlaikli] adj sannsynlig

like-minded [ˌlaikˈmaindid] adj likesinnet

likewise [ˈlaikwaiz] adv likeså, likeledes

lily [ˈlili] n lilje c

limb [lim] n lem nt; gren c

lime [laim] n kalk c; lind c; limett c

limetree [ˈlaimtriː] n lindetre nt

limit [ˈlimit] n grense c; v begrense

limp [limp] v halte; adj slapp

line [lain] n linje c; strek c; line c; kø c; **stand in** ~ Am stå i kø

linen [ˈlinin] n lerret nt; lintøy nt

liner [ˈlainə] n passasjerbåt c

lingerie [ˈlɔ̃ʒəriː] n dameundertøy c

lining [ˈlainiŋ] n fôr nt

link [liŋk] v *forbinde; n lenke c; ledd nt

lion [ˈlaiən] n løve c

lip [lip] n leppe c

lipsalve [ˈlipsɑːv] n leppepomade c

lipstick [ˈlipstik] n leppestift c

liqueur [liˈkjuə] n likør c

liquid [ˈlikwid] adj flytende; n væske c

liquor [ˈlikə] n sprit c; brennevin nt

liquorice [ˈlikəris] n lakris c

list [list] n liste c; v *innskrive, regne opp

listen [ˈlisən] v lytte

listener [ˈlisnə] n lytter c

literary [ˈlitrəri] adj litterær

literature [ˈlitrətʃə] n litteratur c

litre [ˈliːtə] n liter c

litter [ˈlitə] n avfall nt; søppel nt; kull nt

little [ˈlitəl] adj liten; lite

live[1] [liv] v leve; bo

live[2] [laiv] adj levende; direkte

livelihood [ˈlaivlihud] n levebrød nt

lively [ˈlaivli] adj livlig

liver [ˈlivə] n lever c

living-room [ˈliviŋruːm] n dagligstue c

load [loud] n last c; bør c; v laste

loaf [louf] n (pl loaves) brød nt

loan [loun] n lån nt

lobby [ˈlɔbi] n vestibyle c; foajé c

lobster [ˈlɔbstə] n hummer c

local [ˈloukəl] adj lokal, stedlig; ~ **call** lokalsamtale c; ~ **train** lokaltog nt

locality [louˈkæləti] n sted nt

locate [louˈkeit] v lokalisere

location [louˈkeiʃən] n beliggenhet c

lock [lɔk] v låse; n lås c; sluse c; ~ **up** låse opp, sperre inne

locomotive [ˌloukəˈmoutiv] n lokomotiv nt

lodge [lɔdʒ] v huse; n jakthytte c

lodger [ˈlɔdʒə] n leieboer c

lodgings [ˈlɔdʒiŋz] pl losji nt

log [lɔg] n kubbe c

logic [ˈlɔdʒik] n logikk c

logical [ˈlɔdʒikəl] adj logisk

lonely [ˈlounli] adj ensom

long [lɔŋ] adj lang; langvarig; ~ **for** lengte etter; **no longer** ikke lenger

longing [ˈlɔŋiŋ] n lengsel c

longitude [ˈlɔndʒitjuːd] n lengdegrad c

look [luk] v *se; synes, *se ut; n blikk nt; utseende nt; ~ **after** sørge for,

passe; ~ **at** *se på; ~ **for** lete etter; ~ **out** *se opp, passe seg for; ~ **up** *slå opp
looking-glass [ˈlukiŋglɑːs] *n* speil *nt*
loop [luːp] *n* løkke *c*
loose [luːs] *adj* løs
loosen [ˈluːsən] *v* løsne
lord [lɔːd] *n* lord *c*; herre *c*
lorry [ˈlɔri] *n* lastebil *c*
***lose** [luːz] *v* tape, miste
loss [lɔs] *n* tap *nt*
lost [lɔst] *adj* gått vill; forsvunnet; ~ **and found** hittegods *nt*; ~ **property office** hittegodskontor *nt*
lot [lɔt] *n* lodd *c*; mengde *c*, hop *c*
lotion [ˈloufən] *n* hudkrem *c*; **after-shave** ~ barbervann *nt*
lottery [ˈlɔtəri] *n* lotteri *nt*
loud [laud] *adj* høylydt, høy
loud-speaker [ˌlaudˈspiːkə] *n* høyttaler *c*
lounge [laundʒ] *n* salong *c*; vestibyle *c*
louse [laus] *n* (pl lice) lus *c*
love [lʌv] *v* elske, *være glad i; *n* kjærlighet *c*; **in** ~ forelsket
lovely [ˈlʌvli] *adj* yndig, herlig, skjønn
lover [ˈlʌvə] *n* elsker *c*
love-story [ˈlʌvˌstɔːri] *n* kjærlighetshistorie *c*
low [lou] *adj* lav; dyp; nedstemt; ~ **tide** fjære *c*
lower [ˈlouə] *v* senke; *adj* lavere
lowlands [ˈlouləndz] *pl* lavland *nt*
loyal [ˈlɔiəl] *adj* lojal
lubricate [ˈluːbrikeit] *v* *smøre
lubrication [ˌluːbriˈkeifən] *n* smøring *c*; ~ **oil** smøreolje *c*; ~ **system** smøringssystem *nt*
luck [lʌk] *n* hell *nt*; skjebne *c*; **bad** ~ uflaks *c*
lucky [ˈlʌki] *adj* heldig; ~ **charm** amulett *c*

ludicrous [ˈluːdikrəs] *adj* latterlig
luggage [ˈlʌgidʒ] *n* bagasje *c*; **hand** ~ håndbagasje *c*; **left** ~ **office** bagasjeoppbevaring *c*; ~ **rack** bagasjehylle *c*; ~ **van** bagasjevogn *c*
lukewarm [ˈluːkwɔːm] *adj* lunken
lumbago [lʌmˈbeigou] *n* lumbago *c*
luminous [ˈluːminəs] *adj* lysende
lump [lʌmp] *n* klump *c*, stykke *nt*; kul *c*; ~ **of sugar** sukkerbit *c*; ~ **sum** rund sum
lumpy [ˈlʌmpi] *adj* klumpet
lunacy [ˈluːnəsi] *n* vanvidd *nt*
lunatic [ˈluːnətik] *adj* sinnssyk; *n* sinnssyk *c*
lunch [lʌntf] *n* formiddagsmat *c*, lunsj *c*
luncheon [ˈlʌntfən] *n* lunsj *c*
lung [lʌŋ] *n* lunge *c*
lust [lʌst] *n* begjær *nt*
luxurious [lʌgˈʒuəriəs] *adj* luksuriøs
luxury [ˈlʌkfəri] *n* luksus *c*

M

machine [məˈfiːn] *n* maskin *c*, apparat *nt*
machinery [məˈfiːnəri] *n* maskineri *nt*
mackerel [ˈmækrəl] *n* (pl ~) makrell *c*
mackintosh [ˈmækintɔf] *n* regnfrakk *c*
mad [mæd] *adj* gal, vanvittig, sinnssvak; rasende
madam [ˈmædəm] *n* frue *c*
madness [ˈmædnəs] *n* galskap *c*
magazine [ˌmægəˈziːn] *n* tidsskrift *nt*
magic [ˈmædʒik] *n* magi *c*, trolldom *c*; *adj* magisk
magician [məˈdʒifən] *n* tryllekunstner *c*
magistrate [ˈmædʒistreit] *n* dommer *c*
magnetic [mægˈnetik] *adj* magnetisk

magneto ['mæg'niːtou] *n* (pl ~s) tenn-magnet *c*

magnificent [mæg'nifisənt] *adj* prakt-full, storslått

magpie ['mægpai] *n* skjære *c*

maid [meid] *n* hushjelp *c*

maiden name ['meidən neim] pike-navn *nt*

mail [meil] *n* post *c; v* poste; ~ **order** *Am* postanvisning *c*

mailbox ['meilbɔks] *nAm* postkasse *c*

main [mein] *adj* hoved-; størst; ~ **deck** øverste dekk *nt;* ~ **line** ho-vedlinje *c;* ~ **road** hovedvei *c;* ~ **street** hovedgate *c*

mainland ['meinlənd] *n* fastland *nt*

mainly ['meinli] *adv* hovedsakelig

mains [meinz] *pl* hovedledning *c*

maintain [mein'tein] *v* *opprettholde

maintenance ['meintənəns] *n* vedlike-hold *nt*

maize [meiz] *n* mais *c*

major ['meidʒə] *adj* større; eldre; *n* major *c*

majority [mə'dʒɔrəti] *n* flertall *nt*

***make** [meik] *v* lage; tjene; nå; ~ **do with** nøye seg med; ~ **good** *godt-gjøre; ~ **up** *sette opp

make-up ['meikʌp] *n* sminke *c*

malaria [mə'lɛəriə] *n* malaria *c*

Malay [mə'lei] *n* malaysier *c*

Malaysia [mə'leiziə] Malaysia

Malaysian [mə'leiziən] *adj* malaysisk

male [meil] *adj* hann-

malicious [mə'liʃəs] *adj* ondskapsfull

malignant [mə'lignənt] *adj* ondartet

mallet ['mælit] *n* kølle *c*

malnutrition [ˌmælnjuˈtriʃən] *n* under-ernæring *c*

mammal ['mæməl] *n* pattedyr *nt*

mammoth ['mæməθ] *n* mammut *nt*

man [mæn] *n* (pl men) mann *c;* men-neske *nt;* **men's room** herretoalett *nt*

manage ['mænidʒ] *v* bestyre; lykkes

manageable ['mænidʒəbəl] *adj* hånd-terlig

management ['mænidʒmənt] *n* ledelse *c;* administrasjon *c*

manager ['mænidʒə] *n* sjef *c,* direktør *c*

mandarin ['mændərin] *n* mandarin *c*

mandate ['mændeit] *n* mandat *nt*

manger ['meindʒə] *n* krybbe *c*

manicure ['mænikjuə] *n* manikyr *c*

mankind [mæn'kaind] *n* menneskehet *c*

mannequin ['mænəkin] *n* utstillings-dukke *c*

manner ['mænə] *n* måte *c,* vis *nt;* **manners** *pl* manerer *pl*

man-of-war [ˌmænəv'wɔː] *n* krigsskip *nt*

manor-house ['mænəhaus] *n* herre-gård *c*

mansion ['mænʃən] *n* herregård *c*

manual ['mænjuəl] *adj* hånd-, ma-nuell

manufacture [ˌmænjuˈfæktʃə] *v* fabrik-kere

manufacturer [ˌmænjuˈfæktʃərə] *n* fab-rikant *c*

manure [mə'njuə] *n* gjødsel *c*

manuscript ['mænjuskript] *n* manu-skript *nt*

many ['meni] *adj* mange

map [mæp] *n* kart *nt*

maple ['meipəl] *n* lønn *c*

marble ['maːbəl] *n* marmor *c;* klinke-kule *c*

March [maːtʃ] mars

march [maːtʃ] *v* marsjere; *n* marsj *c*

mare [mɛə] *n* hoppe *c*

margarine [ˌmaːdʒəˈriːn] *n* margarin *c*

margin ['maːdʒin] *n* marg *c*

maritime ['mæritaim] *adj* maritim

mark [maːk] *v* markere; merke; kjen-netegne; *n* merke *nt;* karakter *c;*

skyteskive c

market ['ma:kit] *n* marked *nt*

market-place ['ma:kitpleis] *n* torg *nt*

marmalade ['ma:məleid] *n* marmelade *c*

marriage ['mæridʒ] *n* ekteskap *nt*

marrow ['mærou] *n* marg *c*

marry ['mæri] *v* gifte seg, ekte; **married couple** ektepar *nt*

marsh [ma:ʃ] *n* sump *c*

marshy ['ma:ʃi] *adj* sumpet

martyr ['ma:tə] *n* martyr *c*

marvel ['ma:vəl] *n* vidunder *nt; v* undre seg

marvellous ['ma:vələs] *adj* vidunderlig

mascara [mæ'ska:rə] *n* øyensverte *c*

masculine ['mæskjulin] *adj* maskulin

mash [mæʃ] *v* mose

mask [ma:sk] *n* maske *c*

Mass [mæs] *n* messe *c*

mass [mæs] *n* mengde *c;* ~ **production** masseproduksjon *c*

massage ['mæsa:ʒ] *n* massasje *c; v* massere

masseur [mæ'sə:] *n* massør *c*

massive ['mæsiv] *adj* massiv

mast [ma:st] *n* mast *c*

master ['ma:stə] *n* mester *c;* skipsfører *c;* lektor *c,* lærer *c; v* mestre, beherske

masterpiece ['ma:stəpi:s] *n* mesterverk *nt*

mat [mæt] *n* matte *c; adj* glansløs, matt

match [mætʃ] *n* fyrstikk *c;* kamp *c; v* passe til

match-box ['mætʃbɔks] *n* fyrstikkeske *c*

material [mə'tiəriəl] *n* materiale *nt;* stoff *nt; adj* materiell

mathematical [,mæθə'mætikəl] *adj* matematisk

mathematics [,mæθə'mætiks] *n* mate-

matikk *c*

matrimonial [,mætri'mouniəl] *adj* ekteskapelig

matrimony ['mætriməni] *n* ekteskap *nt*

matter ['mætə] *n* stoff *nt;* spørsmål *nt,* sak *c; v* *være av betydning; **as a** ~ **of fact** faktisk, i virkeligheten

matter-of-fact [,mætərəv'fækt] *adj* realistisk

mattress ['mætrəs] *n* madrass *c*

mature [mə'tjuə] *adj* moden

maturity [mə'tjuərəti] *n* modenhet *c*

mausoleum [,mɔ:sə'li:əm] *n* mausoleum *nt*

mauve [mouv] *adj* lilla

May [mei] mai

*may [mei] *v* *kunne

maybe ['meibi] *adv* kanskje

mayor [mɛə] *n* borgermester *c*

maze [meiz] *n* labyrint *c*

me [mi:] *pron* meg

meadow ['medou] *n* eng *c*

meal [mi:l] *n* måltid *nt*

mean [mi:n] *adj* sjofel; *n* gjennomsnitt *nt*

*mean [mi:n] *v* bety; mene

meaning ['mi:niŋ] *n* mening *c*

meaningless ['mi:niŋləs] *adj* meningsløs

means [mi:nz] *n* middel *nt;* **by no** ~ på ingen måte

in the meantime [in ðə 'mi:ntaim] i mellomtiden, imens

meanwhile ['mi:nwail] *adv* i mellomtiden, imens

measles ['mi:zəlz] *n* meslinger *pl*

measure ['meʒə] *v* måle; *n* mål *nt;* foranstaltning *c*

meat [mi:t] *n* kjøtt *nt*

mechanic [mi'kænik] *n* mekaniker *c*

mechanical [mi'kænikəl] *adj* mekanisk

mechanism ['mekənizəm] *n* mekanisme c

medal ['medəl] n medalje c

mediaeval [,medi'i:vəl] adj middelaldersk

mediate ['mi:dieit] v megle

mediator ['mi:dieitə] n megler c

medical ['medikəl] adj medisinsk

medicine ['medsin] n medisin c; legevitenskap c

meditate ['mediteit] v meditere

Mediterranean [,meditə'reiniən] Middelhavet

medium ['mi:diəm] adj gjennomsnittlig, middels

***meet** [mi:t] v møte; *treffe

meeting ['mi:tiŋ] n møte nt, sammenkomst c

meeting-place ['mi:tiŋpleis] n møtested nt

melancholy ['melənkəli] n melankoli c

mellow ['melou] adj bløt; moden

melodrama ['melə,dra:mə] n melodrama nt

melody ['melədi] n melodi c

melon ['melən] n melon c

melt [melt] v smelte

member ['membə] n medlem nt; **Member of Parliament** parlamentsrepresentant c

membership ['membəʃip] n medlemskap nt

memo ['memou] n (pl ~s) memorandum nt

memorable ['memərəbəl] adj minneverdig

memorial [mə'mɔ:riəl] n minnestein c

memorize ['meməraiz] v lære utenat

memory ['meməri] n hukommelse c; minne nt

mend [mend] v reparere, *gjøre i stand

menstruation [,menstru'eiʃən] n menstruasjon c

mental ['mentəl] adj mental

mention ['menʃən] v nevne; n omtale c

menu ['menju:] n spisekart nt, meny c

merchandise ['mə:tʃəndaiz] n varer pl, handelsvare c

merchant ['mə:tʃənt] n kjøpmann c, grosserer c

merciful ['mə:sifəl] adj barmhjertig

mercury ['mə:kjuri] n kvikksølv nt

mercy ['mə:si] n barmhjertighet c, nåde c

mere [miə] adj ren og skjær

merely ['miəli] adv bare

merger ['mə:dʒə] n sammensmeltning c

merit ['merit] v fortjene; n fortjeneste c

mermaid ['mə:meid] n havfrue c

merry ['meri] adj munter

merry-go-round ['merigou,raund] n karusell c

mesh [meʃ] n nett nt, maske c

mess [mes] n rot nt; ~ **up** rote til

message ['mesidʒ] n beskjed c

messenger ['mesindʒə] n budbringer c

metal ['metəl] n metall nt; metall-

meter ['mi:tə] n måler c

method ['meθəd] n metode c, fremgangsmåte c; ordning c

methodical [mə'θɔdikəl] adj metodisk

methylated spirits ['meθəleitid 'spirits] denaturert sprit

metre ['mi:tə] n meter c

metric ['metrik] adj metrisk

Mexican ['meksikən] adj meksikansk; n meksikaner c

Mexico ['meksikou] Mexico

mezzanine ['mezəni:n] n mellometasje c

microphone ['maikrəfoun] n mikrofon c

midday ['middei] n middag c

middle ['midəl] n midte c; adj mellomste; **Middle Ages** middelalderen; ~ **class** middelklasse c; **middle-class** adj borgerlig

midnight ['midnait] n midnatt c

midst [midst] n midte c

midsummer ['mid‚sʌmə] n midtsommer c

midwife ['midwaif] n (pl -wives) jordmor c

might [mait] n makt c

***might** [mait] v *kunne

mighty ['maiti] adj mektig

migraine ['migrein] n migrene c

mild [maild] adj mild

mildew ['mildju] n mugg c

mile [mail] n engelsk mil

milage ['mailidʒ] n distanse c

milepost ['mailpoust] n veiskilt nt

milestone ['mailstoun] n milestein c

milieu ['mi:ljə:] n miljø nt

military ['militəri] adj militær-; ~ **force** krigsmakt c

milk [milk] n melk c

milkman ['milkmən] n (pl -men) melkemann c

milk-shake ['milkʃeik] n milk-shake c

milky ['milki] adj melkaktig

mill [mil] n mølle c; fabrikk c

miller ['milə] n møller c

milliner ['milinə] n modist c

million ['miljən] n million c

millionaire [‚miljə'neə] n millionær c

mince [mins] v finhakke

mind [maind] n sinn nt; v *ha noe imot; passe på, passe seg for, bry seg om

mine [main] n gruve c

miner ['mainə] n gruvearbeider c

mineral ['minərəl] n mineral nt; ~ **water** mineralvann nt

miniature ['minjətʃə] n miniatyr c

minimum ['miniməm] n minimum nt

mining ['mainiŋ] n gruvedrift c

minister ['ministə] n statsråd c; prest

c; **Prime Minister** statsminister c

ministry ['ministri] n departement nt; prestegjerning c

mink [miŋk] n mink c

minor ['mainə] adj mindre, liten; underordnet; n mindreårig c

minority [mai'nɔrəti] n mindretall nt

mint [mint] n mynte c

minus ['mainəs] prep minus

minute¹ ['minit] n minutt nt; **minutes** referat nt

minute² [mai'nju:t] adj bitte liten

miracle ['mirəkəl] n mirakel nt

miraculous [mi'rækjuləs] adj mirakuløs

mirror ['mirə] n speil nt

misbehave [‚misbi'heiv] v oppføre seg dårlig

miscarriage [mis'kæridʒ] n abort c

miscellaneous [‚misə'leiniəs] adj diverse

mischief ['mistʃif] n spilloppser pl; ugagn c, skade c

mischievous ['mistʃivəs] adj skøyeraktig

miserable ['mizərəbəl] adj elendig, ulykkelig

misery ['mizəri] n elendighet c, ulykke c; nød c

misfortune [mis'fɔ:tʃen] n ulykke c, uhell nt

***mislay** [mis'lei] v *forlegge

misplaced [mis'pleist] adj malplassert; mistet

mispronounce [‚misprə'nauns] v uttale galt

miss¹ [mis] frøken, frøken c

miss² [mis] v miste

missing ['misiŋ] adj manglende; ~ **person** savnet person

mist [mist] n dis c, tåke c

mistake [mi'steik] n feiltakelse c, feil c

***mistake** [mi'steik] v forveksle

mistaken [mi'steikən] adj feilaktig;
be ~ *ta feil

mister ['mistə] herr

mistress ['mistrəs] n frue c; bestyrer-
inne c; elskerinne c

mistrust [mis'trʌst] v mistro

misty ['misti] adj disig

*misunderstand [,misʌndə'stænd] v
*misforstå

misunderstanding [,misʌndə'stændiŋ]
n misforståelse c

misuse [mis'ju:s] n misbruk nt

mittens ['mitənz] pl votter pl

mix [miks] v blande; ~ with *omgås
med

mixed [mikst] adj blandet

mixer ['miksə] n mikser c

mixture ['mikstʃə] n blanding c

moan [moun] v jamre

moat [mout] n vollgrav c

mobile ['moubail] adj bevegelig, mo-
bil

mock [mɔk] v håne

mockery ['mɔkəri] n hån c

model ['mɔdəl] n modell c; manne-
keng c; v modellere, forme

moderate ['mɔdərət] adj moderat;
middelmådig

modern ['mɔdən] adj moderne

modest ['mɔdist] adj beskjeden

modesty ['mɔdisti] n beskjedenhet c

modify ['mɔdifai] v modifisere, endre

mohair ['mouheə] n mohair c/nt

moist [mɔist] adj fuktig, våt

moisten ['mɔisən] v fukte

moisture ['mɔistʃə] n fuktighet c;
moisturizing cream fuktighets-
krem c

molar ['moulə] n jeksel c

moment ['moumənt] n øyeblikk nt

momentary ['mouməntəri] adj kortva-
rig

monarch ['mɔnək] n monark c

monarchy ['mɔnəki] n monarki nt

monastery ['mɔnəstri] n kloster nt

Monday ['mʌndi] mandag c

monetary ['mʌnitəri] adj penge-; ~
unit myntenhet c

money ['mʌni] n penger pl; ~ ex-
change vekslingskontor nt; ~ or-
der postanvisning c

monk [mʌŋk] n munk c

monkey ['mʌŋki] n ape c

monologue ['mɔnəlɔg] n monolog c

monopoly [mə'nɔpəli] n monopol nt

monotonous [mə'nɔtənəs] adj mono-
ton

month [mʌnθ] n måned c

monthly ['mʌnθli] adj månedlig; ~
magazine månedsblad nt

monument ['mɔnjumənt] n monument
nt, minnesmerke nt

mood [mu:d] n humør nt, stemning c

moon [mu:n] n måne c

moonlight ['mu:nlait] n måneskinn nt

moor [muə] n hei c, lyngmo c

moose [mu:s] n (pl ~, ~s) elg c

moped ['mouped] n moped c

moral ['mɔrəl] n moral c; adj mo-
ralsk, sedelig

morality [mə'ræliti] n moral c

more [mɔ:] adj mer; once ~ en gang
til

moreover [mɔ:'rouvə] adv dessuten,
for øvrig

morning ['mɔ:niŋ] n morgen c, for-
middag c; ~ paper morgenavis c;
this ~ i morges

Moroccan [mə'rɔkən] adj marok-
kansk; n marokkaner c

Morocco [mə'rɔkou] Marokko

morphia ['mɔ:fiə] n morfin c

morphine ['mɔ:fi:n] n morfin c

morsel ['mɔ:səl] n bit c

mortal ['mɔ:təl] adj dødelig

mortgage ['mɔ:gidʒ] n pantelån nt;
pant c

mosaic [mə'zeiik] n mosaikk c

mosque [mɔsk] *n* moské *c*

mosquito [məˈskiːtou] *n* (pl ~es) mygg *c*; moskito *c*

mosquito-net [məˈskiːtounet] *n* myggnett *nt*

moss [mɔs] *n* mose *c*

most [moust] *adj* flest; **at ~** høyst; **~ of all** mest

mostly [ˈmoustli] *adv* for det meste

motel [mouˈtel] *n* motell *nt*

moth [mɔθ] *n* møll *c*; nattsvermer *c*

mother [ˈmʌðə] *n* mor *c*; **~ tongue** morsmål *nt*

mother-in-law [ˈmʌðərinlɔː] *n* (pl mothers-) svigermor *c*

mother-of-pearl [ˌmʌðərəvˈpəːl] *n* perlemor *c*

motion [ˈmouʃən] *n* bevegelse *c*; forslag *nt*

motive [ˈmoutiv] *n* motiv *nt*

motor [ˈmoutə] *n* motor *c*; *v* bile; **~ body** *nAm* karosseri *nt*; **starter ~** starter *c*

motorbike [ˈmoutəbaik] *nAm* moped *c*

motor-boat [ˈmoutəbout] *n* motorbåt *c*

motor-car [ˈmoutəkɑː] *n* bil *c*

motor-cycle [ˈmoutəˌsaikəl] *n* motorsykkel *c*

motoring [ˈmoutəriŋ] *n* bilisme *c*

motorist [ˈmoutərist] *n* bilist *c*

motorway [ˈmoutəwei] *n* motorvei *c*

motto [ˈmɔtou] *n* (pl ~es, ~s) motto *nt*

mouldy [ˈmouldi] *adj* muggen

mound [maund] *n* haug *c*

mount [maunt] *v* *bestige; *n* berg *nt*

mountain [ˈmauntin] *n* fjell *nt*; **~ pass** pass *nt*; **~ range** fjellkjede *c*

mountaineering [ˌmauntiˈniəriŋ] *n* fjellklatring *c*

mountainous [ˈmauntinəs] *adj* bergrik

mourning [ˈmɔːniŋ] *n* sørgetid *c*

mouse [maus] *n* (pl mice) mus *c*

moustache [məˈstɑːʃ] *n* bart *c*

mouth [mauθ] *n* munn *c*; kjeft *c*, gap *nt*; munning *c*

mouthwash [ˈmauθwɔʃ] *n* munnvann *nt*

movable [ˈmuːvəbəl] *adj* flyttbar

move [muːv] *v* bevege; flytte; røre seg; *n* trekk *nt*, skritt *nt*; flytting *c*

movement [ˈmuːvmənt] *n* bevegelse *c*

movie [ˈmuːvi] *n* film *c*; **movies** *Am* kino *c*; **~ theater** kino *c*

much [mʌtʃ] *adj* mange, mye; *adv* mye; **as ~** like mye; så vidt

muck [mʌk] *n* møkk *c*

mud [mʌd] *n* søle *c*

muddle [ˈmʌdəl] *n* forvirring *c*, rot *nt*, virvar *nt*; *v* rote

muddy [ˈmʌdi] *adj* sølet

mud-guard [ˈmʌdgɑːd] *n* skvettskjerm *c*

muffler [ˈmʌflə] *nAm* lydpotte *c*

mug [mʌg] *n* krus *nt*

mulberry [ˈmʌlbəri] *n* morbær *nt*

mule [mjuːl] *n* mulesel *nt*, muldyr *nt*

mullet [ˈmʌlit] *n* multefisk *c*

multiplication [ˌmʌltipliˈkeiʃən] *n* multiplikasjon *c*

multiply [ˈmʌltiplai] *v* multiplisere

mumps [mʌmps] *n* kusma *c*

municipal [mjuːˈnisipəl] *adj* kommunal, by-

municipality [mjuːˌnisiˈpæləti] *n* kommune *c*

murder [ˈməːdə] *n* mord *nt*; *v* myrde

murderer [ˈməːdərə] *n* morder *c*

muscle [ˈmʌsəl] *n* muskel *c*

muscular [ˈmʌskjulə] *adj* muskuløs

museum [mjuːˈziːəm] *n* museum *nt*

mushroom [ˈmʌʃruːm] *n* sjampinjong *c*; sopp *c*

music [ˈmjuːzik] *n* musikk *c*; **~ academy** konservatorium *nt*

musical [ˈmjuːzikəl] *adj* musikalsk; *n*

musical *c*

music-hall [ˈmjuːzikhɔːl] *n* revyteater *nt*

musician [mjuːˈziʃən] *n* musiker *c*

muslin [ˈmʌzlin] *n* musselin *c*

mussel [ˈmʌsəl] *n* blåskjell *nt*

*must [mʌst] *v* *måtte

mustard [ˈmʌstəd] *n* sennep *c*

mute [mjuːt] *adj* stum

mutiny [ˈmjuːtini] *n* mytteri *nt*

mutton [ˈmʌtən] *n* fårekjøtt *nt*

mutual [ˈmjuːtʃuəl] *adj* gjensidig

my [mai] *adj* min

myself [maiˈself] *pron* meg; selv

mysterious [miˈstiəriəs] *adj* gåtefull, mystisk

mystery [ˈmistəri] *n* mysterium *nt*

myth [miθ] *n* myte *c*

N

nail [neil] *n* negl *c*; spiker *c*

nailbrush [ˈneilbrʌʃ] *n* neglebørste *c*

nail-file [ˈneilfail] *n* neglefil *c*

nail-polish [ˈneilpɔliʃ] *n* neglelakk *c*

nail-scissors [ˈneilsizəz] *pl* neglesaks *c*

naïve [naːˈiːv] *adj* naiv

naked [ˈneikid] *adj* naken; bar

name [neim] *n* navn *nt*; *v* oppkalle, kalle; in the ~ of i .... navn

namely [ˈneimli] *adv* nemlig

nap [næp] *n* lur *c*

napkin [ˈnæpkin] *n* serviett *c*

nappy [ˈnæpi] *n* bleie *c*

narcosis [naːˈkousis] *n* (pl -ses) narkose *c*

narcotic [naːˈkɔtik] *n* narkotisk middel

narrow [ˈnærou] *adj* trang, smal, snever

narrow-minded [ˌnærouˈmaindid] *adj*

sneversynt

nasty [ˈnaːsti] *adj* ubehagelig, vemmelig; ekkel

nation [ˈneiʃən] *n* nasjon *c*; folk *nt*

national [ˈnæʃənəl] *adj* nasjonal; folke-; stats-; ~ anthem nasjonalsang *c*; ~ dress nasjonaldrakt *c*; ~ park nasjonalpark *c*

nationality [ˌnæʃəˈnæləti] *n* nasjonalitet *c*

nationalize [ˈnæʃənəlaiz] *v* nasjonalisere

native [ˈneitiv] *n* innfødt *c*; *adj* innfødt; ~ country fedreland *nt*; ~ language morsmål *nt*

natural [ˈnætʃərəl] *adj* naturlig; medfødt

naturally [ˈnætʃərəli] *adv* selvfølgelig, naturligvis

nature [ˈneitʃə] *n* natur *c*

naughty [ˈnɔːti] *adj* uskikkelig, slem

nausea [ˈnɔːsiə] *n* kvalme *c*

naval [ˈneivəl] *adj* marine-

navel [ˈneivəl] *n* navle *c*

navigable [ˈnævigəbəl] *adj* seilbar

navigate [ˈnævigeit] *v* navigere

navigation [ˌnæviˈgeiʃən] *n* navigasjon *c*; seilas *c*

navy [ˈneivi] *n* flåte *c*

near [niə] *prep* nær; *adj* nær

nearby [ˈniəbai] *adj* nærliggende, tilstøtende

nearly [ˈniəli] *adv* nesten

neat [niːt] *adj* nett, ordentlig; bar

necessary [ˈnesəsəri] *adj* nødvendig

necessity [nəˈsesəti] *n* nødvendighet *c*

neck [nek] *n* hals *c*; nape of the ~ nakke *c*

necklace [ˈnekləs] *n* halskjede *nt*

necktie [ˈnektai] *n* slips *nt*

need [niːd] *v* behøve, trenge; *n* behov *nt*; nødvendighet *c*; ~ to *måtte

needle [ˈniːdəl] *n* nål *c*

needlework [ˈniːdəlwəːk] *n* håndarbeid *nt*

negative ['negətiv] *adj* negativ, benektende; *n* negativ *nt*

neglect [ni'glekt] *v* forsømme; *n* forsømmelse *c*

negligee ['negliʒei] *n* neglisjé *c/nt*

negotiate [ni'gouʃieit] *v* forhandle

negotiation [ni‚gouʃi'eiʃən] *n* forhandling *c*

Negro ['ni:grou] *n* (pl ~es) neger *c*

neighbour ['neibə] *n* granne *c*, nabo *c*

neighbourhood ['neibəhud] *n* nabolag *nt*

neighbouring ['neibəriŋ] *adj* tilstøtende, nærliggende

neither ['naiðə] *pron* ingen av dem; **neither ... nor** verken ... eller

neon ['ni:ɔn] *n* neon *c*

nephew ['nefju:] *n* nevø *c*

nerve [nə:v] *n* nerve *c*; dristighet *c*

nervous ['nə:vəs] *adj* nervøs

nest [nest] *n* rede *nt*

net [net] *n* nett *nt*; *adj* netto

the Netherlands ['neðələndz] Nederland

network ['netwə:k] *n* nettverk *nt*; kringkastingsselskap *nt*

neuralgia [njuə'rældʒə] *n* nevralgi *c*

neurosis [njuə'rousis] *n* nevrose *c*

neuter ['nju:tə] *adj* intetkjønns-

neutral ['nju:trəl] *adj* nøytral

never ['nevə] *adv* aldri

nevertheless [‚nevəðə'les] *adv* ikke desto mindre

new [nju:] *adj* ny; **New Year** nyttår *nt*

news [nju:z] *n* nyheter *pl*, nyhet *c*

newsagent ['nju:‚zeidʒənt] *n* avishandler *c*

newspaper ['nju:z‚peipə] *n* avis *c*

newsreel ['nju:zri:l] *n* filmavis *c*

newsstand ['nju:zstænd] *n* aviskiosk *c*

New Zealand [nju: 'zi:lənd] Ny-Zealand

next [nekst] *adj* neste; ~ **to** ved siden av

next-door [‚nekst'dɔ:] *adv* ved siden av, nabo-

nice [nais] *adj* koselig, snill, pen; lekker; sympatisk

nickel ['nikəl] *n* nikkel *c*; 5-cent-mynt

nickname ['nikneim] *n* kjælenavn *nt*

nicotine ['nikəti:n] *n* nikotin *c*

niece [ni:s] *n* niese *c*

Nigeria [nai'dʒiəriə] Nigeria

Nigerian [nai'dʒiəriən] *adj* nigeriansk; *n* nigerianer *c*

night [nait] *n* natt *c*; aften *c*; **by** ~ om natten; ~ **flight** nattfly *nt*; ~ **rate** natt-takst *c*; ~ **train** natt-tog *nt*

nightclub ['naitklʌb] *n* nattklubb *c*

night-cream ['naitkri:m] *n* nattkrem *c*

nightdress ['naitdres] *n* nattkjole *c*

nightingale ['naitiŋgeil] *n* nattergal *c*

nightly ['naitli] *adj* nattlig

nil [nil] ingenting; null

nine [nain] *num* ni

nineteen [‚nain'ti:n] *num* nitten

nineteenth [‚nain'ti:nθ] *num* nittende

ninety ['nainti] *num* nitti

ninth [nainθ] *num* niende

nitrogen ['naitrədʒən] *n* kvelstoff *nt*

no [nou] nei; *adj* ingen; ~ **one** ingen

nobility [nou'biləti] *n* adel *c*

noble ['noubəl] *adj* adelig; edel

nobody ['noubədi] *pron* ingen

nod [nɔd] *n* nikk *nt*; *v* nikke

noise [nɔiz] *n* lyd *c*; bulder *nt*, larm *c*, støy *c*

noisy ['nɔizi] *adj* støyende

nominal ['nɔminəl] *adj* nominell

nominate ['nɔmineit] *v* nominere

nomination [‚nɔmi'neiʃən] *n* nominasjon *c*; utnevnelse *c*

none [nʌn] *pron* ingen

nonsense ['nɔnsəns] *n* nonsens *nt*

noon [nu:n] *n* klokken tolv

normal ['nɔ:məl] *adj* normal
north [nɔ:θ] *n* nord *c; adj* nordlig;
  North Pole Nordpolen
north-east [,nɔ:θ'i:st] *n* nordøst *c*
northerly ['nɔ:ðəli] *adj* nordlig
northern ['nɔ:ðən] *adj* nordlig
north-west [,nɔ:θ'west] *n* nordvest *c*
Norway ['nɔ:wei] Norge
Norwegian [nɔ:'wi:dʒən] *adj* norsk; *n*
  nordmann *c*
nose [nouz] *n* nese *c*
nosebleed ['nouzbli:d] *n* neseblod *nt*
nostril ['nɔstril] *n* nesebor *nt*
not [nɔt] *adv* ikke
notary ['noutəri] *n* notar *c*
notary public *Am* notarius publicus
note [nout] *n* merknad *c*, notis *c*; no-
  tat *nt;* tone *c; v* notere; bemerke,
  konstatere
notebook ['noutbuk] *n* notisbok *c*
noted ['noutid] *adj* kjent
notepaper ['nout,peipə] *n* brevpapir
  nt
nothing ['nʌθiŋ] *n* ingenting, intet *nt*
notice ['noutis] *v* merke, bemerke,
  *legge merke til, oppdage; *se; *n*
  underretning *c*, kunngjøring *c;*
  oppmerksomhet *c*
noticeable ['noutisəbəl] *adj* merkbar;
  bemerkelsesverdig
notify ['noutifai] *v* meddele; underret-
  te
notion ['nouʃən] *n* anelse *c*, begrep *nt*
notorious [nou'tɔ:riəs] *adj* beryktet
nougat ['nu:gɑ:] *n* nougat *c*
nought [nɔ:t] *n* null *nt*
noun [naun] *n* substantiv *nt*
nourishing ['nʌriʃiŋ] *adj* nærende
novel ['nɔvəl] *n* roman *c*
novelist ['nɔvəlist] *n* romanforfatter *c*
November [nou'vembə] november
now [nau] *adv* nå; ~ **and then** nå og
  da
nowadays ['nauədeiz] *adv* nåtildags

nowhere ['nouweə] *adv* ingensteds
nozzle ['nɔzəl] *n* tut *c*
nuance [nju:'ɑ̃:s] *n* nyanse *c*
nuclear ['nju:kliə] *adj* kjerne-; ~ **en-
  ergy** kjernekraft *c*
nucleus ['nju:kliəs] *n* kjerne *c*
nude [nju:d] *adj* naken; *n* akt *c*
nuisance ['nju:səns] *n* ulempe *c*
numb [nʌm] *adj* følelsesløs; valen
number ['nʌmbə] *n* nummer *nt;* tall
  nt, antall *nt*
numeral ['nju:mərəl] *n* tallord *nt*
numerous ['nju:mərəs] *adj* tallrik
nun [nʌn] *n* nonne *c*
nunnery ['nʌnəri] *n* nonnekloster *nt*
nurse [nə:s] *n* sykesøster *c*, sykeplei-
  erske *c;* barnepike *c; v* pleie; amme
nursery ['nə:səri] *n* barneværelse *nt;*
  daghjem *nt;* planteskole *c*
nut [nʌt] *n* nøtt *c;* mutter *c*
nutcrackers ['nʌt,krækəz] *pl* nøtte-
  knekker *c*
nutmeg ['nʌtmeg] *n* muskatnøtt *c*
nutritious [nju:'triʃəs] *adj* nærende
nutshell ['nʌtʃel] *n* nøtteskall *nt*
nylon ['nailɔn] *n* nylon *nt*

O

oak [ouk] *n* eik *c*
oar [ɔ:] *n* åre *c*
oasis [ou'eisis] *n* (pl oases) oase *c*
oath [ouθ] *n* ed *c*
oats [outs] *pl* havre *c*
obedience [ə'bi:diəns] *n* lydighet *c*
obedient [ə'bi:diənt] *adj* lydig
obey [ə'bei] *v* *adlyde
object[1] ['ɔbdʒikt] *n* objekt *nt;* gjen-
  stand *c;* formål *nt*
object[2] [əb'dʒekt] *v* protestere, inn-
  vende
objection [əb'dʒekʃən] *n* innvending *c*

objective [əb'dʒektiv] adj objektiv; n formål nt

obligatory [ə'bligətəri] adj obligatorisk

oblige [ə'blaidʒ] v forplikte; **be obliged to** *være forpliktet til; *være nødt til

obliging [ə'blaidʒiŋ] adj imøtekommende

oblong ['ɔblɔŋ] adj avlang; n rektangel nt

obscene [əb'si:n] adj uanstendig

obscure [əb'skjuə] adj uklar, mørk

observation [,ɔbzə'veiʃən] n iakttakelse c, observasjon c

observatory [əb'zɔ:vətri] n observatorium nt

observe [əb'zɔ:v] v *iaktta, observere

obsession [əb'seʃən] n besettelse c

obstacle ['ɔbstəkəl] n hindring c

obstinate ['ɔbstinət] adj sta; hardnakket

obtain [əb'tein] v erverve, *få

obtainable [əb'teinəbəl] adj oppnåelig

obvious ['ɔbviəs] adj innlysende

occasion [ə'keiʒən] n tilfelle nt; foranledning c

occasionally [ə'keiʒənəli] adv av og til, nå og da

occupant ['ɔkjupənt] n beboer c

occupation [,ɔkju'peiʃən] n beskjeftigelse c; okkupasjon c

occupy ['ɔkjupai] v *besette; beskjeftige; **occupied** adj opptatt

occur [ə'kɔ:] v hende, *forekomme, skje

occurrence [ə'kʌrəns] n hendelse c

ocean ['ouʃən] n hav nt

October [ɔk'toubə] oktober

octopus ['ɔktəpəs] n blekksprut c

oculist ['ɔkjulist] n øyenlege c

odd [ɔd] adj underlig, rar; ulike

odour ['oudə] n lukt c

of [ɔv, əv] prep av; fra; i

off [ɔf] adv av; vekk; prep av

offence [ə'fens] n forseelse c; anstøt nt, fornærmelse c

offend [ə'fend] v krenke, fornærme; *forgå seg

offensive [ə'fensiv] adj offensiv; støtende, krenkende

offer ['ɔfə] v *tilby; yte; n tilbud nt

office ['ɔfis] n kontor nt; embete nt; ~ **hours** kontortid c

officer ['ɔfisə] n offiser c

official [ə'fiʃəl] adj offisiell

off-licence ['ɔf,laisəns] n alkoholutsalg nt

often ['ɔfən] adv ofte

oil [ɔil] n olje c; **fuel** ~ brenselolje c; ~ **filter** oljefilter nt; ~ **pressure** oljetrykk nt

oil-painting [,ɔil'peintiŋ] n oljemaleri nt

oil-refinery ['ɔilri,fainəri] n oljeraffineri nt

oil-well ['ɔilwel] n oljebrønn c

oily ['ɔili] adj oljet; glatt

ointment ['ɔintmənt] n salve c

okay! [,ou'kei] fint!

old [ould] adj gammel; ~ **age** alderdom c

old-fashioned [,ould'fæʃənd] adj gammeldags

olive ['ɔliv] n oliven c; ~ **oil** olivenolje c

omelette ['ɔmlət] n omelett c

ominous ['ɔminəs] adj illevarslende

omit [ə'mit] v *utelate

omnipotent [ɔm'nipətənt] adj allmektig

on [ɔn] prep på; ved

once [wʌns] adv en gang; **at** ~ straks; ~ **more** nok en gang

oncoming ['ɔn,kʌmiŋ] adj kommende, møtende

one [wʌn] num en; pron man

oneself [wʌn'self] pron selv

onion ['ʌnjən] n løk c

only ['ounli] adj eneste; adv bare, alene, kun; conj men

onwards ['ɔnwədz] adv fremover

onyx ['ɔniks] n onyks c

opal ['oupəl] n opal c

open ['oupən] v åpne; adj åpen; åpenhjertig

opening ['oupəniŋ] n åpning c

opera ['ɔpərə] n opera c; ~ house opera c

operate ['ɔpəreit] v virke, *drive; operere

operation [,ɔpə'reiʃən] n virksomhet c; operasjon c

operator ['ɔpəreitə] n telefonist c

operetta [,ɔpə'retə] n operette c

opinion [ə'pinjən] n oppfatning c, mening c

opponent [ə'pounənt] n motstander c

opportunity [,ɔpə'tju:nəti] n leilighet c, anledning c

oppose [ə'pouz] v *motsette seg, opponere seg

opposite ['ɔpəzit] prep overfor; adj motsatt

opposition [,ɔpə'ziʃən] n opposisjon c

oppress [ə'pres] v undertrykke, knuge

optician [ɔp'tiʃən] n optiker c

optimism ['ɔptimizəm] n optimisme c

optimist ['ɔptimist] n optimist c

optimistic [,ɔpti'mistik] adj optimistisk

optional ['ɔpʃənəl] adj valgfri

or [ɔ:] conj eller

oral ['ɔ:rəl] adj muntlig

orange ['ɔrindʒ] n appelsin c; adj oransje

orchard ['ɔ:tʃəd] n frukthage c

orchestra ['ɔ:kistrə] n orkester nt; ~ seat Am orkesterplass c

order ['ɔ:də] v beordre; bestille; n rekkefølge c, orden c; ordre c, befaling c; bestilling c; in ~ i orden; in ~ to for å; made to ~ laget på bestilling; out of ~ i uorden; postal ~ postanvisning c

order-form ['ɔ:dəfɔ:m] n ordreblankett c

ordinary ['ɔ:dənri] adj vanlig, dagligdags

ore [ɔ:] n malm c

organ ['ɔ:gən] n organ nt; orgel nt

organic [ɔ:'gænik] adj organisk

organization [,ɔ:gənai'zeiʃən] n organisasjon c

organize ['ɔ:gənaiz] v organisere

Orient ['ɔ:riənt] n Orienten

oriental [,ɔ:ri'entəl] adj orientalsk

orientate ['ɔ:riənteit] v orientere seg

origin ['ɔridʒin] n avstamning c, opphav nt; nedstamning c, herkomst c

original [ə'ridʒinəl] adj original, opprinnelig

originally [ə'ridʒinəli] adv i begynnelsen

ornament ['ɔ:nəmənt] n utsmykning c

ornamental [,ɔ:nə'mentəl] adj dekorativ

orphan ['ɔ:fən] n foreldreløst barn

orthodox ['ɔ:θədɔks] adj ortodoks

ostrich ['ɔstritʃ] n struts c

other ['ʌðə] adj annen

otherwise ['ʌðəwaiz] conj ellers; adv annerledes

*ought to [ɔ:t] *burde

our [auə] adj vår

ourselves [auə'selvz] pron oss; selv

out [aut] adv ute, ut; ~ of sluppet opp for

outbreak ['autbreik] n utbrudd nt

outcome ['autkʌm] n resultat nt

*outdo [,aut'du:] v *overgå

outdoors [,aut'dɔ:z] adv utendørs

outer ['autə] adj ytre

outfit ['autfit] n utrustning c; klesdrakt c

outline ['autlain] *n* kontur *c; v* tegne i omriss

outlook ['autluk] *n* utsikt *c;* syn *nt*

output ['autput] *n* produksjon *c*

outrage ['autreidʒ] *n* fornærmelse *c;* krenkelse *c*

outside [ˌaut'said] *adv* utenfor; *prep* utenfor; *n* utside *c,* ytterside *c*

outsize ['autsaiz] *n* stor størrelse

outskirts ['autskə:ts] *pl* utkant *c*

outstanding [ˌaut'stændiŋ] *adj* fremtredende, fremragende

outward ['autwəd] *adj* utvendig

outwards ['autwədz] *adv* utad

oval ['ouvəl] *adj* oval

oven ['ʌvən] *n* stekeovn *c*

over ['ouvə] *prep* over, ovenfor; *adv* over; over ende; ~ **there** der borte

overall ['ouvərɔ:l] *adj* total

overalls ['ouvərɔ:lz] *pl* overall *c*

overcast ['ouvəka:st] *adj* overskyet

overcoat ['ouvəkout] *n* ytterfrakk *c*

*overcome [ˌouvə'kʌm] *v* *overvinne

overdue [ˌouvə'dju:] *adj* forsinket; forfallen

overgrown [ˌouvə'groun] *adj* overgrodd

overhaul [ˌouvə'hɔ:l] *v* overhale

overhead [ˌouvə'hed] *adv* ovenfor

overlook [ˌouvə'luk] *v* *overse

overnight [ˌouvə'nait] *adv* natten over

overseas [ˌouvə'si:z] *adj* oversjøisk

oversight ['ouvəsait] *n* forglemmelse *c*

*oversleep [ˌouvə'sli:p] *v* *forsove seg

overstrung [ˌouvə'strʌŋ] *adj* overspent

*overtake [ˌouvə'teik] *v* kjøre forbi; **no overtaking** forbikjøring forbudt

over-tired [ˌouvə'taiəd] *adj* overtrett

overture ['ouvətʃə] *n* ouverture *c*

overweight ['ouvəweit] *n* overvekt *c*

overwhelm [ˌouvə'welm] *v* overvelde

overwork [ˌouvə'wə:k] *v* overanstrenge seg

owe [ou] *v* *være skyldig, skylde; *ha å takke for; **owing to** på grunn av

owl [aul] *n* ugle *c*

own [oun] *v* eie; *adj* egen

owner ['ounə] *n* eier *c,* innehaver *c*

ox [ɔks] *n* (pl oxen) okse *c*

oxygen ['ɔksidʒən] *n* surstoff *nt*

oyster ['ɔistə] *n* østers *c*

P

pace [peis] *n* gange *c;* skritt *nt;* tempo *nt*

Pacific Ocean [pə'sifik 'oufən] Stillehavet

pacifism ['pæsifizəm] *n* pasifisme *c*

pacifist ['pæsifist] *n* pasifist *c;* pasifistisk

pack [pæk] *v* pakke; *nAm* kortstokk *c;* ~ **up** pakke ned

package ['pækidʒ] *n* pakke *c*

packet ['pækit] *n* liten pakke

packing ['pækiŋ] *n* innpakning *c*

pad [pæd] *n* pute *c;* notisblokk *c*

paddle ['pædəl] *n* padleåre *c*

padlock ['pædlɔk] *n* hengelås *c*

pagan ['peigən] *adj* hedensk; *n* hedning *c*

page [peidʒ] *n* side *c*

page-boy ['peidʒbɔi] *n* pikkolo *c*

pail [peil] *n* spann *nt*

pain [pein] *n* smerte *c;* **pains** umake *c*

painful ['peinfəl] *adj* smertefull

painless ['peinləs] *adj* smertefri

paint [peint] *n* maling *c; v* male

paint-box ['peintbɔks] *n* malerskrin *nt*

paint-brush ['peintbrʌʃ] *n* pensel *c*

painter ['peintə] *n* maler *c*

painting ['peintiŋ] *n* maleri *nt*

pair [pɛə] *n* par *nt*

Pakistan [ˌpɑ:ki'stɑ:n] Pakistan

Pakistani [ˌpɑːkiˈstɑːni] *adj* pakistansk; *n* pakistaner *c*

palace [ˈpæləs] *n* palass *nt*

pale [peil] *adj* blek; lyse-

palm [pɑːm] *n* palme *c*; håndflate *c*

palpable [ˈpælpəbəl] *adj* følelig, merkbar

palpitation [ˌpælpiˈteiʃən] *n* hjerteklapp *c*

pan [pæn] *n* panne *c*; kasserolle *c*

pane [pein] *n* vindusrute *c*

panel [ˈpænəl] *n* panel *nt*

panelling [ˈpænəliŋ] *n* panelverk *nt*

panic [ˈpænik] *n* panikk *c*

pant [pænt] *v* pese

panties [ˈpæntiz] *pl* underbukse *c*, truse *c*

pants [pænts] *pl* underbukse *c*; bukse *c*

pant-suit [ˈpæntsuːt] *n* buksedrakt *c*

panty-hose [ˈpæntihouz] *n* strømpebukse *c*

paper [ˈpeipə] *n* papir *nt*; avis *c*; papir-; **carbon** ~ karbonpapir *nt*; ~ **bag** papirpose *c*; ~ **napkin** papirserviett *c*; **typing** ~ skrivemaskinpapir *nt*; **wrapping** ~ innpakningspapir *nt*

paperback [ˈpeipəbæk] *n* pocketbok *c*

paper-knife [ˈpeipənaif] *n* papirkniv *c*

parade [pəˈreid] *n* parade *c*; tog *nt*

paraffin [ˈpærəfin] *n* parafin *c*

paragraph [ˈpærəgrɑːf] *n* avsnitt *nt*; paragraf *c*

parakeet [ˈpærəkiːt] *n* papegøye *c*

parallel [ˈpærəlel] *adj* parallell; *n* parallell *c*

paralyse [ˈpærəlaiz] *v* lamme

parcel [ˈpɑːsəl] *n* pakke *c*

pardon [ˈpɑːdən] *n* tilgivelse *c*; benådning *c*

parents [ˈpeərənts] *pl* foreldre *pl*

parents-in-law [ˈpeərəntsinlɔː] *pl* svigerforeldre *pl*

parish [ˈpæriʃ] *n* sogn *nt*

park [pɑːk] *n* park *c*; *v* parkere

parking [ˈpɑːkiŋ] *n* parkering *c*; **no** ~ parkering forbudt; ~ **fee** parkeringsavgift *c*; ~ **light** parkeringslys *nt*; ~ **lot** *Am* parkeringsplass *c*; ~ **meter** parkometer *nt*; ~ **zone** parkeringssone *c*

parliament [ˈpɑːləmənt] *n* parlament *nt*

parliamentary [ˌpɑːləˈmentəri] *adj* parlamentarisk

parrot [ˈpærət] *n* papegøye *c*

parsley [ˈpɑːsli] *n* persille *c*

parson [ˈpɑːsən] *n* prest *c*

parsonage [ˈpɑːsənidʒ] *n* prestegård *c*

part [pɑːt] *n* del *c*; stykke *nt*; *v* skille; **spare** ~ reservedel *c*

partial [ˈpɑːʃəl] *adj* delvis; partisk

participant [pɑːˈtisipənt] *n* deltaker *c*

participate [pɑːˈtisipeit] *v* *delta

particular [pəˈtikjulə] *adj* spesiell, særegen; kresen; **in** ~ i særdeleshet

parting [ˈpɑːtiŋ] *n* avskjed *c*; hårskill *c*

partition [pɑːˈtiʃən] *n* skillevegg *c*

partly [ˈpɑːtli] *adv* delvis

partner [ˈpɑːtnə] *n* partner *c*; kompanjong *c*

partridge [ˈpɑːtridʒ] *n* rapphøne *c*

party [ˈpɑːti] *n* parti *nt*; selskap *nt*; gruppe *c*

pass [pɑːs] *v* *forløpe, passere; *rekke; *bestå; **no passing** *Am* forbikjøring forbudt; ~ **by** *gå forbi; ~ **through** *gå gjennom

passage [ˈpæsidʒ] *n* passasje *c*; overfart *c*; avsnitt *nt*; gjennomreise *c*

passenger [ˈpæsəndʒə] *n* passasjer *c*; ~ **car** *Am* passasjervogn *c*; ~ **train** persontog *nt*

passer-by [ˌpɑːsəˈbai] *n* forbipasserende *c*

passion ['pæʃən] *n* lidenskap *c*; raseri *nt*

passionate ['pæʃənət] *adj* lidenskapelig

passive ['pæsiv] *adj* passiv

passport ['pɑ:spɔ:t] *n* pass *nt*; ~ control passkontroll *c*; ~ photograph passfoto *nt*

password ['pɑ:swə:d] *n* stikkord *nt*

past [pɑ:st] *n* fortid *c*; *adj* forrige, tidligere; *prep* forbi, langs

paste [peist] *n* lim *nt*; *v* klistre

pastry ['peistri] *n* bakverk *nt*; ~ shop konditori *nt*

pasture ['pɑ:stʃə] *n* beite *nt*

patch [pætʃ] *v* lappe

patent ['peitənt] *n* patent *nt*

path [pɑ:θ] *n* sti *c*

patience ['peiʃəns] *n* tålmodighet *c*

patient ['peiʃənt] *adj* tålmodig; *n* pasient *c*

patriot ['peitriət] *n* patriot *c*

patrol [pə'troul] *n* patrulje *c*; *v* patruljere; overvåke

pattern ['pætən] *n* mønster *nt*, motiv *nt*

pause [pɔ:z] *n* pause *c*; *v* *holde pause

pave [peiv] *v* *brolegge

pavement ['peivmənt] *n* fortau *nt*; veidekke *nt*

pavilion [pə'viljən] *n* paviljong *c*

paw [pɔ:] *n* pote *c*

pawn [pɔ:n] *v* *pantsette; *n* sjakkbonde *c*

pawnbroker ['pɔ:n,broukə] *n* pantelåner *c*

pay [pei] *n* gasje *c*, lønn *c*

*pay [pei] *v* betale; lønne seg; ~ attention to *være oppmerksom på; paying lønnsom; ~ off nedbetale; ~ on account avbetale

pay-desk ['peidesk] *n* kasse *c*

payment ['peimənt] *n* betaling *c*

pea [pi:] *n* ert *c*

peace [pi:s] *n* fred *c*

peaceful ['pi:sfəl] *adj* fredelig

peach [pi:tʃ] *n* fersken *c*

peacock ['pi:kɔk] *n* påfugl *c*

peak [pi:k] *n* tind *c*; topp *c*; ~ hour rushtid *c*; ~ season høysesong *c*

peanut ['pi:nʌt] *n* peanøtt *c*

pear [peə] *n* pære *c*

pearl [pə:l] *n* perle *c*

peasant ['pezənt] *n* bonde *c*

pebble ['pebəl] *n* småstein *c*

peculiar [pi'kju:ljə] *adj* underlig; eiendommelig

peculiarity [pi,kju:li'ærəti] *n* eiendommelighet *c*

pedal ['pedəl] *n* pedal *c*

pedestrian [pi'destriən] *n* fotgjenger *c*; no pedestrians ikke for fotgjengere; ~ crossing fotgjengerovergang *c*

pedicure ['pedikjuə] *n* pedikyr *c*

peel [pi:l] *v* skrelle; *n* skrell *nt*

peep [pi:p] *v* kikke

peg [peg] *n* knagg *c*

pelican ['pelikən] *n* pelikan *c*

pelvis ['pelvis] *n* bekken *nt*

pen [pen] *n* penn *c*

penalty ['penlti] *n* bot *c*; straff *c*; ~ kick straffespark *nt*

pencil ['pensəl] *n* blyant *c*

pencil-sharpener ['pensəl,ʃɑ:pnə] *n* blyantspisser *c*

pendant ['pendənt] *n* hengesmykke *nt*

penetrate ['penitreit] *v* trenge gjennom

penguin ['peŋgwin] *n* pingvin *c*

penicillin [,peni'silin] *n* penicillin *c*

peninsula [pə'ninsjulə] *n* halvøy *c*

penknife ['pennaif] *n* (pl -knives) lommekniv *c*

pension¹ ['pã:siɔ̃:] *n* pensjonat *nt*

pension² ['penʃən] *n* pensjon *c*

people ['pi:pəl] *pl* folk *pl*, folk *nt*; *n*

folkeslag *nt*

pepper ['pepə] *n* pepper *c*

peppermint ['pepəmint] *n* pepper-mynte *c*

perceive [pə'si:v] *v* fornemme

percent [pə'sent] *n* prosent *c*

percentage [pə'sentidʒ] *n* prosentsats *c*

perceptible [pə'septibəl] *adj* merkbar

perception [pə'sepʃən] *n* fornemmelse *c*

perch [pɔ:tʃ] (pl ~) åbor *c*

percolator ['pɔ:kəleitə] *n* kaffetrakter *c*

perfect ['pɔ:fikt] *adj* fullkommen, perfekt

perfection [pə'fekʃən] *n* perfeksjon *c*, fullkommenhet *c*

perform [pə'fɔ:m] *v* utføre; *opptre; utøve

performance [pə'fɔ:məns] *n* forestilling *c*

perfume ['pɔ:fju:m] *n* parfyme *c*

perhaps [pə'hæps] *adv* kanskje; muligens

peril ['peril] *n* fare *c*

perilous ['periləs] *adj* livsfarlig

period ['piəriəd] *n* periode *c*, tid *c*; punktum *nt*

periodical [,piəri'ɔdikəl] *n* tidsskrift *nt*; *adj* periodevis

perish ['periʃ] *v* *omkomme; *forgå

perishable ['periʃəbəl] *adj* bedervelig

perjury ['pɔ:dʒəri] *n* mened *c*

permanent ['pɔ:mənənt] *adj* varig, permanent, vedvarende; blivende, fast; ~ **wave** permanent *c*

permission [pə'miʃən] *n* tillatelse *c*; lov *c*

permit[1] [pə'mit] *v* *tillate

permit[2] ['pɔ:mit] *n* tillatelse *c*, permisjon *c*

peroxide [pə'rɔksaid] *n* vannstoff hyperoksyd

perpendicular [,pɔ:pən'dikjulə] *adj* loddrett

persecute ['pɔ:sikju:t] *v* *forfølge, plage

Persia ['pɔ:ʃə] Persia

Persian ['pɔ:ʃən] *adj* persisk; *n* perser *c*

person ['pɔ:sən] *n* person *c*; **per** ~ per person

personal ['pɔ:sənəl] *adj* personlig

personality [,pɔ:sə'næləti] *n* personlighet *c*

personnel [,pɔ:sə'nel] *n* personale *nt*

perspective [pə'spektiv] *n* perspektiv *nt*

perspiration [,pɔ:spə'reiʃən] *n* svette *c*

perspire [pə'spaiə] *v* transpirere, svette

persuade [pə'sweid] *v* overtale; overbevise

persuasion [pə'sweiʒən] *n* overbevisning *c*; overtaling *c*

pessimism ['pesimizəm] *n* pessimisme *c*

pessimist ['pesimist] *n* pessimist *c*

pessimistic [,pesi'mistik] *adj* pessimistisk

pet [pet] *n* kjæledyr *nt*; kjæledegge *c*; *adj* yndlings-

petal ['petəl] *n* kronblad *nt*

petition [pi'tiʃən] *n* bønn *c*; ansøkning *c*

petrol ['petrəl] *n* bensin *c*; ~ **pump** bensinpumpe *c*; ~ **station** bensinstasjon *c*; ~ **tank** bensintank *c*

petroleum [pi'trouliəm] *n* petroleum *c*

petty ['peti] *adj* smålig, ubetydelig, liten; ~ **cash** småpenger *pl*

pewit ['pi:wit] *n* hettemåke *c*

pewter ['pju:tə] *n* tinn *nt*

phantom ['fæntəm] *n* fantasibilde *nt*; gjenferd *nt*

pharmacology [,fɑ:mə'kɔlədʒi] *n* farmakologi *c*

pharmacy ['fɑ:məsi] n apotek nt
phase [feiz] n fase c
pheasant ['fezənt] n fasan c
Philippine ['filipain] adj filippinsk
Philippines ['filipi:nz] pl Filippinene
philosopher [fi'losəfə] n filosof c
philosophy [fi'losəfi] n filosofi c
phone [foun] n telefon c; v telefone-
re, ringe opp
phonetic [fə'netik] adj fonetisk
phoney ['founi] adj falsk; n bløffma-
ker c
photo ['foutou] n (pl ~s) fotografi nt
photograph ['foutəgrɑ:f] n fotografi
nt; v fotografere
photographer [fə'togrəfə] n fotograf c
photography [fə'togrəfi] n fotografe-
ring c
photostat ['foutəstæt] n fotokopi c
phrase [freiz] n uttrykk nt
phrase-book ['freizbuk] n parlør c
physical ['fizikəl] adj fysisk
physician [fi'ziʃən] n lege c
physicist ['fizisist] n fysiker c
physics ['fiziks] n naturvitenskap c,
fysikk c
physiology [,fizi'olədʒi] n fysiologi c
pianist ['pi:ənist] n pianist c
piano [pi'ænou] n piano nt; grand ~
flygel nt
pick [pik] v plukke; *velge; n valg nt;
~ up *ta opp; hente; pick-up van
varebil c
pick-axe ['pikæks] n hakke c
picnic ['piknik] n piknik c; v *dra på
piknik
picture ['piktʃə] n maleri nt; illustra-
sjon c, stikk nt; bilde nt; ~ post-
card prospektkort nt; pictures kino
c
picturesque [,piktʃə'resk] adj pitto-
resk, malerisk
piece [pi:s] n stykke nt, bit c
pier [piə] n utstikker c

pierce [piəs] v gjennombore
pig [pig] n gris c
pigeon ['pidʒən] n due c
pig-headed [,pig'hedid] adj sta
piglet ['piglət] n smågris c
pigskin ['pigskin] n svinelær nt
pike [paik] (pl ~) gjedde c
pile [pail] n haug c; v stable; piles pl
hemorroider pl
pilgrim ['pilgrim] n pilegrim c
pilgrimage ['pilgrimidʒ] n pilegrims-
reise c
pill [pil] n pille c
pillar ['pilə] n pilar c, stolpe c
pillar-box ['piləboks] n postkasse c
pillow ['pilou] n pute c, hodepute c
pillow-case ['piloukeis] n putevar nt
pilot ['pailət] n pilot c; los c
pimple ['pimpəl] n kvise c
pin [pin] n knappenål c; v feste med
nål; bobby ~ Am hårspenne c
pincers ['pinsəz] pl knipetang c
pinch [pintʃ] v *klype
pineapple ['pai,næpəl] n ananas c
ping-pong ['piŋpoŋ] n bordtennis c
pink [piŋk] adj lyserød
pioneer [,paiə'niə] n nybygger c; pio-
ner c
pious ['paiəs] adj from
pip [pip] n kjerne c
pipe [paip] n pipe c; rør nt; ~ clean-
er piperenser c; ~ tobacco pipeto-
bakk c
pirate ['paiərət] n sjørøver c
pistol ['pistəl] n pistol c
piston ['pistən] n stempel nt; ~ ring
stempelring c
piston-rod ['pistənrod] n stempel-
stang c
pit [pit] n grop c; gruve c
pitcher ['pitʃə] n krukke c
pity ['piti] n medlidenhet c; v synes
synd på, *ha medlidenhet med;
what a pity! så synd!

placard ['plækɑ:d] n plakat c

place [pleis] n sted nt; v *sette, stille; ~ of birth fødested nt; *take ~ *finne sted

plague [pleig] n plage c; pest c

plaice [pleis] (pl ~) rødspette c

plain [plein] adj tydelig; alminnelig, enkel; n slette c

plan [plæn] n plan c; v *planlegge

plane [plein] adj flat; n fly nt; ~ crash flyulykke c

planet ['plænit] n planet c

planetarium [ˌplæni'teəriəm] n planetarium nt

plank [plæŋk] n planke c

plant [plɑ:nt] n plante c; fabrikk c; v plante

plantation [plæn'teiʃən] n plantasje c

plaster ['plɑ:stə] n murpuss c, gips c; heftplaster nt, plaster nt

plastic ['plæstik] adj plastikk-; n plastikk c

plate [pleit] n tallerken c; plate c

plateau ['plætou] n (pl ~x, ~s) høyslette c

platform ['plætfɔ:m] n perrong c; ~ ticket perrongbillett c

platinum ['plætinəm] n platina c

play [plei] v leke; spille; n lek c; teaterstykke nt; one-act ~ enakter c; ~ truant skulke

player [pleiə] n spiller c

playground ['pleigraund] n lekeplass c

playing-card ['pleiiŋkɑ:d] n spillkort nt

playwright ['pleirait] n skuespillforfatter c

plea [pli:] n påstand c; bønn c

plead [pli:d] v føre en sak; trygle

pleasant ['plezənt] adj hyggelig, deilig

please [pli:z] vennligst; v glede; pleased fornøyd; pleasing behagelig

pleasure ['pleʒə] n behag nt, fornøyelse c

plentiful ['plentifəl] adj rikelig

plenty ['plenti] n rikelighet c; overflod c

pliers [plaiəz] pl tang c

plimsolls ['plimsəlz] pl gummisko pl

plot [plɔt] n komplott nt, sammensvergelse c; handling c; tomt c

plough [plau] n plog c; v pløye

plucky ['plʌki] adj modig

plug [plʌg] n stikkontakt c; ~ in sette i kontakten, plugge inn

plum [plʌm] n plomme c

plumber ['plʌmə] n rørlegger c

plump [plʌmp] adj lubben

plural ['pluərəl] n flertall nt

plus [plʌs] prep pluss

pneumatic [nju:'mætik] adj luft-

pneumonia [nju:'mouniə] n lungebetennelse c

poach [poutʃ] v *drive krypskyting

pocket ['pɔkit] n lomme c

pocket-book ['pɔkitbuk] n lommebok c

pocket-comb ['pɔkitkoum] n lommekam c

pocket-knife ['pɔkitnaif] n (pl -knives) lommekniv c

pocket-watch ['pɔkitwɔtʃ] n lommeur nt

poem ['pouim] n dikt nt

poet ['pouit] n dikter c

poetry ['pouitri] n poesi c

point [pɔint] n punkt nt; spiss c; v peke; ~ of view synspunkt nt; ~ out vise

pointed ['pɔintid] adj spiss

poison ['pɔizən] n gift c; v forgifte

poisonous ['pɔizənəs] adj giftig

Poland ['poulənd] n Polen

Pole [poul] n polakk c

pole [poul] n stang c

police [pə'li:s] pl politi nt

policeman [pə'li:smən] *n* (pl -men) politimann *c*

police-station [pə'li:s,steiʃən] *n* politistasjon *c*

policy ['pɔlisi] *n* politikk *c*; polise *c*

polio ['pouliou] *n* barnelammelse *c*, polio *c*

Polish ['pouliʃ] *adj* polsk

polish ['pɔliʃ] *v* pusse, polere

polite [pə'lait] *adj* høflig

political [pə'litikəl] *adj* politisk

politician [,pɔli'tiʃən] *n* politiker *c*

politics ['pɔlitiks] *n* politikk *c*

pollution [pə'lu:ʃən] *n* forurensning *c*

pond [pɔnd] *n* dam *c*

pony ['pouni] *n* ponni *c*

poor [puə] *adj* fattig; fattigslig; dårlig

pope [poup] *n* pave *c*

poplin ['pɔplin] *n* poplin *nt*

pop music [pɔp 'mju:zik] popmusikk *c*

poppy ['pɔpi] *n* valmue *c*

popular ['pɔpjulə] *adj* populær; folkepopulation [,pɔpju'leiʃən] *n* befolkning *c*

populous ['pɔpjuləs] *adj* folkerik

porcelain ['pɔ:səlin] *n* porselen *nt*

porcupine ['pɔ:kjupain] *n* pinnsvin *nt*

pork [pɔ:k] *n* svinekjøtt *nt*

port [pɔ:t] *n* havn *c*; babord

portable ['pɔ:təbəl] *adj* transportabel

porter ['pɔ:tə] *n* bærer *c*; portner *c*

porthole ['pɔ:thoul] *n* kuøye *nt*

portion ['pɔ:ʃən] *n* porsjon *c*

portrait ['pɔ:trit] *n* portrett *nt*

Portugal ['pɔ:tjugəl] Portugal

Portuguese [,pɔ:tju'gi:z] *adj* portugisisk; *n* portugiser *c*

position [pə'ziʃən] *n* posisjon *c*; situasjon *c*; holdning *c*; stilling *c*

positive ['pɔzətiv] *adj* positiv; *n* positivt bilde

possess [pə'zes] *v* eie; possessed *adj* besatt

possession [pə'zeʃən] *n* besittelse *c*; possessions eiendeler *pl*

possibility [,pɔsə'biləti] *n* mulighet *c*

possible ['pɔsəbəl] *adj* mulig; eventuell

post [poust] *n* stolpe *c*; post *c*; *v* poste; post-office postkontor *nt*

postage ['poustidʒ] *n* porto *c*; ~ paid portofri; ~ stamp frimerke *nt*

postcard ['poustka:d] *n* postkort *nt*; prospektkort *nt*

poster ['poustə] *n* plakat *c*

poste restante [poust re'stã:t] poste restante

postman ['poustmən] *n* (pl -men) postbud *nt*

post-paid [,poust'peid] *adj* frankert

postpone [pə'spoun] *v* *utsette

pot [pɔt] *n* gryte *c*

potato [pə'teitou] *n* (pl ~es) potet *c*

pottery ['pɔtəri] *n* keramikk *c*; steintøy *nt*

pouch [pautʃ] *n* pung *c*

poulterer ['poultərə] *n* vilthandler *c*

poultry ['poultri] *n* fjærkre *nt*

pound [paund] *n* pund *nt*

pour [pɔ:] *v* helle, skjenke

poverty ['pɔvəti] *n* fattigdom *c*

powder ['paudə] *n* pudder *nt*; ~ compact pudderdåse *c*; talc ~ talkum *c*

powder-puff ['paudəpʌf] *n* pudderkvast *c*

powder-room ['paudəru:m] *n* dametoalett *nt*

power [pauə] *n* kraft *c*, styrke *c*; energi *c*; makt *c*

powerful ['pauəfəl] *adj* mektig; sterk

powerless ['pauələs] *adj* maktesløs

power-station ['pauə,steiʃən] *n* kraftverk *nt*

practical ['præktikəl] *adj* praktisk

practically ['præktikli] *adv* praktisk talt

practice ['præktis] n praksis c

practise ['præktis] v praktisere; øve seg

praise [preiz] v rose; n ros c

pram [præm] n barnevogn c

prawn [prɔːn] n reke c

pray [prei] v *be

prayer [preə] n bønn c

preach [priːtʃ] v preke

precarious [pri'keəriəs] adj risikabel; utrygg

precaution [pri'kɔːʃən] n forsiktighet c; sikkerhetsforanstaltning c

precede [pri'siːd] v *gå forut for

preceding [pri'siːdiŋ] adj foregående

precious ['preʃəs] adj kostbar; dyrebar

precipice ['presipis] n stup nt

precipitation [pri,sipi'teiʃən] n nedbør c

precise [pri'sais] adj presis, nøyaktig; pertentlig

predecessor ['priːdisesə] n forgjenger c

predict [pri'dikt] v spå

prefer [pri'fə:] v *foretrekke

preferable ['prefərəbəl] adj til å foretrekke

preference ['prefərəns] n forkjærlighet c

prefix ['priːfiks] n forstavelse c

pregnant ['pregnənt] adj gravid, svanger

prejudice ['predʒədis] n fordom c

preliminary [pri'liminəri] adj innledende; forberedende

premature ['premətʃuə] adj forhastet

premier ['premiə] n statsminister c

premises ['premisiz] pl eiendom c

premium ['priːmiəm] n forsikringspremie c

prepaid [,priː'peid] adj forhåndsbetalt

preparation [,prepə'reiʃən] n forberedelse c

prepare [pri'peə] v forberede; tilberede

prepared [pri'peəd] adj beredt

preposition [,prepə'ziʃən] n preposisjon c

prescribe [pri'skraib] v *foreskrive

prescription [pri'skripʃən] n resept c

presence ['prezəns] n nærvær nt; tilstedeværelse c

present¹ ['prezənt] n presang c, gave c; nåtid c; adj nåværende; tilstedeværende

present² [pri'zent] v presentere; *forelegge

presently ['prezəntli] adv snart

preservation [,prezə'veiʃən] n konservering c

preserve [pri'zə:v] v konservere; hermetisere

president ['prezidənt] n president c; formann c

press [pres] n presse c; v trykke på, trykke; presse; ~ conference pressekonferanse c

pressing ['presiŋ] adj presserende, inntrengende

pressure ['preʃə] n trykk nt; press nt; atmospheric ~ lufttrykk nt

pressure-cooker ['preʃə,kukə] n trykkkoker c

prestige [pre'stiːʒ] n prestisje c

presumable [pri'zjuːməbəl] adj antakelig

presumptuous [pri'zʌmpʃəs] adj overmodig; anmassende

pretence [pri'tens] n påskudd nt

pretend [pri'tend] v *foregi, *late som

pretext ['priːtekst] n påskudd nt

pretty ['priti] adj pen; adv ganske, temmelig

prevent [pri'vent] v avverge, forhindre; forebygge

preventive [pri'ventiv] adj forebyg-

gende
previous ['pri:viəs] *adj* foregående, tidligere, forrige
pre-war [,pri:'wɔ:] *adj* førkrigs-
price [prais] *n* pris *c*; *v* bestemme prisen
priceless ['praisləs] *adj* uvurderlig
price-list ['prais,list] *n* prisliste *c*
prick [prik] *v* prikke
pride [praid] *n* stolthet *c*
priest [pri:st] *n* katolsk prest
primary ['praiməri] *adj* primær; hoved-, første; elementær
prince [prins] *n* prins *c*
princess [prin'ses] *n* prinsesse *c*
principal ['prinsəpəl] *adj* hoved-; *n* rektor *c*, skolebestyrer *c*
principle ['prinsəpəl] *n* prinsipp *nt*, grunnsetning *c*
print [print] *v* trykke; *n* avtrykk *nt*; trykk *nt*; **printed matter** trykksak *c*
prior [praiə] *adj* forutgående
priority [prai'ɔrəti] *n* fortrinnsrett *c*, prioritet *c*
prison ['prizən] *n* fengsel *nt*
prisoner ['prizənə] *n* fange *c*, innsatt *c*; ~ **of war** krigsfange *c*
privacy ['praivəsi] *n* privatliv *nt*
private ['praivit] *adj* privat; personlig
privilege ['privilidʒ] *n* privilegium *nt*
prize [praiz] *n* premie *c*; belønning *c*
probable ['prɔbəbəl] *adj* sannsynlig
probably ['prɔbəbli] *adv* sannsynligvis
problem ['prɔbləm] *n* problem *nt*; spørsmål *nt*
procedure [prə'si:dʒə] *n* fremgangsmåte *c*
proceed [prə'si:d] *v* *fortsette; *gå til verks
process ['prouses] *n* prosess *c*, fremgangsmåte *c*; rettergang *c*
procession [prə'seʃən] *n* opptog *nt*, prosesjon *c*

proclaim [prə'kleim] *v* *kunngjøre
produce[1] [prə'dju:s] *v* fremstille, produsere
produce[2] ['prɔdju:s] *n* naturprodukter *pl*, avling *c*
producer [prə'dju:sə] *n* produsent *c*
product ['prɔdʌkt] *n* produkt *nt*
production [prə'dʌkʃən] *n* produksjon *c*
profession [prə'feʃən] *n* yrke *nt*; fag *nt*
professional [prə'feʃənəl] *adj* profesjonell
professor [prə'fesə] *n* professor *c*
profit ['prɔfit] *n* fortjeneste *c*, fordel *c*; *v* *ha utbytte av
profitable ['prɔfitəbəl] *adj* innbringende
profound [prə'faund] *adj* dypsindig; grundig
programme ['prougræm] *n* program *nt*
progress[1] ['prougres] *n* fremskritt *nt*
progress[2] [prə'gres] *v* *gjøre fremskritt
progressive [prə'gresiv] *adj* progressiv, fremadstrebende; tiltakende
prohibit [prə'hibit] *v* *forby
prohibition [,proui'biʃən] *n* forbud *nt*
prohibitive [prə'hibitiv] *adj* uoverkommelig
project ['prɔdʒekt] *n* plan *c*, prosjekt *nt*
promenade [,prɔmə'nɑ:d] *n* promenade *c*
promise ['prɔmis] *n* løfte *nt*; *v* love
promote [prə'mout] *v* forfremme, fremme
promotion [prə'mouʃən] *n* forfremmelse *c*
prompt [prɔmpt] *adj* omgående, straks
pronoun ['prounaun] *n* pronomen *nt*
pronounce [prə'nauns] *v* uttale

pronunciation [ˌprənʌnsiˈeiʃən] n uttale c

proof [pru:f] n bevis nt

propaganda [ˌprɔpəˈgændə] n propaganda c

propel [prəˈpel] v *drive frem

propeller [prəˈpelə] n propell c

proper [ˈprɔpə] adj passende; sømmelig, riktig

property [ˈprɔpəti] n eiendeler, eiendom c; egenskap c

prophet [ˈprɔfit] n profet c

proportion [prəˈpɔ:ʃən] n proporsjon c

proportional [prəˈpɔ:ʃənəl] adj forholdsmessig

proposal [prəˈpouzəl] n forslag nt

propose [prəˈpouz] v *foreslå

proposition [ˌprɔpəˈziʃən] n forslag nt

proprietor [prəˈpraiətə] n eier c

prosecute [ˈprɔsikju:t] v saksøke, anklage

prospect [ˈprɔspekt] n utsikt c

prosperity [prɔˈsperəti] n fremgang c, velstand c

prosperous [ˈprɔspərəs] adj velstående

prostitute [ˈprɔstitju:t] n prostituert c

protect [prəˈtekt] v beskytte

protection [prəˈtekʃən] n beskyttelse c

protein [ˈprouti:n] n protein nt

protest[1] [ˈproutest] n protest c

protest[2] [prəˈtest] v protestere

Protestant [ˈprɔtistənt] adj protestantisk

proud [praud] adj stolt; hovmodig

prove [pru:v] v bevise; vise seg

proverb [ˈprɔvə:b] n ordspråk nt

provide [prəˈvaid] v forsyne, skaffe; **provided that** forutsatt at

province [ˈprɔvins] n fylke nt; provins c

provincial [prəˈvinʃəl] adj provinsiell

provisional [prəˈviʒənəl] adj foreløpig

provisions [prəˈviʒənz] pl proviant c

prudent [ˈpru:dənt] adj klok; varsom

prune [pru:n] n sviske c

psychiatrist [saiˈkaiətrist] n psykiater c

psychic [ˈsaikik] adj psykisk

psychoanalyst [ˌsaikouˈænəlist] n psykoanalytiker c

psychological [ˌsaikəˈlɔdʒikəl] adj psykologisk

psychologist [saiˈkɔlədʒist] n psykolog c

psychology [saiˈkɔlədʒi] n psykologi c

pub [pʌb] n kro c; kneipe c

public [ˈpʌblik] adj offentlig; almen; publikum nt; ~ **garden** offentlig parkanlegg; ~ **house** vertshus nt

publication [ˌpʌbliˈkeiʃən] n offentliggjørelse c

publicity [pʌˈblisəti] n publisitet c

publish [ˈpʌbliʃ] v *utgi, *offentliggjøre

publisher [ˈpʌbliʃə] n forlegger c

puddle [ˈpʌdəl] n pytt c

pull [pul] v *trekke; ~ **out** *trekke seg; *dra av sted; ~ **up** stanse

pulley [ˈpuli] n (pl ~s) trinse c

Pullman [ˈpulmən] n sovevogn c

pullover [ˈpuˌlouvə] n pullover c

pulpit [ˈpulpit] n prekestol c, talerstol c

pulse [pʌls] n puls c

pump [pʌmp] n pumpe c; v pumpe

punch [pʌntʃ] v *slå; n knyttneveslag nt; punsj c

punctual [ˈpʌŋktʃuəl] adj punktlig, presis

puncture [ˈpʌŋktʃə] n punktering c

punctured [ˈpʌŋktʃəd] adj punktert

punish [ˈpʌniʃ] v straffe

punishment [ˈpʌniʃmənt] n straff c

pupil [ˈpju:pəl] n elev c

puppet-show [ˈpʌpitʃou] n dukketeater nt

purchase [ˈpə:tʃəs] v kjøpe; n kjøp nt,

anskaffelse c; ~ **price** kjøpesum c;
~ **tax** omsetningsskatt c
purchaser [ˈpəːtʃəsə] n kjøper c
pure [pjuə] adj ren
purple [ˈpəːpəl] adj purpurfarget
purpose [ˈpəːpəs] n hensikt c, formål
nt; **on** ~ med vilje
purse [pəːs] n pengepung c, håndveske c
pursue [pəˈsjuː] v *forfølge; strebe etter
pus [pʌs] n verk c; materie c
push [puʃ] n dytt c, støt nt; v *skyve;
trenge seg frem
push-button [ˈpuʃˌbʌtən] n trykknapp c
***put** [put] v stille, *legge, plassere;
putte; ~ **away** rydde vekk; ~ **off**
*utsette; ~ **on** *ta på; ~ **out** slokke
puzzle [ˈpʌzəl] n puslespill nt; gåte c;
v volde hodebry; **jigsaw** ~ puslespill nt
puzzling [ˈpʌzliŋ] adj uforståelig
pyjamas [pəˈdʒɑːməz] pl pyjamas c

Q

quack [kwæk] n sjarlatan c, kvaksalver c
quail [kweil] n (pl ~, ~s) vaktel c
quaint [kweint] adj eiendommelig;
gammeldags
qualification [ˌkwɔlifiˈkeiʃən] n kvalifikasjon c; forbehold nt, innskrenkning c
qualified [ˈkwɔlifaid] adj kvalifisert;
kompetent
qualify [ˈkwɔlifai] v kvalifisere seg
quality [ˈkwɔləti] n kvalitet c; egenskap c
quantity [ˈkwɔntəti] n kvantitet c; an-

tall nt
quarantine [ˈkwɔrəntiːn] n karantene c
quarrel [ˈkwɔrəl] v trette, krangle; n
krangel c/nt, trette c
quarry [ˈkwɔri] n steinbrudd nt
quarter [ˈkwɔːtə] n kvart c; kvartal
nt; kvarter nt; 25-cent-mynt; ~ **of
an hour** kvarter nt
quarterly [ˈkwɔːtəli] adj kvartals-
quay [kiː] n kai c
queen [kwiːn] n dronning c
queer [kwiə] adj merkelig, underlig;
sær
query [ˈkwiəri] n forespørsel c; v *forespørre; betvile
question [ˈkwestʃən] n spørsmål nt,
problem nt; v *spørre ut; *dra i
tvil; ~ **mark** spørsmålstegn nt
queue [kjuː] n kø c; v *stå i kø
quick [kwik] adj hurtig
quick-tempered [ˌkwikˈtempəd] adj
hissig
quiet [ˈkwaiət] adj stille, rolig, stillferdig; n stillhet c, ro c
quilt [kwilt] n vatt-teppe nt
quinine [kwiˈniːn] n kinin c
quit [kwit] v slutte, stoppe
quite [kwait] adv helt; ganske, temmelig, særdeles
quiz [kwiz] n (pl ~zes) spørrelek c;
prøve c
quota [ˈkwoutə] n kvote c
quotation [kwouˈteiʃən] n sitat nt; ~
marks anførselstegn pl
quote [kwout] v sitere

R

rabbit [ˈræbit] n kanin c
rabies [ˈreibiz] n hundegalskap c, rabies c

race [reis] n kappløp nt, veddeløp nt; rase c

race-course ['reiskɔ:s] n veddeløpsbane c

race-horse ['reishɔ:s] n veddeløpshest c

race-track ['reistræk] n veddeløpsbane c

racial ['reiʃəl] adj rase-

racket ['rækit] n rabalder c

racquet ['rækit] n racket c

radiator ['reidieitə] n radiator c

radical ['rædikəl] adj radikal

radio ['reidiou] n radio c

radish ['rædiʃ] n reddik c

radius ['reidiəs] n (pl radii) radius c

raft [rɑ:ft] n flåte c

rag [ræg] n fille c

rage [reidʒ] n raseri nt; v rase

raid [reid] n angrep nt

rail [reil] n gelender nt, rekkverk nt

railing ['reiliŋ] n gelender nt

railroad ['reilroud] nAm jernbane c

railway ['reilwei] n jernbane c, skinnegang c

rain [rein] n regn nt; v regne

rainbow ['reinbou] n regnbue c

raincoat ['reinkout] n regnfrakk c

rainproof ['reinpru:f] adj vanntett

rainy ['reini] adj regnfull

raise [reiz] v heve; øke; dyrke; *oppdra, ale opp; *pålegge; nAm lønnstillegg n

raisin ['reizən] n rosin c

rake [reik] n rake c

rally ['ræli] n rally nt; opptog nt; v samle seg

ramp [ræmp] n rampe c

ramshackle ['ræmˌʃækəl] adj falleferdig

rancid ['rænsid] adj harsk

rang [ræŋ] v (p ring)

range [reindʒ] n rekkevidde c

range-finder ['reindʒˌfaində] n av-

standsmåler c

rank [ræŋk] n rang c; rekke c

ransom ['rænsəm] n løsepenger pl

rape [reip] v *voldta

rapid ['ræpid] adj hurtig

rapids ['ræpidz] pl elvestryk nt

rare [rɛə] adj sjelden; lettstekt, blodig

rarely ['rɛəli] adv sjelden

rascal ['rɑ:skəl] n skurk c, slyngel c

rash [ræʃ] n utslett nt; adj forhastet, ubesindig

raspberry ['rɑ:zbəri] n bringebær nt

rat [ræt] n rotte c

rate [reit] n tariff c, pris c; fart c; at any ~ i alle fall, i hvert fall; ~ of exchange valutakurs c

rather ['rɑ:ðə] adv temmelig, ganske, riktig; heller

ration ['ræʃən] n rasjon c

rattan [ræ'tæn] n spanskrør nt

raven ['reivən] n ravn c

raw [rɔ:] adj rå; ~ material råmateriale nt

ray [rei] n stråle c

rayon ['reiɔn] n kunstsilke c

razor ['reizə] n barberhøvel c

razor-blade ['reizəbleid] n barberblad nt

reach [ri:tʃ] v nå; n rekkevidde c

reaction [ri'ækʃən] n reaksjon c

***read** [ri:d] v lese

reading ['ri:diŋ] n lesning c

reading-lamp ['ri:diŋlæmp] n leselampe c

reading-room ['ri:diŋru:m] n lesesal c

ready ['redi] adj klar, parat; ferdig

ready-made [ˌredi'meid] adj konfeksjons-

real [riəl] adj virkelig

reality [ri'æləti] n virkelighet c

realizable [riəlaizəbəl] adj mulig

realize ['riəlaiz] v *innse, *ha klart for seg; *virkeliggjøre, realisere

really ['riəli] *adv* virkelig, faktisk; egentlig

rear [riə] *n* bakside *c*; *v* *oppdra; heve

rear-light [riə'lait] *n* baklykt *c*

reason ['ri:zən] *n* årsak *c*, grunn *c*; fornuft *c*, forstand *c*; *v* resonnere

reasonable ['ri:zənəbəl] *adj* fornuftig; rimelig

reassure [,ri:ə'ʃuə] *v* berolige

rebate ['ri:beit] *n* fradrag *nt*, rabatt *c*

rebellion [ri'beljən] *n* oppstand *c*, opprør *nt*

recall [ri'kɔ:l] *v* erindre, minnes; tilbakekalle; annullere

receipt [ri'si:t] *n* kvittering *c*; mottakelse *c*

receive [ri'si:v] *v* *få, *motta

receiver [ri'si:və] *n* telefonrør *nt*

recent ['ri:sənt] *adj* ny

recently ['ri:səntli] *adv* forleden, nylig

reception [ri'sepʃən] *n* mottakelse *c*; ~ **office** resepsjon *c*

receptionist [ri'sepʃənist] *n* resepsjonsdame *c*

recession [ri'seʃən] *n* tilbakegang *c*

recipe ['resipi] *n* oppskrift *c*

recital [ri'saitəl] *n* solistkonsert *c*

reckon ['rekən] *v* regne; regne for; tro

recognition [,rekəg'niʃən] *n* anerkjennelse *c*; gjenkjennelse *c*

recognize ['rekəgnaiz] *v* kjenne igjen; anerkjenne

recollect [,rekə'lekt] *v* huske

recommend [,rekə'mend] *v* anbefale; tilråde

recommendation [,rekəmen'deiʃən] *n* anbefaling *c*

reconciliation [,rekənsili'eiʃən] *n* forsoning *c*

record[1] ['rekɔ:d] *n* grammofonplate *c*; rekord *c*; protokoll *c*; **long-play-**

ing ~ LP-plate *c*

record[2] [ri'kɔ:d] *v* registrere

recorder [ri'kɔ:də] *n* båndopptaker *c*

recording [ri'kɔ:diŋ] *n* opptak *nt*

record-player ['rekɔ:d,pleiə] *n* grammofon *c*, platespiller *c*

recover [ri'kʌvə] *v* *finne igjen; bli frisk, *komme seg

recovery [ri'kʌvəri] *n* helbredelse *c*, bedring *c*

recreation [,rekri'eiʃən] *n* atspredelse *c*, rekreasjon *c*; ~ **centre** rekreasjonssenter *nt*; ~ **ground** lekeplass *c*

recruit [ri'kru:t] *n* rekrutt *c*

rectangle ['rektæŋgəl] *n* rektangel *nt*

rectangular [rek'tæŋgjulə] *adj* rektangulær

rector ['rektə] *n* sogneprest *c*

rectory ['rektəri] *n* prestegård *c*

rectum ['rektəm] *n* endetarm *c*

red [red] *adj* rød; **red tape** papirmølle *c*, byråkrati *nt*

redeem [ri'di:m] *v* frelse

reduce [ri'dju:s] *v* redusere, minske

reduction [ri'dʌkʃən] *n* reduksjon *c*, avslag *nt*

redundant [ri'dʌndənt] *adj* overflødig

reed [ri:d] *n* siv *nt*

reef [ri:f] *n* rev *nt*

reference ['refrəns] *n* referanse *c*, henvisning *c*; forbindelse *c*; **with** ~ **to** vedrørende

refer to [ri'fə:] henvise til

refill ['ri:fil] *n* refill *c*

refinery [ri'fainəri] *n* raffineri *nt*

reflect [ri'flekt] *v* reflektere; gjenspeile

reflection [ri'flekʃən] *n* refleks *c*; speilbilde *nt*

reflector [ri'flektə] *n* reflektor *c*

reformation [,refə'meiʃən] *n* Reformasjonen

refresh [ri'freʃ] *v* forfriske

refreshment [ri'freʃmənt] n forfriskning c

refrigerator [ri'fridʒəreitə] n kjøleskap nt

refund¹ [ri'fʌnd] v refundere

refund² ['ri:fʌnd] n tilbakebetaling c

refusal [ri'fju:zəl] n avslag nt

refuse¹ [ri'fju:z] v *avslå

refuse² ['refju:s] n avfall nt

regard [ri'ga:d] v *anse; betrakte; n respekt c; **as regards** angående, med hensyn til

regarding [ri'ga:diŋ] prep med hensyn til; angående

regatta [ri'gætə] n regatta c

régime [rei'ʒi:m] n regime nt

region ['ri:dʒən] n egn c; område nt

regional ['ri:dʒənəl] adj regional

register ['redʒistə] v *innskrive seg; bokføre; **registered letter** rekommandert brev

registration [,redʒi'streiʃən] n registrering c; ~ **form** innregistreringsblankett c; ~ **number** registreringsnummer nt; ~ **plate** nummerskilt nt

regret [ri'gret] v beklage; n beklagelse c

regular ['regjulə] adj regelmessig; normal, vanlig

regulate ['regjuleit] v regulere

regulation [,regju'leiʃən] n regel c, bestemmelse c; regulering c

rehabilitation [,ri:hə,bili'teiʃən] n rehabilitering c

rehearsal [ri'hə:səl] n prøve c; øvelse c

rehearse [ri'hə:s] v prøve; øve

reign [rein] n regjeringstid c; v herske

reimburse [,ri:im'bə:s] v tilbakebetale

reindeer ['reindiə] n (pl ~) reinsdyr nt

reject [ri'dʒekt] v tilbakevise, avvise;

forkaste

relate [ri'leit] v *fortelle

related [ri'leitid] adj beslektet

relation [ri'leiʃən] n forhold nt, forbindelse c; slektning c

relative ['relətiv] n slektning c; adj relativ

relax [ri'læks] v slappe av

relaxation [,rilæk'seiʃən] n avslapning c

reliable [ri'laiəbəl] adj pålitelig

relic ['relik] n relikvie c

relief [ri'li:f] n lindring c, lettelse c; hjelp c; relieff nt

relieve [ri'li:v] v lindre; avløse

religion [ri'lidʒən] n religion c

religious [ri'lidʒəs] adj religiøs

rely on [ri'lai] stole på

remain [ri'mein] v *forbli; *bli igjen

remainder [ri'meində] n rest c

remaining [ri'meiniŋ] adj resterende

remark [ri'ma:k] n bemerkning c; v bemerke

remarkable [ri'ma:kəbəl] adj bemerkelsesverdig

remedy ['remədi] n legemiddel nt; botemiddel nt

remember [ri'membə] v huske

remembrance [ri'membrəns] n erindring c, minne nt

remind [ri'maind] v minne

remit [ri'mit] v overføre

remittance [ri'mitəns] n remisse c

remnant ['remnənt] n rest c, levning c

remote [ri'mout] adj fjern, avsides

removal [ri'mu:vəl] n fjerning c

remove [ri'mu:v] v fjerne

remuneration [ri,mju:nə'reiʃən] n godtgjørelse c

renew [ri'nju:] v fornye

rent [rent] v leie; n leie c

repair [ri'peə] v reparere; n reparasjon c

reparation [,repə'reiʃən] n reparasjon

c

*repay [ri'pei] v tilbakebetale

repayment [ri'peimənt] n tilbakebetaling c

repeat [ri'pi:t] v *gjenta

repellent [ri'pelənt] adj frastøtende

repentance [ri'pentəns] n anger c

repertory ['repətəri] n repertoar nt

repetition [,repə'tiʃən] n gjentakelse c

replace [ri'pleis] v erstatte

reply [ri'plai] v svare; n svar nt; in ~ som svar

report [ri'pɔ:t] v rapportere; melde; melde seg; n rapport c, melding c

reporter [ri'pɔ:tə] n reporter c

represent [,repri'zent] v representere; forestille

representation [,reprizen'teiʃən] n representasjon c

representative [,repri'zentətiv] adj representativ

reprimand ['reprimɑ:nd] v *irettesette

reproach [ri'proutʃ] n bebreidelse c; v bebreide

reproduce [,ri:prə'dju:s] v reprodusere

reproduction [,ri:prə'dʌkʃən] n reproduksjon c

reptile ['reptail] n krypdyr nt

republic [ri'pʌblik] n republikk c

republican [ri'pʌblikən] adj republikansk

repulsive [ri'pʌlsiv] adj frastøtende

reputation [,repju'teiʃən] n rykte nt; anseelse c

request [ri'kwest] n anmodning c; ansøkning c; v anmode

require [ri'kwaiə] v kreve; behøve

requirement [ri'kwaiəmənt] n krav nt

requisite ['rekwizit] adj påkrevd

rescue ['reskju:] v redde; n redning c

research [ri'sə:tʃ] n forskning c

resemblance [ri'zembləns] n likhet c

resemble [ri'zembəl] v likne

resent [ri'zent] v *ta ille opp

reservation [,rezə'veiʃən] n reservasjon c; forbehold nt

reserve [ri'zə:v] v reservere; bestille; n reserve c

reserved [ri'zə:vd] adj reservert

reservoir ['rezəvwɑ:] n reservoar nt

reside [ri'zaid] v bo

residence ['rezidəns] n bolig c; ~ permit oppholdstillatelse c

resident ['rezidənt] n fastboende c; adj bosatt; stedlig

resign [ri'zain] v *fratre; *gå av

resignation [,rezig'neiʃən] n avskjedsansøkning c, avskjed c

resin ['rezin] n harpiks c

resist [ri'zist] v *gjøre motstand mot

resistance [ri'zistəns] n motstand c

resolute ['rezəlu:t] adj bestemt, besluttsom

respect [ri'spekt] n respekt c; ærbødighet c, aktelse c; v respektere

respectable [ri'spektəbəl] adj respektabel

respectful [ri'spektfəl] adj ærbødig

respective [ri'spektiv] adj respektiv

respiration [,respə'reiʃən] n åndedrett nt

respite ['respait] n henstand c

responsibility [ri,spɔnsə'biləti] n ansvar nt

responsible [ri'spɔnsəbəl] adj ansvarlig

rest [rest] n hvile c; rest c; v hvile

restaurant ['restərɔ:] n restaurant c

restful ['restfəl] adj beroligende

rest-home ['resthoum] n hvilehjem nt

restless ['restləs] adj urolig; rastløs

restrain [ri'strein] v tøyle

restriction [ri'strikʃən] n innskrenkning c

result [ri'zʌlt] n resultat nt; følge c; v resultere

resume [ri'zju:m] v *gjenoppta

résumé ['rezjumei] n resymé nt

retail ['ri:teil] v *selge i detalj; ~
trade detaljhandel c
retailer ['ri:teilə] n detaljist c
retina ['retinə] n netthinne c
retired [ri'taiəd] adj pensjonert
return [ri'tə:n] v vende tilbake,
*komme tilbake; n tilbakekomst c;
~ **flight** tilbakeflyvning c; ~ **jour-
ney** hjemreise c, tilbakereise c
reunite [,ri:ju:'nait] v gjenforene
reveal [ri'vi:l] v åpenbare, avsløre
revelation [,revə'leiʃən] n avsløring c
revenge [ri'vendʒ] n hevn c
revenue ['revənju:] n inntekter pl,
toll c
reverse [ri'və:s] n motsetning c; bak-
side c; revers c; motgang c, omslag
nt; adj motsatt; v rygge
review [ri'vju:] n anmeldelse c; tids-
skrift nt
revise [ri'vaiz] v revidere
revision [ri'viʒən] n revisjon c
revival [ri'vaivəl] n gjenopplivelse c
revolt [ri'voult] v *gjøre opprør; n
oppstand c, opprør nt
revolting [ri'voultiŋ] adj motbydelig,
frastøtende, opprørende
revolution [,revə'lu:ʃən] n revolusjon
c; omdreining c
revolutionary [,revə'lu:ʃənəri] adj re-
volusjonær
revolver [ri'volvə] n revolver c
revue [ri'vju:] n revy c
reward [ri'wɔ:d] n belønning c; v be-
lønne
rheumatism ['ru:mətizəm] n reuma-
tisme c
rhinoceros [rai'nosərəs] n (pl ~,
~es) neshorn nt
rhubarb ['ru:ba:b] n rabarbra c
rhyme [raim] n rim nt
rhythm ['riðəm] n rytme c
rib [rib] n ribbein nt
ribbon ['ribən] n bånd nt

rice [rais] n ris c
rich [ritʃ] adj rik
riches ['ritʃiz] pl rikdom c
riddle ['ridəl] n gåte c
ride [raid] n tur c
*ride** [raid] v kjøre; *ride
rider ['raidə] n rytter c
ridge [ridʒ] n høydedrag nt
ridicule ['ridikju:l] v *latterliggjøre
ridiculous [ri'dikjuləs] adj latterlig
riding ['raidiŋ] n ridning c
riding-school ['raidiŋsku:l] n rideskole
c
rifle ['raifəl] v gevær nt
right [rait] n rettighet c; adj rett, rik-
tig; høyre; rettferdig; **all right!**
bra!; * be ~ *ha rett; ~ **of way**
forkjørsrett c
righteous ['raitʃəs] adj rettskaffen
right-hand ['raithænd] adj på høyre
side, høyre
rightly ['raitli] adv med rette
rim [rim] n felg c; kant c
ring [riŋ] n ring c; krets c; manesje c
*ring** [riŋ] v ringe; ~ **up** ringe opp
rinse [rins] v skylle; n skylling c
riot ['raiət] n oppløp nt
rip [rip] v *rive i stykker
ripe [raip] adj moden
rise [raiz] n pålegg nt, gasjepålegg
nt; høyde c; oppstigning c; opprin-
nelse c
*rise** [raiz] v reise seg; *stå opp; *sti-
ge
rising ['raiziŋ] n oppstand c
risk [risk] n risiko c; fare c; v risikere
risky ['riski] adj risikabel, dristig
rival ['raivəl] n rival c; konkurrent c;
v rivalisere
rivalry ['raivəlri] n rivalitet c; konkur-
ranse c
river ['rivə] n elv c; ~ **bank** elve-
bredd c
riverside ['rivəsaid] n elvebredd c

roach [rout∫] *n* (pl ~) mort *c*

road [roud] *n* gate *c*, vei *c;* ~ **fork** korsvei *c;* ~ **map** veikart *nt;* ~ **system** veinett *nt;* ~ **up** veiarbeid *nt*

roadhouse ['roudhaus] *n* veikro *c*

roadside ['roudsaid] *n* veikant *c;* ~ **restaurant** vertshus *c*

roadway ['roudwei] *nAm* kjørebane *c*

roam [roum] *v* streife omkring

roar [rɔ:] *v* brøle, bruse; *n* dur *c*, brøl *nt*

roast [roust] *v* steke, riste; *n* stek *c*

rob [rɔb] *v* rane

robber ['rɔbə] *n* ransmann *c*

robbery ['rɔbəri] *n* plyndring *c*, ran *nt*, tyveri *nt*

robe [roub] *n* lang kjole; embetsdrakt *c*

robin ['rɔbin] *n* rødstrupe *c*

robust [rou'bʌst] *adj* robust

rock [rɔk] *n* klippe *c; v* gynge

rocket ['rɔkit] *n* rakett *c*

rocky ['rɔki] *adj* steinet

rod [rɔd] *n* stang *c*

roe [rou] *n* rogn *c*

roll [roul] *v* rulle; *n* rull *c;* rundstykke *nt*

roller-skating ['roulə‚skeitiŋ] *n* rulleskøyteløping *c*

Roman Catholic ['roumən 'kæθəlik] romersk-katolsk

romance [rə'mæns] *n* romanse *c*

romantic [rə'mæntik] *adj* romantisk

roof [ru:f] *n* tak *nt;* **thatched** ~ halmtak *nt*

room [ru:m] *n* rom *nt*, værelse *nt;* plass *c;* ~ **and board** kost og losji; ~ **service** værelsesbetjening *c;* ~ **temperature** værelsestemperatur *c*

roomy ['ru:mi] *adj* rommelig

root [ru:t] *n* rot *c*

rope [roup] *n* rep *nt*

rosary ['rouzəri] *n* rosenkrans *c*

rose [rouz] *n* rose *c; adj* rosa

rotten ['rɔtən] *adj* råtten

rouge [ru:ʒ] *n* rouge *c*

rough [rʌf] *adj* ru

roulette [ru:'let] *n* rulett *c*

round [raund] *adj* rund; *prep* om, omkring; *n* runde *c;* ~ **trip** *Am* tur-retur

roundabout ['raundəbaut] *n* rundkjøring *c*

rounded ['raundid] *adj* avrundet

route [ru:t] *n* rute *c*

routine [ru:'ti:n] *n* rutine *c*

row¹ [rou] *n* rad *c; v* ro

row² [rau] *n* krangel *c/nt*

rowdy ['raudi] *adj* ståkende, voldsom

rowing-boat ['rouiŋbout] *n* robåt *c*

royal ['rɔiəl] *adj* kongelig

rub [rʌb] *v* *gni

rubber ['rʌbə] *n* gummi *c;* viskelær *nt;* ~ **band** strikk *c*

rubbish ['rʌbi∫] *n* avfall *nt;* tull *nt*, sludder *nt;* **talk** ~ vrøvle

rubbish-bin ['rʌbi∫bin] *n* søppelbøtte *c*

ruby ['ru:bi] *n* rubin *c*

rucksack ['rʌksæk] *n* ryggsekk *c*

rudder ['rʌdə] *n* ror *nt*

rude [ru:d] *adj* uforskammet

rug [rʌg] *n* rye *c*

ruin ['ru:in] *v* *ødelegge; *n* undergang *c;* **ruins** ruin *c*

ruination [‚ru:i'nei∫ən] *n* ødeleggelse *c*

rule [ru:l] *n* regel *c;* styre *nt*, makt *c*, regjering *c; v* regjere, herske; **as a** ~ som regel, vanligvis

ruler ['ru:lə] *n* regent *c*, monark *c;* linjal *c*

Rumania [ru:'meiniə] Romania

Rumanian [ru:'meiniən] *adj* rumensk; *n* rumener *c*

rumour ['ru:mə] *n* rykte *nt*

*run [rʌn] *v* *løpe; *renne; ~ **into** støte på

runaway ['rʌnəwei] *n* rømling *c*

rung [rʌn] v (pp ring)
runway ['rʌnwei] n startbane c
rural ['ruərəl] adj landlig
ruse [ru:z] n list c
rush [rʌʃ] v styrte; n siv nt
rush-hour ['rʌʃauə] n rushtid c
Russia ['rʌʃə] Russland
Russian ['rʌʃən] adj russisk; n russer c
rust [rʌst] n rust c
rustic ['rʌstik] adj landsens
rusty ['rʌsti] adj rusten

S

saccharin ['sækərin] n sakkarin c/nt
sack [sæk] n sekk c
sacred ['seikrid] adj hellig
sacrifice ['sækrifais] n offer nt; v ofre
sacrilege ['sækrilidʒ] n helligbrøde c
sad [sæd] adj bedrøvet; vemodig, bedrøvelig, trist
saddle ['sædəl] n sal c
sadness ['sædnəs] n vemod nt
safe [seif] adj sikker; n safe c, pengeskap nt
safety ['seifti] n sikkerhet c
safety-belt ['seiftibelt] n sikkerhetsbelte nt
safety-pin ['seiftipin] n sikkerhetsnål c
safety-razor ['seifti,reizə] n barberhøvel c
sail [seil] v seile; n seil nt
sailing-boat ['seilinbout] n seilbåt c
sailor ['seilə] n sjømann c
saint [seint] n helgen c
salad ['sæləd] n salat c
salad-oil ['sælədɔil] n matolje c
salary ['sæləri] n gasje c, lønn c
sale [seil] n salg nt; clearance ~ opphørssalg nt; for ~ til salgs;

sales utsalg nt; **sales tax** omsetningsskatt c
saleable ['seiləbəl] adj salgbar
salesgirl ['seilzgə:l] n ekspeditrise c
salesman ['seilzmən] n (pl -men) ekspeditør c; selger c
salmon ['sæmən] n (pl ~) laks c
salon ['sælɔ̃] n salong c
saloon [sə'lu:n] n bar c
salt [sɔ:lt] n salt nt
salt-cellar ['sɔ:lt,selə] n saltkar nt
salty ['sɔ:lti] adj salt
salute [sə'lu:t] v hilse
salve [sɑ:v] n salve c
same [seim] adj samme
sample ['sɑ:mpəl] n vareprøve c
sanatorium [,sænə'tɔ:riəm] n (pl ~s, -ria) sanatorium nt
sand [sænd] n sand c
sandal ['sændəl] n sandal c
sandpaper ['sænd,peipə] n sandpapir nt
sandy ['sændi] adj sandet
sanitary ['sænitəri] adj sanitær; ~ towel sanitetsbind nt
sapphire ['sæfaiə] n safir c
sardine [sɑ:'di:n] n sardin c
satchel ['sætʃəl] n ransel c
satellite ['sætəlait] n satellitt c
satin ['sætin] n sateng c
satisfaction [,sætis'fækʃən] n tilfredsstillelse c, tilfredshet c
satisfy ['sætisfai] v tilfredsstille; **satisfied** tilfreds, tilfredsstilt
Saturday ['sætədi] lørdag c
sauce [sɔ:s] n saus c
saucepan ['sɔ:spən] n kasserolle c
saucer ['sɔ:sə] n skål c
Saudi Arabia [,saudiə'reibiə] Saudi-Arabia
Saudi Arabian [,saudiə'reibiən] adj saudiarabisk
sauna ['sɔ:nə] n badstue c
sausage ['sɔsidʒ] n pølse c

savage ['sævidʒ] adj vill

save [seiv] v redde; spare

savings ['seiviŋz] pl sparepenger pl; ~ bank sparebank c

saviour ['seivjə] n redningsmann c; frelser c

savoury ['seivəri] adj velsmakende; pikant

saw¹ [sɔ:] v (p see)

saw² [sɔ:] n sag c

sawdust ['sɔ:dʌst] n sagflis c

saw-mill ['sɔ:mil] n sagbruk nt

*say [sei] v *si

scaffolding ['skæfəldiŋ] n stillas nt

scale [skeil] n målestokk c; skala c; skjell nt; scales pl vekt c

scandal ['skændəl] n skandale c

Scandinavia [ˌskændi'neiviə] Skandinavia

Scandinavian [ˌskændi'neiviən] adj skandinavisk; n skandinav c

scapegoat ['skeipgout] n syndebukk c

scar [ska:] n arr nt

scarce [skɛəs] adj knapp

scarcely ['skɛəsli] adv knapt

scarcity ['skɛəsəti] n knapphet c

scare [skɛə] v skremme; n panikk c

scarf [ska:f] n (pl ~s, scarves) skjerf nt

scarlet ['ska:lət] adj skarlagenrød

scary ['skɛəri] adj foruroligende; nifs

scatter ['skætə] v spre

scene [si:n] n scene c

scenery ['si:nəri] n landskap nt

scenic ['si:nik] adj naturskjønn

scent [sent] n duft c

schedule ['ʃedju:l] n ruteplan c, timeplan c

scheme [ski:m] n skjema nt; plan c

scholar ['skɔlə] n vitenskapsmann c; student c, elev c

scholarship ['skɔləʃip] n stipend nt

school [sku:l] n skole c

schoolboy ['sku:lbɔi] n skolegutt c

schoolgirl ['sku:lgə:l] n skolepike c

schoolmaster ['sku:lˌma:stə] n lærer c

schoolteacher ['sku:lˌti:tʃə] n lærer c

science ['saiəns] n (natur)vitenskap c

scientific [ˌsaiən'tifik] adj vitenskapelig

scientist ['saiəntist] n vitenskapsmann c

scissors ['sizəz] pl saks c

scold [skould] v skjenne på; skjelle

scooter ['sku:tə] n scooter c; sparksykkel c

score [skɔ:] n poengsum c; v markere

scorn [skɔ:n] n hån c, forakt c; v forakte

Scot [skɔt] n skotte c

Scotch [skɔtʃ] adj skotsk

Scotland ['skɔtlənd] Skottland

Scottish ['skɔtiʃ] adj skotsk

scout [skaut] n guttespeider c

scrap [skræp] n bit c

scrap-book ['skræpbuk] n utklippsbok c

scrape [skreip] v skrape

scrap-iron ['skræpaiən] n skrapjern nt

scratch [skrætʃ] v skrape, rispe; n risp nt, skramme c

scream [skri:m] v *skrike, hyle; n hyl nt, skrik nt

screen [skri:n] n skjermbrett nt; skjerm c, filmlerret nt

screw [skru:] n skrue c; v skru

screw-driver ['skru:ˌdraivə] n skrujern nt

scrub [skrʌb] v skrubbe; n kratt nt

sculptor ['skʌlptə] n billedhogger c

sculpture ['skʌlptʃə] n skulptur c

sea [si:] n sjø c

sea-bird ['si:bə:d] n sjøfugl c

sea-coast ['si:koust] n kyst c

seagull ['si:gʌl] n havmåke c

seal [si:l] n segl nt; sel c, kobbe c

seam [si:m] n søm c

seaman ['si:mən] n (pl -men) sjømann c

seamless ['si:mləs] *adj* uten søm

seaport ['si:po:t] *n* havneby c

search [sə:tʃ] *v* lete etter; ransake; *n* leting c

searchlight ['sə:tʃlait] *n* lyskaster c

seascape ['si:skeip] *n* sjøbilde nt

sea-shell ['si:ʃel] *n* skjell nt

seashore ['si:ʃɔ:] *n* strand c

seasick ['si:sik] *adj* sjøsyk

seasickness ['si:siknəs] *n* sjøsyke c

seaside ['si:said] *n* kyst c; ~ **resort** badested nt

season ['si:zən] *n* sesong c, årstid c; **high** ~ høysesong c; **low** ~ lavsesong c; **off** ~ utenfor sesongen

season-ticket ['si:zən,tikit] *n* sesongkort nt

seat [si:t] *n* sete nt; plass c, sitteplass c

seat-belt ['si:tbelt] *n* sikkerhetsbelte nt

sea-urchin ['si:,ə:tʃin] *n* sjøpinnsvin nt

sea-water ['si:,wo:tə] *n* sjøvann nt

second ['sekənd] *num* annen; *n* sekund nt; øyeblikk nt

secondary ['sekəndəri] *adj* sekundær, underordnet; ~ **school** høyere skole

second-hand [,sekənd'hænd] *adj* brukt

secret ['si:krət] *n* hemmelighet c; *adj* hemmelig

secretary ['sekrətri] *n* sekretær c

section ['sekʃən] *n* seksjon c, avdeling c

secure [si'kjuə] *adj* sikker; *v* sikre seg

security [si'kjuərəti] *n* sikkerhet c; kausjon c

sedate [si'deit] *adj* sindig

sedative ['sedətiv] *n* beroligende middel

seduce [si'dju:s] *v* forføre

*see [si:] *v* *se; *innse, *begripe, *forstå; ~ **to** sørge for

seed [si:d] *n* frø nt

*seek [si:k] *v* søke

seem [si:m] *v* *late til, synes

seen [si:n] *v* (pp see)

seesaw ['si:sɔ:] *n* vippe c

seize [si:z] *v* *gripe

seldom ['seldəm] *adv* sjelden

select [si'lekt] *v* *utvelge, *velge ut; *adj* utsøkt, utvalgt

selection [si'lekʃən] *n* utvalg nt

self-centred [,self'sentəd] *adj* selvopptatt

self-employed [,selfim'plɔid] *adj* selvstendig næringsdrivende

self-evident [,sel'fevidənt] *adj* opplagt

self-government [,self'gʌvəmənt] *n* selvstyre nt

selfish ['selfiʃ] *adj* selvisk

selfishness ['selfiʃnəs] *n* egoisme c

self-service [,self'sə:vis] *n* selvbetjening c; ~ **restaurant** kafeteria c

*sell [sel] *v* *selge

semblance ['sembləns] *n* utseende nt; likhet c

semi- ['semi] halv-

semicircle ['semi,sə:kəl] *n* halvsirkel c

semi-colon [,semi'koulən] *n* semikolon nt

senate ['senət] *n* senat nt

senator ['senətə] *n* senator c

*send [send] *v* sende; ~ **back** sende tilbake, returnere; ~ **for** sende bud etter; ~ **off** sende av sted

senile ['si:nail] *adj* senil

sensation [sen'seiʃən] *n* sensasjon c; fornemmelse c, følelse c

sensational [sen'seiʃənəl] *adj* sensasjonell, oppsiktsvekkende

sense [sens] *n* sans c; fornuft c; mening c, betydning c; *v* merke; ~ **of honour** æresfølelse c

senseless ['sensləs] *adj* meningsløs

sensible ['sensəbəl] *adj* fornuftig

sensitive ['sensitiv] *adj* følsom

sentence ['sentəns] n setning c; dom c; v dømme

sentimental [,senti'mentəl] adj sentimental

separate¹ ['sepəreit] v skille, separere

separate² ['sepərət] adj særskilt, atskilt

separately ['sepərətli] adv separat

September [sep'tembə] september

septic ['septik] adj septisk; *become ~ *gå betennelse i

sequel ['si:kwəl] n fortsettelse c

sequence ['si:kwəns] n rekkefølge c; serie c

serene [sə'ri:n] adj rolig; klar

serial ['siəriəl] n føljetong c

series ['siəri:z] n (pl ~) serie c

serious ['siəriəs] adj seriøs, alvorlig

seriousness ['siəriəsnəs] n alvor nt

sermon ['sə:mən] n preken c

serum ['siərəm] n serum nt

servant ['sə:vənt] n tjener c

serve [sə:v] v servere

service ['sə:vis] n tjeneste c; betjening c; ~ charge serveringsavgift c; ~ station bensinstasjon c

serviette [,sə:vi'et] n serviett c

session ['seʃən] n sesjon c

set [set] n klikk c, sett nt

*set [set] v *sette; ~ menu fast meny; ~ out *dra av sted

setting ['setiŋ] n omgivelser pl; ~ lotion leggevann nt

settle ['setəl] v ordne, avslutte; ~ down *slå seg ned

settlement ['setəlmənt] n ordning c, overenskomst c

seven ['sevən] num syv

seventeen [,sevən'ti:n] num sytten

seventeenth [,sevən'ti:nθ] num syttende

seventh ['sevənθ] num syvende

seventy ['sevənti] num sytti

several ['sevərəl] adj atskillige, flere

severe [si'viə] adj heftig, streng

*sew [sou] v sy; ~ up sy sammen

sewer ['su:ə] n kloakk c

sewing-machine ['souiŋmə,ʃi:n] n symaskin c

sex [seks] n kjønn nt; sex c

sexton ['sekstən] n kirketjener c

sexual ['sekʃuəl] adj seksuell

sexuality [,sekʃu'æləti] n seksualitet c

shade [ʃeid] n skygge c; nyanse c

shadow ['ʃædou] n skygge c

shady ['ʃeidi] adj skyggefull

*shake [ʃeik] v riste, ryste

shaky ['ʃeiki] adj vaklende

*shall [ʃæl] v *skal

shallow ['ʃælou] adj grunn

shame [ʃeim] n skam c; shame! fy!

shampoo [ʃæm'pu:] n sjampo c

shamrock ['ʃæmrɔk] n trekløver c

shape [ʃeip] n form c; v forme

share [ʃeə] v dele; n del c; aksje c

shark [ʃɑ:k] n hai c

sharp [ʃɑ:p] adj spiss

sharpen ['ʃɑ:pən] v spisse

shave [ʃeiv] v barbere seg

shaver ['ʃeivə] n barbermaskin c

shaving-brush ['ʃeiviŋbrʌʃ] n barberkost c

shaving-cream ['ʃeiviŋkri:m] n barberkrem c

shaving-soap ['ʃeiviŋsoup] n barbersåpe c

shawl [ʃɔ:l] n sjal nt

she [ʃi:] pron hun

shed [ʃed] n skur nt

*shed [ʃed] v *utgyte; spre

sheep [ʃi:p] n (pl ~) sau c

sheer [ʃiə] adj pur, absolutt; skjær, gjennomsiktig, tynn

sheet [ʃi:t] n laken nt; ark nt; plate c

shelf [ʃelf] n (pl shelves) hylle c

shell [ʃel] n skjell nt; skall nt

shellfish ['ʃelfiʃ] n skalldyr nt

shelter ['ʃeltə] n ly nt, tilfluktssted

nt; v *gi ly

shepherd ['ʃepəd] n gjeter c

shift [ʃift] n skift nt

*shine [ʃain] v skinne; glinse, stråle

ship [ʃip] n skip nt; v skipe; **shipping line** skipsfartslinje c

shipowner ['ʃi,pounə] n skipsreder c

shipyard ['ʃipjɑːd] n skipsverft nt

shirt [ʃəːt] n skjorte c

shiver ['ʃivə] v *skjelve, hutre; n skjelven c

shivery ['ʃivəri] adj hutrende

shock [ʃɔk] n sjokk nt; v sjokkere; ~ **absorber** støtdemper c

shocking ['ʃɔkiŋ] adj sjokkerende

shoe [ʃuː] n sko c; **gym shoes** turnsko pl; ~ **polish** skokrem c

shoe-lace ['ʃuːleis] n skolisse c

shoemaker ['ʃuː,meikə] n skomaker c

shoe-shop ['ʃuːʃɔp] n skotøyforretning c

shook [ʃuk] v (p shake)

*shoot [ʃuːt] v *skyte

shop [ʃɔp] n forretning c; v handle; ~ **assistant** ekspeditør c; **shopping bag** handlebag c; **shopping centre** forretningssenter c

shopkeeper ['ʃɔp,kiːpə] n kjøpmann c

shop-window [,ʃɔp'windou] n utstillingsvindu nt

shore [ʃɔː] n bredd c, kyst c

short [ʃɔːt] adj kort; liten; ~ **circuit** kortslutning c

shortage ['ʃɔːtidʒ] n knapphet c, mangel c

shortcoming ['ʃɔːt,kʌmiŋ] n mangel c; lyte c

shorten ['ʃɔːtən] v forkorte

shorthand ['ʃɔːthænd] n stenografi c

shortly ['ʃɔːtli] adv snart, i nær fremtid

shorts [ʃɔːts] pl shorts c; underbukse c

short-sighted [,ʃɔːt'saitid] adj nærsynt

shot [ʃɔt] n skudd nt; sprøyte c; scene c

*should [ʃud] v *skulle

shoulder ['ʃouldə] n skulder c

shout [ʃaut] v *skrike, rope; n rop nt

shovel ['ʃʌvəl] n skuffe c

show [ʃou] n oppførelse c, forestilling c; utstilling c

*show [ʃou] v vise; utstille, vise frem; bevise

show-case ['ʃoukeis] n monter c

shower [ʃauə] n dusj c; regnskur c, skur c

showroom ['ʃouruːm] n utstillingslokale nt

shriek [ʃriːk] v *skrike; n hvin nt

shrimp [ʃrimp] n reke c

shrine [ʃrain] n helgenskrin nt, helligdom c

*shrink [ʃriŋk] v krympe

shrinkproof ['ʃriŋkpruːf] adj krympefri

shrub [ʃrʌb] n busk c

shudder ['ʃʌdə] n gys nt

shuffle ['ʃʌfəl] v stokke

*shut [ʃʌt] v lukke; **shut** stengt, lukket; ~ **in** stenge inne

shutter ['ʃʌtə] n vinduslem c, skodde c

shy [ʃai] adj sjenert, sky

shyness ['ʃainəs] n skyhet c

Siam [sai'æm] Siam

Siamese [,saiə'miːz] adj siamesisk; n siameser c

sick [sik] adj syk; kvalm

sickness ['siknəs] n sykdom c; kvalme c

side [said] n side c; parti nt; **one-sided** adj ensidig

sideburns ['saidbəːnz] pl kinnskjegg nt

sidelight ['saidlait] n sidelys nt

side-street ['saidstriːt] n sidegate c

sidewalk ['saidwɔːk] nAm fortau nt

sideways ['saidweiz] *adv* til siden

siege [si:dʒ] *n* beleiring *c*

sieve [siv] *n* sil *c; v* sikte, sile

sight [sait] *n* syne *nt;* skue *nt,* syn; severdighet *c*

sign [sain] *n* tegn *nt;* vink *nt,* gest *c; v* undertegne

signal ['signəl] *n* signal *nt;* tegn *nt; v* signalisere

signature ['signətʃə] *n* signatur *c*

significant [sig'nifikənt] *adj* betydningsfull

signpost ['sainpoust] *n* veiviser *c*

silence ['sailəns] *n* stillhet *c; v* få til å tie

silencer ['sailənsə] *n* lydpotte *c*

silent ['sailənt] *adj* stille, taus; ***be ~** tie

silk [silk] *n* silke *c*

silken ['silkən] *adj* silke-

silly ['sili] *adj* dum, tåpelig

silver ['silvə] *n* sølv *nt;* sølv-

silversmith ['silvəsmiθ] *n* sølvsmed *c*

silverware ['silvəwɛə] *n* sølvtøy *nt*

similar ['similə] *adj* liknende

similarity [,simi'lærəti] *n* likhet *c*

simple ['simpəl] *adj* likefrem, enkel; vanlig

simply ['simpli] *adv* simpelthen

simulate ['simjuleit] *v* etterligne

simultaneous [,siməl'teiniəs] *adj* samtidig

sin [sin] *n* synd *c*

since [sins] *prep* siden; *adv* siden; *conj* siden; fordi

sincere [sin'siə] *adj* oppriktig

sinew ['sinju:] *n* sene *c*

*sing [siŋ] *v* *synge

singer ['siŋə] *n* sanger *c;* sangerinne *c*

single ['siŋgəl] *adj* enkel; ugift; **~ room** enkeltrom *nt*

singular ['siŋgjulə] *n* entall *nt; adj* enestående

sinister ['sinistə] *adj* illevarslende

sink [siŋk] *n* vask *c*

*sink [siŋk] *v* *synke

sip [sip] *n* slurk *c*

siphon ['saifən] *n* sifong *c*

sir [sə:] min herre

siren ['saiərən] *n* sirene *c*

sister ['sistə] *n* søster *c*

sister-in-law ['sistərinlo:] *n* (pl sisters-) svigerinne *c*

*sit [sit] *v* *sitte; **~ down** *sette seg

site [sait] *n* sted *nt;* beliggenhet *c*

sitting-room ['sitiŋru:m] *n* stue *c*

situated ['sitʃueitid] *adj* beliggende

situation [,sitʃu'eiʃən] *n* situasjon *c;* stilling *c*

six [siks] *num* seks

sixteen [,siks'ti:n] *num* seksten

sixteenth [,siks'ti:nθ] *num* sekstende

sixth [siksθ] *num* sjette

sixty ['siksti] *num* seksti

size [saiz] *n* størrelse *c,* dimensjon *c;* format *nt*

skate [skeit] *v* *gå på skøyter; *n* skøyte *c*

skating ['skeitiŋ] *n* skøyteløping *c*

skating-rink ['skeitiŋriŋk] *n* skøytebane *c*

skeleton ['skelitən] *n* skjelett *nt*

sketch [sketʃ] *n* skisse *c,* utkast *nt; v* tegne, skissere

sketch-book ['sketʃbuk] *n* skissebok *c*

ski[1] [ski:] *v* *gå på ski

ski[2] [ski:] *n* (pl ~, ~s) ski *c;* **~ boots** skistøvler *pl;* **~ pants** skibukse *c;* **~ poles** *Am* skistaver *pl;* **~ sticks** skistaver *pl*

skid [skid] *v* *gli

skier ['ski:ə] *n* skiløper *c*

skiing ['ski:iŋ] *n* skiløping *c*

ski-jump ['ski:dʒʌmp] *n* skihopp *nt;* hoppbakke *c*

skilful ['skilfəl] *adj* kyndig, flink, dyktig

ski-lift [ˈskiːlift] *n* skiheis *c*

skill [skil] *n* dyktighet *c*

skilled [skild] *adj* kyndig, dreven; faglært

skin [skin] *n* hud *c*, skinn *nt*; skall *nt*; ~ **cream** hudkrem *c*

skip [skip] *v* hoppe; hoppe over

skirt [skəːt] *n* skjørt *nt*

skull [skʌl] *n* skalle *c*

sky [skai] *n* himmel *c*; luft *c*

skyscraper [ˈskaiˌskreipə] *n* skyskraper *c*

slack [slæk] *adj* treg; slapp

slacks [slæks] *pl* benklær *pl*

slam [slæm] *v* *slå igjen

slander [ˈslaːndə] *n* bakvaskelse *c*

slant [slaːnt] *v* skråne

slanting [ˈslaːntiŋ] *adj* skjev, skrånende, skrå

slap [slæp] *v* fike; *n* fik *c*

slate [sleit] *n* skifer *c*

slave [sleiv] *n* slave *c*

sledge [sledʒ] *n* slede *c*, kjelke *c*

sleep [sliːp] *n* søvn *c*

***sleep** [sliːp] *v* *sove

sleeping-bag [ˈsliːpiŋbæg] *n* sovepose *c*

sleeping-car [ˈsliːpiŋkaː] *n* sovevogn *c*

sleeping-pill [ˈsliːpiŋpil] *n* sovepille *c*

sleepless [ˈsliːpləs] *adj* søvnløs

sleepy [ˈsliːpi] *adj* søvnig

sleet [sliːt] *n* sludd *nt*

sleeve [sliːv] *n* erme *nt*; omslag *nt*

sleigh [slei] *n* kjelke *c*, slede *c*

slender [ˈslendə] *adj* slank

slice [slais] *n* skive *c*

slide [slaid] *n* glidning *c*; rutsjebane *c*; lysbilde *nt*

***slide** [slaid] *v* *gli

slight [slait] *adj* ubetydelig; svak

slim [slim] *adj* slank; *v* slanke seg

slip [slip] *v* *gli, skli; *smette; *n* feiltrinn *nt*; underkjole *c*

slipper [ˈslipə] *n* tøffel *c*

slippery [ˈslipəri] *adj* glatt, sleip

slogan [ˈslougən] *n* slagord *nt*, valgspråk *nt*

slope [sloup] *n* skråning *c*; *v* helle

sloping [ˈsloupiŋ] *adj* skrånende

sloppy [ˈslɔpi] *adj* slurvet

slot [slɔt] *n* myntsprekk *c*; åpning *c*

slot-machine [ˈslɔtˌməʃiːn] *n* automat *c*

slovenly [ˈslʌvənli] *adj* sjusket

slow [slou] *adj* tungnem, langsom, sakte; ~ **down** *sette ned farten, saktne farten; bremse

sluice [sluːs] *n* sluse *c*

slum [slʌm] *n* slum *c*

slump [slʌmp] *n* prisfall *nt*

slush [slʌʃ] *n* snøslaps *nt*

sly [slai] *adj* slu

smack [smæk] *v* smekke; *n* dask *c*

small [smɔːl] *adj* liten; ringe

smallpox [ˈsmɔːlpɔks] *n* kopper *pl*

smart [smaːt] *adj* fiks; smart, flink

smell [smel] *n* lukt *c*

***smell** [smel] *v* lukte; *stinke

smelly [ˈsmeli] *adj* illeluktende

smile [smail] *v* smile; *n* smil *nt*

smith [smiθ] *n* smed *c*

smoke [smouk] *v* røyke; *n* røyk *c*; **no smoking** røyking forbudt

smoker [ˈsmoukə] *n* røyker *c*; røykekupé *c*

smoking-compartment [ˈsmoukiŋkəmˌpaːtmənt] *n* røykekupé *c*

smoking-room [ˈsmoukiŋruːm] *n* røykerom *nt*

smooth [smuːð] *adj* jevn, smul, glatt; myk

smuggle [ˈsmʌgəl] *v* smugle

snack [snæk] *n* matbit *c*

snack-bar [ˈsnækbaː] *n* snackbar *c*

snail [sneil] *n* snegl *c*

snake [sneik] *n* slange *c*

snapshot [ˈsnæpʃɔt] *n* øyeblikksfotografi *nt*, snapshot *nt* sneakers ['sni:kəz] *pl Am* turnsko *pl*

sneeze [sni:z] *v* *nyse

sniper ['snaipə] *n* snikskytter *c*

snooty ['snu:ti] *adj* hoven

snore [snɔ:] *v* snorke

snorkel ['snɔ:kəl] *n* snorkel *c*

snout [snaut] *n* snute *c*

snow [snou] *n* snø *c; v* snø

snowstorm ['snoustɔ:m] *n* snøstorm *c*

snowy ['snoui] *adj* snødekket

so [sou] *conj* så; *adv* slik; så, i den grad; **and ~ on** og så videre; **~ far** hittil; **~ that** så, slik at

soak [souk] *v* gjennombløte, bløte

soap [soup] *n* såpe *c;* **~ powder** såpepulver *nt*

sober ['soubə] *adj* edru; nøktern

so-called [‚sou'kɔ:ld] *adj* såkalt

soccer ['sɔkə] *n* fotball *c;* **~ team** fotball-lag *nt*

social ['souʃəl] *adj* samfunns-, sosial

socialism ['souʃəlizəm] *n* sosialisme *c*

socialist ['souʃəlist] *adj* sosialistisk; *n* sosialist *c*

society [sə'saiəti] *n* samfunn *nt;* selskap *nt,* forening *c*

sock [sɔk] *n* sokk *c*

socket ['sɔkit] *n* pæreholder *c;* stikkontakt *c*

soda-water ['soudə‚wɔ:tə] *n* selters *c,* sodavann *nt*

sofa ['soufə] *n* sofa *c*

soft [sɔft] *adj* myk; **~ drink** alkoholfri drikk

soften ['sɔfən] *v* *bløtgjøre

soil [sɔil] *n* jord *c;* jordbunn *c,* jordsmonn *nt*

soiled [sɔild] *adj* skitten

sold [sould] *v* (p, pp sell) ; **~ out** utsolgt

solder ['sɔldə] *v* lodde

soldering-iron ['sɔldəriŋaiən] *n* loddebolt *c*

soldier ['souldʒə] *n* soldat *c*

sole[1] [soul] *adj* eneste

sole[2] [soul] *n* såle *c;* flyndre *c*

solely ['soulli] *adv* utelukkende

solemn ['sɔləm] *adj* høytidelig

solicitor [sə'lisitə] *n* sakfører *c,* advokat *c*

solid ['sɔlid] *adj* solid; massiv; *n* fast stoff

soluble ['sɔljubəl] *adj* oppløselig

solution [sə'lu:ʃən] *n* løsning *c;* oppløsning *c*

solve [sɔlv] *v* løse

sombre ['sɔmbə] *adj* dyster

some [sʌm] *adj* noen; *pron* visse, enkelte; litt; **~ day** en gang; **~ more** litt mer; **~ time** en gang

somebody ['sʌmbədi] *pron* noen

somehow ['sʌmhau] *adv* på en eller annen måte

someone ['sʌmwʌn] *pron* noen

something ['sʌmθiŋ] *pron* noe

sometimes ['sʌmtaimz] *adv* av og til

somewhat ['sʌmwɔt] *adv* nokså

somewhere ['sʌmwɛə] *adv* etsteds

son [sʌn] *n* sønn *c*

song [sɔŋ] *n* sang *c*

son-in-law ['sʌninlɔ:] *n* (pl sons-) svigersønn *c*

soon [su:n] *adv* fort, snart; **as ~ as** så snart som

sooner ['su:nə] *adv* heller

sore [sɔ:] *adj* sår, øm; *n* ømt sted; sår *nt;* **~ throat** halsesyke *c*

sorrow ['sɔrou] *n* sorg *c*

sorry ['sɔri] *adj* lei for; **sorry!** unnskyld!, beklager!

sort [sɔ:t] *v* ordne, sortere; *n* sort *c,* slags *c/nt;* **all sorts of** alle slags

soul [soul] *n* sjel *c*

sound [saund] *n* klang *c,* lyd *c; v* *lyde; *adj* sunn; pålitelig

soundproof ['saundpru:f] *adj* lydtett

soup [su:p] *n* suppe *c*

soup-plate ['su:ppleit] *n* suppetallerken c

soup-spoon ['su:pspu:n] n suppeskje c

sour [sauə] adj sur

source [sɔ:s] n kilde c

south [sauθ] n syd c, sør c; **South Pole** Sydpolen

South Africa [sauθ 'æfrikə] Sør-Afri-ka

south-east [ˌsauθ'i:st] n sørøst c

southerly ['sʌðəli] adj sørlig

southern ['sʌðən] adj sørlig

south-west [ˌsauθ'west] n sørvest c

souvenir ['su:vəniə] n suvenir c

sovereign ['sɔvrin] n hersker c

Soviet ['souviət] adj sovjetisk; ~ **Union** Sovjetunionen

*****sow** [sou] v så

spa [spa:] n kursted nt

space [speis] n rom nt; verdensrom nt; avstand c, mellomrom nt; v ordne med mellomrom

spacious ['speiʃəs] adj rommelig

spade [speid] n spade c

Spain [spein] Spania

Spaniard ['spænjəd] n spanjol c, spa-nier c

Spanish ['spæniʃ] adj spansk

spanking ['spæŋkiŋ] n juling c; ris nt

spanner ['spænə] n skiftenøkkel c

spare [speə] adj reserve-, ekstra; v *****unnvære; ~ **part** reservedel c; ~ **room** gjesteværelse nt; ~ **time** fri-tid c; ~ **tyre** reservedekk nt; ~ **wheel** reservehjul nt

spark [spa:k] n gnist c

sparking-plug ['spa:kiŋplʌg] n tenn-plugg c

sparkling ['spa:kliŋ] adj funklende; musserende

sparrow ['spærou] n spurv c

*****speak** [spi:k] v snakke

spear [spiə] n spyd nt

special ['speʃəl] adj spesiell; ~ **deliv-ery** ekspress

specialist ['speʃəlist] n spesialist c

speciality [ˌspeʃi'æləti] n spesialitet c

specialize ['speʃəlaiz] v spesialisere seg

specially ['speʃəli] adv i særdeleshet

species ['spi:ʃi:z] n (pl ~) art c

specific [spə'sifik] adj spesifikk

specimen ['spesimən] n prøve c, ek-semplar nt

speck [spek] n flekk c

spectacle ['spektəkəl] n skue nt, syn nt; **spectacles** briller pl

spectator [spek'teitə] n tilskuer c

speculate ['spekjuleit] v spekulere

speech [spi:tʃ] n taleevne c; tale c

speechless ['spi:tʃləs] adj målløs

speed [spi:d] n hastighet c; fart c, raskhet c; **cruising** ~ marsjfart c; ~ **limit** fartsgrense c

*****speed** [spi:d] v kjøre fort; kjøre for fort

speeding ['spi:diŋ] n råkjøring c

speedometer [spi:'dɔmitə] n fartsmå-ler c

spell [spel] n fortryllelse c

*****spell** [spel] v stave

spelling ['speliŋ] n stavemåte c

*****spend** [spend] v bruke, spandere; *****tilbringe

sphere [sfiə] n kule c; område nt

spice [spais] n krydder nt; **spices** krydderier pl

spiced [spaist] adj krydret

spicy ['spaisi] adj krydret

spider ['spaidə] n edderkopp c; spi-der's web spindelvev c

*****spill** [spil] v søle

*****spin** [spin] v *****spinne; snurre

spinach ['spinidʒ] n spinat c

spine [spain] n ryggrad c

spinster ['spinstə] n gammel jomfru

spire [spaiə] n spir nt

spirit ['spirit] n ånd c; spøkelse nt; humør nt; **spirits** spirituosa pl,

alkoholholdige drikker; humør nt;
~ **stove** spritapparat nt

spiritual ['spiritʃuəl] adj åndelig

spit [spit] n spytt nt; spidd nt

***spit** [spit] v spytte

in spite of [in spait ɔv] tross, til tross
for

spiteful ['spaitfəl] adj ondskapsfull

splash [splæʃ] v skvette

splendid ['splendid] adj praktfull,
glimrende

splendour ['splendə] n prakt c

splint [splint] n beinskinne c

splinter ['splintə] n splint c

***split** [split] v kløyve

***spoil** [spɔil] v *ødelegge; skjemme
bort

spoke¹ [spouk] v (p speak)

spoke² [spouk] n eike c

sponge [spʌndʒ] n svamp c

spook [spu:k] n spøkelse nt

spool [spu:l] n spole c

spoon [spu:n] n skje c

spoonful ['spu:nful] n skjefull c

sport [spɔ:t] n sport c

sports-car ['spɔ:tska:] n sportsbil c

sports-jacket ['spɔ:tsˌdʒækit] n sports-
jakke c

sportsman ['spɔ:tsmən] n (pl -men)
idrettsmann c

sportswear ['spɔ:tswεə] n sportsklær
pl

spot [spɔt] n flekk c; sted nt

spotless ['spɔtləs] adj plettfri

spotlight ['spɔtlait] n prosjektør c

spotted ['spɔtid] adj flekket

spout [spaut] n tut c

sprain [sprein] v forstue; n forstuing c

***spread** [spred] v spre

spring [spriŋ] n vår c; fjær c; kilde c

springtime ['spriŋtaim] n vår c

sprouts [sprauts] pl rosenkål c

spy [spai] n spion c

squadron ['skwɔdrən] n eskadrille c

square [skwεə] adj kvadratisk; n
kvadrat nt; plass c

squash [skwɔʃ] n fruktsaft c; v kryste

squirrel ['skwirəl] n ekorn nt

squirt [skwə:t] n sprut c

stable ['steibəl] adj stabil; n stall c

stack [stæk] n stabel c

stadium ['steidiəm] n stadion nt

staff [sta:f] n personale nt

stage [steidʒ] n scene c; stadium nt,
fase c; etappe c

stain [stein] v flekke; n flekk c;
stained glass farget glass; ~ re-
mover flekkfjerner c

stainless ['steinləs] adj plettfri; ~
steel rustfritt stål

staircase ['stεəkeis] n trapp c

stairs [stεəz] pl trapp c

stale [steil] adj fordervet

stall [stɔ:l] n utsalgsbord nt; orkes-
terplass c

stamina ['stæminə] n utholdenhet c

stamp [stæmp] n frimerke nt; stem-
pel nt; v frankere; trampe; ~ ma-
chine frimerkeautomat c

stand [stænd] n stand c; tribune c

***stand** [stænd] v *stå

standard ['stændəd] n norm c; stan-
dard-; ~ of living levestandard c

stanza ['stænzə] n strofe c; vers nt

staple ['steipəl] n stift c

star [sta:] n stjerne c

starboard ['sta:bəd] n styrbord

starch [sta:tʃ] n stivelse c; v stive

stare [stεə] v stirre

starling ['sta:liŋ] n stær c

start [sta:t] v begynne; n start c;
starter motor starter c

starting-point ['sta:tiŋpɔint] n ut-
gangspunkt nt

state [steit] n stat c; stand c; v erklæ-
re

the States [ðə steits] De forente sta-
ter

statement ['steitmənt] n erklæring c

statesman ['steitsmən] n (pl -men) statsmann c

station ['steiʃən] n stasjon c; posisjon c

stationary ['steiʃənəri] adj stillestående

stationer's ['steiʃənəz] n papirhandel c

stationery ['steiʃənəri] n papirvarer pl

station-master ['steiʃənˌmaːstə] n stasjonsmester c

statistics [stə'tistiks] pl statistikk c

statue ['stætʃuː] n statue c

stay [stei] v *bli; *oppholde seg, *ta inn; n opphold nt

steadfast ['stedfaːst] adj standhaftig

steady ['stedi] adj stø

steak [steik] n biff c

*steal [stiːl] v *stjele

steam [stiːm] n damp c

steamer ['stiːmə] n dampskip nt

steel [stiːl] n stål nt

steep [stiːp] adj bratt, steil

steeple ['stiːpəl] n kirketårn nt

steering-column ['stiəriŋˌkɔləm] n rattstamme c

steering-wheel ['stiəriŋwiːl] n ratt nt

steersman ['stiəzmən] n (pl -men) rorgjenger c

stem [stem] n stilk c

stenographer [ste'nɔgrəfə] n stenograf c

step [step] n skritt nt, steg nt; trinn nt; v *tre, trå

stepchild ['steptʃaild] n (pl -children) stebarn nt

stepfather ['stepˌfaːðə] n stefar c

stepmother ['stepˌmʌðə] n stemor c

sterile ['sterail] adj steril

sterilize ['sterilaiz] v sterilisere

steward ['stjuːəd] n stuert c

stewardess ['stjuːədes] n flyvertinne c

stick [stik] n stokk c

*stick [stik] v klebe

sticky ['stiki] adj klebrig

stiff [stif] adj stiv

still [stil] adv fremdeles; likevel; adj stille

stillness ['stilnəs] n stillhet c

stimulant ['stimjulənt] n stimulans c

stimulate ['stimjuleit] v stimulere

sting [stiŋ] n stikk nt

*sting [stiŋ] v *stikke

stingy ['stindʒi] adj smålig

*stink [stiŋk] v *stinke

stipulate ['stipjuleit] v *fastsette

stipulation [ˌstipjuˈleiʃən] n betingelse c

stir [stəː] v røre

stirrup ['stirəp] n stigbøyle c

stitch [stitʃ] n sting nt, hold nt

stock [stɔk] n forsyning c; v lagre; ~ exchange fondsbørs c, børs c; ~ market fondsmarked nt; stocks and shares verdipapirer pl

stocking ['stɔkiŋ] n strømpe c

stole¹ [stoul] v (p steal)

stole² [stoul] n stola c

stomach ['stʌmək] n mage c

stomach-ache ['stʌməkeik] n magesmerter pl

stone [stoun] n stein c; edelsten c; stein-; pumice ~ pimpstein c

stood [stud] v (p, p stand)

stop [stɔp] v stoppe; avslutte, *holde opp med; n holdeplass c; stop! stopp!

stopper ['stɔpə] n kork c

storage ['stɔːridʒ] n lagring c

store [stɔː] n lagerbeholdning c; forretning c; v lagre

store-house ['stɔːhaus] n lagerbygning c

storey ['stɔːri] n etasje c

stork [stɔːk] n stork c

storm [stɔːm] n storm c

stormy ['stɔ:mi] *adj* stormfull

story ['stɔ:ri] *n* fortelling *c*

stout [staut] *adj* korpulent, tykkfallen

stove [stouv] *n* ovn *c;* komfyr *c*

straight [streit] *adj* rak; ærlig; *adv* rett; ~ **ahead** rett frem; ~ **away** med en gang; ~ **on** rett frem

strain [strein] *n* anstrengelse *c;* anspennelse *c; v* overanstrenge; sile

strainer ['streinə] *n* dørslag *nt*

strange [streindʒ] *adj* fremmed; underlig

stranger ['streindʒə] *n* fremmed *c*

strangle ['stræŋgəl] *v* kvele

strap [stræp] *n* rem *c*

straw [strɔ:] *n* halm *c*

strawberry ['strɔ:bəri] *n* jordbær *nt*

stream [stri:m] *n* bekk *c;* strøm *c; v* strømme

street [stri:t] *n* gate *c*

streetcar ['stri:tka:] *nAm* trikk *c*

street-organ ['stri:,tɔ:gən] *n* lirekasse *c*

strength [streŋθ] *n* styrke *c*

stress [stres] *n* stress *nt;* trykk *nt; v* belaste, **legge vekt på

stretch [stretʃ] *v* tøye; *n* strekning *c*

strict [strikt] *adj* streng

strife [straif] *n* strid *c*

strike [straik] *n* streik *c*

*strike [straik] *v* **slå; **slå til; streike; **stryke

striking ['straikiŋ] *adj* påfallende, oppsiktsvekkende, slående

string [striŋ] *n* snor *c;* streng *c*

strip [strip] *n* strimmel *c*

stripe [straip] *n* stripe *c*

striped [straipt] *adj* stripet

stroke [strouk] *n* slaganfall *nt*

stroll [stroul] *v* slentre; *n* spasertur *c*

strong [strɔŋ] *adj* sterk; kraftig

stronghold ['strɔŋhould] *n* tilfluktssted *nt;* høyborg *c*

structure ['strʌktʃə] *n* struktur *c*

struggle ['strʌgəl] *n* strid *c,* kamp *c; v* **slåss, kjempe

stub [stʌb] *n* talong *c*

stubborn ['stʌbən] *adj* sta

student ['stju:dənt] *n* student *c*

study ['stʌdi] *v* studere; *n* studium *nt;* arbeidsværelse *nt*

stuff [stʌf] *n* materiale *nt;* saker *pl*

stuffed [stʌft] *adj* fylt

stuffing ['stʌfiŋ] *n* farse *c;* fyll *nt*

stuffy ['stʌfi] *adj* trykkende; snerpet

stumble ['stʌmbəl] *v* snuble

stung [stʌŋ] *v* (p, pp sting)

stupid ['stju:pid] *adj* dum

style [stail] *n* stil *c*

subject[1] ['sʌbdʒikt] *n* subjekt *nt;* undersått *c;* gjenstand *c;* emne *nt;* ~ **to** utsatt for

subject[2] [səb'dʒekt] *v* underkue

sublet [,sub'let] *v* fremleie

submit [səb'mit] *v* underkaste seg

subordinate [sə'bɔ:dinət] *adj* underordnet; sekundær

subscriber [səb'skraibə] *n* abonnent *c*

subscription [səb'skripʃən] *n* abonnement *nt*

subsequent ['sʌbsikwənt] *adj* følgende

subsidy ['sʌbsidi] *n* tilskudd *nt*

substance ['sʌbstəns] *n* substans *c*

substantial [səb'stænʃəl] *adj* substansiell; virkelig; anselig

substitute ['sʌbstitju:t] *v* erstatte; *n* erstatning *c;* stedfortreder *c*

subtitle ['sʌb,taitəl] *n* undertekst *c*

subtle ['sʌtəl] *adj* subtil

subtract [səb'trækt] *v* **trekke fra

suburb ['sʌbə:b] *n* forstad *c*

suburban [sə'bə:bən] *adj* forstads-

subway ['sʌbwei] *nAm* undergrunnsbane *c*

succeed [sək'si:d] *v* lykkes; **etterfølge

success [sək'ses] n suksess c
successful [sək'sesfəl] adj vellykket
succumb [sə'kʌm] v bukke under
such [sʌtʃ] adj sånn, slik; adv slik; ~ **as** slik som
suck [sʌk] v suge
sudden ['sʌdən] adj plutselig
suddenly ['sʌdənli] adv plutselig
suede [sweid] n semsket skinn
suffer ['sʌfə] v *lide; *gjennomgå
suffering ['sʌfəriŋ] n lidelse c
suffice [sə'fais] v *være tilstrekkelig
sufficient [sə'fiʃənt] adj tilstrekkelig
suffrage ['sʌfridʒ] n stemmerett c
sugar ['ʃugə] n sukker nt
suggest [sə'dʒest] v *foreslå
suggestion [sə'dʒestʃən] n forslag nt
suicide ['su:isaid] n selvmord nt
suit [su:t] v passe; tilpasse; kle; n dress c
suitable ['su:təbəl] adj egnet
suitcase ['su:tkeis] n koffert c
suite [swi:t] n suite c
sum [sʌm] n sum c
summary ['sʌməri] n sammendrag nt
summer ['sʌmə] n sommer c; ~ **time** sommertid c
summit ['sʌmit] n topp c
summons ['sʌmənz] n (pl ~es) stevning c
sun [sʌn] n sol c
sunbathe ['sʌnbeið] v sole seg
sunburn ['sʌnbə:n] n solbrenthet c
Sunday ['sʌndi] n søndag c
sun-glasses ['sʌnˌglɑ:siz] pl solbriller pl
sunlight ['sʌnlait] n sollys nt
sunny ['sʌni] adj solrik
sunrise ['sʌnraiz] n soloppgang c
sunset ['sʌnset] n solnedgang c
sunshade ['sʌnʃeid] n parasoll c
sunshine ['sʌnʃain] n solskinn nt
sunstroke ['sʌnstrouk] n solstikk nt
suntan oil ['sʌntænɔil] sololje c

superb [su'pə:b] adj storartet
superficial [ˌsu:pə'fiʃəl] adj overfladisk
superfluous [su'pə:fluəs] adj overflødig
superior [su'piəriə] adj høyere, overlegen, bedre, større
supermarket ['su:pəˌmɑ:kit] n supermarked nt
superstition [ˌsu:pə'stiʃən] n overtro c
supervise ['su:pəvaiz] v overvåke
supervision [ˌsu:pə'viʒən] n overoppsyn nt, oppsyn nt
supervisor ['su:pəvaizə] n kontrollør c
supper ['sʌpə] n aftensmat c
supple ['sʌpəl] adj bøyelig, smidig, myk
supplement ['sʌplimənt] n tillegg nt
supply [sə'plai] n tilførsel c, levering c; forråd nt; tilbud nt; v forsyne
support [sə'pɔ:t] v *bære, *hjelpe; n støtte c; ~ **hose** støttestrømpe c
supporter [sə'pɔ:tə] n tilhenger c; forsørger c
suppose [sə'pouz] v *anta; **supposing that** forutsatt at
suppository [sə'pɔzitəri] n stikkpille c
suppress [sə'pres] v undertrykke
surcharge ['sə:tʃɑ:dʒ] n ekstragebyr nt
sure [ʃuə] adj sikker
surely ['ʃuəli] adv sikkert
surface ['sə:fis] n overflate c
surf-board ['sə:fbɔ:d] n surfingbrett nt
surgeon ['sə:dʒən] n kirurg c; **veterinary** ~ veterinær c
surgery ['sə:dʒəri] n operasjon c; legekontor nt
surname ['sə:neim] n etternavn nt
surplus ['sə:pləs] n overskudd nt
surprise [sə'praiz] n overraskelse c; v overraske; forbause
surrender [sə'rendə] v *overgi seg; n

overgivelse c

surround [səˈraund] v *omgi, omringe

surrounding [səˈraundiŋ] adj om-kringliggende

surroundings [səˈraundiŋz] pl omegn c

survey [ˈsəːvei] n oversikt c

survival [səˈvaivəl] n overleving c

survive [səˈvaiv] v overleve

suspect[1] [səˈspekt] v mistenke; ane

suspect[2] [ˈsʌspekt] n mistenkt c

suspend [səˈspend] v suspendere

suspenders [səˈspendəz] plAm bukse-seler pl; **suspender belt** strømpe-holder c

suspension [səˈspenʃən] n fjæring c; ~ **bridge** hengebru c

suspicion [səˈspiʃən] n mistanke c; mistenksomhet c, anelse c

suspicious [səˈspiʃəs] adj mistenkelig; mistenksom, mistroisk

sustain [səˈstein] v orke; *oppretthol-de

Swahili [swəˈhiːli] n swahili c

swallow [ˈswɔlou] v svelge, sluke; n svale c

swam [swæm] v (p swim)

swamp [swɔmp] n myr c

swan [swɔn] n svane c

swap [swɔp] v bytte

*****swear** [sweə] v *sverge; banne

sweat [swet] n svette c; v svette

sweater [ˈswetə] n ulljakke c; genser c

Swede [swiːd] n svenske c

Sweden [ˈswiːdən] Sverige

Swedish [ˈswiːdiʃ] adj svensk

*****sweep** [swiːp] v feie

sweet [swiːt] adj søt; n sukkertøy nt; dessert c; **sweets** sukkertøy pl

sweeten [ˈswiːtən] v sukre

sweetheart [ˈswiːthɑːt] n elskling c

sweetshop [ˈswiːtʃɔp] n sjokoladefor-retning c

swell [swel] adj flott

*****swell** [swel] v svelle

swelling [ˈsweliŋ] n hevelse c

swift [swift] adj rask

*****swim** [swim] v svømme

swimmer [ˈswimə] n svømmer c

swimming [ˈswimiŋ] n svømming c; ~ **pool** svømmebasseng nt

swimming-trunks [ˈswimiŋtrʌŋks] pl badebukse c

swim-suit [ˈswimsuːt] n badedrakt c

swindle [ˈswindəl] v svindle; n svindel c

swindler [ˈswindlə] n svindler c

swing [swiŋ] n huske c

*****swing** [swiŋ] v svinge; huske

Swiss [swis] adj sveitsisk; n sveitser c

switch [switʃ] n bryter c; v skifte; ~ **off** *slå av; ~ **on** *slå på

switchboard [ˈswitʃbɔːd] n sentral-bord nt

Switzerland [ˈswitsələnd] Sveits

sword [sɔːd] n sverd nt

swum [swʌm] v (pp swim)

syllable [ˈsiləbəl] n stavelse c

symbol [ˈsimbəl] n symbol nt

sympathetic [ˌsimpəˈθetik] adj delta-kende, medfølende

sympathy [ˈsimpəθi] n sympati c; medfølelse c

symphony [ˈsimfəni] n symfoni c

symptom [ˈsimtəm] n symptom nt

synagogue [ˈsinəgɔg] n synagoge c

synonym [ˈsinənim] n synonym nt

synthetic [sinˈθetik] adj syntetisk

syphon [ˈsaifən] n sifong c

Syria [ˈsiriə] Syria

Syrian [ˈsiriən] adj syrisk; n syrer c

syringe [siˈrindʒ] n sprøyte c

syrup [ˈsirəp] n sukkerlake c, sirup c

system [ˈsistəm] n system nt; **decimal** ~ desimalsystem nt

systematic [ˌsistəˈmætik] adj systema-tisk

table 119 teaspoon

T

table ['teibəl] *n* bord *nt;* tabell *c;* ~ **of contents** innholdsfortegnelse *c;* ~ **tennis** bordtennis *c*

table-cloth ['teibəlklɔθ] *n* duk *c*

tablespoon ['teibəlspu:n] *n* spiseskje *c*

tablet ['tæblit] *n* tablett *c;* plate *c*

taboo [tə'bu:] *n* tabu *nt*

tactics ['tæktiks] *pl* taktikk *c*

tag [tæg] *n* merkelapp *c*

tail [teil] *n* hale *c*

tail-light ['teillait] *n* baklys *nt*

tailor ['teilə] *n* skredder *c*

tailor-made ['teiləmeid] *adj* skreddersydd

***take** [teik] *v* *ta; *gripe; *følge; skjønne, *forstå, *begripe; ~ **away** *ta med seg; fjerne, *ta vekk; ~ **off** lette; ~ **out** *ta bort; ~ **over** *overta; ~ **place** *finne sted; ~ **up** *oppta

take-off ['teikɔf] *n* start *c*

tale [teil] *n* fortelling *c,* eventyr *nt*

talent ['tælənt] *n* begavelse *c,* talent *nt*

talented ['tæləntid] *adj* begavet

talk [tɔ:k] *v* snakke; *n* samtale *c*

talkative ['tɔ:kətiv] *adj* snakkesalig

tall [tɔ:l] *adj* høy, lang

tame [teim] *adj* tam; *v* temme

tampon ['tæmpən] *n* tampong *c*

tangerine [ˌtændʒə'ri:n] *n* mandarin *c*

tangible ['tændʒibəl] *adj* følbar

tank [tæŋk] *n* tank *c*

tanker ['tæŋkə] *n* tankbåt *c*

tanned [tænd] *adj* brun

tap [tæp] *n* kran *c;* lett slag; *v* banke

tape [teip] *n* lydbånd *nt;* bånd *nt;* adhesive ~ limbånd *nt;* heftplaster *nt*

tape-measure ['teipˌmeʒə] *n* målebånd *nt*

tape-recorder ['teipriˌkɔ:də] *n* båndopptaker *c*

tapestry ['tæpistri] *n* veggteppe *nt,* gobelin *nt*

tar [ta:] *n* tjære *c*

target ['ta:git] *n* skyteskive *c,* mål *nt*

tariff ['tærif] *n* tariff *c*

tarpaulin [ta:'pɔ:lin] *n* presenning *c*

task [ta:sk] *n* oppgave *c*

taste [teist] *n* smak *c;* *v* smake; smake på

tasteless ['teistləs] *adj* smakløs

tasty ['teisti] *adj* velsmakende

taught [tɔ:t] *v* (p, pp teach)

tavern ['tævən] *n* kro *c*

tax [tæks] *n* skatt *c;* *v* *skattlegge

taxation [tæk'seiʃən] *n* beskatning *c*

tax-free ['tæksfri:] *adj* skattefri

taxi ['tæksi] *n* taxi *c,* drosje *c;* ~ **rank** drosjeholdeplass *c;* ~ **stand** *Am* drosjeholdeplass *c*

taxi-driver ['tæksiˌdraivə] *n* drosjesjåfør *c*

taxi-meter ['tæksiˌmi:tə] *n* taksameter *nt*

tea [ti:] *n* te *c*

***teach** [ti:tʃ] *v* lære, undervise

teacher ['ti:tʃə] *n* lektor *c,* lærer *c;* lærerinne *c,* skolelærer *c*

teachings ['ti:tʃiŋz] *pl* lære *c*

tea-cloth ['ti:klɔθ] *n* kjøkkenhåndkle *nt*

teacup ['ti:kʌp] *n* tekopp *c*

team [ti:m] *n* lag *nt*

teapot ['ti:pɔt] *n* tekanne *c*

***tear** [tɛə] *v* *rive

tear¹ [tiə] *n* tåre *c*

tear² [tɛə] *n* rift *c*

tear-jerker ['tiəˌdʒə:kə] *n* tåredryppende forestilling

tease [ti:z] *v* erte

tea-set ['ti:set] *n* teservise *nt*

tea-shop ['ti:ʃɔp] *n* tesalong *c*

teaspoon ['ti:spu:n] *n* teskje *c*

teaspoonful ['ti:spu:n,ful] *n* teskje *c*
technical ['teknikəl] *adj* teknisk
technician [tek'niʃən] *n* tekniker *c*
technique [tek'ni:k] *n* teknikk *c*
technology [tek'nɔlədʒi] *n* teknologi *c*
teenager ['ti:,neidʒə] *n* tenåring *c*
teetotaller [ti:'toutələ] *n* avholds-mann *c*
telegram ['teligræm] *n* telegram *nt*
telegraph ['teligra:f] *v* telegrafere
telepathy [ti'lepəθi] *n* telepati *c*
telephone ['telifoun] *n* telefon *c*; ~ **book** *Am* telefonkatalog *c*; ~ **booth** telefonkiosk *c*; ~ **call** telefonoppringning *c*, telefonsamtale *c*; ~ **directory** telefonkatalog *c*; ~ **exchange** telefonsentral *c*; ~ **operator** sentralborddame *c*; telefonist *c*
television ['teliviʒən] *n* fjernsyn *nt*; ~ **set** fjernsynsapparat *nt*
telex ['teleks] *n* fjernskriver *c*
***tell** [tel] *v* *si; *fortelle
temper ['tempə] *n* sinne *nt*
temperature ['temprətʃə] *n* temperatur *c*
tempest ['tempist] *n* storm *c*
temple ['tempəl] *n* tempel *nt*; tinning *c*
temporary ['tempərəri] *adj* midlertidig, foreløpig
tempt [tempt] *v* friste
temptation [temp'teiʃən] *n* fristelse *c*
ten [ten] *num* ti
tenant ['tenənt] *n* leieboer *c*
tend [tend] *v* *ha tendens til; passe; ~ **to** *være tilbøyelig til
tendency ['tendənsi] *n* tendens *c*, tilbøyelighet *c*
tender ['tendə] *adj* øm, myk; mør
tendon ['tendən] *n* sene *c*
tennis ['tenis] *n* tennis *c*; ~ **shoes** tennissko *pl*
tennis-court ['teniskɔ:t] *n* tennisbane

c
tense [tens] *adj* anspent
tension ['tenʃən] *n* spenning *c*
tent [tent] *n* telt *nt*
tenth [tenθ] *num* tiende
tepid ['tepid] *adj* lunken
term [tə:m] *n* uttrykk *nt*; frist *c*, termin *c*; betingelse *c*
terminal ['tə:minəl] *n* endestasjon *c*
terrace ['terəs] *n* terrasse *c*
terrain [te'rein] *n* terreng *nt*
terrible ['teribəl] *adj* fryktelig, forferdelig, grusom
terrific [tə'rifik] *adj* storartet
terrify ['terifai] *v* skremme; **terrifying** skremmende
territory ['teritəri] *n* område *nt*
terror ['terə] *n* redsel *c*
terrorism ['terərizəm] *n* terror *c*, terrorisme *c*
terrorist ['terərist] *n* terrorist *c*
terylene ['teroli:n] *n* terylen *c*
test [test] *n* prøve *c*, test *c*; *v* teste
testify ['testifai] *v* vitne
text [tekst] *n* tekst *c*
textbook ['teksbuk] *n* lærebok *c*
textile ['tekstail] *n* tekstil *c/nt*
texture ['tekstʃə] *n* struktur *c*
Thai [tai] *adj* thailandsk; *n* thailender *c*
Thailand ['tailænd] Thailand
than [ðæn] *conj* enn
thank [θæŋk] *v* takke; ~ **you** takk
thankful [θæŋkfəl] *adj* takknemlig
that [ðæt] *adj* den; *pron* den; som; *conj* at
thaw [θɔ:] *v* tine, smelte; *n* tøvær *nt*
the [ðə,ði] *art* -en, -et; **the ... the** jo ... jo
theatre [θiətə] *n* teater *nt*
theft [θeft] *n* tyveri *nt*
their [ðeə] *adj* deres
them [ðem] *pron* dem
theme [θi:m] *n* tema *nt*, emne *nt*

themselves [ðəm'selvz] *pron* seg; selv
then [ðen] *adv* da; deretter, så
theology [θiˈɒlədʒi] *n* teologi *c*
theoretical [θiəˈretikəl] *adj* teoretisk
theory [ˈθiəri] *n* teori *c*
therapy [ˈθerəpi] *n* terapi *c*
there [ðeə] *adv* der; dit
therefore [ˈðeəfɔː] *conj* derfor
thermometer [θəˈmɒmitə] *n* termometer *nt*
thermostat [ˈθəːməstæt] *n* termostat *c*
these [ðiːz] *adj* disse
thesis [ˈθiːsis] *n* (pl theses) tese *c*; avhandling *c*
they [ðei] *pron* de
thick [θik] *adj* tykk; tett
thicken [ˈθikən] *v* tykne
thickness [ˈθiknəs] *n* tykkelse *c*
thief [θiːf] *n* (pl thieves) tyv *c*
thigh [θai] *n* lår *nt*
thimble [ˈθimbəl] *n* fingerbøl *nt*
thin [θin] *adj* tynn; mager
thing [θiŋ] *n* ting *c*
***think** [θiŋk] *v* tenke; tenke etter; ~ of tenke på; *komme på; ~ over tenke over
thinker [ˈθiŋkə] *n* tenker *c*
third [θəːd] *num* tredje
thirst [θəːst] *n* tørst *c*
thirsty [ˈθəːsti] *adj* tørst
thirteen [θəːˈtiːn] *num* tretten
thirteenth [θəːˈtiːnθ] *num* trettende
thirtieth [ˈθəːtiiθ] *num* trettiende
thirty [ˈθəːti] *num* tretti
this [ðis] *adj* denne; *pron* denne
thistle [ˈθisəl] *n* tistel *c*
thorn [θɔːn] *n* torn *c*
thorough [ˈθʌrə] *adj* omhyggelig, grundig
thoroughbred [ˈθʌrəbred] *adj* fullblods
thoroughfare [ˈθʌrəfeə] *n* ferdselsåre *c*, hovedvei *c*
those [ðouz] *adj* de; *pron* de

though [ðou] *conj* selv om, skjønt; *adv* imidlertid
thought¹ [θɔːt] *v* (p, pp think)
thought² [θɔːt] *n* tanke *c*
thoughtful [ˈθɔːtfəl] *adj* tankefull; omtenksom
thousand [ˈθauzənd] *num* tusen
thread [θred] *n* tråd *c*; *v* *tre
threadbare [ˈθredbeə] *adj* loslitt
threat [θret] *n* trusel *c*
threaten [ˈθretən] *v* true
three [θriː] *num* tre
three-quarter [θriːˈkwɔːtə] *adj* tre fjerdedels
threshold [ˈθreʃould] *n* terskel *c*
threw [θruː] *v* (p throw)
thrifty [ˈθrifti] *adj* sparsommelig
throat [θrout] *n* hals *c*
throne [θroun] *n* trone *c*
throttle [ˈθrɒtəl] *n* choke *c*
through [θruː] *prep* gjennom
throughout [θruːˈaut] *adv* overalt; helt igjennom
throw [θrou] *n* kast *nt*
***throw** [θrou] *v* slenge, kaste
thrush [θrʌʃ] *n* trost *c*
thumb [θʌm] *n* tommelfinger *c*
thumbtack [ˈθʌmtæk] *nAm* tegnestift *c*
thump [θʌmp] *v* dunke
thunder [ˈθʌndə] *n* torden *c*; *v* tordne
thunderstorm [ˈθʌndəstɔːm] *n* tordenvær *nt*
thundery [ˈθʌndəri] *adj* torden-
Thursday [ˈθəːzdi] torsdag *c*
thus [ðʌs] *adv* slik
thyme [taim] *n* timian *c*
tick [tik] *n* merke *nt*; ~ off krysse av
ticket [ˈtikit] *n* billett *c*; lapp *c*; ~ collector konduktør *c*; ~ machine billettautomat *c*
tickle [ˈtikəl] *v* kile
tide [taid] *n* tidevann *nt*; high ~ høyvann *nt*; low ~ lavvann *nt*

tidings ['taidiŋz] pl nyheter pl

tidy ['taidi] adj ordentlig; ~ up rydde opp

tie [tai] v *binde, knytte; n slips nt

tiger ['taigə] n tiger c

tight [tait] adj stram; trang; adv fast

tighten ['taitən] v stramme; strammes

tights [taits] pl strømpebukse c

tile [tail] n gulvflis c; takstein c

till [til] prep inntil, til; conj inntil

timber ['timbə] n tømmer nt

time [taim] n tid c; gang c; takt c; all the ~ hele tiden; in ~ i tide; ~ of arrival ankomsttid c; ~ of departure avgangstid c

time-saving ['taim,seiviŋ] adj tidsbesparende

timetable ['taim,teibəl] n ruteplan c

timid ['timid] adj blyg

timidity [ti'midəti] n sjenerthet c

tin [tin] n tinn nt; boks c, hermetikkboks c; tinned food hermetikk c

tinfoil ['tinfɔil] n tinnfolie c

tin-opener ['ti,noupənə] n hermetikkåpner c

tiny ['taini] adj bitte liten

tip [tip] n spiss c; drikkepenger pl

tire[1] [taiə] n dekk nt

tire[2] [taiə] v *bli trett

tired [taiəd] adj utmattet, trett; ~ of lei av

tiring ['taiəriŋ] adj trettende

tissue ['tiʃu:] n vev nt; papirlommetørkle nt

title ['taitəl] n tittel c

to [tu:] prep til, på; for å

toad [toud] n padde c

toadstool ['toudstu:l] n fluesopp c

toast [toust] n ristet brød; skål c

tobacco [tə'bækou] n (pl ~s) tobakk c; ~ pouch tobakkspung c

tobacconist [tə'bækənist] n tobakkshandler c; tobacconist's tobakks-

forretning c

today [tə'dei] adv i dag

toddler ['tɔdlə] n smårolling c

toe [tou] n tå c

toffee ['tɔfi] n en slags karamell

together [tə'geðə] adv sammen

toilet ['tɔilət] n toalett nt; ~ case toalettveske c

toilet-paper ['tɔilət,peipə] n toalettpapir nt

toiletry ['tɔilətri] n toalettsaker pl

token ['toukən] n tegn nt; bevis nt; sjetong c

told [tould] v (p, pp tell)

tolerable ['tɔlərəbəl] adj utholdelig

toll [toul] n veiavgift c; gebyr nt

tomato [tə'mɑ:tou] n (pl ~es) tomat c

tomb [tu:m] n grav c

tombstone ['tu:mstoun] n gravstein c

tomorrow [tə'mɔrou] adv i morgen

ton [tʌn] n tonn nt

tone [toun] n tone c; klang c

tongs [tɔŋz] pl tang c

tongue [tʌŋ] n tunge c

tonic ['tɔnik] n styrkemiddel nt

tonight [tə'nait] adv i aften, i natt

tonsilitis [,tɔnsə'laitis] n betente mandler

tonsils ['tɔnsəlz] pl mandler pl

too [tu:] adv altfor; også

took [tuk] v (p take)

tool [tu:l] n verktøy nt, redskap nt; ~ kit verktøykasse c

toot [tu:t] vAm tute

tooth [tu:θ] n (pl teeth) tann c

toothache ['tu:θeik] n tannverk c

toothbrush ['tu:θbrʌʃ] n tannbørste c

toothpaste ['tu:θpeist] n tannkrem c

toothpick ['tu:θpik] n tannpirker c

toothpowder ['tu:θ,paudə] n tannpulver nt

top [tɔp] n topp c; overside c; lokk nt; øverst; on ~ of oppå; ~ side over-

side c
topcoat ['tɔpkout] n frakk c
topic ['tɔpik] n emne nt
topical ['tɔpikəl] adj aktuell
torch [tɔ:tʃ] n fakkel c; lommelykt c
torment[1] [tɔ:'ment] v pine
torment[2] ['tɔ:ment] n pine c
torture ['tɔ:tʃə] n tortur c; v torturere
toss [tɔs] v kaste
tot [tɔt] n lite barn
total ['toutəl] adj total; fullstendig; n totalsum c
totalitarian [,toutæli'tɛəriən] adj totalitær
totalizator ['toutəlaizeitə] n totalisator c
touch [tʌtʃ] v røre, berøre; n kontakt c, berøring c; følesans c
touching ['tʌtʃiŋ] adj rørende
tough [tʌf] adj seig
tour [tuə] n rundreise c
tourism ['tuərizəm] n turisttrafikk c
tourist ['tuərist] n turist c; ~ **class** turistklasse c; ~ **office** turistkontor nt
tournament ['tuənəmənt] n turnering c
tow [tou] v taue
towards [tə'wɔ:dz] prep mot; overfor
towel [tauəl] n håndkle nt
towelling ['tauəliŋ] n frotté c
tower [tauə] n tårn nt
town [taun] n by c; ~ **centre** sentrum nt; ~ **hall** rådhus nt
townspeople ['taunz,pi:pəl] pl byfolk pl
toxic ['tɔksik] adj giftig
toy [tɔi] n leketøy nt
toyshop ['tɔiʃɔp] n leketøysforretning c
trace [treis] n spor nt; v etterspore, oppspore
track [træk] n spor nt; bane c
tractor ['træktə] n traktor c

trade [treid] n handel c; yrke nt; v *drive handel
trademark ['treidma:k] n varemerke nt
trader ['treidə] n kjøpmann c
tradesman ['treidzmən] n (pl -men) handelsmann c
trade-union [,treid'ju:njən] n fagforening c
tradition [trə'diʃən] n tradisjon c
traditional [trə'diʃənəl] adj tradisjonell
traffic ['træfik] n trafikk c; ~ **jam** trafikk-kork c; ~ **light** trafikklys nt
trafficator ['træfikeitə] n retningsviser c
tragedy ['trædʒədi] n tragedie c
tragic ['trædʒik] adj tragisk
trail [treil] n sti c, spor nt
trailer ['treilə] n tilhenger c; campingvogn c
train [trein] n tog nt; v dressere, trene; **stopping** ~ somletog nt; **through** ~ hurtigtog nt; ~ **ferry** jernbaneferje c
training ['treiniŋ] n trening c
trait [treit] n trekk nt
traitor ['treitə] n forræder c
tram [træm] n trikk c
tramp [træmp] n landstryker c, vagabond c; v vagabondere
tranquil ['træŋkwil] adj rolig
tranquillizer ['træŋkwilaizə] n beroligende middel
transaction [træn'zækʃən] n transaksjon c
transatlantic [,trænzət'læntik] adj transatlantisk
transfer [træns'fə:] v overføre
transform [træns'fɔ:m] v forvandle, omdanne
transformer [træns'fɔ:mə] n transformator c

transition [træn'siʃən] *n* overgang *c*

translate [træns'leit] *v* *oversette

translation [træns'leiʃən] *n* oversettelse *c*

translator [træns'leitə] *n* oversetter *c*

transmission [trænz'miʃən] *n* sending *c*

transmit [trænz'mit] *v* sende

transmitter [trænz'mitə] *n* sender *c*

transparent [træn'speərənt] *adj* gjennomsiktig

transport[1] ['trænspɔ:t] *n* transport *c*

transport[2] [træn'spɔ:t] *v* transportere

transportation [ˌtrænspɔ:'teiʃən] *n* transport *c*

trap [træp] *n* felle *c*

trash [træʃ] *n* rask *nt*, skrap *nt*; ~ can *Am* søppelkasse *c*

travel ['trævəl] *v* reise; ~ agency reisebyrå *nt*; ~ agent reisebyråagent *c*; ~ insurance reiseforsikring *c*; travelling expenses reiseutgifter *pl*

traveller ['trævələ] *n* reisende *c*; traveller's cheque reisesjekk *c*

tray [trei] *n* brett *nt*

treason ['tri:zən] *n* forræderi *nt*

treasure ['treʒə] *n* skatt *c*

treasurer ['treʒərə] *n* kasserer *c*

treasury ['treʒəri] *n* statskasse *c*

treat [tri:t] *v* behandle

treatment ['tri:tmənt] *n* behandling *c*

treaty ['tri:ti] *n* traktat *c*

tree [tri:] *n* tre *nt*

tremble ['trembəl] *v* *skjelve; dirre

tremendous [tri'mendəs] *adj* kolossal

trespass ['trespəs] *v* krenke annens eiendom

trespasser ['trespəsə] *n* uvedkommende *c*

trial [traiəl] *n* rettssak *c*; forsøk *nt*

triangle ['traiæŋgəl] *n* trekant *c*

triangular [trai'æŋgjulə] *adj* trekantet

tribe [traib] *n* stamme *c*

tributary ['tribjutəri] *n* bielv *c*

tribute ['tribju:t] *n* hyllest *c*

trick [trik] *n* knep *nt*; trick *nt*

trigger ['trigə] *n* avtrekker *c*

trim [trim] *v* klippe, stusse

trip [trip] *n* reise *c*, utflukt *c*, tur *c*

triumph ['traiəmf] *n* triumf *c*; *v* triumfere

triumphant [trai'ʌmfənt] *adj* triumferende

trolley-bus ['trɔlibʌs] *n* trolleybuss *c*

troops [tru:ps] *pl* tropper *pl*

tropical ['trɔpikəl] *adj* tropisk

tropics ['trɔpiks] *pl* tropene *pl*

trouble ['trʌbəl] *n* trøbbel *nt*, uleilighet, besvær *nt*; *v* bry

troublesome ['trʌbəlsəm] *adj* brysom

trousers ['trauzəz] *pl* bukse *c*

trout [traut] *n* (pl ~) ørret *c*

truck [trʌk] *nAm* lastebil *c*

true [tru:] adj sann; ekte, virkelig; trofast, tro

trumpet ['trʌmpit] *n* trompet *c*

trunk [trʌŋk] *n* koffert *c*; stamme *c*; bagasjerom *nt*; trunks *pl* kortbukse *c*

trunk-call ['trʌŋkkɔ:l] *n* rikstelefonsamtale *c*

trust [trʌst] *v* stole på; *n* tillit *c*

trustworthy ['trʌstˌwə:ði] *adj* pålitelig

truth [tru:θ] *n* sannhet *c*

truthful ['tru:θfəl] *adj* sannferdig

try [trai] *v* prøve, forsøke, anstrenge seg; *n* forsøk *nt*; ~ on prøve

tube [tju:b] *n* rør *nt*; tube *c*

tuberculosis [tju:ˌbə:kju'lousis] *n* tuberkulose *c*

Tuesday ['tju:zdi] tirsdag *c*

tug [tʌg] *v* taue; *n* slepebåt *c*; rykk *nt*

tuition [tju:'iʃən] *n* undervisning *c*; skolepenger *pl*

tulip ['tju:lip] *n* tulipan *c*

tumbler ['tʌmblə] *n* beger *nt*

tumour ['tju:mə] *n* svulst *c*

tuna ['tju:nə] *n* (pl ~, ~s) tunfisk *c*

tune [tju:n] *n* melodi *c;* ~ **in** stille inn

tuneful ['tju:nfəl] *adj* melodisk

tunic ['tju:nik] *n* tunika *c*

Tunisia [tju:'niziə] Tunisia

Tunisian [tju:'niziən] *adj* tunisisk; *n* tunisier *c*

tunnel ['tʌnəl] *n* tunnel *c*

turbine ['tə:bain] *n* turbin *c*

turbojet [ˌtə:bou'dʒet] *n* turbojet *c*

Turk [tə:k] *n* tyrker *c*

Turkey ['tə:ki] Tyrkia

turkey ['tə:ki] *n* kalkun *c*

Turkish ['tə:kiʃ] *adj* tyrkisk; ~ **bath** romerbad *nt*

turn [tə:n] *v* dreie; vende, svinge, *vri om; *n* dreining *c*, vending *c*; sving *c*; tur *c;* ~ **back** vende tilbake; ~ **down** forkaste; ~ **into** forvandles til; ~ **off** stenge av; ~ **on** *sette på; skru på; ~ **over** vende om; ~ **round** snu; snu seg

turning ['tə:niŋ] *n* sving *c*

turning-point ['tə:niŋpoint] *n* vendepunkt *nt*

turnover ['tə:ˌnouvə] *n* omsetning *c;* ~ **tax** omsetningsskatt *c*

turnpike ['tə:npaik] *nAm* bomvei *c*

turpentine ['tə:pəntain] *n* terpentin *c*

turtle ['tə:təl] *n* skilpadde *c*

tutor ['tju:tə] *n* huslærer *c;* formynder *c*

tuxedo [tʌk'si:dou] *nAm* (pl ~s, ~es) smoking *c*

tweed [twi:d] *n* tweed *c*

tweezers ['twi:zəz] *pl* pinsett *c*

twelfth [twelfθ] *num* tolvte

twelve [twelv] *num* tolv

twentieth ['twentiəθ] *num* tyvende

twenty ['twenti] *num* tyve

twice [twais] *adv* to ganger

twig [twig] *n* kvist *c*

twilight ['twailait] *n* skumring *c*

twine [twain] *n* hyssing *c*

twins [twinz] *pl* tvillinger *pl;* **twin beds** dobbeltsenger *pl*

twist [twist] *v* sno; *vri; *n* vridning *c*

two [tu:] *num* to

two-piece [ˌtu:'pi:s] *adj* todelt

type [taip] *v* *skrive på maskin; *n* type *c*

typewriter ['taipraitə] *n* skrivemaskin *c*

typewritten ['taipritən] maskinskrevet

typhoid ['taifoid] *n* tyfus *c*

typical ['tipikəl] *adj* typisk

typist ['taipist] *n* maskinskriverske *c*

tyrant ['taiərənt] *n* tyrann *c*

tyre [taiə] *n* dekk *nt;* ~ **pressure** lufttrykk *nt*

U

ugly ['ʌgli] *adj* stygg

ulcer ['ʌlsə] *n* magesår *nt*

ultimate ['ʌltimət] *adj* siste

ultraviolet [ˌʌltrə'vaiələt] *adj* ultrafiolett

umbrella [ʌm'brelə] *n* paraply *c*

umpire ['ʌmpaiə] *n* dommer *c*

unable [ʌ'neibəl] *adj* ute av stand til

unacceptable [ˌʌnək'septəbəl] *adj* uantakelig

unaccountable [ˌʌnə'kauntəbəl] *adj* uforklarlig; uansvarlig

unaccustomed [ˌʌnə'kʌstəmd] *adj* uvant

unanimous [ju:'næniməs] *adj* enstemmig

unanswered [ʌ'nɑ:nsəd] *adj* ubesvart

unauthorized [ʌ'nɔ:θəraizd] *adj* uten fullmakt

unavoidable [ˌʌnə'voidəbəl] *adj* uunngåelig

unaware [ʌnəˈweə] *adj* ubevisst

unbearable [ʌnˈbeərəbəl] *adj* uutholdelig

unbreakable [ʌnˈbreikəbəl] *adj* uknuselig

unbroken [ʌnˈbroukən] *adj* intakt

unbutton [ʌnˈbʌtən] *v* knappe opp

uncertain [ʌnˈsəːtən] *adj* uviss, usikker

uncle [ˈʌŋkəl] *n* onkel *c*

unclean [ʌnˈkliːn] *adj* uren

uncomfortable [ʌnˈkʌmfətəbəl] *adj* ubekvem

uncommon [ʌnˈkɔmən] *adj* usedvanlig, sjelden

unconditional [ʌnkənˈdiʃənəl] *adj* betingelsesløs

unconscious [ʌnˈkɔnʃəs] *adj* bevisstløs

uncork [ʌnˈkɔːk] *v* *trekke opp

uncover [ʌnˈkʌvə] *v* avdekke

uncultivated [ʌnˈkʌltiveitid] *adj* udyrket

under [ˈʌndə] *prep* under, nedenfor

undercurrent [ˈʌndəˌkʌrənt] *n* understrøm *c*

underestimate [ʌndəˈrestimeit] *v* undervurdere

underground [ˈʌndəgraund] *adj* underjordisk; *n* undergrunnsbane *c*

underline [ʌndəˈlain] *v* understreke

underneath [ʌndəˈniːθ] *adv* nedenunder

underpants [ˈʌndəpænts] *plAm* truser *pl*

undershirt [ˈʌndəʃəːt] *n* undertrøye *c*

undersigned [ˈʌndəsaind] *n* undertegnede *c*

*understand [ʌndəˈstænd] *v* *forstå, fatte

understanding [ʌndəˈstændiŋ] *n* forståelse *c*

*undertake [ʌndəˈteik] *v* *gå i gang med

undertaker [ˈʌndəˌteikə] *n* begravel-

sesagent *c*

undertaking [ʌndəˈteikiŋ] *n* foretagende *nt*

underwater [ˈʌndəˌwɔːtə] *adj* undervanns-

underwear [ˈʌndəweə] *n* undertøy *pl*

undesirable [ʌndiˈzaiərəbəl] *adj* uønsket

*undo [ʌnˈduː] *v* åpne, løse opp

undoubtedly [ʌnˈdautidli] *adv* utvilsomt

undress [ʌnˈdres] *v* kle av seg

undulating [ˈʌndjuleitiŋ] *adj* bølgende

unearned [ʌˈnəːnd] *adj* ufortjent

uneasy [ʌˈniːzi] *adj* urolig

uneducated [ʌˈnedjukeitid] *adj* uten utdannelse

unemployed [ʌnimˈplɔid] *adj* arbeidsløs

unemployment [ʌnimˈplɔimənt] *n* arbeidsløshet *c*

unequal [ʌˈniːkwəl] *adj* ulik

uneven [ʌˈniːvən] *adj* ulik, ujevn

unexpected [ʌnikˈspektid] *adj* uventet

unfair [ʌnˈfeə] *adj* urettferdig

unfaithful [ʌnˈfeiθfəl] *adj* utro

unfamiliar [ʌnfəˈmiljə] *adj* ukjent

unfasten [ʌnˈfɑːsən] *v* løse, løsne

unfavourable [ʌnˈfeivərəbəl] *adj* ugunstig

unfit [ʌnˈfit] *adj* uegnet

unfold [ʌnˈfould] *v* brette ut, folde ut

unfortunate [ʌnˈfɔːtʃənət] *adj* uheldig

unfortunately [ʌnˈfɔːtʃənətli] *adv* uheldigvis, dessverre

unfriendly [ʌnˈfrendli] *adj* uvennlig

unfurnished [ʌnˈfəːniʃt] *adj* umøblert

ungrateful [ʌnˈgreitfəl] *adj* utakknemlig

unhappy [ʌnˈhæpi] *adj* ulykkelig

unhealthy [ʌnˈhelθi] *adj* usunn

unhurt [ʌnˈhəːt] *adj* uskadd

uniform [ˈjuːnifɔːm] *n* uniform *c*; *adj*

ensartet

unimportant [ˌʌnim'pɔ:tənt] adj uviktig

uninhabitable [ˌʌnin'hæbitəbəl] adj ubeboelig

uninhabited [ˌʌnin'hæbitid] adj ubebodd

unintentional [ˌʌnin'tenʃənəl] adj utilsiktet

union ['ju:njən] n fagforening c; union c, forbund nt

unique [ju:'ni:k] adj enestående

unit ['ju:nit] n enhet c

unite [ju:'nait] v forene

United States [ju:'naitid steits] De forente stater

unity ['ju:nəti] n enhet c

universal [ˌju:ni'və:səl] adj universell, generell

universe ['ju:nivə:s] n univers nt

university [ˌju:ni'və:səti] n universitet nt

unjust [ˌʌn'dʒʌst] adj urettferdig

unkind [ʌn'kaind] adj uvennlig; ukjærlig

unknown [ʌn'noun] adj ukjent

unlawful [ˌʌn'lɔ:fəl] adj ulovlig

unlearn [ˌʌn'lə:n] v lære seg av med

unless [ən'les] conj med mindre

unlike [ˌʌn'laik] adj forskjellig

unlikely [ʌn'laikli] adj usannsynlig

unlimited [ʌn'limitid] adj grenseløs, ubegrenset

unload [ˌʌn'loud] v lesse av

unlock [ˌʌn'lɔk] v lukke opp, låse inne

unlucky [ʌn'lʌki] adj uheldig

unnecessary [ʌn'nesəsəri] adj unødvendig

unoccupied [ˌʌ'nɔkjupaid] adj ledig

unofficial [ˌʌnə'fiʃəl] adj uoffisiell

unpack [ˌʌn'pæk] v pakke opp

unpleasant [ʌn'plezənt] adj utrivelig, ubehagelig; usympatisk, utiltalende

unpopular [ˌʌn'pɔpjulə] adj upopulær

unprotected [ˌʌnprə'tektid] adj ubeskyttet

unqualified [ˌʌn'kwɔlifaid] adj ukvalifisert

unreal [ˌʌn'riəl] adj uvirkelig

unreasonable [ʌn'ri:zənəbəl] adj urimelig

unreliable [ˌʌnri'laiəbəl] adj upålitelig

unrest [ˌʌn'rest] n uro c; rastløshet c

unsafe [ˌʌn'seif] adj usikker, utrygg

unsatisfactory [ˌʌnsætis'fæktəri] adj utilfredsstillende

unscrew [ˌʌn'skru:] v skru løs

unselfish [ˌʌn'selfiʃ] adj uselvisk

unskilled [ˌʌn'skild] adj ufaglært

unsound [ˌʌn'saund] adj usunn

unstable [ˌʌn'steibəl] adj ustabil

unsteady [ˌʌn'stedi] adj ustø; ustadig

unsuccessful [ˌʌnsək'sesfəl] adj mislykket

unsuitable [ˌʌn'su:təbəl] adj uegnet

unsurpassed [ˌʌnsə'pa:st] adj uovertruffen

untidy [ʌn'taidi] adj uordentlig

untie [ˌʌn'tai] v knytte opp

until [ən'til] prep inntil, til

untrue [ˌʌn'tru:] adj usann

untrustworthy [ˌʌn'trʌst,wə:ði] adj upålitelig

unusual [ʌn'ju:ʒuəl] adj uvanlig, ualminnelig

unwell [ˌʌn'wel] adj uvel

unwilling [ˌʌn'wiliŋ] adj uvillig

unwise [ˌʌn'waiz] adj uklok

unwrap [ˌʌn'ræp] v pakke opp

up [ʌp] adv opp, oppover

upholster [ʌp'houlstə] v *trekke, polstre

upkeep ['ʌpki:p] n vedlikehold nt

uplands ['ʌpləndz] pl høyland nt

upon [ə'pɔn] prep på

upper ['ʌpə] adj øvre, over-

upright ['ʌprait] adj rank; rett; adv

opprettstående

*upset [ʌpˈset] v forstyrre; adj opprørt

upside-down [ˌʌpsaidˈdaun] adv på hodet

upstairs [ˌʌpˈsteəz] adv ovenpå

upstream [ˌʌpˈstriːm] adv mot strømmen

upwards [ˈʌpwədz] adv oppover

urban [ˈəːbən] adj by-

urge [əːdʒ] v formane; n trang c

urgency [ˈəːdʒənsi] n innstendighet c; viktighet c

urgent [ˈəːdʒənt] adj presserende

urine [ˈjuərin] n urin c

Uruguay [ˈjuərəgwai] Uruguay

Uruguayan [ˌjuərəˈgwaiən] adj uruguayansk; n uruguayaner c

us [ʌs] pron oss

usable [ˈjuːzəbəl] adj anvendelig

usage [ˈjuːzidʒ] n sedvane c; bruk c

use¹ [juːz] v bruke; *be used to *være vant til; ~ up bruke opp

use² [juːs] n bruk c; nytte c; *be of ~ *være til nytte

useful [ˈjuːsfəl] adj nyttig, brukbar

useless [ˈjuːsləs] adj unyttig

user [ˈjuːzə] n bruker c

usher [ˈʌʃə] n plassanviser c

usherette [ˌʌʃəˈret] n plassanviser c

usual [ˈjuːʒuəl] adj vanlig

usually [ˈjuːʒuəli] adv vanligvis

utensil [juːˈtensəl] n redskap nt; kjøkkenredskap nt

utility [juːˈtiləti] n nytte c

utilize [ˈjuːtilaiz] v anvende

utmost [ˈʌtmoust] adj ytterst

utter [ˈʌtə] adj total, fullstendig; v ytre

V

vacancy [ˈveikənsi] n ledig post

vacant [ˈveikənt] adj ledig

vacate [vəˈkeit] v fraflytte

vacation [vəˈkeiʃən] n ferie c

vaccinate [ˈvæksineit] v vaksinere

vaccination [ˌvæksiˈneiʃən] n vaksinering c

vacuum [ˈvækjuəm] n vakuum nt; vAm støvsuge; ~ cleaner støvsuger c; ~ flask termosflaske c

vagrancy [ˈveigrənsi] n løsgjengeri nt

vague [veig] adj vag

vain [vein] adj forfengelig; forgjeves; in ~ forgjeves

valet [ˈvælit] n kammertjener c

valid [ˈvælid] adj gyldig

valley [ˈvæli] n dal c

valuable [ˈvæljubəl] adj verdifull; valuables pl verdisaker pl

value [ˈvæljuː] n verdi c; v taksere, vurdere

valve [vælv] n ventil c

van [væn] n varebil c

vanilla [vəˈnilə] n vanilje c

vanish [ˈvæniʃ] v *forsvinne

vapour [ˈveipə] n damp c

variable [ˈveəriəbəl] adj variabel

variation [ˌveəriˈeiʃən] n avveksling c; forandring c

varied [ˈveərid] adj variert

variety [vəˈraiəti] n utvalg nt; ~ show varietéforestilling c; ~ theatre varietéteater nt

various [ˈveəriəs] adj forskjellige, diverse

varnish [ˈvɑːniʃ] n lakk c; v lakkere

vary [ˈveəri] v variere; forandre; *være forskjellig

vase [vɑːz] n vase c

vast [vɑːst] adj vidstrakt, umåtelig

vault [vɔːlt] n hvelving c; bankhvelv

nt

veal [vi:l] *n* kalvekjøtt *nt*

vegetable ['vedʒətəbəl] *n* grønnsak *c;* ~ **merchant** grønnsakshandler *c*

vegetarian [,vedʒi'tɛəriən] *n* vegetarianer *c*

vegetation [,vedʒi'teiʃən] *n* vekstliv *nt;* vegetasjon *c*

vehicle ['vi:əkəl] *n* kjøretøy *nt*

veil [veil] *n* slør *nt*

vein [vein] *n* åre *c;* **varicose** ~ åreknute *c*

velvet ['velvit] *n* fløyel *c*

velveteen [,velvi'ti:n] *n* bomullsfløyel *c*

venerable ['venərəbəl] *adj* ærverdig

venereal disease [vi'niəriəl di'zi:z] kjønnssykdom *c*

Venezuela [,veni'zweilə] Venezuela

Venezuelan [,veni'zweilən] *adj* venezuelansk; *n* venezuelaner *c*

ventilate ['ventileit] *v* ventilere; lufte, lufte ut

ventilation [,venti'leiʃən] *n* ventilasjon *c;* utluftning *c*

ventilator ['ventileitə] *n* ventilator *c*

venture ['ventʃə] *v* våge

veranda [və'rændə] *n* veranda *c*

verb [və:b] *n* verb *nt*

verbal ['və:bəl] *adj* muntlig

verdict ['və:dikt] *n* kjennelse *c,* dom *c*

verge [və:dʒ] *n* kant *c;* rand *c*

verify ['verifai] *v* kontrollere

verse [və:s] *n* vers *nt*

version ['və:ʃən] *n* versjon *c;* oversettelse *c*

versus ['və:səs] *prep* kontra

vertical ['və:tikəl] *adj* vertikal

vertigo ['və:tigou] *n* svimmelhet *c*

very ['veri] *adv* svært, meget; *adj* eksakt, virkelig; absolutt

vessel ['vesəl] *n* fartøy *nt;* kar *nt*

vest [vest] *n* undertrøye *c;* vest *c*

veterinary surgeon ['vetrinəri 'sə:-**

dʒən] dyrlege *c*

via [vaiə] *prep* via

vibrate [vai'breit] *v* vibrere

vibration [vai'breiʃən] *n* vibrasjon *c*

vicar ['vikə] *n* sogneprest *c*

vicarage ['vikəridʒ] *n* prestegård *c*

vice-president [,vais'prezidənt] *n* visepresident *c*

vicinity [vi'sinəti] *n* nabolag *nt,* nærhet *c*

vicious ['viʃəs] *adj* ondskapsfull

victim ['viktim] *n* offer *nt*

victory ['viktəri] *n* seier *c*

view [vju:] *n* utsikt *c;* oppfatning *c,* syn; *v* betrakte

view-finder ['vju:,faində] *n* søker *c*

vigilant ['vidʒilənt] *adj* årvåken

villa ['vilə] *n* villa *c*

village ['vilidʒ] *n* landsby *c*

villain ['vilən] *n* skurk *c*

vine [vain] *n* vinranke *c*

vinegar ['vinigə] *n* eddik *c*

vineyard ['vinjəd] *n* vingård *c*

vintage ['vintidʒ] *n* vinhøst *c;* årgang *c*

violation [vaiə'leiʃən] *n* krenkelse *c*

violence ['vaiələns] *n* vold *c*

violent ['vaiələnt] *adj* voldsom, heftig

violet ['vaiələt] *n* fiol *c; adj* fiolett

violin [vaiə'lin] *n* fiolin *c*

virgin ['və:dʒin] *n* jomfru *c*

virtue ['və:tʃu:] *n* dyd *c*

visa ['vi:zə] *n* visum *nt*

visibility [,vizə'biləti] *n* sikt *c*

visible ['vizəbəl] *adj* synlig

vision ['viʒən] *n* syn

visit ['vizit] *v* besøke; *n* besøk *nt,* visitt *c;* **visiting hours** besøkstid *c*

visiting-card ['vizitiŋka:d] *n* visittkort *nt*

visitor ['vizitə] *n* besøkende *c*

vital ['vaitəl] *adj* vesentlig

vitamin ['vitəmin] *n* vitamin *nt*

vivid ['vivid] *adj* livfull

vocabulary [vəˈkæbjuləri] n ordforråd nt; ordliste c

vocal [ˈvoukəl] adj vokal

vocalist [ˈvoukəlist] n sanger c

voice [vɔis] n stemme c

void [vɔid] adj ugyldig

volcano [vɔlˈkeinou] n (pl ~es, ~s) vulkan c

volt [voult] n volt c

voltage [ˈvoultidʒ] n spenning c

volume [ˈvɔljum] n volum nt; bind nt

voluntary [ˈvɔləntəri] adj frivillig

volunteer [ˌvɔlənˈtiə] n frivillig c

vomit [ˈvɔmit] v kaste opp, *brekke seg

vote [vout] v stemme; n stemme c; avstemning c

voucher [ˈvautʃə] n bong c

vow [vau] n løfte nt, ed c; v *sverge

vowel [vauəl] n vokal c

voyage [ˈvɔiidʒ] n reise c

vulgar [ˈvʌlgə] adj vulgær; simpel, ordinær

vulnerable [ˈvʌlnərəbəl] adj sårbar

vulture [ˈvʌltʃə] n gribb c

W

wade [weid] v vasse

wafer [ˈweifə] n vaffelkjeks c

waffle [ˈwɔfəl] n vaffel c

wages [ˈweidʒiz] pl lønn c

waggon [ˈwægən] n godsvogn c; vogn c

waist [weist] n midje c

waistcoat [ˈweiskout] n vest c

wait [weit] v vente; ~ on oppvarte

waiter [ˈweitə] n oppvarter c, kelner c

waiting [ˈweitiŋ] n venting c

waiting-list [ˈweitiŋlist] n venteliste c

waiting-room [ˈweitiŋruːm] n vente-værelse nt

waitress [ˈweitris] n oppvarterske c

***wake** [weik] v vekke; ~ up våkne

walk [wɔːk] v *gå; spasere; n spasertur c; gange c; **walking** til fots

walker [ˈwɔːkə] n turgjenger c

walking-stick [ˈwɔːkiŋstik] n spaserstokk c

wall [wɔːl] n mur c; vegg c

wallet [ˈwɔlit] n lommebok c

wallpaper [ˈwɔːlˌpeipə] n tapet nt

walnut [ˈwɔːlnʌt] n valnøtt c

waltz [wɔːls] n vals c

wander [ˈwɔndə] v flakke, vandre

want [wɔnt] v *ville; ønske; n behov nt; mangel c

war [wɔː] n krig c

warden [ˈwɔːdən] n vaktmann c, oppsynsmann c

wardrobe [ˈwɔːdroub] n klesskap nt, garderobe c

warehouse [ˈweəhaus] n pakkhus nt, lagerbygning c

wares [weəz] pl varer pl

warm [wɔːm] adj varm; v varme

warmth [wɔːmθ] n varme c

warn [wɔːn] v advare

warning [ˈwɔːniŋ] n advarsel c

wary [ˈweəri] adj forsiktig

was [wɔz] v (p be)

wash [wɔʃ] v vaske; ~ and wear strykefri; ~ up vaske opp

washable [ˈwɔʃəbəl] adj vaskbar

wash-basin [ˈwɔʃˌbeisən] n håndvask c

washing [ˈwɔʃiŋ] n vask c

washing-machine [ˈwɔʃiŋməˌʃiːn] n vaskemaskin c

washing-powder [ˈwɔʃiŋˌpaudə] n vaskepulver nt

washroom [ˈwɔʃruːm] nAm toalett nt

wash-stand [ˈwɔʃstænd] n vaskeservant c

wasp [wɔsp] n veps c

waste [weist] v sløse bort; n sløseri

nt; adj øde

wasteful ['weistfəl] adj ødsel

wastepaper-basket [weist'peipə,ba:-skit] n papirkurv c

watch [wɔtʃ] v betrakte, *iaktta; bevokte; n ur nt; ~ **for** *holde utkikk etter; ~ **out** *være forsiktig

watch-maker ['wɔtʃ,meikə] n urmaker c

watch-strap ['wɔtʃstræp] n klokkerem c

water ['wɔ:tə] n vann nt; **iced** ~ isvann nt; **running** ~ innlagt vann; ~ **pump** vannpumpe c; ~ **ski** vannski c

water-colour ['wɔ:tə,kʌlə] n vannfarge c; akvarell c

watercress ['wɔ:təkres] n vannkarse c

waterfall ['wɔ:təfɔ:l] n foss c

watermelon ['wɔ:tə,melən] n vannmelon c

waterproof ['wɔ:təpru:f] adj vanntett

water-ski ['wɔ:tə,ski:] n vannski; v stå på vannski

waterway ['wɔ:təwei] n vannvei c

watt [wɔt] n watt c

wave [weiv] n bølge c; v vinke

wave-length ['weivleŋθ] n bølgelengde c

wavy ['weivi] adj bølget

wax [wæks] n voks c

waxworks ['wækswə:ks] pl vokskabinett nt

way [wei] n vis nt, måte c; vei c; retning c; avstand c; **any** ~ på hvilken som helst måte; **by the** ~ forresten; **one-way traffic** enveiskjøring c; **out of the** ~ avsides; **the other** ~ **round** tvert om; ~ **back** fjern fortid; ~ **in** inngang c; ~ **out** utgang c

wayside ['weisaid] n veikant c

we [wi:] pron vi

weak [wi:k] adj svak; tynn

weakness ['wi:knəs] n svakhet c

wealth [welθ] n rikdom c

wealthy ['welθi] adj rik

weapon ['wepən] n våpen nt

***wear** [wɛə] v *ha på seg; ~ **out** *slite ut

weary ['wiəri] adj trett, sliten

weather ['weðə] n vær nt; ~ **forecast** værmelding c

***weave** [wi:v] v veve

weaver ['wi:və] n vever c

wedding ['wediŋ] n vielse c, bryllup nt

wedding-ring ['wediŋriŋ] n vielsesring c

wedge [wedʒ] n kile c

Wednesday ['wenzdi] onsdag c

weed [wi:d] n ugress nt

week [wi:k] n uke c

weekday ['wi:kdei] n hverdag c

weekly ['wi:kli] adj ukentlig

***weep** [wi:p] v *gråte

weigh [wei] v veie

weighing-machine ['weiiŋmə,ʃi:n] n automatvekt c

weight [weit] n vekt c

Welch [welʃ] adj walisisk

welcome ['welkəm] adj velkommen; n velkomst c; v hilse velkommen

weld [weld] v sveise

welfare ['welfeə] n velferd c

well[1] [wel] adv godt; adj frisk; **as** ~ også; **as** ~ **as** så vel som; **well!** ja vel!

well[2] [wel] n kilde c, brønn c

well-founded [,wel'faundid] adj velbegrunnet

well-known ['welnoun] adj velkjent

well-to-do [,weltə'du:] adj velhavende

went [went] v (p go)

were [wə:] v (p be)

west [west] n vest c

westerly ['westəli] adj vestlig

western ['westən] adj vestlig

wet [wet] *adj* våt; fuktig
whale [weil] *n* hval *c*
wharf [wɔːf] *n* (pl ~s, wharves) kaj *c*
what [wɔt] *pron* hva; ~ **for** hvorfor
whatever [wɔ'tevə] *pron* hva enn
wheat [wiːt] *n* hvete *c*
wheel [wiːl] *n* hjul *nt*
wheelbarrow ['wiːl,bærou] *n* trillebår *c*
wheelchair ['wiːltʃeə] *n* rullestol *c*
when [wen] *adv* når; *conj* når, da
whenever [we'nevə] *conj* når enn; alltid når
where [weə] *adv* hvor; *conj* hvor
wherever [weə'revə] *conj* hvor enn
whether ['weðə] *conj* om; **whether ... or** om . . . eller
which [witʃ] *pron* hvilken; som
whichever [wi'tʃevə] *adj* hvilken som helst
while [wail] *conj* mens; *n* stund *c*
whilst [wailst] *conj* mens
whim [wim] *n* innfall *nt*, nykke *nt*
whip [wip] *n* pisk *c*; *v* vispe
whiskers ['wiskəz] *pl* kinnskjegg *nt*
whisper ['wispə] *v* hviske; *n* hvisking *c*
whistle ['wisəl] *v* plystre; *n* fløyte *c*
white [wait] *adj* hvit
whitebait ['waitbeit] *n* småfisk *pl*
whiting ['waitiŋ] *n* (pl ~) hvitting *c*
Whitsun ['witsən] pinse *c*
who [huː] *pron* hvem; som
whoever [huː'evə] *pron* hvem som enn
whole [houl] *adj* fullstendig, hel; uskadd; *n* hele *nt*
wholesale ['houlseil] *n* engroshandel *c*; ~ **dealer** grosserer *c*
wholesome ['houlsəm] *adj* sunn
wholly ['houlli] *adv* helt
whom [huːm] *pron* til hvem
whore [hɔː] *n* hore *c*

whose [huːz] *pron* hvis
why [wai] *adv* hvorfor
wicked ['wikid] *adj* ond
wide [waid] *adj* bred, vid
widen ['waidən] *v* utvide
widow ['widou] *n* enke *c*
widower ['widouə] *n* enkemann *c*
width [widθ] *n* bredde *c*
wife [waif] *n* (pl wives) kone *c*, hustru *c*
wig [wig] *n* parykk *c*
wild [waild] *adj* vill
will [wil] *n* vilje *c*; testamente *nt*
***will** [wil] *v* *vil
willing ['wiliŋ] *adj* villig
will-power ['wilpauə] *n* viljestyrke *c*
***win** [win] *v* *vinne
wind [wind] *n* vind *c*
***wind** [waind] *v* sno seg; *trekke opp, vikle
winding ['waindiŋ] *adj* buktet
windmill ['windmil] *n* vindmølle *c*
window ['windou] *n* vindu *c*
window-sill ['windousil] *n* vinduskarm *c*
windscreen ['windskriːn] *n* frontrute *c*; ~ **wiper** vindusvisker *c*
windshield ['windʃiːld] *nAm* frontrute *c*; ~ **wiper** *Am* vindusvisker *c*
windy ['windi] *adj* vindhard
wine [wain] *n* vin *c*
wine-cellar ['wain,selə] *n* vinkjeller *c*
wine-list ['wainlist] *n* vinkart *nt*
wine-merchant ['wain,məːtʃənt] *n* vinhandler *c*
wine-waiter ['wain,weitə] *n* vinkelner *c*
wing [wiŋ] *n* vinge *c*
winner ['winə] *n* vinner *c*
winning ['winiŋ] *adj* vinnende; **winnings** *pl* gevinst *c*
winter ['wintə] *n* vinter *c*; ~ **sports** vintersport *c*
wipe [waip] *v* tørke, tørke bort; tørke

av

wire [waiə] n metalltråd c; ståltråd c

wireless ['waiələs] n radio c

wisdom ['wizdəm] n visdom c

wise [waiz] adj vis

wish [wiʃ] v lenges etter, ønske; n ønske nt, lengsel c

witch [witʃ] n heks c

with [wið] prep med; hos; av

*****withdraw** [wið'drɔ:] v *trekke tilbake

*****withhold** [wið'hould] v *holde tilbake

within [wi'ðin] prep innenfor; adv innvendig

without [wi'ðaut] prep uten

witness ['witnəs] n vitne nt

wits [wits] pl forstand c

witty ['witi] adj vittig; spirituell

wolf [wulf] n (pl wolves) ulv c

woman ['wumən] n (pl women) kvinne c

womb [wu:m] n livmor c

won [wʌn] v (p, pp win)

wonder ['wʌndə] n under nt; forundring c; v undre seg

wonderful ['wʌndəfəl] adj skjønn, vidunderlig; herlig

wood [wud] n trevirke nt; skog c

wood-carving ['wud,kɑ:viŋ] n treskjærerarbeid nt

wooded ['wudid] adj skogkledd

wooden ['wudən] adj tre-; ~ **shoe** tresko c

woodland ['wudlənd] n skogtrakt c

wool [wul] n ull c; **darning** ~ stoppegarn nt

woollen ['wulən] adj ull-

word [wə:d] n ord nt

wore [wɔ:] v (p wear)

work [wə:k] n arbeid nt; v arbeide; virke, fungere; **working day** arbeidsdag c; ~ **of art** kunstverk nt; ~ **permit** arbeidstillatelse c

worker ['wə:kə] n arbeider c

workman ['wə:kmən] n (pl -men) arbeider c

works [wə:ks] pl fabrikk c

workshop ['wə:kʃɔp] n verksted nt

world [wə:ld] n verden c; ~ **war** verdenskrig c

world-famous [,wə:ld'feiməs] adj verdensberømt

world-wide ['wə:ldwaid] adj verdensomspennende

worm [wə:m] n mark c

worn [wɔ:n] adj (pp wear) slitt

worn-out [,wɔ:n'aut] adj utslitt

worried ['wʌrid] adj bekymret

worry ['wʌri] v bekymre seg; n bekymring c

worse [wə:s] adj verre; adv verre

worship ['wə:ʃip] v *tilbe; n gudstjeneste c

worst [wə:st] adj verst; adv verst

worsted ['wustid] n kamgarn nt

worth [wə:θ] n verd nt; *be ~ *være verd; *be worth-while *være umaken verd

worthless ['wə:θləs] adj verdiløs

worthy of ['wə:ði əv] verdig

would [wud] v (p will)

wound¹ [wu:nd] n sår nt; v såre

wound² [waund] v (p, pp wind)

wrap [ræp] v pakke inn

wreck [rek] n vrak nt; v *ødelegge

wrench [rentʃ] n skrunøkkel c; rykk nt; v *vri

wrinkle ['riŋkəl] n rynke c

wrist [rist] n håndledd nt

wrist-watch ['ristwɔtʃ] n armbåndsur nt

*****write** [rait] v *skrive; **in writing** skriftlig; ~ **down** *skrive ned

writer ['raitə] n forfatter c

writing-pad ['raitiŋpæd] n skriveblokk c

writing-paper ['raitiŋ,peipə] n skrive-

papir *nt*
written ['ritən] *adj* (pp write) skriftlig
wrong [rɔŋ] *adj* gal, uriktig; *n* urett *c*; *v* *gjøre urett; ***be** ~ *ta feil
wrote [rout] *v* (p write)

X

Xmas ['krisməs] jul *c*
X-ray ['eksrei] *n* røntgenbilde *nt*; *v* røntgenfotografere

Y

yacht [jɔt] *n* lystbåt *c*
yacht-club ['jɔtklʌb] *n* seilerforening *c*
yachting ['jɔtiŋ] *n* seilsport *c*
yard [jɑːd] *n* gårdsplass *c*; hage *c*
yarn [jɑːn] *n* garn *nt*
yawn [jɔːn] *v* gjespe
year [jiə] *n* år *nt*
yearly ['jiəli] *adj* årlig
yeast [jiːst] *n* gjær *c*
yell [jel] *v* hyle; *n* hyl *nt*
yellow ['jelou] *adj* gul
yes [jes] ja
yesterday ['jestədi] *adv* i går
yet [jet] *adv* ennå; *conj* likevel, allikevel, dog
yield [jiːld] *v* yte; *vike
yoke [jouk] *n* åk *nt*
yolk [jouk] *n* eggeplomme *c*
you [juː] *pron* du; deg; De; Dem; dere
young [jʌŋ] *adj* ung
your [jɔː] *adj* Deres; din; dine, deres
yourself [jɔːˈself] *pron* deg; selv
yourselves [jɔːˈselvz] *pron* dere; selv
youth [juːθ] *n* ungdom *c*; ~ **hostel** ungdomsherberge *nt*
Yugoslav [ˌjuːgəˈslɑːv] *n* jugoslav *c*
Yugoslavia [ˌjuːgəˈslɑːviə] Jugoslavia

Z

zeal [ziːl] *n* iver *c*
zealous ['zeləs] *adj* ivrig
zebra ['ziːbrə] *n* sebra *c*
zenith ['zeniθ] *n* senit *nt*; høydepunkt *nt*
zero ['ziərou] *n* (pl ~s) null *nt*
zest [zest] *n* lyst *c*; iver *c*
zinc [ziŋk] *n* sink *c*
zip [zip] *n* glidelås *c*; ~ **code** *Am* postnummer *nt*
zipper ['zipə] *n* glidelås *c*
zodiac ['zoudiæk] *n* dyrekretsen *c*
zone [zoun] *n* sone *c*; område *nt*
zoo [zuː] *n* (pl ~s) dyrehage *c*
zoology [zouˈɔlədʒi] *n* zoologi *c*

Mat

almond mandel
anchovy sardell
angel food cake sukkerbrød laget av eggehviter
angels on horseback østers rullet i baconskiver og grillstekt
appetizer snacks
apple eple
  ~ **charlotte** slags tilslørte bondepiker stekt i ovn
  ~ **dumpling** innbakt eple
  ~ **sauce** eplemos
apricot aprikos
Arbroath smoky røkt kolje
artichoke artisjokk
asparagus asparges
  ~ **tip** aspargestopp
aspic kjøtt- eller fiskekabaret
assorted blandede
bagel ringformet rundstykke
baked ovnsbakt
  ~ **Alaska** dessert av sukkerbrød, is og marengs som gies et kort opphold i stekeovnen og deretter flamberes
  ~ **beans** ovnsbakte hvite bønner i tomatsaus
  ~ **potato** ovnsbakt potet (med skall)
Bakewell tart mandelkake med syltetøy
baloney slags servelatpølse
banana banan

~ **split** dessert av forskjellige sorter is, banan, nøtter og frukt- eller sjokoladesaus
barbecue 1) sterkt krydret kjøttsaus servert på rundstykke 2) måltid i friluft med grillstekt mat
  ~ **sauce** sterkt krydret tomatsaus
barbecued grillstekt (i det fri)
basil basilikum
bass havåbor
bean bønne
beef oksekjøtt
  ~ **olive** okserulade
beefburger hamburger (av karbonadedeig)
beet, beetroot rødbete
bilberry blåbær
bill regning
  ~ **of fare** spisekart, meny
biscuit kjeks, småkake
black pudding blodpølse
blackberry bjørnebær
blackcurrant solbær
bloater lettsaltet røkesild
blood sausage blodpølse
blueberry blåbær
boiled kokt
Bologna (sausage) slags servelatpølse
bone ben
boned benfri

Boston baked beans ovnsbakte hvite bønner med baconstrimler, tomatsaus og sirup

Boston cream pie kake fylt med vaniljekrem eller pisket krem og dekket med sjokolade

brains hjerne

braised surret, stekt under lokk

bramble pudding bjørnebærkompott med epleskiver

braunschweiger røkt leverpølse

bread brød

breaded panert

breakfast frokost

breast bryst (fjærkre)

brisket bringe

broad bean hestebønne

broth kraft, buljong

brown Betty slags tilslørte bondepiker

brunch kombinert frokost og lunsj

brussels sprout rosenkål

bubble and squeak slags pytt i panne

bun 1) bolle med rosiner (GB) 2) rundstykke (US)

butter smør

buttered smurt

cabbage kål

Caesar salad grønn salat med hvitløk, brødterninger, sardeller, egg og parmesanost

cake kake, terte

cakes småkaker, bakverk

calf kalvekjøtt

Canadian bacon røkt svinefilet skåret i skiver

canapé smørbrødsnitte

cantaloupe kantalupp

caper kapers

capercaillie, capercailzie tiur

caramel karamell

carp karpe

carrot gulrot

cashew akajou-nøtt

casserole gryte (rett)

catfish steinbit

catsup ketchup

cauliflower blomkål

celery selleri

cereal cornflakes
  hot ~ grøt

check regning

Cheddar (cheese) hard, lett syrlig, engelsk ost

cheese ost
  ~ **board** osteanretning
  ~ **cake** ostekake

cheeseburger hamburger med smeltet osteskive

chef's salad grønn salat med skinke, hårdkokt egg, tomater, kylling og ost

cherry kirsebær

chestnut kastanje

chicken kylling

chicory 1) endivie (GB) 2) sikori (US)

chili con carne krydret gryterett av kjøttdeig og brune bønner

chips 1) pommes frites (GB) 2) chips, potetgull (US)

chit(ter)lings innmat av svin

chive gressløk

chocolate sjokolade
  ~ **pudding** 1) ulike typer myk sjokoladekake (GB) 2) sjokoladepudding (US)

choice utvalg

chop kotelett
  ~ **suey** gryterett av oppskåret svine- eller kyllingkjøtt og grønnsaker; serveres med ris

chopped hakket

chowder tykk fiske- og skalldyrsuppe med bacon og grønnsaker

Christmas pudding mektig frukt-
kake som serveres til jul; ofte
flambert

chutney sterkt krydrede, sursøte,
syltede grønnsaker eller frukt

cinnamon kanel

clam sandskjell

club sandwich dobbelt smørbrød
med kald kylling, bacon, salat-
blader, tomat og majones

cobbler fruktkompott dekket med
paideig

cock-a-leekie soup hønsesuppe
med purre

coconut kokosnøtt

cod torsk

Colchester oyster engelsk østers
av høy kvalitet

cold cuts/meat kjøttpålegg

coleslaw kålsalat

compote kompott

condiment krydder

consommé buljong

cooked kokt, tillaget

cookie kjeks, småkake

corn 1) hvete, havre (GB)
2) mais (US)
~ **on the cob** maiskolbe

cottage pie ovnsstekt kjøttfarse
dekket med potetmos

course (mat)rett

cover charge kuvertavgift

crab krabbe

cracker smørbrødkjeks

cranberry tyttebær
~ **sauce** tyttebærsyltetøy

crawfish 1) langust (GB) 2) sjø-
kreps (US)

crayfish kreps

cream 1) fløte, krem 2) fromasj
3) fin suppe
~ **cheese** kremost
~ **puff** vannbakkels med krem

creamed potatoes poteter i krem-
saus

creole sterk saus av tomater, pap-
rika og løk

cress karse

crisps chips, potetgull

croquette krokett

crumpet slags tebrød som spises
varmt med smør

cucumber slangeagurk

Cumberland sauce saus av rips-
gelé tilsatt vin, appelsinjuice og
krydder

cupcake småkake

cured spekt, i speke

currant 1) korint 2) rips

curried med karri

curry karri

custard 1) vaniljesaus 2) egge-
krem

cutlet liten kjøttskive (med eller
uten ben)

dab sandflyndre

Danish pastry wienerbrød

date daddel

Derby cheese skarp, gul ost

devilled meget sterkt krydret

devil's food cake myk og mektig
sjokoladekake

devils on horseback plommer
kokt i vin og fylt med mandler
og sardeller, rullet i bacon og
grillet

Devonshire cream tykk fløte

diced skåret i terninger

diet food diettmat

dinner middag

dish rett

donut smultring

double cream tykk kremfløte

doughnut smultring

Dover sole sjøtunge (av høy kva-
litet)

dressing 1) salatdressing 2) fyll i
fjærkre

Dublin Bay prawn sjøkreps
duck and
duckling andunge
dumpling 1) innbakt frukt 2) suppebolle, kumle
Dutch apple pie eplepai dekket med melis og smør
éclair vannbakkels
eel ål
egg(s) egg
  boiled ~ kokt
  fried ~ speilegg
  hard-boiled ~ hårdkokt
  poached ~ forlorent
  scrambled ~ eggerøre
  soft-boiled ~ bløtkokt
eggplant aubergine
endive 1) sikori (GB) 2) endivie (US)
entrée 1) forrett 2) mellomrett
fennel fennikel
fig fiken
fillet filet
finnan haddock røkt kolje
fish fisk
  ~ **and chips** frityrstekt fisk og pommes frites
  ~ **cake** fiskekrokett
flan fruktterte
flapjack liten, tykk pannekake
flounder flyndre
fool slags fruktfromasj
forcemeat kjøttfarse, fyll
fowl fjærkre
frankfurter frankfurterpølse
French bean grønn bønne, snittebønne
French bread pariserloff
French dressing 1) salatdressing av olje og vineddik (GB) 2) salatdressing med majones og ketchup (US)
french fries franske poteter, pommes frites

French toast arme riddere
fresh fersk
fried stekt (i olje)
fritter innbakte og friterte biter av kjøtt, skalldyr eller frukt
frogs' legs froskelår
frosting glasur
fruit frukt
fry frityrstekt mat
galantine stykker av fugle-, kalve- eller fiskekjøtt i aspik
game vilt
gammon røke- eller spekeskinke
garfish horngjel
garlic hvitløk
garnish garnityr, pynt
gherkin sylteagurk
giblets innmat av fugl, krås
ginger ingefær
goose gås
  ~ **berry** stikkelsbær
grape drue
grated revet
gravy saus av kjøttkraft
grayling harr (laksefisk)
green bean grønn bønne, brekkbønne
green pepper grønn paprika
green salad grønn salat
greens grønnsaker
grilled grillstekt, griljert
grilse liten sommerlaks
grouse rype
gumbo kreolsk rett med kjøtt, grønnsaker, fisk eller skalldyr og *okra*-skudd
haddock kolje
haggis hakket innmat av får, blandet med havregryn og løk
hake lysing
half halv, halvparten
halibut hellefisk
ham skinke
  ~ **and eggs** skinke og egg

haricot bean grønn eller gul bønne
hash rett av finskåret kjøtt
hazelnut hasselnøtt
heart hjerte
herbs krydderurter
herring sild
home-made hjemmelaget
hominy grits slags maisgrøt
honey honning
honeydew melon melon med gulgrønt kjøtt
horse-radish pepperrot
hot 1) varm(t) 2) sterkt krydret
huckleberry blåbær
hush puppy bakverk av maismel
ice-cream iskrem
iced 1) isavkjølt 2) med glasur
icing glasur
Idaho baked potato stor ovnsbakt potet
Irish stew lammeragu med poteter og løk
Italian dressing salatdressing av olje, vineddik, hvitløk og krydderurter
jam syltetøy
jellied i gelé
Jell-O gelédessert
jelly gelé
Jerusalem artichoke jordskokk
John Dory sanktpetersfisk
jugged hare hareragu
juniper berry einebær
junket kalvedans
kale grønnkål
kedgeree slags plukkfisk med ris og hårdkokt egg
kidney nyre
kipper røkesild
lamb lam
Lancashire hot pot gryterett av lammekoteletter og -nyrer, poteter og løk

larded spekket
lean mager
leek purre
leg lår
lemon sitron
   ~ **sole** sandflyndre
lentil linse
lettuce hodesalat
lima bean slags hestebønne
lime slags grønn sitron
liver lever
loaf brød
lobster hummer
loin 1) kotelettrad (svin) 2) nyrestykke (kalv)
Long Island duck and av høy kvalitet
low calorie kalorifattig
lox røkelaks
lunch lunsj
macaroon makron
mackerel makrell
maize mais
maple syrup lønnesirup
marinated marinert, nedlagt
marjoram merian
marrow marg
   ~ **bone** margben
marshmallow søtsak av maissirup, sukker, eggehvite og gelatin
mashed potatoes potetstappe
mayonnaise majones
meal måltid
meat kjøtt
   ~ **ball** kjøttbolle
   ~ **loaf** forloren hare, slags kjøttpudding
   ~ **pâté** kjøttpostei
medium medium stekt (om biff)
melted smeltet
Melton Mowbray pie kjøttpai
menu spisekart, meny
meringue marengs
mince 1) hakkekjøtt 2) finhakke

~ **pie** pai med eplebiter, rosiner, sukat og krydder
minced hakket
~ **meat** hakkekjøtt
mint mynte
minute steak raskt stekt, tynn biff
mixed blandet
~ **grill** forskjellige sorter kjøtt og grønnsaker grillstekt på spidd
molasses sirup
morel morkel
mousse 1) fin farse av fugl, skinke eller fisk 2) fromasj
mulberry morbær
mullet multe (fisk)
mulligatawny soup hønsesuppe sterkt krydret med karri
mushroom sopp
muskmelon slags melon
mussel blåskjell
mustard sennep
mutton fårekjøtt
noodles nudler
nut nøtt
oatmeal havregrøt
oil olje
okra abelmoskus (afrikansk grønnsak)
olive oliven
onion løk
orange appelsin
ox tongue oksetunge
oxtail oksehale
oyster østers
pancake tykk pannekake
parsley persille
parsnip pastinakk
partridge rapphøne
pastry (konditor)kake
pasty postei, pai
pea ert
peach fersken
peanut peanøtt, jordnøtt

~ **butter** peanøttsmør
pear pære
pearl barley perlegryn
peppermint peppermynte
perch åbor
persimmon daddelplomme, kakiplomme
pheasant fasan
pickerel ung gjedde
pickled marinert
pickles 1) grønnsaker eller frukt nedlagt i saltlake eller eddik 2) sylteagurker (US)
pie pai, ofte dekket med et deiglokk
pigeon due
pigs' feet/trotters griselabber
pike gjedde
pineapple ananas
plaice rødspette
plain naturell, uten saus eller krydder
plate tallerken
plum plomme
~ **pudding** flambert fruktkake som serveres i julen
poached porchert
popover lett, luftig småkake
pork svinekjøtt
porridge grøt
porterhouse steak tykk biff av filetkammen
pot roast grytestek med grønnsaker
potato potet
~ **chips** 1) pommes frites (GB) 2) potetgull (US)
~ **in its jacket** kokt potet med skall
potted shrimps reker nedlagt i kryddersmør; serveres kaldt
poultry fjærkre
prawn stor reke
prune sviske

ptarmigan fjellrype
pumpkin gresskar
quail vaktel
quince kvede
rabbit kanin
radish reddik
rainbow trout regnbueørret
raisin rosin
rare råstekt (om biff)
raspberry bringebær
raw rå
red mullet rødmulle
red (sweet) pepper rød paprika
redcurrant rips
relish slags tykk kald kryddersaus
   med hakkede grønnsaker og
   olivener
rhubarb rabarbra
rib (of beef) oksekamstek
rib-eye steak entrecôte (biff)
rice ris
rissole krokett av kjøtt- eller fiske-
   postei
river trout bekkørret
roast 1) stek 2) stekt
Rock Cornish hen broiler
roe rogn
roll rundstykke
rollmop herring sammenrullet
   marinert sildefilet med løk eller
   sylteagurker
round steak lårstek
Rubens sandwich sprengt okse-
   kjøtt på rugbrød med gjæret
   surkål, ost og salatdressing;
   serveres varmt
rusk kavring
rye bread rugbrød
saddle sadel
saffron safran
sage salvie
salad salat
   ~ **bar** salat- og grønnsakbuffet
   ~ **cream** lett sukret, kremaktig

salatdressing
salmon laks
   ~ **trout** ørret, aure
salted saltet
sandwich dobbelt smørbrød
sauce saus
sauerkraut gjæret surkål
sausage pølse
sautéed lettstekt i smør eller olje
scallop kammusling
scampi sjøkrepshale
scone rundstykke av havre- eller
   byggmel
Scotch broth suppe av okse- eller
   fårekjøtt, grønnsaker og perle-
   gryn
Scotch egg hårdkokt egg dekket
   med pølsefarse og stekt
Scotch woodcock ristet brød med
   eggerøre og ansjos(postei)
sea bass havåbor
sea bream dorade (fisk)
sea kale strandkål
seafood fisk og skalldyr
(in) season (i) sesong(en)
seasoning krydder
service charge serviceavgift
service (not) included service
   (ikke) inkludert
set menu fast meny
shad stamsild
shallot sjalottløk
shellfish skalldyr
sherbet sorbett (is)
shoulder bog
shredded finstrimlet
   ~ **wheat** hvetecornflakes
shrimp reke
silverside (of beef) lårtunge av
   okse
sirloin steak mørbradstek
skewer spidd
slice skive
sliced skåret i skiver

sloppy Joe kjøttfarse med tomat; serveres på brød
smelt krøkle (laksefisk)
smoked røkt
sole sjøtunge
soup suppe
sour sur
soused herring nedlagt sild, sursild
spare-rib grillstekt svineribbe
spice krydder
spinach spinat
spiny lobster langust
(on a) spit (på) spidd
sponge cake sukkerbrød
sprat brisling
squash slags gresskar
starter forrett
steak-and-kidney pie paiskjell fylt med kjøtt- og nyrestuing
steamed dampkokt
stew stuing, ragu
Stilton (cheese) slags bløt normannaost
strawberry jordbær
string bean grønn bønne, snittebønne
stuffed fylt, spekket
stuffing fyll, farse
suck(l)ing pig pattegris
sugar sukker
sugarless usukret
sundae iskrem med frukt, nøtter, pisket krem og fruktsauser
supper sen middag
swede kålrabi
sweet 1) søt 2) dessert
~ **corn** mais
~ **potato** søtpotet
sweetbread brissel
Swiss cheese sveitserost
Swiss roll swissroll, rullekake
Swiss steak skive av oksekjøtt surret med tomat og løk

T-bone steak T-benstek
table d'hôte fast meny
tangerine slags mandarin
tarragon estragon
tart terte
tenderloin filet
Thousand Island dressing salatdressing laget av majones og chilisaus og hakket paprika
thyme timian
toad-in-the-hole biter av oksekjøtt eller pølse dekket med pannekakerøre og stekt i ovn
toast ristet loff
toasted ristet
~ **cheese** ristet ostesmørbrød
~ **(cheese) sandwich** ristet dobbelt smørbrød med skinke og ost
tomato tomat
tongue tunge
treacle sirup
trifle sukkerbrød med syltetøy dekket med knuste mandelmakroner; serveres med pisket krem og vaniljekrem
tripe kalun (innmat)
trout ørret
truffle trøffel
tuna, tunny tunfisk
turbot piggvar
turkey kalkun
turnip turnips; nepe
turnover liten terte med syltetøy- eller fruktfyll
turtle soup skilpaddesuppe
underdone råstekt (om biff)
vanilla vanilje
veal kalvekjøtt
~ **birds** benløse fugler (av kalvekjøtt)
~ **cutlet** kalveschnitzel
vegetable grønnsak
~ **marrow** slags lite gresskar

venison dyrekjøtt, vilt
vichyssoise kald suppe av purre
  og poteter
vinegar eddik
Virginia baked ham ovnsstekt røkt
  skinke dekorert med stekte
  ananasskiver og kirsebær
wafer (is)kjeks
waffle vaffel
walnut valnøtt
water ice sorbett (is)
watercress vannkarse
watermelon vannmelon
well-done godt stekt

Welsh rabbit/rarebit ristet brød
  med tykk ostesaus
whelk trompetsnegl
whipped cream pisket krem
whitebait småfisk, ofte sild
woodcock rugde
Worcestershire sauce sterk kryd-
  dersaus av eddik og soja
York ham spekeskinke
Yorkshire pudding slags pudding
  av pannekakerøre som stekes
  sammen med roastbiff
zucchini slags lite gresskar
zwieback kavring

Drikker

ale sterkt, litt søtt øl som har gjæ-
  ret ved høy temperatur
  bitter ~ mørkt, beskt
  brown ~ mørkt; på flaske
  light ~lyst; på flaske
  mild ~ mørkt, fyldig fatøl
  pale ~ lyst, med sterk humle-
  smak; på flaske
angostura en bitter essens som
  brukes i forskjellige aperitiffer
applejack eplebrennevin
Athole Brose skotsk drink av
  whisky, blandet med honning
  og havremel tilsatt vann
Bacardi cocktail drink av rom,
  gin, granateplesaft og limejuice
barley water drikk med frukt-
  smak, laget av byggavkok
barley wine mørkt øl med høyt
  alkoholinnhold

beer øl
  bottled ~ på flaske
  draft, draught ~ fatøl
bitters bitre aperitiffer
black velvet blanding av cham-
  pagne og *stout* (serveres ofte til
  østers)
bloody Mary drink av vodka,
  tomat-juice og krydder
bourbon amerikansk whisky laget
  av mais; litt søtlig smak
brandy 1) brandy; brennevin av
  druer eller annen frukt 2) kon-
  jakk
  ~ **Alexander** blanding av
  brandy, kakaolikør og fløte
British wines viner laget i Storbri-
  tannia, som regel av importerte
  druer
cherry brandy kirsebærlikør

chocolate sjokolade
cider sider, eplevin
  ~ **cup** drink av sider, krydder
  og isbiter
claret rød bordeauxvin
cobbler longdrink av vin, sitron,
  sukker og fruktbiter
coffee kaffe
  ~ **with cream** med fløte
  black ~ uten fløte og sukker
  caffeine-free ~ koffeinfri
  white ~ med melk
Coke Coca-Cola
cordial likør
cream fløte
cup 1) kopp 2) sommerdrink av
  kald vin blandet med soda, til-
  satt litt sprit eller likør og pyn-
  tet med en appelsin-, sitron-
  eller agurkskive
daiquiri cocktail av rom, limejuice
  og sukker
double dobbel
Drambuie likør laget av whisky
  og honning
dry tørr
  ~ **martini** 1) tørr vermut (GB)
  2) cocktail av gin og tørr ver-
  mut (US)
egg-nog eggetoddi
gin and it cocktail av gin og ita-
  liensk (søt) vermut
gin-fizz cocktail av gin, soda,
  sitronsaft og sukker
ginger ale ingefærøl
ginger beer alkoholholdig ingefær-
  øl
grasshopper cocktail av pepper-
  myntelikør, kakaolikør og fløte
Guiness (stout) mørkt, fyldig øl
  med sterk malt- og humlesmak
half pint måleenhet, ca. 3 dl
highball whisky eller brandy blan-
  det med soda eller ingefærøl

iced isavkjølt
Irish coffee kaffe med irsk
  whisky, sukker og pisket krem
Irish Mist irsk likør laget av
  whisky og honning
Irish whiskey irsk whisky; mildere
  enn skotsk whisky. Lages bl. a.
  av bygg-gryn, rug, havre og
  hvete; modnes i trefat
juice juice, fruktsaft
lager pilsenerøl
lemon squash sitronsaft
lemonade sitronbrus
liqueur likør
liquor brennevin
malt whisky skotsk whisky laget
  av malt
Manhattan cocktail av *bourbon*,
  søt vermut og *angostura*
milk melk
mineral water mineralvann
mulled wine varm, krydret vin
neat bar (uten vann eller isbiter)
old-fashioned cocktail av whisky,
  kirsebær, sitron, *angostura* og
  sukker
on the rocks med isbiter
Ovaltine Ovomaltine (sjokolade-
  drikk med malt)
Pimm's cup(s) en sterk longdrink
  med fruktsaft og soda
  ~ **No. 1** med gin
  ~ **No. 2** med whisky
  ~ **No. 3** med rom
  ~ **No. 4** med brandy
pink champagne rosa champagne
pink lady cocktail av gin, eple-
  brennevin (Calvados), granat-
  eplesaft, sitronsaft og pisket
  eggehvite
pint måleenhet, ca. 6 dl
port (wine) portvin
porter mørkt, beskt øl
quart måleenhet, 1,14 liter (US

0,95 liter)
root beer alkoholfri leskedrikk
rum rom
rye (whiskey) amerikansk whisky
laget av rug; tyngre og sterkere
smak enn *bourbon*
scotch (whisky) skotsk whisky
screwdriver cocktail av vodka og
appelsinjuice
shandy bittert øl blandet med
ingefærøl eller brus
short drink dram
shot dram
sloe gin-fizz plommelikør med
soda, sitronsaft og sukker
soda water sodavann
soft drink brus, leskedrikk
sour 1) sur 2) om drink tilsatt

sitronsaft
spirits brennevin
stinger cocktail av konjakk og
peppermyntelikør
stout sterkt, mørkt engelsk øl
straight ublandet (rent brenne-
vin)
sweet søt
tea te
Tom Collins cocktail av gin, soda,
sitronsaft og sukker
water vann
whisky sour cocktail av whisky,
soda, sitronsaft og sukker
wine vin
  red ~ rød
  sparkling ~ musserende
  white ~ hvit

Uregelmessige engelske verb

Her er en liste over uregelmessige engelske verb. Sammensatte verb, eller verb som har prefiks, bøyes etter samme mønster som det enkle verbet; eks.: *overdrive* bøyes som *drive*, *mistake* som *take*.

Infinitiv	Imperfektum	Perfektum partisipp	
arise	arose	arisen	*stå opp*
awake	awoke	awoken/awaked	*vekke; våkne*
be	was	been	*være*
bear	bore	borne	*bære*
beat	beat	beaten	*slå*
become	became	become	*bli*
begin	began	begun	*begynne*
bend	bent	bent	*bøye*
bet	bet	bet	*vedde*
bid	bade/bid	bidden/bid	*by (befale)*
bind	bound	bound	*binde*
bite	bit	bitten	*bite*
bleed	bled	bled	*blø*
blow	blew	blown	*blåse*
break	broke	broken	*brekke*
breed	bred	bred	*ale opp*
bring	brought	brought	*bringe*
build	built	built	*bygge*
burn	burnt/burned	burnt/burned	*brenne*
burst	burst	burst	*briste*
buy	bought	bought	*kjøpe*
can*	could	–	*kunne*
cast	cast	cast	*kaste*
catch	caught	caught	*gripe*
choose	chose	chosen	*velge*
cling	clung	clung	*klamre seg til*
clothe	clothed/clad	clothed/clad	*kle på*
come	came	come	*komme*
cost	cost	cost	*koste*
creep	crept	crept	*krype*
cut	cut	cut	*skjære*
deal	dealt	dealt	*handle*
dig	dug	dug	*grave*
do (he does*)	did	done	*gjøre*
draw	drew	drawn	*trekke*
dream	dreamt/dreamed	dreamt/dreamed	*drømme*
drink	drank	drunk	*drikke*
drive	drove	driven	*kjøre*
dwell	dwelt	dwelt	*bo*
eat	ate	eaten	*spise*
fall	fell	fallen	*falle*

---

* presens indikativ

feed	fed	fed	*fôre*
feel	felt	felt	*føle*
fight	fought	fought	*slåss*
find	found	found	*finne*
flee	fled	fled	*flykte*
fling	flung	flung	*kaste*
fly	flew	flown	*fly*
forsake	forsook	forsaken	*svikte*
freeze	froze	frozen	*fryse*
get	got	got	*få*
give	gave	given	*gi*
go (he goes*)	went	gone	*gå*
grind	ground	ground	*male, knuse*
grow	grew	grown	*gro*
hang	hung	hung	*henge*
have (he has*)	had	had	*ha*
hear	heard	heard	*høre*
hew	hewed	hewed/hewn	*hugge*
hide	hid	hidden	*gjemme*
hit	hit	hit	*slå*
hold	held	held	*holde*
hurt	hurt	hurt	*såre*
keep	kept	kept	*beholde*
kneel	knelt	knelt	*knele*
knit	knitted/knit	knitted/knit	*strikke*
know	knew	known	*vite*
lay	laid	laid	*legge*
lead	led	led	*lede*
lean	leant/leaned	leant/leaned	*lene*
leap	leapt/leaped	leapt/leaped	*hoppe*
learn	learnt/learned	learnt/learned	*lære*
leave	left	left	*forlate*
lend	lent	lent	*låne (ut)*
let	let	let	*la; leie ut*
lie	lay	lain	*ligge*
light	lit/lighted	lit/lighted	*tenne*
lose	lost	lost	*miste*
make	made	made	*lage*
may*	might	–	*kunne (få lov)*
mean	meant	meant	*mene*
meet	met	met	*møte*
mow	mowed	mowed/mown	*slå (gress)*
must*	must	–	*måtte*
ought* (to)	ought	–	*burde*
pay	paid	paid	*betale*
put	put	put	*legge*
read	read	read	*lese*
rid	rid	rid	*befri*
ride	rode	ridden	*ride*

---

* presens indikativ

ring	rang	rung	*ringe*
rise	rose	risen	*reise seg*
run	ran	run	*løpe*
saw	sawed	sawn	*sage*
say	said	said	*si*
see	saw	seen	*se*
seek	sought	sought	*søke*
sell	sold	sold	*selge*
send	sent	sent	*sende*
set	set	set	*sette*
sew	sewed	sewed/sewn	*sy*
shake	shook	shaken	*riste*
shall*	should	–	*skulle*
shed	shed	shed	*felle*
shine	shone	shone	*skinne*
shoot	shot	shot	*skyte*
show	showed	shown	*vise*
shrink	shrank	shrunk	*krympe*
shut	shut	shut	*lukke*
sing	sang	sung	*synge*
sink	sank	sunk	*synke*
sit	sat	sat	*sitte*
sleep	slept	slept	*sove*
slide	slid	slid	*gli*
sling	slung	slung	*kaste*
slink	slunk	slunk	*luske*
slit	slit	slit	*flenge*
smell	smelled/smelt	smelled/smelt	*lukte*
sow	sowed	sown/sowed	*så*
speak	spoke	spoken	*snakke*
speed	sped/speeded	sped/speeded	*haste*
spell	spelt/spelled	spelt/spelled	*stave*
spend	spent	spent	*gi ut; tilbringe*
spill	spilt/spilled	spilt/spilled	*søle, spille*
spin	spun	spun	*spinne*
spit	spat	spat	*spytte*
split	split	split	*splitte*
spoil	spoilt/spoiled	spoilt/spoiled	*ødelegge;*
			skjemme bort
spread	spread	spread	*spre*
spring	sprang	sprung	*hoppe opp*
stand	stood	stood	*stå*
steal	stole	stolen	*stjele*
stick	stuck	stuck	*klebe*
sting	stung	stung	*stikke*
stink	stank/stunk	stunk	*stinke*
strew	strewed	strewed/strewn	*strø*
stride	strode	stridden	*skride*
strike	struck	struck/stricken	*slå*

* presens indikativ

string	strung	strung	*tre på snor*
strive	strove	striven	*streve*
swear	swore	sworn	*banne; sverge*
sweep	swept	swept	*feie*
swell	swelled	swollen/swelled	*hovne*
swim	swam	swum	*svømme*
swing	swung	swung	*svinge*
take	took	taken	*ta*
teach	taught	taught	*undervise*
tear	tore	torn	*rive*
tell	told	told	*fortelle*
think	thought	thought	*tenke*
throw	threw	thrown	*kaste*
thrust	thrust	thrust	*støte*
tread	trod	trodden	*trå*
wake	woke/waked	woken/waked	*våkne; vekke*
wear	wore	worn	*ha på seg*
weave	wove	woven	*veve*
weep	wept	wept	*gråte*
will *	would	—	*ville*
win	won	won	*vinne*
wind	wound	wound	*sno*
wring	wrung	wrung	*vri*
write	wrote	written	*skrive*

---

* presens indikativ

Engelske forkortelser

AA	*Automobile Association*	en britisk automobilforening
AAA	*American Automobile Association*	en amerikansk automobilforening
ABC	*American Broadcasting Company*	et privat amerikansk radio- og fjernsynsselskap
A.D.	*anno Domini*	e.Kr.
Am.	*America; American*	Amerika; amerikansk
a.m.	*ante meridiem (before noon)*	mellom kl. 00.00 og 12.00
Amtrak	*American railroad corporation*	sammenslutning av private amerikanske jernbane- selskaper
AT & T	*American Telephone and Telegraph Company*	et privat amerikansk telefon- og telegrafkompani
Ave.	*avenue*	aveny
B.C.	*before Christ*	f.Kr.
bldg.	*building*	bygning
Blvd.	*boulevard*	boulevard
B.R.	*British Rail*	Britiske statsbaner
Brit.	*Britain; British*	Storbritannia; britisk
Bros.	*brothers*	brødrene (i firmanavn)
¢	*cent*	1/100 dollar
Can.	*Canada; Canadian*	Canada; kanadisk
CBS	*Columbia Broadcasting System*	et privat amerikansk radio- og fjernsynsselskap
CID	*Criminal Investigation Department*	Det britiske kriminalpoliti
CNR	*Canadian National Railway*	Kanadiske statsbaner
c/o	*(in) care of*	adressert
Co.	*company*	kompani
Corp.	*corporation*	samvirkelag
CPR	*Canadian Pacific Railways*	et privat kanadisk jernbaneselskap
D.C.	*District of Columbia*	Columbia-distriktet (Washington, D.C.)
DDS	*Doctor of Dental Science*	tannlege
dept.	*department*	departement
EEC	*European Economic Community*	EEC
e.g.	*for instance*	f.eks.

Eng.	*England; English*	England; engelsk
excl.	*excluding; exclusive*	ikke inkludert, eksklusiv
ft.	*foot/feet*	fot (30,5 cm)
GB	*Great Britain*	Storbritannia
H.E.	*His/Her Excellency; His Eminence*	Hans/Hennes Eksellense; Hans Eminense (om kardinaler, etc.)
H.H.	*His Holiness*	Hans Hellighet
H.M.	*His/Her Majesty*	Hans/Hennes Majestet
H.M.S.	*Her Majesty's ship*	britisk marineskip
hp	*horsepower*	hestekraft
Hwy	*highway*	hovedvei
i.e.	*that is to say*	dvs.
in.	*inch*	tomme (2,54 cm)
Inc.	*incorporated*	A/S
incl.	*including, inclusive*	inkludert, inklusiv
£	*pound sterling*	engelsk pund
L.A.	*Los Angeles*	Los Angeles
Ltd.	*limited*	A/S
M.D.	*Doctor of Medicine*	lege
M.P.	*Member of Parliament*	medlem av Det britiske parlament
mph	*miles per hour*	eng. mil i timen
Mr.	*Mister*	herr
Mrs.	*Missis*	fru
Ms.	*Missis/Miss*	fru/frk.
nat.	*national*	nasjonal
NBC	*National Broadcasting Company*	et privat amerikansk radio- og fjernsynsselskap
No.	*number*	nr.
N.Y.C.	*New York City*	byen New York
O.B.E.	*Officer (of the Order) of the British Empire*	ridder av Den britiske imperieorden
p.	*page; penny/pence*	side; 1/100 pund
p.a.	*per annum*	pr. år
Ph.D.	*Doctor of Philosophy*	dr. philos.
p.m.	*post meridiem (after noon)*	mellom kl. 12.00 og 24.00
PO	*Post Office*	postkontor
POO	*post office order*	postanvisning
pop.	*population*	befolkning, innbyggere
P.T.O.	*please turn over*	vennligst bla om
RAC	*Royal Automobile Club*	Den kongelige engelske automobilforening

RCMP	*Royal Canadian Mounted Police*	Det kongelige kanadiske ridende politi
Rd.	*road*	vei, veg
ref.	*reference*	referanse
Rev.	*reverend*	pastor
RFD	*rural free delivery*	postboks (på landsbygda)
RR	*railroad*	jernbane
RSVP	*please reply*	vennligst svar
$	*dollar*	dollar
Soc.	*society*	selskap
St.	*saint; street*	sankt; gate
STD	*Subscriber Trunk Dialling*	automattelefon
UN	*United Nations*	FN
UPS	*United Parcel Service*	et privat firma som foretar pakkeforsendelser
US	*United States*	USA
USS	*United States Ship*	amerikansk marineskip
VAT	*value added tax*	meromsetningsskatt
VIP	*very important person*	betydningsfull person
Xmas	*Christmas*	jul
yd.	*yard*	yard (91,44 cm)
YMCA	*Young Men's Christian Association*	KFUM
YWCA	*Young Women's Christian Association*	KFUK
ZIP	*ZIP code*	postnummer

Tall

Grunntall		Ordenstall	
0	zero	1st	first
1	one	2nd	second
2	two	3rd	third
3	three	4th	fourth
4	four	5th	fifth
5	five	6th	sixth
6	six	7th	seventh
7	seven	8th	eighth
8	eight	9th	ninth
9	nine	10th	tenth
10	ten	11th	eleventh
11	eleven	12th	twelfth
12	twelve	13th	thirteenth
13	thirteen	14th	fourteenth
14	fourteen	15th	fifteenth
15	fifteen	16th	sixteenth
16	sixteen	17th	seventeenth
17	seventeen	18th	eighteenth
18	eighteen	19th	nineteenth
19	nineteen	20th	twentieth
20	twenty	21st	twenty-first
21	twenty-one	22nd	twenty-second
22	twenty-two	23rd	twenty-third
23	twenty-three	24th	twenty-fourth
24	twenty-four	25th	twenty-fifth
25	twenty-five	26th	twenty-sixth
30	thirty	27th	twenty-seventh
40	forty	28th	twenty-eighth
50	fifty	29th	twenty-ninth
60	sixty	30th	thirtieth
70	seventy	40th	fortieth
80	eighty	50th	fiftieth
90	ninety	60th	sixtieth
100	a/one hundred	70th	seventieth
230	two hundred and thirty	80th	eightieth
		90th	ninetieth
1,000	a/one thousand	100th	hundredth
10,000	ten thousand	230th	two hundred and thirtieth
100,000	a/one hundred thousand		
1,000,000	a/one million	1,000th	thousandth

Klokken

Både engelskmennene og amerikanerne anvender uttrykkene *a.m. (ante meridiem)* om tiden etter midnatt frem til kl. 12, og *p.m. (post meridiem)* om tiden etter kl. 12 frem til midnatt. I England går man imidlertid mer og mer over til å bruke 24-timerssystemet.

Eksempler:

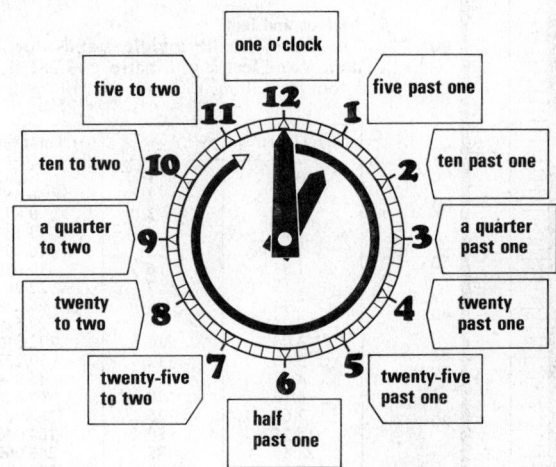

I'll come at seven a.m.	Jeg kommer kl. 7 om morgenen.
I'll come at two p.m.	Jeg kommer kl. 2 om etter-middagen.
I'll come at eight p.m.	Jeg kommer kl. 8 om kvelden.

Dagene

Sunday	søndag	*Thursday*	torsdag
Monday	mandag	*Friday*	fredag
Tuesday	tirsdag	*Saturday*	lørdag
Wednesday	onsdag		

Conversion tables/
Omregningstabeller

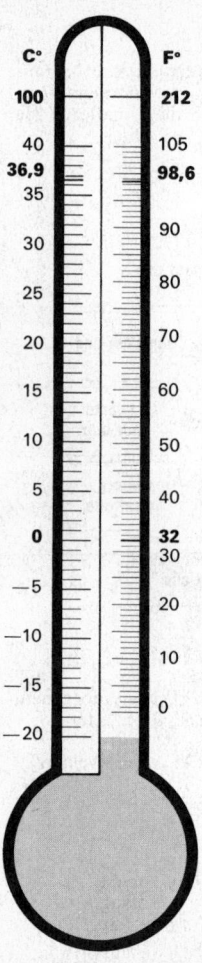

C°	F°
100	212
40	105
36,9	98,6
35	
30	90
25	80
20	70
15	60
10	50
5	40
0	32
	30
−5	20
−10	10
−15	0
−20	

Meter og fot
Tallene i midten gjelder både for meter og fot, dvs. 1 meter = 3,281 fot, og 1 fot = 0,30 meter.

Metres and feet
The figure in the middle stands for both metres and feet, e.g. 1 metre = 3.281 ft. and 1 foot = 0.30 m.

Meter/Metres		Fot/Feet
0.30	1	3.281
0.61	2	6.563
0.91	3	9.843
1.22	4	13.124
1.52	5	16.403
1.83	6	19.686
2.13	7	22.967
2.44	8	26.248
2.74	9	29.529
3.05	10	32.810
3.66	12	39.372
4.27	14	45.934
6.10	20	65.620
7.62	25	82.023
15.24	50	164.046
22.86	75	246.069
30.48	100	328.092

Temperatur
For å regne om fra celsius- til fahrenheitgrader, ganger en med 1,8 og legger til 32.
Omvendt – for å regne om fra fahrenheit- til celsiusgrader – trekker en fra 32 og deler med 1,8.

Temperature
To convert Centigrade to Fahrenheit, multiply by 1.8 and add 32.
To convert Fahrenheit to Centigrade, subtract 32 from Fahrenheit and divide by 1.8.

Noen vanlige uttrykk

Some Basic Phrases

Vennligst.	Please.
Mange takk.	Thank you very much.
Ingen årsak.	Don't mention it.
God morgen.	Good morning.
God dag *(ettermiddag)*.	Good afternoon.
God kveld.	Good evening.
God natt.	Good night.
Adjø.	Good-bye.
På gjensyn.	See you later.
Hvor er…?	Where is/Where are…?
Hva heter (kalles) dette?	What do you call this?
Hva betyr det?	What does that mean?
Snakker De engelsk?	Do you speak English?
Snakker De tysk?	Do you speak German?
Snakker De fransk?	Do you speak French?
Snakker De spansk?	Do you speak Spanish?
Snakker De italiensk?	Do you speak Italian?
Kunne De snakke litt langsommere?	Could you speak more slowly, please?
Jeg forstår ikke.	I don't understand.
Kan jeg få…?	Can I have…?
Kan De vise meg…?	Can you show me…?
Kan De si meg…?	Can you tell me…?
Kan De være så vennlig å hjelpe meg?	Can you help me, please?
Jeg vil gjerne ha…	I'd like…
Vi ville gjerne ha…	We'd like…
Vennligst, gi meg…	Please give me…
Vennligst, hent…til meg.	Please bring me…
Jeg er sulten.	I'm hungry.
Jeg er tørst.	I'm thirsty.
Jeg har gått meg vill.	I'm lost.
Skynd Dem!	Hurry up!

Det finnes...	There is/There are...
Det finnes ikke...	There isn't/There aren't...

Ankomst / Arrival

Passet, takk.	Your passport, please.
Har De noe å fortelle?	Have you anything to declare?
Nei, ingenting.	No, nothing at all.
Kan De hjelpe meg med bagasjen?	Can you help me with my luggage please?
Hvor tar man bussen til sentrum?	Where's the bus to the centre of town, please?
Denne vei.	This way, please.
Hvor kan jeg få tak i en drosje?	Where can I get a taxi?
Hva koster det til...?	What's the fare to...?
Vennligst, kjør meg til denne adressen.	Take me to this address, please.
Jeg har det travelt.	I'm in a hurry.

Hotell / Hotel

Mitt navn er...	My name is...
Har De bestilt?	Have you a reservation?
Jeg vil gjerne ha et rom med bad.	I'd like a room with a bath.
Hva koster det for en natt?	What's the price per night?
Kan jeg få se rommet?	May I see the room?
Hvilket værelsesnummer har jeg?	What's my room number, please?
Her er ikke noe varmt vann.	There's no hot water.
Kan jeg få snakke med direktøren?	May I see the manager, please?
Har det vært noen telefon til meg?	Did anyone telephone me?
Er det noe post til meg?	Is there any mail for me?
Kan jeg få regningen, takk.	May I have my bill (check), please?

Restaurant / Eating out

Har De en fast meny?	Do you have a fixed-price menu?
Kan jeg få se spisekartet?	May I see the menu?

Kan vi få et askebeger, takk?

May we have an ashtray, please?

Hvor er toalettet?

Where's the toilet, please?

Jeg vil gjerne ha en forrett.

I'd like an hors d'œuvre (starter).

Har De suppe?

Have you any soup?

Jeg vil gjerne ha fisk.

I'd like some fish.

Hva slags fisk har dere?

What kind of fish do you have?

Jeg vil gjerne ha en biff.

I'd like a steak.

Hvilke grønnsaker har dere?

What vegetables have you got?

Takk, jeg er forsynt.

Nothing more, thanks.

Hva vil De ha å drikke?

What would you like to drink?

Jeg vil gjerne ha en øl, takk.

I'll have a beer, please.

Jeg vil gjerne ha en flaske vin.

I'd like a bottle of wine.

Regningen, takk!

May I have the bill (check), please?

Er service inkludert?

Is service included?

Takk. Det smakte utmerket.

Thank you, that was a very good meal.

På reise

Travelling

Hvor er jernbanestasjonen?

Where's the railway station, please?

Unnskyld, kan De si meg hvor billettluken er?

Where's the ticket office, please?

Jeg vil gjerne ha en billett til…

I'd like a ticket to…

Første eller annen klasse?

First or second class?

Første, takk.

First class, please.

Enkeltbillett eller tur-retur?

Single or return (one way or roundtrip)?

Må jeg bytte tog?

Do I have to change trains?

Fra hvilken plattform går toget til…?

What platform does the train for… leave from?

Hvor er nærmeste under-grunnsstasjon?

Where's the nearest underground (subway) station?

Hvor er buss-stasjonen?

Where's the bus station, please?

Når går den første bussen til…?

When's the first bus to…?

Vil De slippe meg av på neste holdeplass?

Please let me off at the next stop.

Fornøyelser

Hva går på kino?

Når begynner filmen?

Er det noen billetter igjen til i kveld?

Hvor kan vi gå for å danse?

Relaxing

What's on at the cinema (movies)?

What time does the film begin?

Are there any tickets for tonight?

Where can we go dancing?

Bekjentskap

God dag.

Hvordan står det til?

Bare bra, takk. Og med Dem?

Kan jeg få presentere...?

Mitt navn er...

Gleder meg (å treffe Dem).

Hvor lenge har De vært her?

Det var hyggelig å treffe Dem.

Har De noe imot at jeg røyker?

Unnskyld, kan De gi meg fyr på sigaretten?

Kan jeg by Dem på en drink?

Vil De spise middag med meg i kveld?

Hvor skal vi møtes?

Meeting people

How do you do.

How are you?

Very well, thank you. And you?

May I introduce...?

My name is...

I'm very pleased to meet you.

How long have you been here?

It was nice meeting you.

Do you mind if I smoke?

Do you have a light, please?

May I get you a drink?

May I invite you for dinner tonight?

Where shall we meet?

Forretninger, varehus, etc.

Unnskyld, hvor er nærmeste bank?

Hvor kan jeg innløse reisesjekker?

Kan De gi meg litt vekslepenger?

Hvor er nærmeste apotek?

Hvordan kommer jeg dit?

Er det langt å gå dit?

Shops, stores and services

Where's the nearest bank, please?

Where can I cash some travellers' cheques?

Can you give me some small change, please?

Where's the nearest chemist's (pharmacy)?

How do I get there?

Is it within walking distance?

Kan De være så vennlig å hjelpe meg? — Can you help me, please?

Hvor mye koster dette? Og det? — How much is this? And that?

Det er ikke akkurat hva jeg vil ha. — It's not quite what I want.

Jeg liker det. — I like it.

Kan De anbefale noe for solforbrenning? — Can you recommend something for sunburn?

Jeg vil gjerne ha håret klippet. — I'd like a haircut, please.

Jeg vil gjerne ha en manikyr. — I'd like a manicure, please.

Vi spør om veien — Street directions

Kan De vise meg på dette kartet hvor jeg er? — Can you show me on the map where I am?

De er på feil vei. — You are on the wrong road.

Kjør/Gå rett frem. — Go/Walk straight ahead.

Det er på venstre/på høyre side. — It's on the left/on the right.

Ulykker — Emergencies

Tilkall en lege – fort. — Call a doctor quickly.

Ring etter en sykebil. — Call an ambulance.

Tilkall politiet. — Please call the police.

norwegian-english

norsk-engelsk

Abbreviations

adj	adjective		*pl*	plural
adv	adverb		*plAm*	plural (American)
Am	American			
art	article		*pp*	past participle
c	common gender		*pr*	present tense
conj	conjunction		*pref*	prefix
n	noun		*prep*	preposition
nAm	noun (American)		*pron*	pronoun
nt	neuter		*suf*	suffix
num	numeral		*v*	verb
p	past tense		*vAm*	verb (American)

Introduction

This dictionary has been designed to take account of your practical needs. Unnecessary linguistic information has been avoided. The entries are listed in alphabetical order, regardless of whether the entry is printed in a single word or in two or more separate words. As the only exception to this rule, a few idiomatic expressions are listed alphabetically as main entries by the most significant word of the expression. When an entry is followed by sub-entries, such as expressions and locutions, these are also listed in alphabetical order[1].

Each main-entry word is followed by a phonetic transcription (see guide to pronunciation). Following the transcription, the part of speech of the entry word is indicated, whenever applicable. If an entry word is used as more than one part of speech, the translations are grouped together after the respective part of speech.

In the regular indefinite plural, both common and neuter nouns take an -(e)r ending. Exceptions: common nouns ending in -er take ~e (e.g.: arbeider, pl arbeidere), and monosyllabic neuter nouns remain unchanged (e.g.: barn, pl barn).

All irregular plural forms of nouns not conforming to these rules are given in brackets after the part of speech.

Whenever an entry word is repeated in irregular forms or sub-entries, a tilde (~) is used to represent the full word. In plurals of long words, only the part that changes is written out fully, whereas the unchanged part is represented by a hyphen (-).

Entry word: mus *c* (pl ~)   Plural: mus
         vidunder *nt* (pl ~, ~e)   vidunder, vidundere
         antibiotikum *nt* (pl -ka)   antibiotika

An asterisk (*) in front of a verb indicates that it is irregular. For more detail, refer to the list of irregular verbs.

---

[1] Note that the Norwegian alphabet comprises 29 letters; *æ*, *ø* and *å* are considered independent characters and come after *z*, in that order.

Guide to Pronunciation

Each main entry in this part of the dictionary is followed by a phonetic transcription which shows you how to pronounce the words. This transcription should be read as if it were English. It is based on Standard British pronunciation, though we have tried to take account of General American pronunciation also. Below, only those letters and symbols are explained which we consider likely to be ambiguous or not immediately understood.

The syllables are separated by hyphens, and stressed syllables are printed in *italics*.

Of course, the sounds of any two languages are never exactly the same, but if you follow carefully our indications, you should be able to pronounce the foreign words in such a way that you'll be understood. To make your task easier, our transcriptions occasionally simplify slightly the sound system of the language while still reflecting the essential sound differences.

Consonants

g	always hard, as in **g**o
kh	quite like **h** in **h**uge, but with the tongue raised a little higher
r	rolled in the front of the mouth, except in south-western Norway, where it's pronounced in the back of the mouth
s	always hard, as in **s**o

The consonants **d**, **l**, **n**, **s**, **t**, if preceded by **r**, are generally pronounced with the tip of the tongue turned up well behind the upper front teeth. The **r** then ceases to be pronounced.

Vowels and Diphthongs

aa	long **a**, as in c**a**r, without any **r**-sound
ah	a short version of **aa**; between **a** in c**a**t and **u** in c**u**t
aw	as in r**aw** (British pronunciation)
æ	like **a** in c**a**t
ææ	a long **æ**-sound
eh	like **e** in g**e**t
er	as in oth**er**, without any **r**-sound
ew	a "rounded **ee**-sound". Say the vowel sound **ee** (as in s**ee**), and while saying it, round your lips as for **oo** (as in s**oo**n), without moving your tongue; when your lips are in the **oo** position, but your tongue in the **ee** position, you should be pronouncing the correct sound
igh	as in s**igh**
o	always as in h**o**t (British pronunciation)
ou	as in l**ou**d
ur	as in f**ur**, but with rounded lips and no **r**-sound

1) A bar over a vowel symbol (e.g. $\overline{ew}$) shows that this sound is long.

2) Raised letters (e.g. ʸ**aa**, **ew**ᵉᵉ) should be pronounced only fleetingly.

Tones

In Norwegian there are two "tones": one is rising, the other consists of a falling pitch followed by a rise. As these tones are complex and very hard to copy, we do not indicate them, but mark their position as stressed.

A

abbedi (ah-ber-*dee*) *nt* abbey

abnorm (ahb-*norm*) *adj* abnormal

abonnement (ah-boo-ner-*mahngng*) *nt* subscription

abonnent (ah-boo-*nehnt*) *c* subscriber

abort (ah-*bott*) *c* abortion; miscarriage

absolutt (ahp-soo-*lewtt*) *adj* very, sheer; *adv* absolutely

abstrakt (ahp-*strahkt*) *adj* abstract

absurd (ahp-*sewrd*) *adj* absurd

addisjon (ah-di-*shoon*) *c* addition

adekvat (ah-deh-*kvaat*) *adj* adequate

adel (*aa*-derl) *c* nobility

adelig (*aa*-der-li) *adj* noble

adgang (*aad*-gahng) *c* admission, entrance, admittance, entry; ~ **forbudt** no entry, no admittance

adjektiv (*ahd*-ᵞehk-tiv) *nt* adjective

adjø! (ahd-*ᵞur*) good-bye!

adkomst (*aad*-komst) *c* access

***adlyde** (*aad*-lew-der) *v* obey

administrasjon (ahd-mi-ni-strah-*shoon*) *c* administration

administrerende (ahd-mi-ni-*stray*-rer-ner) *adj* administrative; executive

admiral (ahd-mi-*raal*) *c* admiral

adoptere (ah-doop-*tay*-rer) *v* adopt

adressat (ahd-reh-*saat*) *c* addressee

adresse (ah-*drehss*-ser) *c* address

adressere (ahd-reh-*say*-rer) *v* address

advare (*aad*-vaa-rer) *v* caution, warn

advarsel (*aad*-vah-sherl) *c* (pl -sler) warning

adverb (ahd-*værb*) *nt* adverb

advokat (ahd-voo-*kaat*) *c* lawyer, barrister; solicitor, attorney

affektert (ah-fehk-*tayt*) *adj* affected

affære (ah-*fææ*-rer) *c* business

Afrika (*aaf*-ri-kah) Africa

afrikaner (ahf-ri-*kaa*-nerr) *c* African

afrikansk (ahf-ri-*kaansk*) *adj* African

aften (*ahf*-tern) *c* night, evening; **i ~** tonight

aftensmat (*ahf*-terns-maat) *c* supper

agent (ah-*gehnt*) *c* agent

agentur (ah-gehn-*tewr*) *nt* agency

aggressiv (*ah*-greh-seev) *adj* aggressive

agn (ahngn) *nt* bait

agurk (ah-*gewrk*) *c* cucumber

akademi (ah-kah-day-*mee*) *nt* academy

akkompagnere (ah-koom-pahn-*ᵞay*-rer) *v* accompany

akkreditiv (ah-kreh-di-*teev*) *nt* letter of credit

akkurat (ah-kew-*raat*) *adj* just; exact; *adv* exactly

aksel (*ahk*-serl) *c* (pl aksler) axle

akselerere (*ahk*-ser-ler-*ray*-rer) *v* ac-

celerate
aksent (ahk-*sahngng*) c accent
akseptere (ahk-sehp-*tāy*-rer) v accept
aksje (*ahk*-sher) c share, stock
aksjon (ahk-*shōōn*) c action
akt (ahkt) c act; nude
akte (*ahk*-ter) v esteem
aktelse (*ahk*-terl-ser) c respect; esteem
akterspeil (*ahk*-ter-shpayl) nt (pl ~) stern, rear
aktiv (*ahk*-tiv) adj active
aktivitet (ahk-ti-vi-*tāyt*) c activity
aktuell (ahk-tew-*ehll*) adj topical; current
akutt (ah-*kewtt*) adj acute
akvarell (ahk-vah-*rehll*) c water-colour
alarm (ah-*lahrm*) c alarm
alarmere (ah-lahr-*māy*-rer) v alarm
albue (*ahl*-*bēw*-er) c elbow
album (*ahl*-bewm) nt album
alder (*ahl*-derr) c (pl ~e, aldrer) age
alderdom (*ahl*-der-dom) c old age, age
aldri (*ahl*-dri) adv never
alene (ah-*lāy*-ner) adv alone; only
ale opp (*aa*-ler) *breed, raise
alfabet (ahl-fah-*bāyt*) nt alphabet
algebra (*ahl*-geh-brah) c algebra
Algerie (ahl-sheh-*ree*) Algeria
algerier (ahl-*shāy*-ri-err) c Algerian
algerisk (ahl-*shāy*-risk) adj Algerian
alkohol (ahl-koo-*hōōl*) c alcohol
alkoholholdig (ahl-koo-*hōōl*-hol-di) adj alcoholic; **alkoholholdige drikker** spirits
all (ahll) adj all
allé (ah-*lāy*) c alley
allerede (ah-ler-*rāy*-der) adv already
allergi (ahl-ær-*gee*) c allergy
allianse (ah-li-*ahng*-ser) c alliance
allierte (ah-li-*āy*-ter) pl Allies pl
allikevel (ah-*lee*-ker-vehl) conj yet
allmektig (*ahl*-mehk-ti) adj omnipotent

allsidig (*ahl*-see-di) adj all-round
alltid (*ahl*-ti) adv always; ever
allting (*ahl*-ting) pron everything
alm (ahlm) c elm
almanakk (ahl-mah-*nahkk*) c diary, almanac
almen (*ahl*-māyn) adj public; general
alminnelig (ahl-*min*-ner-li) adj plain, customary, common
alpelue (*ahl*-per-*lēw*-er) c beret
alt (ahlt) pron everything; c alto
alter (*ahl*-terr) nt (pl altre) altar
alternativ (ahl-tæ-nah-teev) nt alternative
altfor (*ahlt*-for) adv too
altså (*ahlt*-so) adv consequently
alv (ahlv) c elf
alvor (*ahl*-vor) nt seriousness, gravity
alvorlig (ahl-*vaw*-li) adj serious, bad, grave
ambassade (ahm-bah-*saa*-der) c embassy
ambassadør (ahm-bah-sah-*dūrr*) c ambassador
ambisiøs (ahm-bi-si-*ūrss*) adj ambitious
ambulanse (ahm-bew-*lahng*-ser) c ambulance
Amerika (ah-*māy*-ri-kah) America
amerikaner (ah-meh-ri-*kaa*-nerr) c American
amerikansk (ah-meh-ri-*kaansk*) adj American
ametyst (ah-mer-*tewst*) c amethyst
amme (*ahm*-mer) v nurse
amnesti (ahm-ner-*stee*) nt amnesty
amulett (ah-mew-*lehtt*) c lucky charm, charm
analfabet (ahn-nahl-fah-*bāyt*) c illiterate
analyse (ahn-ah-*lēw*-ser) c analysis
analysere (ahn-ah-lew-*sāy*-rer) v analyse
analytiker (ahn-ah-*lewt*-ti-kerr) c ana-

lyst

ananas (ahn-nah-nahss) c pineapple

anarki (ahn-ahr-kee) nt anarchy

anatomi (ahn-ah-too-mee) c anatomy

anbefale (ahn-beh-faa-ler) v recommend

anbefaling (ahn-beh-faa-ling) c recommendation

and (ahnn) c (pl ender) duck

ane (aa-ner) v suspect, guess

anelse (aa-nerl-ser) c notion; suspicion

anemi (ahn-eh-mee) c anaemia

anerkjenne (ahn-nær-kheh-ner) v recognize, acknowledge

anerkjennelse (ahn-nær-kheh-nerl-ser) c recognition

anfall (ahn-fahl) nt (pl ~) fit

anfører (ahn-fūr-rerr) c leader

anførselstegn (ahn-fur-sherls-tayn) pl quotation marks

anger (ahng-ngerr) c repentance

*angi (ahn-Yee) v indicate

angre (ahng-rer) v regret, repent

angrep (ahn-grāyp) nt (pl ~) attack; raid

*angripe (ahn-gree-per) v attack, assault

angst (ahngst) c fright

*angå (ahn-gaw) v concern

angående (ahn-gaw-erner) prep regarding, about, as regards, concerning

ankel (ahng-kerl) c (pl ankler) ankle

anker (ahng-kerr) nt (pl ankre) anchor

anklage¹ (ahn-klaa-ger) v accuse, charge

anklage² (ahn-klaa-ger) c charge

anklagede (ahn-klaa-ger-der) accused

*ankomme (ahn-ko-mer) v arrive

ankomst (ahn-komst) c arrival

ankomsttid (ahn-komst-teed) c time of arrival

anledning (ahn-lāyd-ning) c chance, opportunity; ***ha ~ til** afford

anlegg (ahn-lehg) nt (pl ~) aptitude; construction

anliggende (ahn-li-ger-ner) nt affair, concern

anmassende (ahn-mah-ser-ner) adj presumptuous

anmelde (ahn-meh-ler) v report; review

anmeldelse (ahn-meh-lerl-ser) c review

anmode (ahn-mōō-der) v request

anmodning (ahn-mōōd-ning) c request

anneks (ah-nehks) nt annex

annektere (ah-nehk-tāy-rer) v annex

annen (aa-ern) num second; pron other

annerledes (ahn-ner-lāy-derss) adv otherwise; adj different

annetsteds (aa-ern-stehss) adv elsewhere

annonse (ah-nong-ser) c advertisement

annullere (ah-new-lāy-rer) v cancel; recall

annullering (ah-new-lāy-ring) c cancellation

anonym (ah-noo-newm) adj anonymous

anordning (ahn-nod-ning) c arrangement

ansatt (ahn-saht) c (pl ~e) employee

*anse (ahn-sāy) v consider, regard

anseelse (ahn-sāy-erl-ser) c reputation

anselig (ahn-sāy-li) adj considerable, substantial

*ansette (ahn-seh-ter) v engage

ansikt (ahn-sikt) nt face

ansiktskrem (ahn-sikts-krāym) c face-cream

ansiktsmaske (ahn-sikts-mahss-ker) c face-pack

ansiktsmassasje (*ahn*-sikts-mah-saa-sher) *c* face massage

ansiktspudder (*ahn*-sikts-pew-derr) *nt* face-powder

ansiktstrekk (*ahn*-sikts-trehk) *nt* feature

ansjos (ahn-*shōōss*) *c* anchovy

anskaffe (*ahn*-skah-fer) *v* *buy; *get

anskaffelse (*ahn*-skah-ferl-ser) *c* purchase

anspennelse (*ahn*-speh-nerl-ser) *c* strain

anspent (*ahn*-spehnt) *adj* tense

anspore (*ahn*-spōō-rer) *v* incite

anstalt (*ahn*-stahlt) *c* institute

anstendig (ahn-*stehn*-di) *adj* decent

anstendighet (ahn-*stehn*-di-hāyt) *c* decency

anstrengelse (*ahn*-strayng-erl-ser) *c* effort, strain

anstrenge seg (*ahn*-streh-nger) labour; try

anstøt (*ahn*-stūrt) *nt* (pl ~) offence

anstøtende (*ahn*-stūrt-erner) *adj* offensive

ansvar (*ahn*-svahr) *nt* liability, responsibility

ansvarlig (ahn-*svaa*-li) *adj* liable, responsible; ~ **for** in charge of

ansøke (*ahn*-sūr-ker) *v* apply

ansøkning (*ahn*-sūrk-ning) *c* request; application

*anta (*ahn*-taa) *v* assume, suppose; guess

antakelig (ahn-*taa*-ker-li) *adj* presumable

antall (*ahn*-tahl) *nt* (pl ~) number; quantity

antenne (ahn-*tehn*-ner) *c* aerial

antibiotikum (ahn-ti-bi-ōō-ti-kewm) *nt* (pl -ka) antibiotic

antikk (ahn-*tikk*) *adj* antique

antikvitet (ahn-ti-kvi-*tāyt*) *c* antique

antikvitetshandler (ahn-ti-kvi-*tāyts*-hahnd-lerr) *c* antique dealer

antipati (ahn-ti-pah-*tee*) *c* dislike

antologi (ahn-too-loo-*gee*) *c* anthology

antyde (*ahn*-tēw-der) *v* indicate; imply

anvende (*ahn*-veh-ner) *v* employ, apply; utilize

anvendelig (ahn-*vehn*-ner-li) *adj* usable

anvendelse (*ahn*-veh-nerl-ser) *c* application

anvise (*ahn*-vee-ser) *v* indicate

ape (*aa*-per) *c* monkey

aperitiff (ah-peh-ri-*tiff*) *c* aperitif

apotek (ah-poo-*tāyk*) *nt* pharmacy, chemist's; drugstore *nAm*

apoteker (ah-poo-*tāy*-kerr) *c* chemist

apparat (ah-pah-*raat*) *nt* apparatus, machine; appliance

appell (ah-*pehll*) *c* appeal

appelsin (ah-perl-*seen*) *c* orange

appetitt (ah-per-*titt*) *c* appetite

appetittlig (ah-per-*tit*-li) *adj* appetizing

appetittvekker (ah-per-*tit*-veh-kerr) *c* appetizer

applaudere (ahp-lou-*dāy*-rer) *v* clap

applaus (ah-*plouss*) *c* applause

aprikos (ahp-ri-*kōōss*) *c* apricot

april (ah-*preel*) April

araber (ah-*raa*-berr) *c* Arab

arabisk (ah-*raa*-bisk) *adj* Arab

arbeid (*ahr*-bay) *nt* labour, work; employment

arbeide (ahr-*bay*-der) *v* work

arbeider (ahr-*bay*-derr) *c* labourer, worker; workman

arbeidsbesparende (*ahr*-bayss-beh-spaa-rer-ner) *adj* labour-saving

arbeidsdag (*ahr*-bayss-daag) *c* working day

arbeidsformidling (*ahr*-bayss-for-midling) *c* employment exchange

arbeidsgiver (*ahr*-bayss-ⱴee-verr) *c*

employer; master

arbeidsløs (ahr-bayss-lūrss) adj unemployed

arbeidsløshet (ahr-bayss-lūrss-hāyt) c unemployment

arbeidstillatelse (ahr-bayss-ti-laa-terl-ser) c work permit; labor permit Am

areal (ah-reh-aal) nt area

Argentina (ahr-gern-tee-nah) Argentina

argentiner (ahr-gern-tee-nerr) c Argentinian

argentinsk (ahr-gern-teensk) adj Argentinian

argument (ahr-gew-mehnt) nt argument

argumentere (ahr-gew-mehn-tāy-rer) v argue

ark (ahrk) nt sheet

arkade (ahr-kaa-der) c arcade

arkeolog (ahr-keh-oo-lawg) c archaeologist

arkeologi (ahr-keh-oo-loo-gee) c archaeology

arkitekt (ahr-ki-tehkt) c architect

arkitektur (ahr-ki-tehk-tewr) c architecture

arkiv (ahr-keev) nt archives pl

arm (ahrm) c arm; **arm i arm** arm-in-arm

armbånd (ahrm-bon) nt (pl ~) bangle, bracelet

armbåndsur (ahrm-bons-ewr) nt (pl ~) wrist-watch

armé (ahr-māy) c army

aroma (ah-rōo-mah) c aroma

arr (ahrr) nt scar

arrangere (ah-rahng-shāy-rer) v arrange

arrestasjon (ah-reh-stah-shōon) c arrest, capture

arrestere (ah-reh-stāy-rer) v arrest

art (ahtt) c species

artikkel (ah-tik-kerl) c (pl artikler) article

artisjokk (ah-ti-shokk) c artichoke

artistisk (ah-tiss-tisk) adj artistic

arv (ahrv) c inheritance

arve (ahr-ver) v inherit

arvelig (ahr-ver-li) adj hereditary

asbest (ahss-behst) c asbestos

asfalt (ahss-fahlt) c asphalt

Asia (aa-si-ah) Asia

asiat (ah-si-aat) c Asian

asiatisk (ah-si-aa-tisk) adj Asian

aske (ahss-ker) c ash

askebeger (ahss-ker-bāy-gerr) nt (pl -gre) ashtray

asparges (ah-spahr-gerss) c (pl ~) asparagus

aspekt (ah-spehkt) nt aspect

aspirin (ahss-pi-reen) c aspirin

assistanse (ah-si-stahng-ser) c assistance

assistent (ah-si-stehnt) c assistant

astma (ahst-mah) c asthma

astronomi (ah-stroo-noo-mee) c astronomy

asyl (ah-sēwl) nt asylum

at (ahtt) conj that

ateist (ah-teh-ist) c atheist

Atlanterhavet (aht-lahn-terr-haa-ver) Atlantic

atlet (aht-lāyt) c athlete

atmosfære (aht-mooss-fææ-rer) c atmosphere

atom (ah-tōom) nt atom; **atom-** atomic

atskillelse (aat-shi-lerl-ser) c separation

atskillige (aht-shil-li-er) adj several

atskilt (aat-shilt) adj separate; adv apart

atspredelse (aat-sprāy-derl-ser) c amusement, diversion; recreation

atten (aht-tern) num eighteen

attende (aht-terner) num eighteenth

atter (*aht*-terr) *adv* again

attest (ah-*tehst*) *c* certificate

attraksjon (ah-trahk-*shoon*) *c* attraction

attrå (*aht*-raw) *c* desire, lust

attråverdig (*aht*-raw-vær-di) *adj* desirable

aubergine (o-behr-*sheen*) *c* eggplant

auditorium (ou-di-*too*-ri-ewm) *nt* (pl -ier) auditorium

august (ou-*gewst*) August

auksjon (ouk-*shoon*) *c* auction

Australia (ou-*straa*-li-ah) Australia

australier (ou-*straa*-li-err) *c* Australian

australsk (ou-*straalsk*) *adj* Australian

autentisk (ou-*tehn*-tisk) *adj* authentic

automat (ou-too-*maat*) *c* slot-machine; vending machine

automatisering (ou-too-mah-ti-*say*-ring) *c* automation

automatisk (ou-too-*maa*-tisk) *adj* automatic

automobilklubb (ou-too-moo-*beel*-klewb) *c* automobile club

autorisasjon (ou-too-ri-sah-*shoon*) *c* authorization

autoritet (ou-too-ri-*tayt*) *c* authority

autoritær (ou-too-ri-*tæær*) *adj* authoritarian

av (aav) *prep* by, of; for, with, *adv* off, *prep* from; off; ~ **og til** sometimes, occasionally

avansert (ah-vahng-*sayt*) *adj* advanced

avbestille (*aav*-beh-sti-ler) *v* cancel

avbetale (*aav*-beh-tah-ler) *v* *pay on account; *pay instalments on

avbetalingskjøp (*aav*-beh-tah-lings-khurp) *nt* (pl ~) hire-purchase

*avbryte (*aav*-brew-ter) *v* interrupt

avbrytelse (*aav*-brewt-erl-ser) *c* interruption

avdekke (*aav*-deh-ker) *v* uncover

avdeling (ahv-*day*-ling) *c* department; division, section

avdrag (*aav*-draag) *nt* (pl ~) instalment

aveny (ah-ver-*new*) *c* avenue

avfall (*aav*-fahl) *nt* rubbish, refuse, garbage, litter

avfatte (*aav*-fah-ter) *v* *draw up

avføringsmiddel (*aav*-fūr-rings-mi-derl) *nt* (pl -midler) laxative

avgangstid (*aav*-gahngs-teed) *c* time of departure

avgifter (*aav*-Yif-terr) *pl* dues *pl*

avgiftspliktig (*aav*-Yifts-plik-ti) *adj* dutiable

*avgjøre (*aav*-Yūr-rer) *v* decide

avgjørelse (*aav*-Yūr-rerl-ser) *c* decision

avgrunn (*aav*-grewn) *c* abyss

avgud (*aav*-gewd) *c* idol

avhandling (*aav*-hahnd-ling) *c* essay, treatise

avhengig (*aav*-heh-ngi) *adj* dependant

avhente (*aav*-hehn-ter) *v* collect, fetch

*avholde seg fra (*aav*-ho-ler) abstain from

avholdsmann (*aav*-hols-mahn) *c* (pl -menn) teetotaller

avis (ah-*veess*) *c* newspaper

avishandler (ah-*vee*-s-hahnd-lerr) *c* newsagent

aviskiosk (ah-*veess*-khosk) *c* newsstand

avlang (*aav*-lahng) *adj* oblong

avle (*ahv*-ler) *v* generate

avleiring (*aav*-lay-ring) *c* deposit

avlevere (*aav*-leh-*vay*-rer) *v* deliver

avling (*ahv*-ling) *c* harvest, crop

avløp (*aav*-lūrp) *nt* (pl ~) drain

avløse (*aav*-lūr-ser) *v* relieve

avreise (*aav*-ray-ser) *c* departure

avrundet (*aav*-rew-nert) *adj* rounded

avsende (*aav*-seh-ner) *v* dispatch, despatch

avsides (*aav*-see-derss) *adj* out of the

way, remote

avskaffe (aav-skah-fer) v abolish

avskjed (aav-shāyd) c parting; resignation

avskjedige (aav-shāy-di-er) v dismiss, fire

avskjedsansøkning (aav-shāyd-sahn-sūrk-ning) c resignation

avskrift (aav-skrift) c copy

avsky¹ (aav-shēw) v hate, dislike

avsky² (aav-shēw) c dislike

avskyelig (ahv-shēw-er-li) adj hideous, horrible, disgusting

avslag (aav-shlaag) nt (pl ~) refusal; discount, reduction

avslapning (aav-shlahp-ning) c relaxation

avslappet (aav-shlah-pert) adj easy-going

avslutning (aav-shlewt-ning) c ending

avslutte (aav-shlew-ter) v stop, finish; settle

avsløre (aav-shlūr-rer) v reveal

avsløring (aav-shlūr-ring) c revelation

*****avslå** (aav-shlaw) v refuse

avsnitt (aav-snit) nt (pl ~) paragraph; passage

avspark (aav-spahrk) nt kick-off

avstamning (aav-stahm-ning) c origin

avstand (aav-stahn) c distance; space; way

avstandsmåler (aav-stahns-maw-lerr) c range-finder

avstemning (aav-stehm-ning) c vote

*****avta** (aav-taa) v decrease

avtale (aav-taa-ler) c agreement, engagement; date, appointment

avtrekker (aav-treh-kerr) c trigger

avtrykk (aav-trewk) nt (pl ~) print

avveksling (aav-vehks-ling) c variation

avvente (aa-vehn-ter) v await

avverge (aa-vær-ger) v prevent

*****avvike** (aa-vee-ker) v deviate

avvise (aa-vee-ser) v reject

B

babord (baa-boor) port

baby (bay-bi) c baby

babybag (bay-bi-bæg) c carry-cot

bacon (bay-kern) nt bacon

bad (baad) nt bath

bade (baa-der) v bathe

badebukse (baa-der-book-ser) c swimming-trunks pl, bathing-suit

badedrakt (baa-der-drahkt) c swimsuit, bathing-suit

badehette (baa-der-heh-ter) c bathing-cap

badehåndkle (baa-der-hong-kler) nt (pl -lær) bath towel

badekåpe (baa-der-kaw-per) c bathrobe

badesalt (baa-der-sahlt) nt bath salts

badested (baa-der-stāy) nt seaside resort

badeværelse (baa-der-væl-ser) nt bathroom

badstue (bahss-tēwer) c sauna

bagasje (bah-gaa-sher) c luggage, baggage

bagasjehylle (bah-gaa-sher-hew-ler) c luggage rack

bagasjeoppbevaring (bah-gaa-sher-oop-ber-vaa-ring) c left luggage office; baggage deposit office Am

bagasjerom (bah-gaa-sher-room) nt (pl ~) boot; trunk nAm

bagasjevogn (bah-gah-sher-vongn) c luggage van

bak (baak) prep behind; adv behind; c bottom

bake (baa-ker) v bake

baker (baa-kerr) c baker

bakeri (bah-ker-ree) nt bakery

bakgrunn (baak-grewn) c background

bakhold (baak-hol) nt (pl ~) ambush

bakke (bahk-ker) c hill; earth

bakketopp (*bahk*-ker-top) *c* hilltop

baklengs (*baak*-lehngs) *adv* backwards

baklykt (*baak*-lewkt) *c* rear-light

baklys (*baak*-lēwss) *nt* (pl ~) tail-light

bakside (*baak*-see-der) *c* rear; reverse

bakterie (bahk-*tāy*-ri-er) *c* bacterium

bakvaskelse (*baak*-vahss-kerl-ser) *c* slander

bakverk (*baak*-værk) *nt* pastry

balanse (bah-*lahng*-ser) *c* balance

balkong (bahl-*kongng*) *c* balcony; dress circle

ball (bahll) *c* ball; *nt* ball

ballett (bah-*lehtt*) *c* ballet

ballong (bah-*longng*) *c* balloon

ballsal (*bahll*-saal) *c* ballroom

bambus (*bahm*-bewss) *c* bamboo

banan (bah-*naan*) *c* banana

bandasje (bahn-*daa*-sher) *c* bandage

bande (*bahn*-der) *c* gang

banditt (bahn-*ditt*) *c* bandit

bane (*baa*-ner) *c* track

bank (bahngk) *c* bank; *c/nt* tap; *set-te i banken** deposit

banke (*bahng*-ker) *v* knock, tap

bankett (bahng-*kehtt*) *c* banquet

bankettsal (bahng-*kehtt*-saal) *c* banqueting-hall

bankhvelv (bahngk-vehlv) *nt* (pl ~) vault

banking (*bahng*-king) *c* knock

bankkonto (*bahng*-kon-too) *c* (pl ~er, -ti) bank account

banne (*bahn*-ner) *v* curse, *swear*

banner (*bahn*-nerr) *nt* (pl ~, ~e) banner

banning (*bahn*-ning) *c* curse

bar (baar) *adj* bare, naked; neat; *c* bar, saloon

barberblad (bahr-*bāy*r-blaa) *nt* (pl ~) razor-blade

barbere seg (bahr-*bāy*-rer) shave

barberhøvel (bahr-*bair*-hur-verl) *c* (pl -vler) safety-razor, razor

barberkost (bahr-*bāy*r-koost) *c* shaving-brush

barberkrem (bahr-*bāy*r-krāym) *c* shaving-cream

barbermaskin (bahr-*bāy*r-mah-sheen) *c* electric razor, shaver

barbersåpe (bahr-*bāy*r-saw-per) *c* shaving-soap

barbervann (bahr-*bāy*r-vahn) *nt* after-shave lotion

bare (*baarer*) *adv* only, merely

bark (bahrk) *c* bark

barm (bahrm) *c* bosom

barmhjertig (bahrm-ᵞæ-ti) *adj* merciful

barmhjertighet (bahrm-ᵞæ-ti-hāyt) *c* mercy

barn (baan) *nt* child; kid; **foreldre-løst** ~ orphan

barnehage (*baa*-ner-haa-ger) *c* kindergarten

barnelammelse (*baa*-ner-lah-merl-ser) *c* polio

barnepike (*baa*-ner-pee-ker) *c* nurse

barnevakt (*baa*-ner-vahkt) *c* babysitter

barnevogn (*baa*-ner-voangn) *c* pram; baby carriage *Am*

barneværelse (*baa*-ner-væ-rerl-ser) *nt* nursery

barokk (bah-*rokk*) *adj* baroque

barometer (bah-roo-*māy*-terr) *nt* (pl -tre) barometer

barriere (bah-ri-æ-rer) *c* barrier; crash barrier

barsk (bahshk) *adj* bleak; tough

bart (bahtt) *c* moustache

bartender (*baa*-tehn-derr) *c* bartender, barman

baryton (*bahr*-ri-ton) *c* baritone

basar (bah-*saar*) *c* fair

base (*baa*-ser) *c* base

basere (bah-*say*-rer) *v* base

basilika (bah-*see*-li-kah) *c* basilica

basill (bah-*sill*) *c* germ

basis (*baa*-siss) *c* basis, base

bass (bahss) *c* bass

bastard (bah-*stahrd*) *c* bastard

batteri (bah-ter-*ree*) *nt* battery

*be (bay) *v* ask; beg; pray

bebo (beh-*boo*) *v* inhabit

beboelig (beh-*boo*-er-li) *adj* habitable, inhabitable

beboer (beh-*boo*-err) *c* occupant, inhabitant

bebreide (beh-*bray*-der) *v* blame, reproach

bebreidelse (beh-*bray*-derl-ser) *c* blame, reproach

bedervelig (beh-*dær*-ver-li) *adj* perishable

*bedra (beh-*draa*) *v* deceive

bedrag (beh-*draag*) *nt* (pl ~) deceit

bedrageri (beh-drah-ger-*ree*) *nt* fraud

bedre (*bayd*-rer) *adj* better; superior

bedrift (beh-*drift*) *c* concern; feat

bedring (*bayd*-ring) *c* recovery

bedrøvelig (beh-*drūr*-ver-li) *adj* sad, dreary

bedrøvet (beh-*drūr*-vert) *adj* sad

bedømme (beh-*durm*-mer) *v* judge

bedøvelse (beh-*dūr*-verl-ser) *c* anaesthesia

bedøvelsesmiddel (beh-*dūr*-verl-serss-mi-derl) *nt* (pl -midler) anaesthetic

bedårende (beh-*daw*-rer-ner) *adj* enchanting

befale (beh-*faa*-ler) *v* command

befaling (beh-*faa*-ling) *c* order, command

befalshavende (beh-*faals*-haa-ver-ner) *c* commander

befolkning (beh-*folk*-ning) *c* population

befrielse (beh-*free*-erl-ser) *c* liberation

befruktning (beh-*frewkt*-ning) *c* conception, fertilization

begavelse (beh-*gaa*-verl-ser) *c* talent, faculty

begavet (beh-*gaa*-vert) *adj* gifted, talented; clever, brilliant

begeistret (beh-*gayss*-trert) *adj* keen, enthusiastic

beger (*bay*-gerr) *nt* (pl ~, begre) tumbler

begge (*behg*-ger) *pron* both; either

begivenhet (beh-*Yee*-vern-hayt) *c* event, happening

begjær (beh-*Yæær*) *nt* desire; lust

begjære (beh-*Yææ*-rer) *v* desire

begrave (beh-*graa*-ver) *v* bury

begravelse (beh-*graa*-verl-ser) *c* funeral; burial

begrense (beh-*grehn*-ser) *v* limit

begrenset (beh-*grehn*-sert) *adj* limited

begrep (beh-*grayp*) *nt* notion, idea

*begripe (beh-*gree*-per) *v* *see, *understand

begunstige (beh-*gewns*-ti-er) *v* favour

begynne (beh-*Yewn*-ner) *v* start, commence, *begin; ~ **igjen** recommence

begynnelse (beh-*Yewn*-nerl-ser) *c* beginning; **i begynnelsen** at first; originally

*begå (beh-*gaw*) *v* commit

behagelig (beh-*haa*-ger-li) *adj* agreeable, pleasing, enjoyable

behandle (beh-*hahnd*-ler) *v* handle, treat

behandling (beh-*hahnd*-ling) *c* treatment

*beholde (beh-*hol*-ler) *v* *keep

beholder (beh-*hol*-lerr) *c* container

behov (beh-*hōōv*) *nt* (pl ~) need; want

behøve (beh-*hūr*-ver) *v* need; demand

beige (*baysh*) *adj* beige

bein (bayn) *nt* (pl ~) leg; bone

beinskinne (*bayn*-shi-ner) *c* splint

beite (*bay*-ter) *nt* pasture; *v* graze

bekjempe (beh-*khehm*-per) *v* combat

bekjenne (beh-*kheh*-ner) *v* confess

bekjent (beh-*khehnt*) *c* acquaintance

*****bekjentgjøre** (beh-khehnt-Y$\overline{u}$r-rer) *v* announce

bekjentgjørelse (beh-khehnt-Y$\overline{u}$r-rerl-ser) *c* announcement

bekk (behkk) *c* stream, brook

bekken (*behk*-kern) *nt* pelvis

beklage (beh-*klaager*) *v* regret

beklagelse (beh-*klaa*-gerl-ser) *c* regret

beklager! (beh-*klaa*-gerr) sorry!

bekrefte (beh-*krehf*-ter) *v* confirm; acknowledge

bekreftelse (beh-*krehf*-terl-ser) *c* confirmation

bekreftende (beh-*krayf*-ter-ner) *adj* affirmative

bekvem (beh-*kvehmm*) *adj* comfortable; easy, convenient

bekvemmelighet (beh-*kvehm*-mer-li-ha$\overline{y}$t) *c* comfort

bekymre seg (beh-*khewm*-rer) worry; **bekymre seg om** care about

bekymret (beh-*khewm*-rert) *adj* concerned, worried

bekymring (beh-*khewm*-ring) *c* anxiety, worry; concern, care

belastning (beh-*lahst*-ning) *c* load, strain

beleilig (beh-*lay*-li) *adj* convenient

beleiring (beh-*lay*-ring) *c* siege

Belgia (*behl*-gi-ah) Belgium

belgier (*behl*-gi-err) *c* Belgian

belgisk (*behl*-gisk) *adj* Belgian

beliggende (beh-*lig*-ger-ner) *adj* situated

beliggenhet (beh-*lig*-gern-ha$\overline{y}$t) *c* location, site

belte (*behl*-ter) *nt* belt

belyse (beh-*lew*-ser) *v* illuminate

belysning (beh-*lewss*-ning) *c* lighting, illumination

belønne (beh-*lurn*-ner) *v* reward

belønning (beh-*lurn*-ning) *c* reward; prize

beløp (beh-*lurp*) *nt* (pl $\sim$) amount

*****beløpe seg til** (beh-*lur*-per) amount to

bemerke (beh-*mær*-ker) *v* note, notice; remark

bemerkelsesverdig (beh-*mær*-kerl-serss-vær-di) *adj* noticeable, remarkable

bemerkning (beh-*mærk*-ning) *c* remark

benekte (beh-*nehk*-ter) *v* deny

benektende (beh-*nehk*-ter-ner) *adj* negative

benevnelse (beh-*nehv*-nerl-ser) *c* name, designation, denomination

benk (behngk) *c* bench

bensin (behn-*seen*) *c* fuel, petrol; gas *nAm*, gasoline *nAm*

bensinpumpe (behn-*seen*-poom-per) *c* petrol pump; fuel pump *Am;* gas pump *Am*

bensinstasjon (behn-seen-stah-sh$\overline{oo}$n) *c* service station, petrol station, filling station; gas station *Am*

bensintank (behn-*seen*-tahngk) *c* petrol tank gas tank *nAm*

benytte (beh-*newt*-ter) *v* use, make use of

benådning (beh-*nawd*-ning) *c* pardon

beordre (beh-*or*-drer) *v* order

beredt (beh-*reht*) *adj* prepared

beregne (beh-*ray*-ner) *v* calculate

berettiget (beh-*reht*-ti-ert) *adj* justified

berg (bærg) *nt* mountain

berglendt (*bærg*-lehnt) *adj* mountainous

berolige (beh-*roo*-li-er) *v* reassure, calm down

beroligende (beh-*roo*-li-er-ner) *adj*

restful; ~ **middel** sedative, tranquillizer

bero på (beh-*roo*) depend on

beruset (beh-*rew*-sert) *adj* intoxicated, drunk

beryktet (beh-*rewk*-tert) *adj* notorious

berømmelse (beh-*rurm*-merl-ser) *c* fame, glory, celebrity

berømt (beh-*rurmt*) *adj* famous

berøre (beh-*rūr*-rer) *v* touch

berøring (beh-*rūr*-ring) *c* touch

besatt (beh-*sahtt*) *adj* possessed

beseire (beh-*say*-rer) *v* conquer

***besette** (beh-*seht*-ter) *v* occupy

besettelse (beh-*seht*-terl-ser) *c* obsession

besittelse (beh-*sit*-terl-ser) *c* possession

beskatning (beh-*skaht*-ning) *c* taxation

beskjed (beh-*shēr*) *c* message

beskjeden (beh-*shāy*-dern) *adj* modest

beskjedenhet (beh-*shāy*-dern-hāyt) *c* modesty

beskjeftige (beh-*shehf*-ti-er) *v* employ, occupy

beskjeftigelse (beh-*shehf*-ti-erl-ser) *c* employment, occupation

***beskrive** (beh-*skree*-ver) *v* describe

beskrivelse (beh-*skree*-verl-ser) *c* description

beskylde (beh-*shewl*-ler) *v* accuse

beskytte (beh-*shewt*-ter) *v* protect

beskyttelse (beh-*shewt*-terl-ser) *c* protection

***beslaglegge** (beh-*shlaag*-leh-ger) *v* impound, confiscate

beslektet (beh-*shlehk*-tert) *adj* related

beslutning (beh-*shlewt*-ning) *c* decision

besluttsom (beh-*shlewt*-som) *adj* resolute

best (behst) *adj* best

bestanddel (beh-*stahn*-dāyl) *c* element, ingredient

bestefar (*behss*-ter-faar) *c* (pl -fedre) grandfather, granddad

besteforeldre (*behss*-ter-fo-rehl-drer) *pl* grandparents *pl*

bestemme (beh-*stehm*-mer) *v* define, determine; designate, destine

bestemmelse (beh-*stehm*-merl-ser) *c* regulation

bestemmelsessted (beh-*stehm*-merl-serss-stāy) *nt* destination

bestemor (*behss*-ter-mōōr) *c* (pl -mødre) grandmother

bestemt (beh-*stehmt*) *adj* definite; resolute

***bestige** (beh-*stee*-ger) *v* ascend; mount

bestikk (beh-*stikk*) *nt* cutlery; silverware *nAm*

***bestikke** (beh-*stik*-ker) *v* corrupt, bribe

bestikkelse (beh-*stik*-kerl-ser) *c* corruption, bribery; bribe

bestille (beh-*stil*-ler) *v* order; book, engage, reserve

bestilling (beh-*stil*-ling) *c* order; booking; **laget på** ~ made to order

bestrebelse (beh-*strāy*-berl-ser) *c* effort

***bestride** (beh-*stree*-der) *v* dispute

bestyre (beh-*stēw*-rer) *v* manage

bestyrerinne (beh-stew-rer-*rin*-ner) *c* manageress

***bestå** (beh-*staw*) *v* exist; pass a test; ~ **av** consist of

besvare (beh-*svaa*-rer) *v* answer

besvime (beh-*svee*-mer) *v* faint

besvær (beh-*svæær*) *nt* trouble, inconvenience

besværlig (beh-*svææ*-li) *adj* inconvenient

besøk (beh-*sūrk*) *nt* (pl ~) call, visit

besøke (beh-*sūr*-ker) *v* call on, visit

besøkende (beh-*sūr*-ker-ner) *c* visitor

besøkstid (beh-*sūrks*-teed) *c* visiting hours

betagende (beh-*taa*-ger-ner) *adj* moving; beautiful

betalbar (beh-*taal*-bahr) *adj* due; payable

betale (beh-*taa*-ler) *v* *pay

betaling (beh-*taa*-ling) *c* payment

bete (*bāy*-ter) *c* beet

betegnende (beh-*tay*-ner-ner) *adj* characteristic

betenkt (beh-*tehngkt*) *adj* uneasy

betennelse (beh-*tehn*-nerl-ser) *c* inflammation; ***gå ~ i** *become septic

betingelse (beh-*ting*-ngerl-ser) *c* term; stipulation

betingelsesløs (beh-*ting*-ngerl-serss-lūrss) *adj* unconditional

betinget (beh-*ting*-ngert) *adj* conditional

betjene (beh-*tʸāy*-ner) *v* attend on; serve

betjening (beh-*tʸāy*-ning) *c* service

betong (beh-*tongng*) *c* concrete

betoning (beh-*tōō*-ning) *c* accent

betrakte (beh-*trahk*-ter) *v* consider, regard; view, watch; **i betraktning av** considering

betraktelig (beh-*trahk*-ter-li) *adj* considerable

betro (beh-*trōō*) *v* confide in

betvile (beh-*tvee*-ler) *v* query, doubt

bety (beh-*tēw*) *v* *mean

betydelig (beh-*tēw*-der-li) *adj* considerable

betydning (beh-*tēwd*-ning) *c* sense; importance; ***være av ~** matter

betydningsfull (beh-*tēwd*-nings-fewl) *adj* important; significant

beundre (beh-*ewn*-drer) *v* admire

beundrer (beh-*ewn*-drerr) *c* fan

beundring (beh-*ewn*-dring) *c* admiration

bevare (beh-*vaa*-rer) *v* *keep; *uphold

bevege (beh-*vāy*-ger) *v* move

bevegelig (beh-*vāy*-ger-li) *adj* mobile

bevegelse (beh-*vāy*-gerl-ser) *c* motion, movement

bever (*bāy*-verr) *c* beaver

beverte (beh-*væ*-ter) *v* entertain, treat

bevilge (beh-*veel*-ger) *v* extend, grant; allow

bevis (beh-*veess*) *nt* proof, evidence; token

bevise (beh-*vee*-ser) *v* prove; demonstrate, *show

bevisst (beh-*vist*) *adj* conscious

bevissthet (beh-*vist*-hāyt) *c* consciousness

bevisstløs (beh-*vist*-lūrss) *adj* unconscious

bevokte (beh-*vok*-ter) *v* watch, guard

bevæpne (beh-*vāyp*-ner) *v* arm

bevæpnet (beh-*vāyp*-nert) *adj* armed

bibel (*bee*-berl) *c* (pl bibler) bible

bibetydning (*bee*-beh-tēwd-ning) *c* connotation

bibliotek (bi-bli-oo-*tāyk*) *nt* library

bidrag (*bee*-draag) *nt* (pl ~) contribution; allowance

bie (*bee*-er) *c* bee

bielv (*bee*-ehlv) *c* tributary

bifalle (*bee*-fah-ler) *v* consent; applaud

biff (biff) *c* steak

bikube (*bee*-kew-ber) *c* beehive

bil (beel) *c* automobile, motor-car, car

bilde (*bil*-der) *nt* picture, image

bile (*bee*-ler) *v* motor

bilhorn (*beel*-hōōn) *nt* (pl ~) hooter

bilisme (bi-*liss*-mer) *c* motoring

bilist (bi-*list*) *c* motorist

biljard (bil-*ʸaad*) *c* billiards *pl*

bille (*bil*-ler) *c* beetle; bug

billedhogger (*bil*-lerd-ho-gerr) *c* sculptor

billett (bi-*lehtt*) *c* ticket

billettautomat (bi-*lehtt*-ou-too-maat) *c* ticket machine

billettkontor (bi-*leht*-koon-tōōr) *nt* box-office

billettluke (bi-*leht*-lew-ker) *c* box-office window

billettpris (bi-*leht*-preess) *c* fare; admission fee

billig (*bil*-li) *adj* cheap, inexpensive

bilpanser (*beel*-pahn-serr) *nt* bonnet; hood *nAm*

bilutleie (*beel*-oot-lay-er) *c* car hire; car rental *Am*

bind (binn) *nt* volume

*****binde** (*bin*-ner) *v* *bind; tie; ~ **sammen** bundle

bindestrek (*bin*-ner-strāyk) *c* hyphen

biologi (bi-oo-loo-*gee*) *c* biology

biskop (*biss*-kop) *c* bishop

*****bistå** (*bee*-staw) *v* assist, aid

bit (beet) *c* bit, piece; scrap, morsel; bite

*****bite** (*bee*-ter) *v* *bite

bitter (*bit*-terr) *adj* bitter

bjelke (*bᵞehl*-ker) *c* beam

bjelle (*bᵞehl*-ler) *c* small bell

bjørk (bᵞurrk) *c* birch

bjørn (bᵞūrn) *c* bear

bjørnebær (bᵞūr-ner-bæær) *nt* (pl ~) blackberry

blad (blaa) *nt* leaf; blade

bladgull (*blaa*-gewl) *nt* gold leaf

bladsalat (*blaa*-sah-laht) *c* lettuce

blakk (blahkk) *adj* broke

blande (*blahn*-ner) *v* mix; ~ **seg inn i** interfere with

blandet (*blahn*-nert) *adj* mixed

blanding (*blahn*-ning) *c* mixture

blank (blahngk) *adj* glossy; blank

blankett (blahng-*kehtt*) *c* form

blant (blahnt) *prep* amid; among; ~ **annet** among other things

bleie (*blay*-er) *c* nappy; diaper *nAm*

blek (blāyk) *adj* pale

bleke (*blāy*-ker) *v* bleach

blekk (blehkk) *nt* ink

blekksprut (*blehk*-sprēwt) *c* octopus

blekne (*blāyk*-ner) *v* fade; *grow pale

blemme (*blehm*-mer) *c* blister

blende (*blehn*-ner) *v* blind

blendende (*blehn*-ner-ner) *adj* glaring

*****bli** (blee) *v* *become, *be, *get, *grow; stay; ~ **igjen** remain

blikk (blikk) *nt* glance, look; **kaste et ~** glance

blind (blinn) *adj* blind

blindgate (*blin*-gaa-ter) *c* cul-de-sac

blindtarm (*blin*-tahrm) *c* appendix

blindtarmbetennelse (*blin*-tahrm-beh-teh-nerl-ser) *c* appendicitis

blinklys (*blingk*-lēwss) *nt* (pl ~) trafficator; blinker *nAm*

blitzlampe (*blits*-lahm-per) *c* flash-bulb

blivende (*blee*-ver-ner) *adj* permanent

blod (blōō) *nt* blood

blodforgiftning (*blōō*-for-ᵞift-ning) *c* blood-poisoning

blodkar (*blōō*-kaar) *nt* (pl ~) blood-vessel

blodomløp (*blōō*-oom-lūrp) *nt* (pl ~) circulation

blodtrykk (*blōō*-trewk) *nt* (pl ~) blood pressure

blokkere (blo-*kāy*-rer) *v* block

blomkål (*blom*-kawl) *c* cauliflower

blomst (blomst) *c* flower

blomsterbed (*blom*-sterr-behd) *nt* (pl ~) flowerbed

blomsterforretning (*blom*-sterr-for-reht-ning) *c* flower-shop

blomsterhandler (*blom*-sterr-hahnd-lerr) *c* florist

blomsterløk (*blom*-sterr-lūrk) *c* bulb

blond (blonn) *adj* fair

blondine (blon-*dee*-ner) *c* blonde

*blottlegge (*blott*-leh-ger*) v expose
bluse (*blew-ser*) c blouse
bly (*blew*) nt lead
blyant (*blew-ahnt*) c pencil
blyantspisser (*blew-ahnt-spi-serr*) c
  pencil-sharpener
blyg (*blewg*) adj timid
blære (*blææ-rer*) c bladder
blærekatarr (*blææ-rer-kah-tahr*) c cys-
  titis
blø (*blur*) v *bleed
blødning (*blurd-ning*) c haemorrhage
bløt (*blurt*) adj mellow
bløte (*blur-ter*) v soak
*bløtgjøre (*blurt-yur-rer*) v soften
blå (*blaw*) adj blue; blått merke
  bruise
blåse (*blaw-ser*) v *blow; ~ opp in-
  flate
blåsende (*blaw-ser-ner*) adj gusty
blåskjell (*blo-shehl*) nt (pl ~) mussel
bo (*boo*) v live, reside
boble (*bob-ler*) c bubble
bok (*book*) c (pl bøker) book
bokbind (*book-bin*) nt (pl ~) binding
bokføre (*book-fur-rer*) v enter, book
bokhandel (*book-hahn-derl*) c (pl
  -dler) bookstore
bokhandler (*book-hahnd-lerr*) c book-
  seller
boks (*boks*) c can, tin
bokse (*bok-ser*) v box
boksekamp (*bok-ser-kahmp*) c boxing
  match
bokstav (*book-staav*) c letter; stor ~
  capital letter
boksåpner (*boks-awp-nerr*) c can
  opener
bolig (*boo-li*) c house, residence
Bolivia (*boo-lee-vi-ah*) Bolivia
bolivianer (*boo-li-vi-aa-nerr*) c Bolivian
boliviansk (*boo-li-vi-aansk*) adj Boli-
  vian
bolle (*bol-ler*) c bowl; basin

bolt (*bolt*) c bolt
bom (*boomm*) c barrier; miss
bombardere (*boom-bah-day-rer*) v
  bomb
bombe (*boom-ber*) c bomb
bomme (*boom-mer*) v miss
bomull (*boom-mewl*) c cotton; bom-
  ulls- cotton
bomullsfløyel (*boom-mewls-flur-ew-erl*)
  c velveteen
bomvei (*boom-vay*) c turnpike nAm
bonde (*boon-ner*) c (pl bønder) peas-
  ant, farmer
bondegård (*boon-ner-gawr*) c farm
bondekone (*boon-ner-koo-ner*) c farm-
  er's wife
bong (*bong*) c voucher
bopel (*boo-payl*) c domicile
bor (*borr*) nt drill
bord (*boor*) nt table
bordell (*boo-dehll*) nt brothel
bordtennis (*boo-teh-niss*) c ping-
  pong, table tennis
bore (*boo-rer*) v bore, drill
borg (*borg*) c castle
borger (*bor-gerr*) c citizen; borger-
  civic
borgerlig (*bor-ger-li*) adj middle-class
borgermester (*bor-ger-mehss-terr*) c
  (pl -tre) mayor
bort (*boott*) adv away; *gå ~ *leave,
  *go away
borte (*boot-ter*) adv gone; off
bortenfor (*boot-tern-for*) adv beyond;
  prep off; beyond
bortsett fra (*boot-seht*) apart from
bosatt (*boo-saht*) adj resident
boss (*boss*) c boss
bot (*boot*) c (pl bøter) fine
botanikk (*boo-tah-nikk*) c botany
botemiddel (*boo-ter-mi-derl*) nt (pl
  -midler) remedy
bowlingbane (*bov-ling-baa-ner*) c
  bowling alley

bra (braa) *adj* good; **bra!** all right!

brann (brahnn) *c* fire

brannalarm (*brahn*-nah-lahrm) *c* fire-alarm

brannsikker (*brahn*-si-kerr) *adj* fire-proof

brannslokker (*brahn*-shloo-kerr) *c* fire-extinguisher

brannsår (*brahn*-sawr) *nt* (pl ~) burn

branntrapp (*brahn*-trahp) *c* fire-escape

brannvesen (*brahn*-vāy-sern) *nt* fire-brigade

Brasil (brah-*seel*) Brazil

brasilianer (brah-si-li-*aa*-nerr) *c* Brazilian

brasiliansk (brah-si-li-*aansk*) *adj* Brazilian

brasme (*brahss*-mer) *c* bream

bratt (brahtt) *adj* steep

bred (brāy) *adj* wide, broad

bredd (brehdd) *c* shore, bank; embankment

bredde (*brehd*-der) *c* width, breadth

breddegrad (*brehd*-der-graad) *c* latitude

***brekke** (brehk-ker) *v* fracture; ~ **seg** vomit

brekkjern (*brehk*-Yæn) *nt* crowbar

bremse (*brehm*-ser) *c* brake; *v* slow down

bremselys (*brehm*-ser-lēwss) *pl* brake lights

bremsetrommel (*brehm*-ser-troo-merl) *c* (pl -tromler) brake drum

***brenne** (*brehn*-ner) *v* *burn

brennemerke (*brehn*-ner-mær-ker) *nt* brand; stigma

brennpunkt (*brehn*-poongkt) *nt* focus

brensel (*brehn*-sherl) *nt* fuel

brenselolje (*brehn*-sherl-ol-Yer) *c* fuel oil

brett (brehtt) *nt* tray

brette (*breht*-ter) *v* fold; ~ **ut** unfold

brev (brāyv) *nt* letter; **rekommandert ~** registered letter

brevkort (*brāyv*-kot) *nt* (pl ~) card

brevpapir (*brāyv*-pah-peer) *nt* notepaper

brevveksle (*brāyvehk*-shler) *v* correspond

brevveksling (*brāyvehk*-shling) *c* correspondence

briller (*bril*-lerr) *pl* spectacles, glasses

***bringe** (*bring*-nger) *v* *bring; ~ **til-bake** *bring back

bringebær (*bring*-nger-bæær) *nt* (pl ~) raspberry

bris (breess) *c* breeze

***briste** (*briss*-ter) *v* *burst

brite (*brit*-ter) *c* Briton

britisk (*brit*-tisk) *adj* British

bro (brōo) *c* bridge

brodere (broo-*dāy*-rer) *v* embroider

broderi (broo-der-*ree*) *nt* embroidery

broiler (*broi*-lerr) *c* chicken

brokk (brokk) *c* hernia

***brolegge** (*brōo*-leh-ger) *v* pave

bronkitt (broong-*kitt*) *c* bronchitis

bronse (*brong*-sher) *c* bronze; **bron-se-** bronze

bror (brōor) *c* (pl brødre) brother

brorskap (*brōosh*-kaap) *c/nt* fraternity, brotherhood

brosje (*brosh*-sher) *c* brooch

brosjyre (bro-*shēw*-rer) *c* brochure

brud (brēwd) *c* bride

brudd (brewdd) *nt* fracture, break

bruddstykke (*brewd*-stew-ker) *nt* fragment

brudgom (*brewd*-gom) *c* (pl ~mer) bridegroom

bruk (brewk) *c* use

brukbar (*brēwk*-baar) *adj* useful

bruke (*brēw*-ker) *v* apply, use; *spend; ~ **opp** use up

bruker (*brēw*-kerr) *c* user

bruksanvisning (*brewks*-ahn-viss-ning)

c directions for use

brukt (*brewkt*) *adj* second-hand

brumme (*broom*-mer) *v* growl

brun (*brēwn*) *adj* brown; tanned

brunette (brew-*neht*-ter) *c* brunette

brus (*brēwss*) *nt* fizz; *c* lemonade; soft drink *Am*

bruse (*brēw*-ser) *v* roar

brusk (*brewsk*) *c* cartilage

brutal (brew-*taal*) *adj* brutal

brutto (*brewt*-too) *adj* gross

bry (brēw) *v* trouble; *nt* bother; ~ **seg** bother; ~ **seg om** mind; care for

brydd (brewdd) *adj* embarrassed; **gjøre* ~ embarrass

brygge (*brewg*-ger) *v* brew

bryggeri (brew-ger-*ree*) *nt* brewery

bryllup (*brewl*-lewp) *nt* wedding

bryllupsreise (*brewl*-lewps-ray-ser) *c* honeymoon

brysom (*brēw*-som) *adj* troublesome

bryst (brewst) *nt* chest, breast; bosom

brystholder (*brewst*-ho-lerr) *c* brassiere, bra

brystkasse (*brewst*-kah-ser) *c* chest

brystsvømming (*brewst*-svur-ming) *c* breaststroke

***bryte** (*brēw*-ter) *v* *break; ~ **sammen** collapse

bryter (*brēw*-terr) *c* switch

brød (brūr) *nt* bread; loaf; **ristet** ~ toast

brøkdel (*brūrk*-dāyl) *c* fraction

brøl (brūrl) *nt* roar

brøle (*brūr*-ler) *v* roar

brønn (brurnn) *c* well

bråk (brawk) *nt* fuss

bu (bēw) *c* booth

bud (bēwd) *nt* messenger; **sende** ~ **etter** *send for

budsjett (bewd-*shehtt*) *nt* budget

bue (*bēw*-er) *c* bow; arch

bueformet (*bēw*-er-for-mert) *adj* arched

buegang (*bēw*-er-gahng) *c* arcade

buet (*bēw*-ert) *adj* curved

bukett (bew-*kehtt*) *c* bouquet, bunch

bukke (*book*-ker) *v* bow; ~ **under** succumb

bukse (*book*-ser) *c* trousers *pl*; pants *plAm*

buksedrakt (*book*-ser-drahkt) *c* pantsuit

bukseseler (*book*-ser-sāy-lerr) *pl* braces *pl*; suspenders *plAm*

buksesmekk (*book*-ser-smehk) *c* fly

bukt (bookt) *c* bay

buktet (*book*-tert) *adj* winding

bulder (*bewl*-derr) *nt* noise

bulgarer (bewl-*gaa*-rerr) *c* Bulgarian

Bulgaria (bewl-*gaa*-ri-ah) Bulgaria

bulgarsk (bewl-*gaashk*) *adj* Bulgarian

bulk (bewlk) *c* dent

bunke (*boong*-ker) *c* batch

bunn (bewnn) *c* bottom

bunnfall (*bewn*-fahl) *nt* (pl ~) deposit; sediment

bunt (bewnt) *c* bundle

bunte (*bewn*-ter) *v* bundle

buntmaker (*bewnt*-maa-kerr) *c* furrier

bur (bēwr) *nt* cage

***burde** (*bēw*-der) *v* *ought to

busk (bewsk) *c* bush; shrub

buss (bewss) *c* bus; coach

butikk (bew-*tikk*) *c* shop; boutique

butt (bewtt) *adj* blunt

butterfly (*burt*-ter-fligh) *c* butterfly stroke

by (bēw) *c* town, city; **by-** urban

byfolk (*bēw*-folk) *pl* townspeople *pl*

bygg (bewgg) *nt* barley; building

bygge (*bewg*-ger) *v* construct, *build

byggekunst (*bewg*-ger-kewnst) *c* architecture

bygning (*bewg*-ning) *c* construction, building

byll (bewll) c abscess, boil

byrde (bewrr-der) c burden; charge

byrå (bew-raw) nt agency

byråkrati (bew-ro-krah-tee) nt bureaucracy

byste (bewss-ter) c bust

bytte (bewt-ter) v exchange, swap; nt exchange

bær (bæær) nt berry

***bære** (bææ-rer) v carry, *bear; support

bærer (bææ-rerr) c porter

bøddel (burd-derl) c (pl bødler) executioner

bøk (bürk) c beech

bølge (burl-ger) c wave

bølgelengde (burl-ger-lehng-der) c wave-length

bølgende (burl-ger-ner) adj undulating

bølget (burl-gert) adj wavy

bølle (burl-ler) c brute

bøllete (burl-ler-ter) adj rowdy

bønn (burnn) c prayer

bønne (burn-ner) c bean

***bønnfalle** (burn-fah-ler) v beg

bør (bürr) c load

børs (bürsh) c stock exchange

børste (bursh-ter) v brush; c brush

bøyd (bur^ewd) adj bent

bøye (bur^ew-er) v *bend; c buoy; ~ seg *bend down

bøyelig (bur^ew-er-li) adj flexible, supple

bøyning (bur^ew-ning) c bend

både . . . og (baw-der aw) both . . . and

bål (bawl) nt bonfire

bånd (bonn) nt band; ribbon; tape; leash

båndopptaker (bonn-op-taa-kerr) c tape-recorder

bås (bawss) c booth

båt (bawt) c boat

C

campe (kæm-per) v camp

camping (kæm-ping) c camping

campinggjest (kæm-ping-^Yehst) c camper

campingplass (kæm-ping-plahss) c camping site

campingvogn (kæm-ping-vongn) c caravan; trailer nAm

Canada (kahn-nah-dah) Canada

cape (kāyp) c cape

celle (sehl-ler) c cell

cellofan (sehloa-faan) c cellophane

celsius (sehl-si-ewss) centigrade

cembalo (shehm-bah-loo) c harpsichord

centimeter (sehn-ti-māy-terr) c (pl ~) centimetre

champagne (shahm-pahn-^Yer) c champagne

charterflygning (chaa-terr-flēwg-ning) c charter flight

chassis (shahss-siss) nt chassis

Chile (chee-ler) Chile

chilener (chi-lāy-nerr) c Chilean

chilensk (chi-lāynsk) adj Chilean

cirka (seer-kah) adv approximately

clutch (klurch) c clutch

cocktail (kok-tayl) c cocktail

Colombia (koo-loom-bi-ah) Colombia

colombianer (koo-loom-bi-aa-nerr) c Colombian

colombiansk (koo-loom-bi-aansk) adj Colombian

container (koon-tay-nerr) c container

cricket (kri-kertt) c cricket

cruise (krēwss) nt (pl ~) cruise

Cuba (kēw-bah) Cuba

D

da (daa) *conj* when; *adv* then

daddel (*dahd*-derl) *c* (pl dadler) date

dag (daag) *c* day; **i ~** today; **om dagen** by day; **per ~** per day

dagbok (*daag*-bōōk) *c* (pl -bøker) diary

daggry (*daa*-grēw) *nt* daybreak, dawn

daghjem (*daag*-ɣehm) *nt* (pl ~) nursery

daglig (*daag*-li) *adj* everyday, daily

dagligdags (*daag*-li-dahks) *adj* ordinary

dagligstue (*daag*-li-stēw-er) *c* living-room

dagsavis (*dahks*-ahveess) *c* daily newspaper

dagslys (*dahks*-lēwss) *nt* daylight

dagsorden (*dahk*-so-dern) *c* agenda

dagstur (*dahks*-tēwr) *c* day trip

dal (daal) *c* valley

dam (dahmm) *c* (pl ~mer) pond

dambrett (*dahm*-breht) *nt* draught-board; checkerboard *nAm*

dame (*daa*-mer) *c* lady

dametoalett (*daa*-mer-too-ah-leht) *nt* powder-room, ladies' room

dameundertøy (*daa*-mer-ew-ner-tur[ew]) *nt* lingerie

damp (dahmp) *c* steam, vapour

dampskip (*dahmp*-sheep) *nt* (pl ~) steamer

damspill (*dahm*-spil) *nt* (pl ~) draughts; checkers *plAm*

Danmark (*dahn*-mahrk) Denmark

dans (dahns) *c* dance

danse (*dahn*-ser) *v* dance

dansk (dahnsk) *adj* Danish

danske (*dahn*-sker) *c* Dane

dask (dahsk) *c* smack

data (*daa*-tah) *pl* data *pl*

dato (*daa*-too) *c* date

datter (*daht*-terr) *c* (pl døtre) daughter

datterdatter (*daht*-ter-dah-terr) *c* (pl -døtre) granddaughter

dattersønn (*daht*-ter-shurn) *c* grandson

De (dee) *pron* you

de (dee) *pron* those, they; *adj* those

debatt (deh-*bahtt*) *c* debate, discussion

debattere (deh-bah-*tāy*-rer) *v* argue, discuss

debet (*dāy*-bert) *c* debit

defekt (deh-*fehkt*) *c* fault; *adj* faulty

definere (deh-fi-*nāy*-rer) *v* define

definisjon (deh-fi-ni-*shōōn*) *c* definition

deg (day) *pron* yourself; you

deig (day) *c* batter, dough

deilig (*day*-li) *adj* enjoyable, delicious; pleasant

dekk (dehkk) *nt* tire, tyre; deck; **øverste ~** main deck

dekke (*dehk*-ker) *v* cover

dekkslugar (*dehks*-lew-gaar) *c* deck cabin

deklarasjon (dehk-lah-rah-*shōōn*) *c* declaration

deklarere (dehk-lah-*rāy*-rer) *v* declare

dekorasjon (deh-koo-rah-*shōōn*) *c* decoration

del (dāyl) *c* part; share

dele (*dāy*-ler) *v* divide; share; **~ seg** fork; **~ ut** *deal

delegasjon (deh-leh-gah-*shōōn*) *c* delegation

delikat (deh-li-*kaat*) *adj* delicate

delikatesse (deh-li-kah-*tehss*-ser) *c* delicatessen

deling (*dāy*-ling) *c* division

***delta** (*dāyl*-taa) *v* participate

deltakelse (*dāyl*-taa-kerl-ser) *c* participation

deltakende (*dāyl*-taa-ker-ner) *adj*

sympathetic

deltaker (*dāyl*-taa-kerr) *c* participant

delvis (*dāyl*-veess) *adv* partly; *adj* partial

Dem (dehmm) *pron* you

dem (dehmm) *pron* them

demning (*dehm*-ning) *c* dam; dike

demokrati (deh-moo-krah-*tee*) *nt* democracy

demokratisk (deh-moo-*kraa*-tisk) *adj* democratic

demonstrasjon (deh-moon-strah-*shōōn*) *c* demonstration

demonstrere (deh-moon-*strāy*-rer) *v* demonstrate

den (dehnn) *pron* (nt det, pl de) that

denne (*dehn*-ner) *pron* (nt dette) this; *adj* this

deodorant (deh-oo-doo-*rahnt*) *c* deodorant

departement (deh-pah-ter-*mahngng*) *nt* department; ministry

deponere (deh-poo-*nāy*-rer) *v* deposit

depositum (deh-*pōō*-si-tewm) *nt* (pl -ta) deposit

depresjon (deh-preh-*shōōn*) *c* depression

deprimere (deh-pri-*māy*-rer) *v* depress

deprimerende (deh-pri-*māy*-rer-ner) *adj* depressing

deprimert (deh-pri-*māyt*) *adj* depressed

deputert (deh-pew-*tāyt*) *c* deputy

der (dæær) *adv* there; ~ **borte** over there

dere (*dāy*-rer) *pron* you, yourselves

Deres (*dāy*-rerss) *pron* your

deres (*dāy*-rerss) *pron* your; their

derfor (*dær*-for) *adv* therefore

dersom (*dæ*-shom) *conj* if, in case

desember (deh-*sehm*-berr) December

desertere (deh-sæ-*tāy*-rer) *v* desert

desimalsystem (deh-si-*maal*-sewss-*tāym*) *nt* decimal system

desinfisere (dehss-sin-fi-*sāy*-rer) *v* disinfect; **desinfiserende middel** disinfectant

dessert (deh-*sæær*) *c* dessert; sweet

dessuten (*deh*-sēw-tern) *adv* moreover, also, furthermore, besides

dessverre (dehss-*vær*-rer) *adv* unfortunately

det (dāy) *pron* it

detalj (deh-*tahlY*) *c* detail

detaljert (deh-tahl-*YāYt*) *adj* detailed

detaljhandel (deh-*tahlY*-hahn-derl) *c* (pl -dler) retail trade

detaljist (deh-tahl-*Yist*) *c* retailer

detektiv (*deht*-tehk-teev) *c* detective

detektivroman (*deht*-tehk-tiv-roo-maan) *c* detective story

devaluere (deh-vah-lew-*āy*-rer) *v* devalue

devaluering (deh-vah-lew-*āy*-ring) *c* devaluation

diabetes (di-ah-*bāy*-terss) *c* diabetes

diabetiker (di-ah-*bāy*-ti-kerr) *c* diabetic

diagnose (di-ahg-*nōō*-ser) *c* diagnosis; **stille en** ~ diagnose

diagonal (di-ah-goo-*naal*) *c* diagonal; *adj* diagonal

diagram (di-ah-*grahmm*) *nt* (pl ~mer) chart, graph, diagram

dialekt (di-ah-*lehkt*) *c* dialect

diamant (di-ah-*mahnt*) *c* diamond

diaré (di-ah-*rāy*) *c* diarrhoea

diesel (*dee*-serl) *c* diesel

diett (di-*ehtt*) *c* diet

difteri (dif-ter-*ree*) *c* diphtheria

dike (*dee*-ker) *nt* dike

dikt (dikt) *nt* poem

diktafon (dik-tah-*fōōn*) *c* dictaphone

diktat (dik-*taat*) *c* dictation

diktator (dik-*taa*-toor) *c* dictator

dikter (*dik*-terr) *c* poet

diktere (dik-*tāy*-rer) *v* dictate

dimensjon (di-mehn-*shōōn*) *c* size; dimension

din (deen) *pron* your

dine (*dee*-ner) *pron* your

diplom (di-*ploom*) *nt* certificate, diploma

diplomat (dip-loo-*maat*) *c* diplomat

direksjon (deer-ehk-*shoon*) *c* board of directors

direkte (di-*rehk*-ter) *adj* direct

direktiv (di-rehk-*teev*) *nt* directive; direction

direktør (di-rehk-*turr*) *c* executive, manager, director

dirigent (di-ri-*gehnt*) *c* conductor

dirigere (di-ri-*gay*-rer) *v* conduct

dirre (*deer*-rer) *v* tremble

dis (deess) *c* mist, haze

disig (*dee*-si) *adj* hazy; misty

disiplin (di-si-*pleen*) *c* discipline

disk (disk) *c* counter

diskonto (diss-*kon*-too) *c* bank-rate

diskusjon (diss-kew-*shoon*) *c* discussion; argument

diskutere (diss-kew-*tay*-rer) *v* discuss; argue

disponibel (diss-poo-*nee*-berl) *adj* available

disposisjon (diss-poo-si-*shoon*) *c* disposal

disse (*diss*-ser) *pron* these

distrikt (diss-*trikt*) *nt* district

dit (deet) *adv* there

divan (di-*vaan*) *c* couch

diverse (di-*væsh*-sher) *adj* miscellaneous, various

djerv (dYærv) *adj* fearless, bold

djevel (*dYay*-verl) *c* (pl ~vler) devil

dobbel (*dob*-berl) *adj* double

dobbeltsenger (*dob*-berlt-seh-ngerr) *pl* twin beds

dog (dawg) *conj* but, yet

dokk (dokk) *c* dock

***dokksette** (*dok*-seh-ter) *v* dock

doktor (*dok*-toor) *c* doctor

dokument (doo-kew-*mehnt*) *nt* certificate, document

dokumentmappe (doo-kew-*mehnt*-mah-per) *c* attaché case, briefcase

dom (domm) *c* (pl ~mer) judgment; verdict, sentence

domfellelse (*dom*-feh-lerl-ser) *c* conviction

domfelt (*dom*-fehltt) *c* (pl ~e) convict

dominere (doo-mi-*nay*-rer) *v* dominate

domkirke (*dom*-kheer-ker) *c* cathedral

dommer (*dom*-merr) *c* judge; magistrate; umpire

domstol (*dom*-stool) *c* court, law court

donasjon (doo-nah-*shoon*) *c* donation

dose (*doo*-ser) *c* dose

dott (dott) *c* wisp; tuft; wad

doven (*daw*-vern) *adj* lazy

***dra** (draa) *v* pull; travel, *go; ~ av sted *set out

drake (*draa*-ker) *c* kite; dragon

drakt (drahkt) *c* costume

dram (drahmm) *c* drink of liquor

drama (*draa*-mah) *nt* drama

dramatiker (drah-*maa*-ti-kerr) *c* dramatist

dramatisk (drah-*maa*-tisk) *adj* dramatic

drap (draap) *nt* manslaughter, homicide

dreie (*dray*-er) *v* turn, resolve

dreining (*dray*-ning) *c* turn

drenere (dreh-*nay*-rer) *v* drain

drepe (*dray*-per) *v* kill

dress (drehss) *c* suit

dressere (dreh-*say*-rer) *v* train

dressjakke (*drehss*-Yahk-ker) *c* jacket

dreven (*dray*-vern) *adj* skilled, clever

drikk (drikk) *c* drink; beverage; **alkoholfri ~** soft drink

***drikke** (*drik*-ker) *v* *drink

drikkelig (*drik*-ker-li) *adj* drinkable

drikkepenger (*drik*-ker-peh-ngerr) *pl*

tip, gratuity

drikkevann (*drik*-ker-vahn) *nt* drink-ing-water

drink (dringk) *c* drink

dristig (*driss*-ti) *adj* bold, daring; risky

dristighet (*driss*-ti-hāyt) *c* daring

*drive frem (*dree*-ver) propel

drivhus (*dreev*-hewss) *nt* (pl ~) greenhouse

drivkraft (*dreev*-krahft) *c* driving force

dronning (*droan*-ning) *c* queen

drosje (*drosh*-sher) *c* cab, taxi

drosjeholdeplass (*drosh*-sher-ho-ler-plahss) *c* taxi rank; taxi stand *Am*

drosjesjåfør (*drosh*-sher-sho-fūrr) *c* cab-driver, taxi-driver

druer (*drēw*-err) *pl* grapes *pl*

drukne (*drook*-ner) *v* *be drowned; drown

dryppe (*drewp*-per) *v* drip

drøm (drurmm) *c* (pl ~mer) dream

drømme (*drurm*-mer) *v* *dream

dråpe (*draw*-per) *c* drop

du (dēw) *pron* you

due (*dēw*-er) *c* pigeon

duft (dewft) *c* scent

dugg (dewgg) *c* dew

duk (dēwk) *c* table-cloth

dukke (*dewk*-ker) *v* dive; *c* doll

dukketeater (*dewk*-ker-teh-*aa*-terr) *nt* (pl ~, -tre) puppet-show

dum (doomm) *adj* stupid, dumb; fool-ish, silly

dun (dēwn) *nt* down

dunke (*doong*-ker) *v* thump, bump

dunkel (*doong*-kerl) *adj* dim

dur (dēwr) *c* roar

dusin (dew-*seen*) *nt* (pl ~) dozen

dusj (dewshsh) *c* shower

duskregn (*dewsk*-rehngn) *nt* drizzle

dverg (dvæærg) *c* dwarf

dybde (*dewb*-der) *c* depth

dyd (dēwd) *c* virtue

dykke (*dewk*-ker) *v* dive

dykkermaske (*dew*-ker-*mahss*-ker) *c* goggles *pl*

dyktig (*dewk*-ti) *adj* able, capable, skilful

dyktighet (*dewk*-ti-hāyt) *c* ability, skill

dynamo (dew-*naa*-moo) *c* dynamo

dyne (*dēw*-ner) *c* eiderdown

dyp (dēwp) *adj* deep; low

dypfryser (*dēwp*-frēw-serr) *c* deep-freeze

dypfryst mat (*dēwp*-frewst maat) frozen food

dypsindig (*dēwp*-sin-di) *adj* profound

dyr (dēwr) *nt* beast, animal; *adj* ex-pensive

dyrebar (*dēw*-rer-baar) *adj* precious; dear

dyrekretsen (*dēw*-rer-kreht-sern) zo-diac

dyrke (*dewr*-ker) *v* raise, cultivate, *grow

dyrlege (*dēwr*-lāy-ger) *c* veterinary surgeon

dysenteri (dew-sehn-ter-*ree*) *c* dysen-tery

dyster (*dewss*-terr) *adj* gloomy, sombre

dytt (dewtt) *c* push

dø (dūr) *v* die

død (dūr) *adj* dead; *c* death

dødelig (*dūr*-der-li) *adj* mortal, fatal

dødsfall (*durts*-fahl) *nt* (pl ~) death

dødsstraff (*durt*-strahf) *c* death pen-alty

døgn (durngn) *nt* twenty-four hours

dømme (*durm*-mer) *v* sentence; judge

døpe (*dūr*-per) *v* baptize, christen

dør (dūr) *c* door

dørslag (*dūr*-shlaag) *nt* (pl ~) strain-er

dørvokter (*dūrr*-vok-terr) *c* door-keep-er

døv (dūrv) *adj* deaf
dåd (dawd) *c* exploit, achievement
dåkalv (*daw*-kahlv) *c* fawn
dåp (dawp) *c* christening, baptism
dårlig (*daw*-li) *adj* ill, bad; poor
dåse (*daw*-ser) *c* canister

E

ebbe (*ehb*-ber) *c* ebb
Ecuador (ehk-vah-*dawr*) Ecuador
ecuadorianer (ehk-vah-do-ri-*aa*-nerr) *c* Ecuadorian
ed (āyd) *c* oath, vow
edderkopp (*ehd*-derr-kop) *c* spider
eddik (*ehd*-dik) *c* vinegar
edel (*āy*-derl) *adj* noble
edelsten (*āy*-derl-stāyn) *c* gem
edru (*āyd*-rēw) *adj* sober
effekt (eh-*fehkt*) *c* effect
effektiv (*ehf*-fehk-tiv) *adj* effective; efficient
eføy (*āy*-fur^{ew}) *c* ivy
egen (*āy*-gern) *adj* own; peculiar, odd
egenskap (*āy*-gern-skaap) *c* quality, characteristic
egentlig (*āy*-gernt-li) *adv* really
egg (ehgg) *nt* egg
eggeglass (*ehg*-ger-glahss) *nt* (pl ~) egg-cup
eggeplomme (*ehg*-ger-plo-mer) *c* yolk, egg-yolk
egn (ayn) *c* region
egnet (*ay*-nert) *adj* convenient, suitable, fit
egoisme (eh-goo-*iss*-mer) *c* selfishness
egoistisk (eh-goo-*iss*-tisk) *adj* egoistic
Egypt (eh-*gewpt*) Egypt
egypter (eh-*gewp*-terr) *c* Egyptian
egyptisk (eh-*gewp*-tisk) *adj* Egyptian
eie (*ay*-er) *v* own; possess, *nt* possession; **eiendeler** belongings *pl*

eiendom (*ay*-ern-dom) *c* (pl ~mer) property; estate; premises *pl*
eiendommelig (*ay*-ern-*dom*-li) *adj* peculiar; quaint
eiendommelighet (*ay*-ern-*dom*-li-hāyt) *c* peculiarity
eiendomsmegler (*ay*-ern-doms-mehg-lerr) *c* house-agent; realtor *nAm*
eier (*ay*-err) *c* owner, proprietor
eik (ayk) *c* oak
eike (*ay*-ker) *c* spoke
eikenøtt (*ay*-ker-nurt) *c* acorn
ekkel (*ehk*-kerl) *adj* nasty
ekko (*ehk*-koo) *nt* echo
ekorn (*ehk*-koon) *nt* squirrel
eksakt (ehk-*sahkt*) *adj* exact
eksamen (ehk-*saa*-mern) *c* examination; *ta ~ graduate
eksem (ehk-*sāym*) *c/nt* eczema
eksempel (ehk-*sehm*-perl) *nt* (pl -pler) example, instance; **for ~** for instance, for example
eksemplar (ehk-sehm-*plaar*) *nt* specimen; copy
eksentrisk (ehk-*sehn*-trisk) *adj* eccentric
eksil (ehk-*seel*) *nt* exile
eksistens (ehk-si-*stehns*) *c* existence
eksistere (ehk-si-*stāy*-rer) *v* exist
eksklusiv (ehks-klew-seev) *adj* exclusive
eksos (ehk-*sōōss*) *c* exhaust gases
eksospotte (ehk-*sōōss*-po-ter) *c* silencer; muffler *nAm*
eksosrør (ehk-*sōōss*-rūrr) *nt* (pl ~) exhaust pipe
eksotisk (ehk-*soo*-tisk) *adj* exotic
ekspedisjon (ehk-sper-di-*shōōn*) *c* expedition
ekspeditrise (ehk-sper-di-*tree*-ser) *c* salesgirl
ekspeditør (ehk-sper-di-*tūrr*) *c* shop assistant, salesman
eksperiment (ehk-speh-ri-*mehnt*) *nt*

experiment

eksperimentere (ehk-speh-ri-mehn-*tāy*-rer) *v* experiment

ekspert (ehk-*spæt*) *c* expert

eksplodere (ehk-sploo-*dāy*-rer) *v* explode

eksplosiv (ehk-sploo-*seev*) *adj* explosive

eksplosjon (ehk-sploo-*shōōn*) *c* blast, explosion

eksponering (ehk-spoo-*nāy*-ring) *c* exposure

eksport (ehk-*spot*) *c* exports *pl*

eksportere (ehk-spo-*tāy*-rer) *v* export

ekspress- (ehk-*sprehss*) express

ekstase (ehk-*staa*-ser) *c* ecstasy

ekstra (*ehk*-strah) *adj* additional, extra; spare

ekstravagant (ehk-strah-vah-*gahnt*) *adj* extravagant

ekstrem (ehk-*strāym*) *adj* extreme

ekte (*ehk*-ter) *adj* genuine, authentic, true; *v* marry

ektemann (*ehk*-ter-mahn) *c* (pl -menn) husband

ektepar (*ehk*-ter-paar) *nt* married couple

ekteskap (*ehk*-teh-skaap) *nt* matrimony, marriage

ekteskapelig (ehk-ter-*skaaper*-li) *adj* matrimonial

ekvator (ehk-*vaa*-toor) *c* equator

elastisk (eh-*lahss*-tisk) *adj* elastic

eldre (*ehl*-drer) *adj* older; elderly; eldst eldest

elefant (eh-ler-*fahnt*) *c* elephant

eleganse (eh-ler-*gahng*-ser) *c* elegance

elegant (eh-ler-*gahnt*) *adj* elegant

elektriker (eh-*lehk*-tri-kerr) *c* electrician

elektrisitet (eh-lehk-tri-si-*tāyt*) *c* electricity

elektrisk (eh-*lehk*-trisk) *adj* electric

elektronisk (eh-lehk-*trōō*-nisk) *adj*

electronic

element (eh-ler-*mehnt*) *nt* element

elementær (eh-ler-mehn-*tæær*) *adj* primary

elendig (eh-*lehn*-di) *adj* miserable

elendighet (eh-*lehn*-di-hāyt) *c* misery

elev (eh-*lāyv*) *c* pupil

elfenbein (*ehl*-fern-bayn) *nt* ivory

elg (ehlg) *c* moose, elk

eliminere (eh-li-mi-*nāy*-rer) *v* eliminate

eller (*ehl*-lerr) *conj* or; **enten . . . eller** either ... or; **om . . . eller** whether ... or

ellers (*ehl*-lersh) *adv* otherwise; else

elleve (*ehl*-ver) *num* eleven

ellevte (*ehl*-lerf-ter) *num* eleventh

elske (*ehl*-sker) *v* love

elsker (*ehl*-skerr) *c* lover

elskerinne (ehl-sker-*rin*-ner) *c* mistress

elsket (*ehl*-skert) *adj* beloved

elskling (*ehlsk*-ling) *c* sweetheart

elv (ælv) *c* river

elvebredd (*æl*-ver-brehd) *c* river bank, riverside

elvemunning (*æl*-ver-mew-ning) *c* estuary

emalje (eh-*mahl*-Yer) *c* enamel

emaljert (eh-mahl-*Yāyt*) *adj* enamelled

embete (*ehm*-ber-ter) *nt* civil service affice

embetsmann (*ehm*-berts-mahnn) *c* (pl -menn) civil servant

emblem (ehm-*blāym*) *nt* emblem

emigrant (eh-mi-*grahnt*) *c* emigrant

emigrasjon (eh-mi-grah-*shōōn*) *c* emigration

emne (*ehm*-ner) *nt* topic, theme

en (*āyn*) *art* (nt et) a *art; num* one; **-en** the *art*

enakter (*āyn*-ahk-terr) *c* one-act play

ende (*ehn*-ner) *c* end

endelig (*ehn*-der-li) *adv* finally

endestasjon (*ehn*-ner-stah-shōōn) *c* terminal

endetarm (*ehn*-ner-tahrm) *c* rectum

endog (*ehn*-dawg) *adv* even

endossere (ahng-do-*sāy*-rer) *v* endorse

endre (*ehn*-drer) *v* alter; modify

endring (*ehn*-dring) *c* alteration; change

eneforhandler (*āy*-ner-for-hahnd-lerr) *c* sole distributor

energi (eh-nær-*gee*) *c* power, energy

energisk (eh-*nær*-gisk) *adj* energetic

eneste (*āy*-nerss-ter) *adj* sole, only

enestående (*āy*-ner-sto-er-ner) *adj* exceptional, unique; singular

eng (ehngng) *c* meadow

engangs- (*āy*-gahngs) disposable

engel (*ehng*-ngerl) *c* (pl engler) angel

engelsk (*eh*-ngerlsk) *adj* English

engelskmann (*eh*-ngerlsk-mahn) *c* (pl -menn) Englishman; Briton

England (*ehng*-lahn) England

engroshandel (ahng-*graw*-hahn-derl) *c* (pl -dler) wholesale-trade

engstelig (*ehng*-ster-li) *adj* anxious; afraid

engstelse (*ehng*-sterl-ser) *c* fear

enhet (*āyn*-hāyt) *c* unity; unit

enhver (ehn-*væær*) *pron* anyone; everybody, everyone

enig (*āy*-ni) *adj* unanimous, agreed; **være ~* agree

enke (*ehng*-ker) *c* widow

enkel (*ehng*-kerl) *adj* simple; plain; single

enkelt (*ehng*-kerlt) *adj* individual

enkelte (*ehng*-kerl-ter) *pron* some

enkeltperson (*ehng*-kerlt-pæ-shōōn) *c* individual

enkeltrom (*ehng*-kerlt-room) *nt* (pl ~) single room

enkemann (*ayng*-ker-mahn) *c* (pl -menn) widower

enn (ehnn) *conj* than

ennå (*ehn*-naw) *adv* yet

enorm (eh-*norm*) *adj* enormous; huge, immense, gigantic

ensartet (*āyn*-saa-tert) *adj* uniform

ensidig (*āyn*-see-di) *adj* one-sided

ensom (*āyn*-som) *adj* lonely

enstemmig (*āyn*-steh-mi) *adj* unanimous

entall (*āyn*-tahl) *nt* singular

entrénøkkel (ahng-*trāy*-nur-kerl) *c* (pl -nøkler) latchkey

entreprenør (ahng-trer-preh-*nūrr*) *c* contractor

entusiasme (ehn-tew-si-*ahss*-mer) *c* enthusiasm

entusiastisk (ehn-tew-si-*ahss*-tisk) *adj* enthusiastic

enveiskjøring (*āyn*-vayss-khūr-ring) *c* one-way traffic

epidemi (eh-pi-der-*mee*) *c* epidemic

epilepsi (eh-pi-lehp-*see*) *c* epilepsy

epilog (eh-pi-*lawg*) *c* epilogue

episk (*āy*-pisk) *adj* epic

episode (eh-pi-*sōō*-der) *c* episode

eple (*ehp*-ler) *nt* apple

epos (*āy*-pooss) *nt* epic

erfare (ær-*faa*-rer) *v* experience

erfaren (ær-*faa*-rern) *adj* experienced

erfaring (ær-*faa*-ring) *c* experience

ergerlig (*ær*-ger-li) *adj* annoying

ergre (*ær*-grer) *v* annoy; irritate

ergrelse (*ær*-grerl-ser) *c* annoyance

erindre (eh-*rin*-drer) *v* recall

erindring (eh-*rin*-dring) *c* remembrance

erkebiskop (*ær*-ker-biss-kop) *c* archbishop

erkjenne (ær-*khehn*-ner) *v* acknowledge; confess, admit

erklære (ær-*klææ*-rer) *v* declare; state

erklæring (ær-*klææ*-ring) *c* declaration, statement

erme (*ær*-mer) *nt* sleeve

erobre (æ-*rōōb*-rer) *v* conquer; capture

erobrer (æ-*rōōb*-rerr) *c* conqueror

erobring (æ-*rōōb*-ring) *c* conquest; capture

erstatning (æ-*shtaht*-ning) *c* indemnity; substitute

erstatte (æ-*shtaht*-ter) *v* replace, substitute

ert (ætt) *c* pea

erte (æ-ter) *v* tease

erverve (ær-*vær*-ver) *v* acquire; obtain

ervervelse (ær-*vær*-verl-ser) *c* acquisition

esel (*ay*-serl) *nt* (pl esler) ass, donkey

eskadrille (ehss-kah-*dril*-ler) *c* squadron

eske (*ehss*-ker) *c* box

eskorte (ehss-*kot*-ter) *c* escort

eskortere (ehss-ko-*tay*-rer) *v* escort

esplanade (ehss-plah-*naa*-der) *c* esplanade

essay (*ehss*-say) *nt* (pl ~, ~s) essay

essens (eh-*sehns*) *c* essence

etablere (eh-tah-*blay*-rer) *v* establish

etappe (eh-*tahp*-per) *c* stage, leg

etasje (eh-*taa*-sher) *c* storey, floor; **første** ~ ground floor

eter (*ay*-terr) *c* ether

etikett (eh-ti-*kehtt*) *c* label

Etiopia (eh-ti-*ōō*-pi-ah) Ethiopia

etiopier (eh-ti-*ōō*-pi-err) *c* Ethiopian

etiopisk (eh-ti-*ōō*-pisk) *adj* Ethiopian

etsteds (eht-*stehss*) *adv* somewhere

etter (*eht*-terr) *prep* after; ~ **at** after

etterforske (*eht*-terr-fosh-ker) *v* investigate

etterforskning (*eht*-terr-foshk-ning) *c* inquiry

***etterfølge** (*eht*-terr-fur-ler) *v* succeed

etterkommer (*eht*-terr-ko-merr) *c* descendant

***etterlate** (*eht*-ter-laa-ter) *v* *leave behind; *leave

etterligne (*eht*-ter-ling-ner) *v* copy, imitate

etterligning (*eht*-ter-ling-ning) *c* imitation

ettermiddag (*eht*-terr-mi-dah) *c* afternoon; **i** ~ this afternoon

etternavn (*eht*-ter-nahvn) *nt* (pl ~) family name, surname

etterpå (*eht*-terr-paw) *adv* afterwards

ettersende (*eht*-ter-sheh-ner) *v* forward

ettersom (*eht*-ter-shom) *conj* as, because

etterspore (*eht*-ter-shpōō-rer) *v* trace

etterspørsel (*eht*-ter-shpur-sherl) *c* demand

etui (eh-tew-*ee*) *nt* case

Europa (ou-*rōō*-pah) Europe

europeer (ou-roo-*pay*-err) *c* European

europeisk (ou-roo-*pay*-isk) *adj* European

evakuere (eh-vah-kew-*ay*-rer) *v* evacuate

evangelium (eh-vahng-*gay*-li-ewm) *nt* (pl -ier) gospel

eventuell (eh-vehn-tew-*ehll*) *adj* possible

eventyr (*ay*-vern-*tewr*) *nt* (pl ~) fairytale; tale; adventure

evig (*ay*-vi) *adj* eternal

evighet (*ay*-vi-*hayt*) *c* eternity

evne (*ehv*-ner) *c* faculty; gift; ability; capacity

evolusjon (eh-voo-lew-*shōōn*) *c* evolution

F

fabel (*faa*-berl) *c* (pl fabler) fable

fabrikant (fahb-ri-*kahnt*) *c* manufacturer

fabrikk (fahb-*rikk*) *c* works *pl*, mill,

plant, factory

fabrikkere (fahb-ri-*kay*-rer) v manufacture

fag (faag) nt profession

fagforening (faag-fo-reh-ning) c trade-union; union

fagmann (faag-mahnn) c (pl -menn) expert

fajanse (fah-*yahng*-ser) c faience

fakkel (fahk-kerl) c (pl fakler) torch

faktisk (fahk-tisk) adv as a matter of fact, really, actually, in effect, in fact; adj actual, factual

faktor (fahk-toor) c factor

faktum (fahk-tewm) nt (pl -ta) fact

faktura (fahk-*tew*-rah) c invoice

fakturere (fahk-tew-*ray*-rer) v bill

fakultet (fah-kewl-*tayt*) nt faculty

fald (fahll) c hem

falk (fahlk) c hawk

fall (fahll) nt fall; **i alle ~** at any rate; **i hvert ~** anyway, at any rate

****falle** (fahl-ler) v *fall; **~ sammen med** coincide; ***la ~** drop

falleferdig (fahl-ler-fæ-di) adj ramshackle

fallitt (fah-litt) adj bankrupt

falme (fahl-mer) v fade

falsk (fahlsk) adj false

familie (fah-*mee*-li-er) c family

familiær (fah-mi-li-*æær*) adj familiar

fanatisk (fah-*naa*-tisk) adj fanatical

fange (fahng-nger) v capture; *catch; c prisoner; ***ta til ~** capture

fangenskap (fahng-ngern-skaap) nt imprisonment

fangevokter (fahng-nger-vok-terr) c prison guard, jailer

fangst (fahngst) c catch

fantasi (fahn-tah-*see*) c fantasy, imagination, fancy

fantasifoster (fahn-tah-*see*fooss-terr) nt illusion

fantastisk (fahn-*tahss*-tisk) adj fantastic

fantom (fahn-*toom*) nt phantom

far (faar) c (pl fedre) father; dad

fare (faa-rer) c peril, danger; risk

farfar (fahr-faar) c (pl -fedre) grandfather

farge (fahr-ger) c colour; dye; v dye; **~ av** discolour

fargeblind (fahr-ger-blin) adj colour-blind

fargeekte (fahr-ger-ehk-ter) adj fast-dyed

fargefilm (fahr-ger-film) c colour film

fargemiddel (fahr-ger-mi-derl) nt (pl -midler) colourant

fargerik (fahr-ger-reek) adj colourful; gay

farget (fahr-gert) adj coloured

farlig (faa-li) adj dangerous

farmakologi (fahr-mah-koo-loo-*gee*) c pharmacology

farmor (fahr-*moor*) c (pl -mødre) grandmother

farse (fah-sher) c stuffing; farce

fart (fahtt) c rate, speed; **i full ~** in a hurry; **saktne farten** slow down; **øke farten** accelerate

fartsgrense (fahts-grehn-ser) c speed limit

fartsmåler (fahts-maw-lerr) c speedometer

fartøy (faa-tur^(ew)) nt vessel

fasade (fah-saa-der) c façade

fasan (fah-*saan*) c pheasant

fascisme (fah-shiss-mer) c fascism

fascist (fah-*shist*) c fascist

fascistisk (fah-shiss-tisk) adj fascist

fase (faa-ser) c stage, phase

fast (fahst) adj firm; fixed; permanent; adv tight

fastboende (fahst-boo-er-ner) c (pl ~) resident

****fastholde** (fahst-ho-ler) v insist

fastland (fahst-lahn) nt mainland;

continent

*fastsette (*fahst-seh-ter*) *v* determine

*fastslå (*fahst-shlo*) *v* establish; ascertain

fat (faat) *nt* dish; cask, barrel

fatal (fah-*taal*) *adj* fatal

fatning (*faht*-ning) *c* composure

fatte (*faht*-ter) *v* *understand, grasp

fattig (*faht*-ti) *adj* poor

fattigdom (*faht*-ti-dom) *c* poverty

fattigslig (*faht*-tik-sli) *adj* poor

favoritt (fah-voo-*ritt*) *c* favourite

fe (fāȳ) *c* fairy

feber (*fāȳ*-berr) *c* fever

feberaktig (*fāȳ*-berr-ahk-ti) *adj* feverish

februar (feh-brew-*aar*) February

fedme (*fehd*-mer) *c* fatness

fedreland (*fāȳ*-drer-lahn) *nt* fatherland, native country

feie (*fay*-er) *v* *sweep

feig (fayg) *adj* cowardly

feiging (*fay*-ging) *c* coward

feil (fayl) *c* (pl ~) fault, error, mistake; *adj* incorrect; ***ta ~** *be mistaken

feilaktig (fayl-*ahk*-ti) *adj* mistaken

feile (*fay*-ler) *v* err

feilfri (*fayl*-free) *adj* faultless

feiltakelse (fayl-*taa*-kerl-ser) *c* mistake, error

feiltrinn (*fayl*-trin) *nt* slip

feinschmecker (*fighn*-shmeh-kerr) *c* gourmet

feire (*fay*-rer) *v* celebrate

feiring (*fay*-ring) *c* celebration

fekte (*fehk*-ter) *v* fence

fele (*fai*-ler) *c* fiddle

felg (fehlg) *c* rim

felle (*fehl*-ler) *c* trap

felles (*fehl*-lerss) *adj* common; joint

i fellesskap (*fehl*-ler-skaap) jointly

felt (fehlt) *nt* field

feltkikkert (*fehlt*-khi-kert) *c* field glasses

feltseng (*fehlt*-sehng) *c* camp-bed; cot *nAm*

fem (fehmm) *num* five

feminin (feh-mi-*neen*) *adj* feminine

femte (*fehm*-ter) *num* fifth

femten (*fehm*-tern) *num* fifteen

femtende (*fehm*-ter-ner) *num* fifteenth

femti (*fehm*-ti) *num* fifty

fengsel (*fehng*-sherl) *nt* (pl -sler) jail, gaol, prison

fengsle (*fehng*-shler) *v* imprison; fascinate

ferdig (*fææ*-di) *adj* finished

ferdselsåre (*færd*-serls-aw-rer) *c* thoroughfare

ferie (*fāȳ*-ri-er) *c* vacation, holiday; **på ~** on holiday

ferieleir (*fāȳ*-ri-er-layr) *c* holiday camp

feriested (*fāȳ*-ri-er-stāȳ) *nt* holiday resort

ferje (*fær*-Yer) *c* ferry-boat

fersk (fæshk) *adj* fresh

fersken (*fæsh*-kern) *c* peach

ferskvann (*fæshk*-vahn) *nt* fresh water

fest (fehst) *c* feast, party

feste (*fehss*-ter) *v* attach, fasten; **~ med nål** pin

festeinnretning (*fehss*-ter-in-reht-ning) *c* fastener

festival (fehss-ti-*vaal*) *c* festival

festlig (*fehst*-li) *adj* festive

festning (*fehst*-ning) *c* fortress; stronghold

fet (fāȳt) *adj* fat

fett (fehtt) *nt* grease, fat

fetter (*feht*-terr) *c* cousin

fettet (*feht*-tert) *adj* greasy

fettholdig (*feht*-hol-di) *adj* fatty

fiasko (fi-*ahss*-koo) *c* failure

fiber (*fee*-berr) *c* (pl fibrer) fibre

fiende (fee-ern-der) c enemy
fiendtlig (fee-ern-tli) adj hostile
figur (fi-gewr) c figure
fik (feek) c slap, blow
fike (fee-ker) v slap
fiken (fee-kern) c fig
fiks (fiks) adj smart
fil (feel) c file; lane
filial (fi-li-aal) c branch
filipens (fi-li-pehns) c acne
Filippinene (fi-li-pee-ner-ner) Philippines pl
filippiner (fi-li-pee-nerr) c Filipino
filippinsk (fi-li-peensk) adj Philippine
fille (fil-ler) c rag
film (film) c movie, film
filmavis (film-ahveess) c newsreel
filme (fil-mer) v film
filmkamera (film-kaa-mer-rah) nt camera
filmlerret (film-lær-rert) nt screen
filosof (fi-loo-soof) c philosopher
filosofi (fi-loo-soo-fee) c philosophy
filt (filt) c felt
filter (fil-terr) nt (pl -tre) filter
fin (feen) adj fine
finanser (fi-nahng-serr) pl finances pl
finansiell (fi-nahng-si-ehll) adj financial
finansiere (fi-nahng-si-āy-rer) v finance
finger (fing-ngerr) c (pl -gre) finger
fingeravtrykk (fing-ngerr-ahv-trewk) nt (pl ~) fingerprint
fingerbøl (fing-ngerr-burl) nt (pl ~) thimble
finhakke (feen-hah-ker) v mince
finke (fing-ker) c finch
Finland (fin-lahn) Finland
finmale (feen-maa-ler) v *grind
finne¹ (fin-ner) c Finn
*finne² (fin-ner) v *find; ~ igjen recover; ~ skyldig convict; ~ sted *take place

finsk (finsk) adj Finnish
fint! (feent) all right!, okay!
fiol (fi-ool) c violet
fiolett (fi-oo-lehtt) adj violet
fiolin (fi-oo-leen) c violin
fire (fee-rer) num four
firma (feer-mah) nt firm, company
fisk (fisk) c fish
fiske (fiss-ker) v fish; angle
fiskebein (fiss-ker-bayn) nt bone, fishbone
fiskeforretning (fiss-ker-fo-reht-ning) c fish shop
fiskegarn (fiss-ker-gaan) nt (pl ~) fishing net
fiskekort (fiss-ker-kot) nt (pl ~) fishing licence
fiskekrok (fiss-ker-krōōk) c fishing hook
fisker (fiss-kerr) c fisherman
fiskeredskap (fiss-ker-rehss-kaap) nt fishing tackle
fiskeri (fiss-ker-ree) nt fishing industry
fiskesnøre (fiss-ker-snūr-rer) nt fishing line
fiskestang (fiss-ker-stahng) c (pl -stenger) fishing rod
fiskeutstyr (fiss-ker-ewt-stewr) nt fishing gear
fjell (fʸehll) nt mountain
fjelldal (fʸehl-daal) c glen
fjellkjede (fʸehl-khāy-der) c mountain range
fjellklatring (fʸehl-klaht-ring) c mountaineering
fjerde (fʸææ-rer) num fourth
fjern (fʸææn) adj far-away, far, distant, remote, far-off
fjerne (fʸææ-ner) v *take away, remove
fjerning (fʸææ-ning) c removal
fjernskriver (fʸææn-skree-verr) c telex
fjernsyn (fʸææn-sēwn) nt television

fjernsynsapparat (fᵞææn-sēwn-sah-pah-raat) *nt* television set

fjernvalgnummer (fᵞææn-vahlg-noo-merr) *nt* (pl -numre) area code

fjollet (fᵞol-lert) *adj* foolish

i fjor (ee fᵞōōr) last year

fjord (fᵞōōr) *c* fjord

fjorten (fᵞoot-tern) *num* fourteen; ~ **dager** fortnight

fjortende (fᵞoot-ter-ner) *num* fourteenth

fjær (fᵞæær) *c* (pl ~) feather; spring

fjære (fᵞææ-rer) *c* low tide

fjæring (fᵞææ-ring) *c* suspension

fjærkre (fᵞæær-krāy) *nt* (pl ~) fowl, poultry

flagg (flahgg) *nt* flag

flakke (flahk-ker) *v* wander

flamingo (flah-ming-goo) *c* flamingo

flamme (flahm-mer) *c* flame

flanell (flah-nehll) *c* flannel

flaske (flahss-ker) *c* bottle; flask

flaskehals (flahss-ker-hahls) *c* bottleneck

flaskeåpner (flahss-ker-awp-nerr) *c* bottle opener

flass (flahss) *nt* dandruff

flat (flaat) *adj* flat; plane

flekk (flehkk) *c* spot, stain; speck, blot

flekke (flehk-ker) *v* stain

flekket (flehk-kert) *adj* spotted

flekkfjerner (flehk-fᵞæ-nerr) *c* stain remover

flere (flāy-rer) *adj* several; **flest** most

flertall (flāy-tahl) *nt* majority; plural

flid (fleed) *c* diligence

flink (flingk) *adj* clever, skilful, smart

flintstein (flint-stayn) *c* flint

flis (fleess) *c* chip; tile

flittig (fli-ti) *adj* diligent; industrious

flo (floo) *c* flood

flokk (flokk) *c* herd, flock; bunch

flott (flott) *adj* swell

flottør (flo-tūrr) *c* float

flue (flēw-er) *c* fly

flukt (flewkt) *c* escape

fluktstol (flewkt-stōōl) *c* deck chair

fly (flēw) *nt* aircraft, aeroplane, plane; airplane *nAm*

***fly** (flēw) *v* *fly

flygel (flēw-gerl) *nt* (pl -gler) grand piano

flyhavn (flēw-hahvn) *c* airport

flykaptein (flēw-kahp-tayn) *c* captain

flykte (flewk-ter) *v* escape

flyktig (flewk-ti) *adj* casual

flymaskin (flēw-mah-sheen) *c* aircraft

flyndre (flewnd-rer) *c* sole

flyplass (flēw-plahss) *c* airfield

flyselskap (flēw-sehl-skaap) *nt* airline

***flyte** (flēw-ter) *v* flow; float

flytende (flēw-ter-ner) *adj* fluent; fluid, liquid

flyttbar (flewt-baar) *adj* movable

flytte (flewt-ter) *v* move

flytur (flēw-tēwr) *c* flight

flyulykke (flēw-ew-lew-ker) *c* plane crash

flyvertinne (flēw-væ-ti-ner) *c* stewardess

fløte (flūr-ter) *c* cream

fløteaktig (flūr-ter-ahk-ti) *adj* creamy

fløyel (flurᵉʷ-erl) *c* velvet

fløyte (flurᵉʷ-ter) *c* flute; whistle

flå (flaw) *v* fleece

flåte (flaw-ter) *c* raft; fleet; navy

fnise (fnee-ser) *v* giggle

foajé (foo-ah-ᵞāy) *c* foyer, lobby

fokk (fokk) *c* foresail

fold (foll) *c* crease, fold

folde (fol-ler) *v* fold; ~ **sammen** fold; ~ **ut** *v* unfold

foldekniv (fol-ler-kneev) *c* clasp-knife

folk (folk) *nt* people, nation; *pl* people; **folke-** popular; national

folkedans (fol-ker-dahns) *c* folk-dance

folkemengde (fol-ker-mehng-der) *c* crowd

folkerik (*fol*-ker-reek) *adj* populous

folkeslag (fol-ker-*shlaag*) *nt* (pl ∼) people

folkevise (*fol*-ker-vee-ser) *c* folk song

folklore (folk-*law*-rer) *c* folklore

fond (fonn) *nt* fund

fondsbørs (*fons*-būrsh) *c* stock exchange

fondsmarked (*fons*-mahr-kerd) *nt* stock market

fonetisk (foo-*nay*-tisk) *adj* phonetic

for[1] (forr) *conj* for; *prep* for; ∼ **hånden** available; ∼ **å** in order to, to

fôr[2] (fōōr) *nt* lining; fodder

forakt (for-*ahkt*) *c* scorn, contempt

forakte (for-*ahk*-ter) *v* despise, scorn

foran (*for*-rahn) *prep* before, ahead of, in front of

forandre (for-*ahn*-drer) *v* change; vary, alter

forandring (for-*ahn*-dring) *c* variation, change; alteration

foranledning (*for*-rahn-lāyd-ning) *c* occasion

foranstaltning (*for*-rahn-stahlt-ning) *c* measure

forargelse (for-*ahr*-gerl-ser) *c* indignation

forbanne (for-*bahn*-ner) *v* curse

forbause (for-*bou*-ser) *v* astonish; amaze, surprise

forbauselse (for-*bou*-serl-ser) *c* astonishment; amazement

forbausende (for-*bou*-ser-ner) *adj* astonishing

forbedre (for-*bāyd*-rer) *v* improve

forbedring (for-*bāyd*-ring) *c* improvement

forbehold (*for*-ber-hol) *nt* qualification; reservation

forberede (*for*-ber-rāy-der) *v* prepare

forberedelse (*for*-ber-rāy-derl-ser) *c* preparation

forberedende (*for*-ber-rāy-der-ner) *adj* preliminary

forbi (for-*bee*) *prep* past, beyond, past; *∗gå ∼ pass by

*****forbinde** (for-*bin*-ner) *v* connect, link, join; dress; associate

forbindelse (for-*bin*-nerl-ser) *c* connection; relation, reference

forbipasserende (for-*bee*-pah-say-rer-ner) *c* (pl ∼) passer-by

*****forbli** (for-*blee*) *v* remain

forbløffe (for-*blurf*-fer) *v* astonish

forbokstav (*for*-book-staav) *c* initial

forbruk (for-*brēwk*) *nt* expenditure

forbruker (for-*brēw*-kerr) *c* consumer

forbrytelse (for-*brēw*-terl-ser) *c* crime

forbryter (for-*brēw*-terr) *c* criminal

forbrytersk (for-*brēw*-tershk) *adj* criminal

forbud (for-*bēwd*) *nt* (pl ∼) prohibition

forbudt (for-*bewtt*) *adj* prohibited; **forbikjøring forbudt** no passing *Am*

forbund (*for*-bewn) *nt* (pl ∼) league, union; **forbunds-** federal

forbundsfelle (*for*-bewns-feh-ler) *c* associate

forbundsstat (*for*-bewn-staat) *c* federation

*****forby** (for-*bēw*) *v* ∗forbid, prohibit

fordampe (fo-*dahm*-per) *v* evaporate

fordel (fo-*dāyl*) *c* benefit, advantage, profit; *∗ha ∼ av benefit; til ∼ for for the benefit of

fordelaktig (fo-*dāyl*-ahk-ti) *adj* advantageous

fordele (fo-*dāy*-ler) *v* divide

fordervet (fo-*dær*-vert) *adj* stale

fordi (fo-*dee*) *conj* as, because; since

fordom (*fo*-dom) *c* (pl ∼mer) prejudice

fordreid (fo-*drayd*) *adj* crooked, twisted

fordring (*fod*-ring) *c* claim

*fordrive (fo-*dree*-ver) *v* expel; chase

fordum (*fo*-dewm) *adv* formerly

fordøye (fo-*dur*ew-er) *v* digest

fordøyelig (fo-*dur*ew-er-li) *adj* digestible

fordøyelse (fo-*dur*ew-erl-ser) *c* digestion; dårlig ~ indigestion

forebygge (*faw*-rer-bew-ger) *v* prevent

forebyggende (*faw*-rer-bew-ger-ner) *adj* preventive

foredrag (*faw*-rer-draag) *nt* (pl ~) lecture

*foregi (*faw*-rer-*y*ee) *v* pretend

*foregripe (*faw*-rer-gree-per) *v* anticipate

foregående (*faw*-rer-gaw-er-ner) *adj* preceding, previous

*forekomme (*faw*-rer-ko-mer) *v* occur

foreldet (for-*ehl*-dert) *adj* out of date

foreldre (for-*ehl*-drer) *pl* parents *pl*

*forelegge (*faw*-rer-leh-ger) *v* present

forelesning (*faw*-rer-lāyss-ning) *c* lecture

forelsket (for-*ehl*-skert) *adj* in love

foreløpig (*faw*-rer-*lūr*-pi) *adj* provisional, temporary

forene (for-*āy*-ner) *v* join, unite

forening (for-*āy*-ning) *c* association; club, society

forent (for-*āynt*) *adj* joint

De forente stater (di for-*āyn*-ter *staa*-terr) the States, United States

*foreskrive (*faw*-rer-skree-ver) *v* prescribe

*foreslå (*faw*-rer-shlaw) *v* propose, suggest

*forespørre (*faw*-rer-spur-rer) *v* inquire, query, enquire

forespørsel (*faw*-rer-spur-sherl) *c* (pl -sler) inquiry, query, enquiry

forestille (*faw*-rer-sti-ler) *v* represent; ~ **seg** conceive; imagine, fancy

forestilling (*faw*-rer-sti-ling) *c* show, performance; idea, conception

foretagende (*faw*-rer-taa-ger-ner) *nt* undertaking; concern

*foretrekke (*faw*-rer-treh-ker) *v* prefer; å ~ preferable

forfader (for-faa-derr) *c* (pl -fedre) ancestor

forfallen (for-*fahl*-lern) *adj* dilapidated; overdue

forfalske (for-*fahl*-sker) *v* counterfeit, forge

forfalskning (for-*fahlsk*-ning) *c* fake

forfatter (for-*faht*-terr) *c* author, writer

forfengelig (for-*fehng*-nger-li) *adj* vain

forferdelig (for-*fæ*-der-li) *adj* awful, dreadful, frightful, terrible

forfremme (for-*frehm*-mer) *v* promote

forfremmelse (for-*frehm*-merl-ser) *c* promotion

forfriske (for-*friss*-ker) *v* refresh

forfriskende (for-*friss*-ker-ner) *adj* refreshing

forfriskning (for-*frisk*-ning) *c* refreshment

*forfølge (for-*furl*-ler) *v* pursue, chase

forføre (for-*fūr*-rer) *v* seduce

forgasser (for-*gahss*-serr) *c* carburettor

forgifte (for-*y*if-ter) *v* poison

forgjenger (for-*y*eh-ngerr) *c* predecessor

forgjeves (for-*y*āy-verss) *adv* in vain; *adj* vain

forglemmelse (for-*glehm*-merl-ser) *c* oversight

forgrunn (for-grewn) *c* foreground

forgylt (for-*y*ewlt) *adj* gilt

i forgårs (ee for-gosh) the day before yesterday

*forgå seg (for-*gaw*) offend

forhandle (for-*hahnd*-ler) *v* negotiate

forhandler (for-*hahnd*-lerr) *c* dealer

forhandling (for-*hahnd*-ling) *c* negotiation

forhastet (for-*hahss*-tert) *adj* rash; premature

forhekse (for-*hehk*-ser) *v* bewitch

forhenværende (*for*-hehn-vææ-rer-ner) *adj* former

forhindre (for-*hin*-drer) *v* prevent

forhold (*for*-hol) *nt* (pl ∼) relation; affair

forholdsmessig (*for*-hols-meh-si) *adj* proportional

forhør (*for*-hǖrr) *nt* (pl ∼) interrogation, examination

forhøre (for-*hǖ*-rer) *v* interrogate; ∼ **seg** inquire

på forhånd (po *for*-hon) in advance

forhåndsbetalt (*for*-hons-beh-tahlt) *adj* prepaid

forkaste (for-*kahss*-ter) *v* reject, turn down

forkjemper (for-*khehm*-perr) *c* champion

forkjærlighet (for-*khææ*-li-hāyt) *c* preference

forkjølelse (for-*khǖ*-lerl-ser) *c* cold; *bli forkjølet *catch a cold

forkjørsrett (for-*khǖrsh*-reht) *c* right of way

forklare (for-*klaa*-rer) *v* explain

forklaring (for-*klaa*-ring) *c* explanation

forklarlig (for-*klaa*-li) *adj* accountable

forkle (*for*-kler) *nt* (pl -lær) apron

forkledning (for-*klāyd*-ning) *c* disguise

forkle seg (for-*klāy*) disguise

forkorte (for-*kot*-ter) *v* shorten

forkortelse (for-*ko*-terl-ser) *c* abbreviation

forlange (fo-*lahng*-nger) *v* demand

***forlate** (fo-*laa*-ter) *v* check out, *leave; desert

forleden (fo-*lāy*-dern) *adv* recently

forlegen (fo-*lāy*-gern) *adj* embarrassed; *gjøre ∼ embarrass

***forlegge** (fo-*leh*-ger) *v* *mislay

forlegger (*fo*-leh-gerr) *c* publisher

forlenge (fo-*lehng*-nger) *v* lengthen; extend

forlengelse (fo-*lehng*-ngerl-ser) *c* extension

forlovede (fo-*law*-ver-der) *c* fiancé; fiancée

forlovelse (fo-*law*-verl-ser) *c* engagement

forlovelsesring (fo-*law*-verl-serss-ring) *c* engagement ring

forlovet (fo-*law*-vert) *adj* engaged

forlystelse (fo-*lewss*-terl-ser) *c* entertainment, amusement

***forløpe** (fo-*lǖr*-per) *v* pass

form (form) *c* form, shape

formalitet (for-mah-li-*tāyt*) *c* formality

formane (for-*maa*-ner) *v* urge

formann (*for*-mahn) *c* (pl -menn) president, chairman; foreman

format (for-*maat*) *nt* size

forme (*for*-mer) *v* shape, model, form

formel (for-*merl*) *c* (pl -mler) formula

formell (for-*mehll*) *adj* formal

formiddag (*for*-mi-dah) *c* morning

formiddagsmat (*for*-mi-dahks-maat) *c* lunch

forminske (for-*min*-sker) *v* lessen

formodning (for-*mōōd*-ning) *c* guess

formue (*for*-moo-er) *c* fortune

formynder (for-*mewn*-derr) *c* tutor, guardian

formynderskap (for-*mewn*-der-shkaap) *nt* custody

formørkelse (for-*murr*-kerl-ser) *c* eclipse

formål (*for*-mawl) *nt* (pl ∼) purpose, objective, object

formålstjenlig (*for*-mawls-tᵛāyn-li) *adj* appropriate

fornavn (*fo*-nahvn) *nt* (pl ∼) first name, Christian name

fornemme (fo-*nehm*-mer) *v* perceive

fornemmelse (fo-*nehm*-merl-ser) *c* perception; sensation

fornuft (fo-*newft*) c reason, sense

fornuftig (fo-*newf*-ti) adj reasonable, sensible

fornye (fo-*new*-er) v renew

fornærme (fo-*nær*-mer) v offend; insult

fornærmelse (fo-*nær*-merl-ser) c offence; insult

fornøyd (for-*nur*ewd) adj pleased; glad

fornøyelse (fo-*nur*ew-erl-ser) c pleasure

forpakte bort (for-*pahk*-ter bot) lease

forpaktning (for-*pahkt*-ning) c lease

forplikte (for-*plik*-ter) v oblige; ~ **seg** engage; *være forpliktet til *be obliged to

forpliktelse (for-*plik*-terl-ser) c engagement

forresten (fo-*rehss*-tern) adv besides; by the way

forretning (fo-*reht*-ning) c store, shop; business

forretninger (fo-*reht*-ni-ngerr) pl business; **i** ~ on business

forretningsmann (fo-*reht*-nings-mahn) c (pl -menn) businessman

forretningsmessig (fo-*reht*-nings-meh-si) adj business-like

forretningsreise (fo-*reht*-nings-ray-ser) c business trip

forretningssenter (fo-*reht*-ning-sehn-terr) nt (pl -trer) shopping centre

forrett (for-reht) c hors-d'œuvre

forrige (for-Yer) adj previous, last, past

forræder (fo-*ray*-derr) c traitor

forræderi (fo-reh-der-ree) nt treason

forråd (foar-rawd) nt (pl ~) supply

forråde (fo-*raw*-der) v betray

forsamling (fo-*shahm*-ling) c assembly, rally

forseelse (fo-*shay*-erl-ser) c offence, misdemeanour

forsere (fo-*shay*-rer) v force

forside (fo-shee-der) c front

forsikre (fo-*shik*-rer) v assure; insure

forsikring (fo-*shik*-ring) c insurance

forsikringspolise (fo-*shik*-rings-poo-lee-ser) c insurance policy

forsikringspremie (fo-*shik*-rings-pray-mi-er) c premium

forsiktig (fo-*shik*-ti) adj careful, cautious; gentle; wary; *være ~ watch out

forsiktighet (fo-*shik*-ti-hayt) c caution, precaution

forsinke (fo-*shing*-ker) v delay

forsinkelse (fo-*shing*-kerl-ser) c delay

forsinket (fo-*shing*-kert) adj overdue

forskjell (fo-shehl) c distinction, difference; *gjøre ~ distinguish

forskjellig (fo-*shehl*-li) adj different, unlike, distinct; *være ~ vary, differ

forskning (foshk-ning) c research

forskole (fo-shkoo-ler) c kindergarten

forskrekke (fo-*shkrehk*-ker) v frighten; *bli forskrekket *be frightened

forskrekkelig (fo-*shkrehk*-ker-li) adj frightful

forskudd (fo-shkewd) nt (pl ~) advance; **betale på** ~ advance; **på** ~ in advance

forslag (fo-shlaag) nt (pl ~) proposal, suggestion, proposition; motion

forsoning (fo-*shoo*-ning) c reconciliation

***forsove seg** (fo-*shaw*-ver) v *oversleep

forsprang (fo-shprahng) nt (pl ~) lead

forstad (fo-shtaad) c (pl -steder) suburb; **forstads-** suburban

forstand (fo-shtahnn) c reason; brain, wits pl, intellect

forstavelse (fo-shtaa-verl-ser) c prefix

forstmann (fosht-mahn) c (pl -menn)

forester

forstoppelse (fo-*shtop*-perl-ser) *c* constipation

forstoppet (fo-*shtop*-pert) *adj* constipated

forstue (fo-*shtew*-er) *v* sprain

forstuing (fo-*shtew*-ing) *c* sprain

forstyrre (fo-*shtewr*-rer) *v* disturb; *upset

forstyrrelse (fo-*shtewr*-rerl-ser) *c* disturbance

forstørre (fo-*shturr*-rer) *v* enlarge

forstørrelse (fo-*shturr*-rerl-ser) *c* enlargement

forstørrelsesglass (fo-*shturr*-rerl-serss-glahss) *nt* (pl ~) magnifying glass

***forstå** (fo-*shtaw*) *v* *understand; *see

forståelse (fo-*shtaw*-erl-ser) *c* understanding

forsvar (fo-shvaar) *nt* defence

forsvare (fo-shvaa-rer) *v* defend

forsvarstale (fo-shvaa-sh-taa-ler) *c* plea

***forsvinne** (fo-shvin-ner) *v* disappear, vanish

forsvunnet (fo-shvewn-nert) *adj* lost

forsyne (fo-*shew*-ner) *v* provide, furnish, supply; ~ **med** furnish with

forsyning (fo-*shew*-ning) *c* stock

forsøk (fo-*shurk*) *nt* (pl ~) try, attempt; trial; experiment

forsøke (fo-*shur*-ker) *v* try, attempt

forsømme (fo-*shurm*-mer) *v* neglect; fail

forsømmelig (fo-*shurm*-mer-li) *adj* neglectful

forsømmelse (fo-*shurm*-merl-ser) *c* neglect

fort[1] (foott) *adv* quickly

fort[2] (fott) *nt* fort

***forta seg** (fo-*taa*) *wear away

fortau (fo-*tou*) *nt* (pl ~) pavement; sidewalk *nAm*

fortauskant (fo-*touss*-kahnt) *c* curb

***fortelle** (fo-*tehl*-ler) *v* *tell; relate

fortelling (fo-*tehl*-ling) *c* story, tale

forte seg (*fot*-ter) hurry

fortid (fo-teed) *c* past

fortjene (fo-t*Yay*-ner) *v* deserve, merit

fortjeneste (fo-t*Yay*-nerss-ter) *c* profit, gain; merit

fortred (fo-*trayd*) *c* harm, mischief

fortrinnsrett (fo-*trins*-reht) *c* priority

fortryllelse (fo-*trewl*-lerl-ser) *c* spell

fortryllende (fo-*trewl*-ler-ner) *adj* charming

***fortsette** (*fot*-seh-ter) *v* continue; *keep on, carry on, *go on, proceed, *go ahead

fortsettelse (*fot*-seh-terl-ser) *c* sequel

fortvile (fo-*tvee*-ler) *v* despair

fortvilet (fo-*tvee*-lt) *adj* desperate

fortynne (fo-*tewn*-ner) *v* dilute

forundre (for-*ewn*-drer) *v* amaze

forundring (for-*ewn*-dring) *c* wonder

forurensning (for-rew-rehns-ning) *c* pollution

forurolige (*for*-rew-roo-li-er) *v* alarm

foruroligende (*for*-rew-roo-li-er-ner) *adj* scary

foruten (for-*ew*-tern) *prep* besides

forutgående (*for*-rewt-gaw-er-ner) *adj* prior

forutsatt at (*for*-*ewt*-sahtt ahtt) provided that, supposing that

***forutse** (*for*-*rewt*-s*ay*) *v* anticipate

***forutsi** (*for*-rewt-see) *v* predict, forecast

forutsigelse (*for*-rewt-see-erl-ser) *c* prediction

forvaltende (for-*vahl*-ter-ner) *adj* administrative

forvaltningsrett (for-*vahlt*-nings-reht) *c* administrative law

forvandle (for-*vahnd*-ler) *v* transform; **forvandles til** turn into forvaring (for-*vaa*-ring) c custody

forveksle (for-*vehk*-shler) v *mistake, confuse

forventning (for-*vehnt*-ning) c expectation

forvirre (for-*veer*-rer) v confuse

forvirret (for-*veer*-rert) adj confused

forvirring (for-*veer*-ring) c confusion; disturbance; muddle

forvisse seg om (for-*viss*-ser) ascertain

forårsake (for-ro-shaa-ker) v cause

foss (foss) c waterfall

fossestryk (*foss*-ser-strewk) nt (pl ~) rapids pl

fot (foot) c (pl føtter) foot; til fots on foot, walking

fotball (*foot*-bahl) c soccer; football

fotballkamp (*foot*-bahl-kahmp) c football match

fotbrems (*foot*-brehms) c foot-brake

fotgjenger (*foot*-Yehng-err) c pedestrian

fotgjengerovergang (*foot*-Yayng-err-aw-verr-gahng) c crossing, pedestrian crossing; crosswalk nAm

fotoforretning (*foo*-too-fo-reht-ning) c camera shop

fotograf (foo-too-*graaf*) c photographer

fotografere (foo-too-grah-*fay*-rer) v photograph

fotografering (foo-too-grah-*fay*-ring) c photography

fotografi (foo-too-grah-*fee*) nt photograph, photo

fotografiapparat (foo-too-grah-*fee*-ah-pah-raat) nt camera

fotokopi (*foot*-too-koo-pee) c photostat

fotpudder (*foot*-pew-derr) nt foot powder

fotspesialist (*foot*-speh-si-ah-list) c chiropodist

fottur (*foot*-tewr) c hike

fra (fraa) prep from; out of; as from; ~ og med from, as from

fradrag (*fraa*-draag) nt (pl ~) deduction; rebate

fraflytte (*fraa*-flew-ter) v vacate

frakk (frahkk) c topcoat, coat

frakt (frahkt) c cargo, freight

frankere (frahng-*kay*-rer) v stamp

franko (*frahng*-koo) adv post-paid

Frankrike (*frahngk*-ree-ker) France

fransk (frahnsk) adj French

franskmann (*frahnsk*-mahn) c (pl -menn) Frenchman

fraråde (*fraa*-raw-der) v dissuade from

frastøtende (fraa-stur-ter-ner) adj revolting, repellent, repulsive

*frata (*fraa*-taa) v deprive of

*fratre (*fraa*-tray) v resign

fravær (*fraa*-væær) nt (pl ~) absence

fraværende (fraa-vææ-rer-ner) adj absent

fred (frayd) c peace

fredag (*fray*-dah) c Friday

fredelig (*fray*-der-li) adj peaceful

frekk (frehkk) adj insolent, bold

frekkhet (*frehk*-hayt) c impertinence

frekvens (freh-*kvehns*) c frequency

frelse (*frehl*-ser) v redeem, save; c salvation

frem (frehmm) adv forward

fremad (*frehm*-maad) adv forward

fremadstrebende (*frehm*-maad-stray-ber-ner) adj go-ahead

*frembringe (*frehm*-bri-nger) v effect

fremdeles (frehm-*day*-lerss) adv still

fremgang (*frehm*-gahng) c prosperity

fremgangsmåte (*frehm*-gahngs-maw-ter) c approach; method, process, procedure

*fremgå (*frehm*-gaw) v appear

fremkalle (*frehm*-kah-ler) v develop

fremme (*frehm*-mer) v promote

fremmed (*frehm*-merd) *adj* strange; foreign; *c* stranger

fremover (*frehm*-maw-verr) *adv* onwards, ahead

fremragende (*frehm*-raa-ger-ner) *adj* outstanding, excellent

fremskritt (*frehm*-skrit) *nt* (pl ~) progress; advance; **gjøre ~ *get on, advance

fremstille (*frehm*-sti-ler) *v* produce

fremstående (*frehm*-staw-er-ner) *adj* distinguished

fremtid (*frehm*-tee) *c* future

fremtidig (*frehm*-tee-di) *adj* future

fremtoning (*frehm*-too-ning) *c* appearance

*fremtre (*frehm*-trāy) *v* appear

fremtredende (*frehm*-trāy-der-ner) *adj* outstanding, distinguished

fremvise (*frehm*-vee-ser) *v* exhibit

fri (free) *adj* free

fribillett (*free*-bi-leht) *c* free ticket

frifinnelse (*free*-fi-nerl-ser) *c* acquittal

frigjørelse (*free*-Yur-rerl-ser) *c* emancipation

frihet (*free*-hāyt) *c* freedom, liberty

friidrett (*free*-id-reht) *c* athletics *pl*

friksjon (frik-*shoon*) *c* friction

frikvarter (*free*-kvah-tāyr) *nt* break; recess *nAm*

frimerke (*free*-mær-ker) *nt* postage stamp, stamp

frimerkeautomat (*free*-mær-ker-ou-too-maat) *c* stamp machine

frisk (frisk) *adj* well; **bli ~** recover

frist (frist) *c* term

friste (*friss*-ter) *v* tempt

fristelse (*friss*-terl-ser) *c* temptation

frisyre (fri-*sew*-rer) *c* hair-do

frisør (fri-*surr*) *c* hairdresser

*frita (*free*-taa) *v* exempt; **~ for** discharge of

fritakelse (*free*-taa-kerl-ser) *c* exemption

fritatt (*free*-taht) *adj* exempt

fritid (*free*-teed) *c* spare time; leisure

frivillig[1] (*free*-vi-li) *adj* voluntary

frivillig[2] (*free*-vi-li) *c* (pl ~e) volunteer

frokost (*frōō*-kost) *c* breakfast

from (fromm) *adj* pious

frontlys (*front*-lēwss) *nt* (pl ~) headlamp, headlight

frontrute (*front*-rēw-ter) *c* windscreen; windshield *nAm*

frosk (frosk) *c* frog

frossen (*fross*-sern) *adj* frozen

frost (frost) *c* frost

frostknute (*frost*-knēw-ter) *c* chilblain

frotté (fro-*tāy*) *c* towelling

frue (*frēw*-er) *c* madam; mistress

frukt (frewkt) *c* fruit

fruktbar (*frewkt*-baar) *adj* fertile

frukthage (*frewkt*-haa-ger) *c* orchard

fruktsaft (*frewkt*-sahft) *c* squash

fryd (frēwd) *c* delight, joy

frykt (frewkt) *c* fear, dread

frykte (*frewk*-ter) *v* fear, dread

fryktelig (*frewk*-ter-li) *adj* terrible, dreadful

frynse (*frewn*-ser) *c* fringe

fryse (*frēw*-ser) *v* *freeze

*fryse (*frēw*-ser) *v* *freeze

frysepunkt (*frēw*-ser-pewngt) *nt* freezing-point

frysevæske (*frēw*-ser-vehss-ker) *c* antifreeze

frø (frūr) *nt* seed

frøken (*frūr*-kern) *c* (pl -kner) miss

fugl (fēwl) *c* bird

fukte (*fook*-ter) *v* moisten, damp

fuktig (*fook*-ti) *adj* wet, damp, humid, moist

fuktighet (*fook*-ti-hāyt) *c* damp, humidity, moisture

fuktighetskrem (*fook*-ti-hāyts-krāym) *c* moisturizing cream

full (fewll) *adj* full; drunk

fullblods (*fewl*-bloots) *adj* thorough-bred

fullende (*fewl*-leh-ner) *v* accomplish, complete, finish

fullføre (*fewl*-fūr-rer) *v* complete

fullkommen (*fewl*-ko-mern) *adj* perfect

fullkommenhet (*fewl*-ko-mern-hāyt) *c* perfection

fullsatt (*fewl*-saht) *adj* full up

fullstappet (*fewl*-stah-pert) *adj* chock-full

fullstendig (fewl-*stehn*-di) *adv* alto-gether, *adj* total; utter, whole, complete

fundament (fewn-dah-*mehnt*) *nt* base

fundamental (fewn-dah-mehn-*taal*) *adj* fundamental

fungere (fewng-*gāy*-rer) *v* work

funklende (*foongk*-ler-ner) *adj* spark-ling

funksjon (fewngk-*shoon*) *c* function; operation

fure (*few*-rer) *c* groove

furu (*few*-rew) *c* pine

fy! (*few*) shame!

fyldig (*fewl*-di) *adj* bulky, plump

fylke (*fewl*-ker) *nt* province

fyll (fewll) *nt* filling

fylle (*fewl*-ler) *v* fill; ~ **opp** fill up; ~ **ut** fill in; fill out *Am*

fyllepenn (*fewl*-ler-pehn) *c* fountain-pen

fylt (fewlt) *adj* stuffed

fyr (fewr) *c* chap, fellow

fyring (*few*-ring) *c* heating

fyrstikk (*fewsh*-tik) *c* match

fyrstikkeske (*fewsh*-ti-kehss-ker) *c* match-box

fyrtårn (*few*-tawn) *nt* (pl ~) light-house

fysiker (*few*-si-kerr) *c* physicist

fysikk (few-*sikk*) *c* physics

fysiologi (few-si-oo-loo-*gee*) *c* physiol-ogy

fysisk (*few*-sisk) *adj* physical

føde (*fūr*-der) *c* nourishment

fødested (*fūr*-der-stāyd) *nt* place of birth

fødsel (*furt*-serl) *c* (pl -sler) birth; childbirth

fødselsdag (*furt*-serls-daag) *c* birth-day

fødselsveer (*furt*-serls-vāy-err) *pl* la-bour pains

født (furtt) *adj* born

følbar (*fūrl*-baar) *adj* tangible

føle (*fūr*-ler) *v* *feel; ~ **på** *feel

følelig (*fūr*-ler-li) *adj* perceptible

følelse (*fūr*-lerl-ser) *c* sensation, feel-ing; emotion

følelsesløs (*fūr*-lerl-serss-lūrss) *adj* numb

følesans (*fūr*-ler-sahns) *c* touch

følge (*furl*-ler) *c* consequence; result; *holde ~ med* *keep up with

*følge (*furl*-ler) *v* follow, accompany

følgende (*furl*-ger-ner) *adj* subse-quent, following

føljetong (furl-Yer-*tongng*) *c* serial

følsom (*fūrl*-som) *adj* sensitive

før (fūrr) *conj* before; *prep* before

føre (*fūr*-rer) *v* *lead, conduct

fører (*fūr*-rerr) *c* leader; driver, con-ductor

førerhund (*fūr*-rerr-hewn) *c* guide-dog

førerkort (*fūr*-rerr-kot) *nt* (pl ~) driving licence

førerskap (*fūr*-rer-shkaap) *nt* leader-ship

førkrigs- (*fūrr*-kriks) pre-war

først (fursht) *adv* at first; ~ **og fremst** especially, essentially

første (*fursh*-ter) *num* first; *adj* fore-most, primary

førstehjelp (*fursh*-ter-Yehlp) *c* first-aid

førstehjelpsskrin (*fursh*-ter-Yehlp-skreen) *nt* first-aid kit

førstehjelpsstasjon (*fursh*-ter-Yehlp-stah-sh$\overline{oo}$n) *c* first-aid post

førsteklasses (*fursh*-ter-klah-serss) *adj* first-class, first-rate

førsterangs (*fursh*-ter-rahngs) *adj* first-rate

førti (*furt*-ti) *num* forty

føydal (fur^{ew}-*daal*) *adj* feudal

få (faw) *adj* few

*få (faw) *v* *get; obtain, receive; *have; ~ **til å** cause to

fårekjøtt (*faw*-rer-khurtt) *nt* mutton

G

gaffel (*gahf*-ferl) *c* (pl gafler) fork

gal (gaal) *adj* wrong, false; mad, crazy

galge (*gahl*-ger) *c* gallows *pl*

galle (*gahl*-ler) *c* bile, gall

galleblære (*gahl*-ler-blææ-rer) *c* gall bladder

galleri (gah-ler-*ree*) *nt* gallery

gallestein (*gahl*-ler-stayn) *c* gallstone

galopp (gah-*lopp*) *c* gallop

galskap (*gaal*-skaap) *c* madness

gammel (*gahm*-merl) *adj* ancient, old; aged

gammeldags (*gahm*-merl-dahks) *adj* ancient, old-fashioned; quaint

gang¹ (gahngng) *c* time; **en ~** once; some time, some day; **en ~ til** once more; **gang på gang** again and again; ***gå i ~ med** *undertake; **med en ~** straight away; **nok en ~** once more

gang² (gahngng) *c* aisle; hallway

gangart (*gahng*-aat) *c* gait

gange (*gahng*-nger) *c* pace, walk

gangsti (*gahng*-sti) *c* footpath

ganske (*gahn*-sker) *adv* quite, fairly, pretty, rather

gap (gaap) *nt* mouth

garantere (gah-rahn-*tay*-rer) *v* guarantee

garanti (gah-rahn-*tee*) *c* guarantee

garasje (gah-*raa*-sher) *c* garage

garderobe (gahr-der-*r$\overline{oo}$*-ber) *c* (pl ~) wardrobe; checkroom *nAm*, cloakroom

garderobeskap (gahr-der-*r$\overline{oo}$*-ber-skaap) *nt* (pl ~) closet *nAm*

gardin (gah-*deen*) *c/nt* curtain

garn (gaan) *nt* yarn

gartner (*gaht*-nerr) *c* gardener

gas (gaass) *c* (pl ~) gauze

gasje (*gaa*-sher) *c* pay, salary

gasjepålegg (*gaa*-sher-paw-lehg) *nt* (pl ~) rise

gass (gahss) *c* gas

gasskomfyr (*gahss*-koom-few) *c* gas cooker

gassovn (*gahss*-ovn) *c* gas stove

gasspedal (*gahss*-peh-daal) *c* accelerator

gassverk (*gahss*-værk) *nt* gasworks

gate (*gaa*-ter) *c* street, road

gatekryss (*gaa*-ter-krewss) *nt* (pl ~) crossroads

gave (*gaa*-ver) *c* present, gift

gavl (gahvl) *c* gable

gavmild (*gaav*-mil) *adj* liberal, generous

gavmildhet (*gaav*-mil-h$\overline{ay}$t) *c* generosity

gebiss (geh-*biss*) *nt* denture, false teeth

geit (Yayt) *c* goat

geitebukk (Yay-ter-book) *c* goat

geiteskinn (Yay-ter-shin) *nt* kid

gelé (sheh-*l$\overline{ay}$*) *c* jelly

gelender (geh-*lehn*-derr) *nt* (pl -dre) banisters *pl*; railing, rail

gemen (geh-*m$\overline{ay}$n*) *adj* foul, mean

general (geh-ner-*raal*) *c* general

generasjon (geh-ner-rah-*shōōn*) *c* generation

generator (geh-ner-*raa*-toor) *c* generator

generell (sheh-ner-rehll) *adj* universal, general

generøs (sheh-ner-*rūrss*) *adj* generous

geni (sheh-*nee*) *nt* genius

genser (*gehn*-serr) *c* jersey

geografi (geh-oo-grah-*fee*) *c* geography

geologi (geh-oo-loo-*gee*) *c* geology

geometri (geh-oo-meh-*tree*) *c* geometry

gest (shehst) *c* gesture

gestikulere (gehss-ti-kew-*lay*-rer) *v* gesticulate

gevinst (geh-*vinst*) *c* prize

gevir (geh-*veer*) *nt* antlers *pl*

gevær (geh-*væær*) *nt* rifle, gun

***gi** (Yee) *v* *give; ~ **etter** indulge, *give in; ~ **opp** *v* *give up; ~ **seg** *give in

gift (Yift) *c* poison

gifte seg (Yif-ter) marry

giftig (Yif-ti) *adj* toxic, poisonous

gikt (Yikt) *c* gout

gips (Yips) *c* plaster

gir (geer) *nt* gear; **skifte** ~ change gear

girkasse (*geer*-kah-ser) *c* gear-box

girstang (*gee*-shtahng) *c* (pl -stenger) gear lever

gissel (*giss*-serl) *nt* (pl gisler) hostage

gitar (gi-*taar*) *c* guitar

gjedde (Yayd-der) *c* pike

gjeld (Yehll) *c* debt

***gjelde** (Yehl-ler) *v* concern, apply

gjelle (Yehl-ler) *c* gill

gjemme (Yehm-mer) *v* *hide

gjenforene (Yehn-fo-*ray*-ner) *v* reunite

gjeng (Yehngng) *c* gang

gjenlyd (Yehn-*lewd*) *c* echo

gjennom (Yehn-noom) *prep* through;

~ **gå** pass through

gjennombløte (Yehn-noom-*blūr*-ter) *v* soak

gjennombore (Yehn-noom-*bōō*-rer) *v* pierce

***gjennomgå** (Yehn-noom-*gaw*) *v* *go through, suffer

gjennomreise (Yehn-noom-*ray*-ser) *c* passage

gjennomsiktig (Yehn-noom-*sik*-ti) *adj* sheer, transparent

gjennomsnitt (Yehn-noom-*snit*) *nt* (pl ~) average, mean; **i** ~ on the average

gjennomsnittlig (Yehn-noom-*snit*-li) *adj* average, medium

gjennomtrenge (Yehn-noom-*treh*-nger) *v* penetrate

gjenopplivelse (Yehn-*noop*-lee-verl-ser) *c* revival

***gjenoppta** (Yehn-*nop*-taa) *v* resume

gjenpart (Yehn-paht) *c* carbon copy

gjensidig (Yehn-*see*-di) *adj* mutual

gjenstand (Yehn-stahn) *c* object; article

***gjenta** (Yehn-*taa*) *v* repeat

gjentakelse (Yehn-*taa*-kerl-ser) *c* repetition

gjerde (Yææ-der) *nt* fence

gjerne (Yææ-ner) *adv* willingly, gladly

gjerning (Yææning) *c* deed

gjerrig (Yær-ri) *adj* avaricious

gjespe (Yehss-per) *v* yawn

gjest (Yehst) *c* guest

gjesteværelse (Yehss-ter-væær-rerl-ser) *nt* guest room

gjestfri (Yehst-free) *adj* hospitable

gjestfrihet (Yehst-fri-*hāyt*) *c* hospitality

gjeter (Yāy-terr) *c* shepherd

gjette (Yeht-ter) *v* guess

gjær (Yæær) *c* yeast

gjære (Yææ-rer) *v* ferment

gjø (Yūr) v bark, bay
gjødsel (Yurt-serl) c manure, dung
gjødseldynge (Yurt-serl-dew-nger) c dunghill
gjøk (Yūrk) c cuckoo
*gjøre (Yūr-rer) v *do
gjørlig (Yūr-li) adj feasible
glad (glaa) adj cheerful, glad, joyful, happy; *være ~ i love
glans (glahns) c gloss
glansløs (glahns-lūrss) adj mat
glass (glahss) nt glass; farget ~ stained glass; glass- glass
glassmaleri (glahss-maa-ler-ree) nt stained glass
glasur (glah-sewr) c icing, frosting
glatt (glahtt) adj slippery; smooth
glede (glay-der) c gladness, joy, delight; v please, delight; *ha ~ av enjoy; med ~ gladly
glemme (glehm-mer) v *forget
glemsom (glehm-som) adj forgetful
*gli (glee) v *slide, glide; skid, slip
glidefly (glee-der-flew) nt (pl ~) glider
glidelås (glee-der-lawss) c zip, zipper
glimrende (glim-rer-ner) adj splendid
glimt (glimt) nt flash; glimpse
glinse (glin-ser) v *shine
glis (gleess) nt grin
glise (glee-ser) v grin
globus (gloo-bewss) c globe
glød (glūrd) c glow
gløde (glūr-der) v glow
*gni (gnee) v rub
gnist (gnist) c spark
gobelin (goo-beh-lehngng) nt tapestry
god (goo) adj good; kind
godkjenne (goo-kheh-ner) v approve of, approve
godkjennelse (goo-kheh-nerl-ser) c approval
godlyndt (goo-lewnt) adj good-humoured

godmodig (goo-moo-di) adj good-tempered, good-natured
*godskrive (goo-skree-ver) v credit
godstog (goots-tawg) nt (pl ~) goods train; freight-train nAm
godsvogn (goots-vongn) c waggon
godt (gott) adv well
*godtgjøre (got-Yūr-rer) v *make good
godtgjørelse (got-Yūr-rerl-ser) c remuneration
godtroende (goo-troo-er-ner) adj credulous
godvilje (goo-vil-Yer) c goodwill
golf (golf) c golf; gulf
golfbane (golf-baa-ner) c golf-links, golf-course
gondol (gon-dool) c gondola
gotter (got-terr) pl candy nAm
grad (graad) c degree; grade; i den ~ so
gradvis (graad-veess) adv gradually; adj gradual
grafisk (graa-fisk) adj graphic; ~ fremstilling diagram
gram (grahmm) nt gram
grammatikk (grah-mah-tikk) c grammar
grammatisk (grah-maa-tisk) adj grammatical
grammofon (grah-moo-foon) c record-player, gramophone
grammofonplate (grah-moo-foon-plaa-ter) c disc, record
gran (graan) c fir-tree
granitt (grah-nitt) c granite
granne (grahn-ner) c neighbour
grapefrukt (grayp-frewkt) c grapefruit
grasiøs (grah-si-ūrss) adj graceful
gratis (graa-tiss) adj free, gratis; free of charge
gratulasjon (grah-tew-lah-shoon) c congratulation

gratulere (grah-too-*lay*-rer) v congratulate

grav (graav) c tomb, grave

grave (*graa*-ver) v *dig; ~ **ned** bury

gravere (grah-*vay*-rer) v engrave

gravid (grah-*veed*) adj pregnant

gravlund (*graav*-lewn) c cemetery

gravstein (*graav*-stayn) c tombstone, gravestone

gravør (grah-*vurr*) c engraver

gre (greh) v comb

greker (*gray*-kerr) c Greek

gren (grayn) c branch, bough

grense (*grehn*-ser) c limit, bound, boundary; frontier, border

grenseløs (*grehn*-ser-lürss) adj unlimited

grep (grayp) nt grasp; clutch, grip

gresk (graysk) adj Greek

gress (grehss) nt grass

gresshoppe (*grehss*-ho-per) c grasshopper

gressløk (*grehss*-lürk) c chives pl

gressplen (*grehss*-playn) c lawn

gresstrå (*greh*-straw) nt (pl ~) blade of grass

greve (*gray*-ver) c earl, count

grevinne (greh-*vin*-ner) c countess

grevskap (*grayv*-skaap) nt county

gribb (gribb) c vulture

grille (*gril*-ler) v grill

grillrom (*grill*-room) nt (pl ~) grill-room

grind (grinn) c gate

*gripe (*gree*-per) v *take, *catch, grasp, seize, grip; ~ **inn** intervene, interfere

gris (greess) c pig

grisk (grisk) adj greedy

griskhet (*grisk*-hayt) c greed

grop (groop) c pit

gross (gross) nt gross

grosserer (groo-*say*-rerr) c wholesale dealer

grotte (*grot*-ter) c cave, grotto

grov (grawv) adj coarse, gross

grovsmed (*grawv*-smay) c blacksmith

gru (grew) c horror

grundig (*grewn*-di) adj thorough

grunn¹ (grewnn) c reason; cause; **på** ~ **av** owing to, because of, for, on account of

grunn² (grewnn) c ground

grunn³ (grewnn) adj shallow

grunnlag (*grewn*-laag) nt (pl ~) basis

*grunnlegge (*grewn*-leh-ger) v found

grunnleggende (*grewn*-leh-ger-ner) adj basic

grunnlov (*grewn*-lawv) c constitution

grunnsetning (*grewn*-seht-ning) c principle

gruppe (*grewp*-per) c group; party

gruppere (grew-*pay*-rer) v classify

grus (grewss) c gravel, grit

grusom (*grew*-som) adj cruel, harsh; terrible, horrible

gruve (*grew*-ver) c pit, mine

gruvearbeider (*grew*-ver-ahr-bay-derr) c miner

gruvedrift (*grew*-ver-drift) c mining

gryte (*grew*-ter) c pot

grøft (grurft) c ditch

grønn (grurnn) adj green; **grønt kort** green card

grønnsak (*grurn*-saak) c vegetable

grønnsakhandler (*grurn*-saak-hahnd-lerr) c greengrocer; vegetable man

grøt (grurt) c porridge

grå (graw) adj grey

grådig (*graw*-di) adj greedy

*gråte (*graw*-ter) v *weep, cry

gud (gewd) c god

guddommelig (gew-*dom*-mer-li) adj divine

gudfar (*gew*-faar) c (pl -fedre) godfather

gudinne (gew-*din*-ner) c goddess

gudstjeneste (gewts-t^yay-nerss-ter) c worship, service

guide (gighd) c guide

gul (gēwl) adj yellow

gull (gewll) nt gold

gullgruve (gewl-grēw-ver) c goldmine

gullsmed (gewl-smāy) c jeweller, goldsmith

gulrot (gēwl-rōōt) c (pl -røtter) carrot

gulsott (gēwl-sot) c jaundice

gulv (gewlv) nt floor

gulvteppe (gewlv-teh-per) nt carpet

gummi (gewm-mi) c rubber, gum

gummisko (gewm-mi-skōō) pl plimsolls pl

gunstig (gewn-sti) adj favourable; cheap

gurgle (gewr-gler) v gargle

gutt (gewtt) c boy; lad

guttespeider (gewt-ter-spay-derr) c scout, boy scout

guvernante (gew-veh-nahn-ter) c governess

guvernør (gew-veh-nūrr) c governor

gyldig (yewl-di) adj valid

gyllen (yewl-lern) adj golden

gymnastikk (gewm-nah-stikk) c physical education; gymnastics pl

gymnastikksal (gewm-nah-stik-saal) c gymnasium

gynekolog (gew-ner-koo-lawg) c gynaecologist

gynge (yewng-nger) v rock

gys (yewss) nt shudder

gøy (gur^{ew}) c/nt fun

gøyal (gur^{ew}-ahl) adj amusing

*gå (gaw) v *go, walk; pull out; ~ bort *leave, *go away; ~ forbi pass by; ~ forut for precede; ~ fottur hike; ~ fra borde disembark; ~ gjennom pass through; ~ hjem *go home; ~ igjennom *go through; ~ i land land; ~ inn enter, *go in; ~ med på agree; ~

ned descend; ~ om bord embark; ~ over cross; ~ sin vei depart; ~ tilbake *get back; ~ til verks proceed; ~ ut *go out; ~ videre *go ahead, *go on

i går (i-gawr) yesterday

gårdsplass (gawsh-plahss) c backyard, courtyard

gås (gawss) c (pl gjess) goose

gåsehud (gaw-ser-hēwd) c goose-flesh

gåte (gaw-ter) c puzzle, enigma, riddle

gåtefull (gaw-ter-fewl) adj mysterious

H

*ha (haa) v *have; ~ noe imot mind; ~ på seg *wear

hage (haa-ger) c garden

hagl (hahgl) nt hail; buckshot

hai (high) c shark

haike (high-ker) v hitchhike

haiker (high-kerr) c hitchhiker

hake (haa-ker) c chin

hakke (hahk-ker) v chop; c pick-axe

hale (haa-ler) c tail

hallo! (hah-lōō) hello!

halm (hahlm) c straw

halmtak (hahlm-taak) nt (pl ~) thatched roof

hals (hahls) c throat, neck

halsbrann (hahls-brahn) c heartburn

halsbånd (hahls-bon) nt (pl ~) collar

halsesyke (hahl-ser-sēw-ker) c sore throat

halskjede (hahls-khāy-der) nt necklace

halt (hahlt) adj lame

halte (hahl-ter) v limp

halv (hahll) adj half; halv- semi-

halvdel (hahl-dāyl) c half

halvere (hahl-vāy-rer) v halve

halvsirkel (hahl-seer-kerl) c (pl -kler)

semicircle

halvt (hahlt) *adv* half

halvtid (hahl-teed) *c* half-time

halvveis (hahl-vayss) *adv* halfway

halvøy (hahl-lur^(ew)) *c* peninsula

ham (hahmm) *pron* him

hammer (hahm-merr) *c* hammer

hamp (hahmp) *c* hemp

han (hahnn) *pron* he; **hann-** male

handel (hahn-derl) *c* (pl -dler) commerce, business, trade; deal; ***drive ~** trade; **handels-** commercial

handelsmann (hahn-derls-mahn) *c* (pl -menn) tradesman

handelsrett (hahn-derls-reht) *c* commercial law

handelsvare (hahn-derls-vaa-rer) *c* merchandise

handle (hahnd-ler) *v* shop; act; **~ med ***deal with

handlebag (hahnd-ler-bæg) *c* shopping bag

handlende (hahnd-ler-ner) *c* (pl ~) dealer

handling (hahnd-ling) *c* action, act, deed; plot

hane (haa-ner) *c* cock

hans (hahns) *pron* his

hanske (hahn-sker) *c* glove

hard (haar) *adj* hard

hardnakket (haanah-kert) *adj* obstinate

hare (haa-rer) *c* hare

harmoni (hahr-moo-nee) *c* harmony

harpe (hahr-per) *c* harp

harpiks (hahr-piks) *c* resin

harsk (hahshk) *adj* rancid

hasselnøtt (hahss-serl-nurt) *c* hazelnut

hast (hahst) *c* haste

hastig (hahss-ti) *adj* hasty

hastighet (hahss-ti-hāyt) *c* speed

hastverk (hahst-værk) *nt* hurry

hat (haat) *nt* hatred, hate

hate (haa-ter) *v* hate

hatt (hahtt) *c* hat

haug (hou) *c* pile, heap; mound

hauk (houk) *c* hawk

hav (haav) *nt* ocean

havfrue (haav-frēw-er) *c* mermaid

havmåke (haav-maw-ker) *c* seagull

havn (hahvn) *c* port, harbour

havnearbeider (hahv-ner-ahr-bay-derr) *c* docker

havneby (hahv-ner-bēw) *c* seaport

havre (hahv-rer) *c* oats *pl*

hebraisk (heh-braa-isk) *nt* Hebrew

hedensk (hāy-dernsk) *adj* pagan, heathen

heder (hāy-derr) *c* glory

hederlig (hāy-der-li) *adj* honourable

hedning (hāyd-ning) *c* pagan, heathen

hedre (hāy-drer) *v* honour

heftig (hehf-ti) *adj* severe, violent, fierce

heftplaster (hehft-plahss-terr) *nt* (pl -tre) plaster, adhesive tape

hegre (hāy-grer) *c* heron

hei (hay) *c* heath, moor

heis (hayss) *c* lift; elevator *nAm*

heise (hay-ser) *v* hoist

heisekran (hay-ser-kraan) *c* crane

hekk (hehkk) *c* hedge

hekle (hehk-ler) *v* crochet

heks (hehks) *c* witch

hel (hāyl) *adj* entire, whole

helbrede (hehl-brāy-der) *v* cure, heal

helbredelse (hehl-brāy-derl-ser) *c* recovery, cure

heldig (hehl-di) *adj* lucky, fortunate

hele (hāy-ler) *nt* whole; **i det ~** altogether

helgen (hehl-gern) *c* saint

helgenskrin (hehl-gern-skreen) *nt* (pl ~) reliquary

helkornbrød (hāyl-kōōn-brūr) *nt* (pl ~) wholemeal bread

hell (hehll) *nt* luck

Hellas (*hehl*-lahss) Greece

helle (*hehl*-ler) v pour; slope

heller (*hehl*-lerr) adv sooner, rather

hellig (*hehl*-li) adj holy, sacred

helligbrøde (*hehl*-li-brūr-der) c sacri-lege

helligdag (*hehl*-li-daag) c holiday, Sunday

helligdom (*hehl*-li-dom) c (pl ~mer) shrine

hellige (*hehl*-li-er) v dedicate

helling (*hehl*-ling) c gradient

helse (*hehl*-ser) c health

helseattest (*hehl*-ser-ah-tehst) c health certificate

helt[1] (hehlt) c hero

helt[2] (hāylt) adv wholly, entirely, quite, completely

heltinne (hehlt-*inn*-ner) c heroine

helvete (*hehl*-ver-ter) nt hell

hemmelig (*hehm*-li) adj secret

hemmelighet (*hehm*-li-hāyt) c secret

hemorroider (heh-moo-*ree*-derr) pl piles pl, haemorrhoids pl

hende (*hehn*-ner) v happen, occur

hendelse (*hehn*-nerl-ser) c incident, happening, occurrence

hendig (*hehn*-di) adj handy

*****henge** (*hehng*-nger) v *hang

hengebru (*hehng*-nger-brēw) c suspen-sion bridge

hengekøye (*hehng*-nger-kur**ew**-er) c hammock

hengelås (*heh*-nger-lawss) c padlock

henger (*hehng*-ngerr) c hanger

hengesmykke (*hehng*-nger-smew-ker) nt pendant

hengiven (*hehn*-Yee-vern) adj affec-tionate

hengivenhet (*hehn*-Yee-vern-hāyt) c affection

hengsel (*hehng*-sherl) nt (pl -sler) hinge

henne (*hehn*-ner) pron her

hennes (*hehn*-nerss) pron her

henrettelse (*hehn*-reh-terl-ser) c ex-ecution

henrivende (*hehn*-ree-ver-ner) adj adorable, delightful, enchanting

henrykt (*hehn*-rewkt) adj delighted

hensikt (*hehn*-sikt) c intention, pur-pose, design; *ha til ~ intend

henstand (*hehn*-stahn) c respite

hensyn (*hehn*-sēwn) nt regard; med ~ til as regards, regarding

hensynsfull (*hehn*-sēwns-fewl) adj considerate

hensynsfullhet (*hehn*-sēwns-fewl-hāyt) c consideration

hente (*hehn*-ter) v fetch; *get, pick up, collect

henvende seg til (*hehn*-veh-ner) ad-dress

henvise til (*hehn*-vee-ser) refer to

henvisning (*hehn*-veess-ning) c refer-ence

her (hæær) adv here

herberge (*hær*-bær-ger) nt hostel

heretter (hææ-reh-terr) adv hence-forth

herkomst (*hæær*-komst) c origin

herlig (*hææ*-li) adj wonderful, lovely, delightful

hermetikk (hær-mer-*tikk*) c tinned food

hermetikkboks (hær-mer-*tik*-boks) c tin; can nAm

hermetikkåpner (hær-mer-*tik*-awp-nerr) c tin-opener

hermetisere (hær-mah-ti-*sāy*-rer) v preserve

herr (hærr) mister

herre (*hær*-rer) c gentleman

herredømme (*hær*-rer-dur-mer) nt do-minion

herrefrisør (*hær*-rer-fri-sūrr) c barber

herregård (*hær*-rer-gawr) c mansion, manor-house

herretoalett (*hær-rer-too-ah-leht*) *nt* men's room

herske (*hæsh-ker*) *v* reign, rule

hersker (*hæsh-kerr*) *c* sovereign

hertug (*hæt-tewg*) *c* duke

hertuginne (*hæ-tew-gin-ner*) *c* duchess

hes (*hāyss*) *adj* hoarse

hest (*hehst*) *c* horse

hestekraft (*hehss-ter-krahft*) *c* (pl -krefter) horsepower

hestesko (*hehss-ter-skōō*) *c* (pl ~) horseshoe

hesteveddeløp (*hehss-ter-veh-der-lūrp*) *nt* (pl ~) horserace

het (*hāyt*) *adj* hot

hete (*hāy-ter*) *c* heat

***hete** (*hāy-ter*) *v* *be called

heteroseksuell (*hi-eh-rahr-kee*) *adj* heterosexual

hette (*heht-ter*) *c* hood

hevarm (*hāyv-ahrm*) *c* lever

heve (*hāy-ver*) *v* raise; *draw, cash

hevelse (*hāy-verl-ser*) *c* swelling

hevn (*hehvn*) *c* revenge

hi (*hee*) *nt* den

hierarki (*hi-eh-rahr-kee*) *nt* hierarchy

hikke (*hik-ker*) *c* hiccup

hilse (*hil-ser*) *v* greet; salute

hilsen (*hil-sern*) *c* greeting

himmel (*him-merl*) *c* (pl himler) sky; heaven

hindre (*hin-drer*) *v* hinder, impede

hindring (*hin-dring*) *c* obstacle, impediment

hinsides (*heen-see-derss*) *prep* beyond

hissig (*hiss-si*) *adj* hot-tempered, quick-tempered

historie (*hiss-tōō-ri-er*) *c* history

historiker (*hiss-tōō-ri-kerr*) *c* historian

historisk (*hiss-tōō-risk*) *adj* historic, historical

hittegods (*hit-ter-goots*) *nt* lost and found

hittegodskontor (*hit-ter-goots-koon-tōōr*) *nt* lost property office

hittil (*heet-til*) *adv* so far

hjelm (*ʸehlm*) *c* helmet

hjelp (*ʸehlp*) *c* aid, assistance, help; relief

***hjelpe** (*ʸehl-per*) *v* help, aid; support, assist

hjelper (*ʸehl-perr*) *c* helper

hjelpsom (*ʸehlp-som*) *adj* helpful

hjem (*ʸehmm*) *nt* home

hjemlengsel (*ʸehm-lehng-serl*) *c* homesickness

hjemme (*ʸehm-mer*) *adv* at home

hjemmelaget (*ʸehm-mer-laa-gert*) *adj* home-made

hjemover (*ʸehm-maw-verr*) *adv* homeward

hjemreise (*ʸehm-ray-ser*) *c* return journey

hjerne (*ʸææ-ner*) *c* brain

hjernerystelse (*ʸææ-ner-rewss-terl-ser*) *c* concussion

hjerte (*ʸæt-ter*) *nt* heart

hjerteanfall (*ʸæt-ter-ahn-fahl*) *nt* (pl ~) heart attack

hjerteklapp (*ʸæt-ter-klahp*) *c* palpitation

hjertelig (*ʸæt-li*) *adj* cordial, hearty

hjerteløs (*ʸæt-ter-lūrss*) *adj* heartless

hjort (*ʸott*) *c* deer

hjul (*ʸēwl*) *nt* wheel

hjørne (*ʸūr-ner*) *nt* corner

hode (*hōō-der*) *nt* head; **på hodet** upside-down

hodepine (*hōō-der-pee-ner*) *c* headache

hodepute (*hōō-der-pēw-ter*) *c* pillow

hoff (*hoff*) *nt* court

hofte (*hof-ter*) *c* hip

hofteholder (*hof-ter-ho-lerr*) *c* girdle

hold (*holl*) *nt* stitch

***holde** (*hol-ler*) *v* *hold; *keep; ~ **oppe** *hold up; ~ **opp med** stop;

~ **på** *hold; ~ **på med** *keep at;
~ **seg borte fra** *keep away from;
~ **seg fast** *hold on; ~ **tilbake**
keep back, *withhold ~ **ut** *keep
up; *bear, endure; ~ **utkikk etter**
watch for

holdeplass (*hol*-ler-plahss) *c* stop

holdning (*hold*-ning) *c* position, attitude

Holland (*hol*-lahn) Holland

hollandsk (*hol*-lahnsk) *adj* Dutch

hollender (*hol*-lehn-derr) *c* Dutchman

homoseksuell (*hōō*-moo-sehk-sew-ehl) *adj* homosexual

honning (*hon*-ning) *c* honey

honorar (hoo-noo-*raar*) *nt* fee

hop (hōōp) *c* lot; heap

hopp (hopp) *nt* jump, leap, hop

hoppe¹ (*hop*-per) *v* jump; skip, hop; *leap; ~ **over** skip

hoppe² (*hop*-per) *c* mare

hore (*hōō*-rer) *c* whore

horisont (hoo-ri-*sont*) *c* horizon

horisontal (hoo-ri-son-*taal*) *adj* horizontal

horn (hōōn) *nt* horn

hornorkester (*hōō*-nor-kehss-terr) *nt* (pl -tre) brass band

hos (hooss) *prep* with; at

hospital (hooss-pi-*taal*) *nt* hospital

hoste (*hooss*-ter) *v* cough; *c* cough

hotell (hoo-*tehll*) *nt* hotel

hov (hōōv) *c* hoof

hoved- (*hōō*-verd) capital, cardinal, chief, main, primary, principal

hovedgate (*hōō*-verd-gaa-ter) *c* main street

hovedkvarter (*hōō*-verd-kvah-tāyr) *nt* headquarters *pl*

hovedledning (*hōō*-verd-lāyd-ning) *c* mains *pl*

hovedlinje (*hōō*-verd-lin-ʏer) *c* main line

hovedsakelig (*hōō*-verd-saa-ker-li) *adv* mainly

hovedstad (*hōō*-verd-staad) *c* (pl -steder) capital

hovedvei (*hōō*-verd-vay) *c* thoroughfare, main road

hoven (*haw*-vern) *adj* snooty

hovmester (*hawv*-mehss-terr) *c* (pl -tre) head-waiter

hovmodig (hov-*mōō*-di) *adj* haughty; proud

hud (hēwd) *c* skin; **hard** ~ callus

hudfarge (*hēwd*-fahr-ger) *c* complexion

hudkrem (*hēwd*-krāym) *c* skin cream

hukommelse (hew-*kom*-merl-ser) *c* memory

hul (hēwl) *adj* hollow

hule (*hēw*-ler) *c* cave, cavern

hull (hewll) *nt* hole

hulrom (*hēwl*-room) *nt* (pl ~) cavity

humle (*hoom*-ler) *c* bumblebee; hops

hummer (*hoom*-merr) *c* lobster

humor (*hēw*-moor) *c* humour

humoristisk (hew-moo-*riss*-tisk) *adj* humorous

humpet (*hoom*-pert) *adj* bumpy

humør (hew-*mūrr*) *nt* spirit, mood; spirits

hun (hewnn) *pron* she; **hunn-** female

hund (hewnn) *c* dog

hundehus (*hewn*-ner-hēwss) *nt* (pl ~) kennel

hunderem (*hewn*-ner-rehmm) *c* (pl ~mer) lead

hundre (*hewn*-drer) *num* hundred

hurtig (*hewt*-ti) *adj* fast, quick, rapid

hurtigtog (*hewt*-ti-tawg) *nt* (pl ~) through train, express train

hus (hēwss) *nt* house; **hus-** domestic

husarbeid (*hēwss*-ahr-bayd) *nt* housework

husbåt (*hēwss*-bawt) *c* houseboat

husdyr (*hēwss*-dēwr) *nt* (pl ~) domestic animal

huse (*hew*-ser) v lodge

huseier (*hewss*-ay-errr) c landlord

hushjelp (*hewss*-Yerlp) c maid, house-maid

husholderske (*hewss*-ho-lersh-ker) c housekeeper

husholdning (*hewss*-hol-ning) c housekeeping

huske (hewss-ker) v remember; recollect; *swing; c swing

huslærer (*hewss*-læææ-rerr) c tutor

husmor (*hewss*-mōōr) c (pl -mødre) housewife

husrom (*hewss*-room) nt accommodation; skaffe ~ accommodate

husstand (*hew*-stahn) c household

hustru (hewss-trew) c wife

husvert (*hewss*-vææt) c landlord

husvogn (*hewss*-vongn) c caravan

hutre (hewt-rer) v shiver

hutrende (hewt-rer-ner) adj shivery

hva (vaa) pron what; ~ enn whatever; ~ som helst anything

hval (vaal) c whale

hvelv (vehlv) nt arch

hvelving (vehl-ving) c vault

hvem (vehmm) pron who; ~ som enn whoever; ~ som helst anybody; til ~ whom

hver (vææer) adj every, each

hverandre (væ-rahn-drer) pron each other

hverdag (vææ-daag) c weekday

hvete (vāy-ter) c wheat

hvetebolle (vāy-ter-bo-ler) c bun

hvetebrødsdager (vāy-ter-brūrss-daa-gerr) pl honeymoon

hvile (vee-ler) v rest; c rest

hvilehjem (vee-ler-Yehm) nt (pl ~) rest-home

hvilken (vil-kern) pron which; ~ som helst whichever; hvilke som helst any

hvin (veen) nt shriek

hvis (viss) conj if; in case

hviske (viss-ker) v whisper

hvisking (viss-king) c whisper

hvit (veet) adj white

hvitløk (veet-lūrk) c garlic

hvitting (vit-ting) c whiting

hvor (vōōr) adv where; how; ~ enn wherever; ~ mange how many; ~ mye how much; ~ som helst anywhere

hvordan (voo-dahn) adv how

hvorfor (voor-for) adv why; what for

hyggelig (hewg-ger-li) adj pleasant, enjoyable

hygiene (hew-gi-āy-ner) c hygiene

hygienisk (hew-gi-āy-nisk) adj hygienic

hykler (hewk-lerr) c hypocrite

hykleri (hewk-ler-ree) nt hypocrisy

hyklersk (hewk-lehshk) adj hypocritical

hyl (hēwl) nt scream, yell

hyle (hēw-ler) v scream, yell

hylle (hewl-ler) c shelf; v *pay tribute to

hyllest (hewl-lerst) c homage, tribute

hymne (hewm-ner) c hymn

hypotek (hew-poo-tāyk) nt mortgage

hyppig (hewp-pi) adj frequent

hyppighet (hewp-pi-hāyt) c frequency

hyssing (hewss-sing) c twine

hysterisk (hewss-tāy-risk) adj hysterical

hytte (hewt-ter) c cabin, hut; chalet; cottage

hæl (hææl) c heel

høflig (hurf-li) adj polite, civil

høne (hūr-ner) c hen

hørbar (hūrr-baar) adj audible

høre (hūr-rer) v *hear

hørsel (hursh-sherl) c hearing

høst (hurst) c autumn; fall nAm

høste (hurss-ter) v gather

høvding (hurv-ding) c chieftain

høvisk (*hūr*-visk) *adj* courteous

høy (hur^{ew}) *adj* tall, high; loud; *nt* hay

høyde (*hur^{ew}*-der) *c* height; altitude, rise

høydepunkt (*hur^{ew}*-der-poongt) *nt* zenith, height

høyderygg (*hur^{ew}*-der-rewgg) *c* ridge

høyere (*hur^{ew}*-er-rer) *adj* superior, higher

høyland (*hur^{ew}*-lahn) *nt* (pl ~) uplands *pl*

høylydt (*hur^{ew}*-lewt) *adj* loud

høyre (*hur^{ew}*-rer) *adj* right; right-hand; **på ~ side** right-hand

høyrød (*hur^{ew}*-rūr) *adj* crimson

høysesong (*hur^{ew}*-seh-song) *c* peak season, high season

høyslette (*hur^{ew}*-shleh-ter) *c* plateau

høysnue (*hur^{ew}*-snew-er) *c* hay fever

høyst (hur^{ew}st) *adv* at most

høyt (hur^{ew}t) *adv* aloud

høytidelig (hur^{ew}-*tee*-der-li) *adj* solemn

høyttaler (*hur^{ew}*-taa-lerr) *c* loud-speaker

høyvann (*hur^{ew}*-vahn) *nt* high tide

hån (hawn) *c* mockery, scorn

hånd (honn) *c* (pl hender) hand; **hånd-** manual; ***ta ~ om** attend to

håndarbeid (*hon*-nahr-bayd) *nt* needlework

håndbagasje (*hon*-bah-gaa-sher) *c* hand luggage; hand baggage *Am*

håndbok (*hon*-bōōk) *c* (pl -bøker) handbook

håndbrems (*hon*-brehms) *c* hand-brake

håndflate (*hon*-flaa-ter) *c* palm

håndfull (*hon*-fewl) *c* handful

håndjern (*hon*-^yææn) *pl* handcuffs *pl*

håndkle (*hong*-kler) *nt* (pl -lær) towel

håndkrem (*hon*-krāym) *c* hand cream

håndlaget (*hon*-laa-gert) *adj* hand-made

håndledd (*hon*-lehd) *nt* (pl ~) wrist

håndskrift (*hon*-skrift) *c* handwriting

håndtak (*hon*-taak) *nt* (pl ~) handle

håndtere (hon-*tāy*-rer) *v* handle

håndterlig (hon-*tāy*-li) *adj* manage-able

håndtrykk (*hon*-trewk) *nt* (pl ~) handshake

håndvask (*hon*-vahsk) *c* wash-basin

håndverk (*hon*-værk) *nt* (pl ~) handicraft

håndveske (*hon*-vehss-ker) *c* bag, handbag

håne (*haw*-ner) *v* mock

håp (hawp) *nt* hope

håpe (*haw*-per) *v* hope

håpefull (*haw*-per-fewl) *adj* hopeful

håpløs (*hawp*-lūrss) *adj* hopeless

håpløshet (*hawp*-lūrss-hāyt) *c* despair

hår (hawr) *nt* hair

hårbørste (*hawr*-bursh-ter) *c* hair-brush

håret (*haw*-rert) *adj* hairy

hårfrisyre (*hawr*-fri-sēw-rer) *c* hair-do

hårklipp (*hawr*-klip) *c* haircut

hårkrem (*hawr*-krāym) *c* hair cream

hårlakk (*haw*-lahk) *c* hair-spray

hårnett (*haw*-neht) *nt* (pl ~) hair-net

hårolje (*hawr*-ol-Yer) *c* hair-oil

hårrull (*haw*-rewl) *c* curler

hårskill (*haw*-shil) *c* parting

hårspenne (*haw*-shpeh-ner) *c* hair-grip; bobby pin *Am*

hårtørker (*haw*-turr-kerr) *c* hair-dryer

hårvann (*hawr*-vahn) *nt* hair tonic

I

i (ee) *prep* in; for, at

*iaktta (i-*ahk*-tah) *v* observe, watch

iakttakelse (i-*ahk*-taa-kerl-ser) *c* observation

ibenholt (*ee*-bern-holt) *c/nt* ebony

idé (i-*dāy*) *c* idea

ideal (i-deh-*aal*) *nt* ideal

ideell (i-deh-*ehll*) *adj* ideal

identifisere (i-dehn-ti-fi-*sāy*-rer) *v* identify

identifisering (i-dehn-ti-fi-*sāy*-ring) *c* identification

identisk (i-*dehn*-tisk) *adj* identical

identitet (i-dehn-ti-*tāyt*) *c* identity

identitetskort (i-dehn-ti-*tāyts*-kot) *nt* (pl ~) identity card

idiom (i-di-*ōōm*) *nt* idiom

idiomatisk (i-di-oo-*maa*-tisk) *adj* idiomatic

idiot (i-di-*ōōt*) *c* idiot

idiotisk (i-di-*ōō*-tisk) *adj* idiotic

idol (i-*dōōl*) *nt* idol

idrettsmann (*eed*-rehts-mahn) *c* (pl -menn) sportsman

ifølge (i-*furl*-ger) *prep* according to

igjen (i-*Yehn*) *adv* again

ignorere (ig-noo-*rāy*-rer) *v* ignore

ikke (*ik*-ker) *adv* not

ikon (i-*kōōn*) *c/nt* icon

ild (ill) *c* fire

ildfast (*il*-fahst) *adj* fireproof, ovenproof

ildsfarlig (*ils*-faa-li) *adj* inflammable

ildsted (*il*-stāyd) *nt* hearth

illegal (*il*-leh-gaal) *adj* illegal

illeluktende (*il*-ler-look-ter-ner) *adj* smelly

illevarslende (*il*-ler-vahsh-ler-ner) *adj* sinister, ominous

illusjon (i-lew-*shōōn*) *c* illusion

illustrasjon (i-lew-strah-*shōōn*) *c* illustration; picture

illustrere (i-lew-*strāy*-rer) *v* illustrate

imens (i-*mehns*) *adv* meanwhile, in the meantime

imidlertid (i-*mid*-ler-ti) *adv* though, in the meantime

imitasjon (i-mi-tah-*shōōn*) *c* imitation

imitere (i-mi-*tāy*-rer) *v* imitate

immigrant (i-mi-*grahnt*) *c* immigrant

immigrasjon (i-mi-grah-*shōōn*) *c* immigration

immigrere (i-mi-*grāy*-rer) *v* immigrate

***gjøre immun** (*Yur*-rer i-*mēwn*) immunize

immunitet (i-mew-ni-*tāyt*) *c* immunity

imperium (im-*pāy*-ri-ewm) *nt* (pl -ier) empire

imponere (im-poo-*nāy*-rer) *v* impress

imponerende (im-poo-*nāy*-rer-ner) *adj* impressive, imposing

import (im-*pott*) *c* import

importavgift (im-*pot*-taav-Yift) *c* import duty

importere (im-po-*tāy*-rer) *v* import

importvarer (im-*pot*-vaa-rerr) *pl* imported goods

importør (im-po-*tūrr*) *c* importer

impotens (im-poo-*tehns*) *c* impotence

impotent (im-poo-*tehnt*) *adj* impotent

improvisere (im-proo-vi-*sāy*-rer) *v* improvise

impuls (im-*pewls*) *c* impulse

impulsiv (*im*-pewl-seev) *adj* impulsive

imøtekommende (i-*mūr*-ter-ko-mer-ner) *adj* obliging

indeks (*in*-dehks) *c* index

inder (*in*-derr) *c* Indian

India (*in*-di-ah) India

indianer (in-di-*aa*-nerr) *c* Indian

indiansk (in-di-*aansk*) *adj* Indian

indirekte (*in*-di-rehk-ter) *adj* indirect

indisk (*in*-disk) *adj* Indian

individ (in-di-*veed*) *nt* individual

individuell (in-di-vi-dew-*ehll*) *adj* individual

Indonesia (in-doo-*nāy*-si-ah) Indonesia

indonesier (in-doo-*nāy*-si-err) *c* Indonesian

indonesisk (in-doo-*nāy*-sisk) *adj* Indonesian

indre (*in*-drer) *adj* internal; inside, inner

industri (in-dew-*stree*) *c* industry

industriell (in-dew-stri-*ehll*) *adj* industrial

industriområde (in-dew-*stree*-om-raw-der) *nt* industrial area

infanteri (in-fahn-ter-*ree*) *nt* infantry

infeksjon (in-fehk-*shoon*) *c* infection

infinitiv (in-*fin*-ni-teev) *c* infinitive

infisere (in-fi-*say*-rer) *v* infect

inflasjon (in-flah-*shoon*) *c* inflation

influensa (in-flew-*ehn*-sah) *c* flu, influenza

informasjon (in-for-mah-*shoon*) *c* information

informasjonskontor (in-for-mah-*shoons*-koon-toor) *nt* inquiry office, information bureau

informere (in-for-*may*-rer) *v* inform

infrarød (in-frah-*rur*) *adj* infra-red

ingefær (*ing*-nger-fæær) *c* ginger

ingen (*ing*-ngern) *pron* nobody, no one; none; *adj* no; ~ **av dem** neither

ingeniør (in-shern-*yurr*) *c* engineer

ingensteds (*ing*-ngern-stehss) *adv* nowhere

ingenting (*ing*-ngern-ting) *pron* nil, nothing

ingrediens (ing-greh-di-*ehns*) *c* ingredient

initiativ (i-nit-si-ah-*teev*) *nt* initiative

injeksjon (in-Yehk-*shoon*) *c* injection

inkludert (in-klew-*dayt*) *adj* included; **alt** ~ all included

inklusive (*in*-klew-seever) *adv* inclusive

inkompetent (*in*-kom-per-tehnt) *adj* incompetent

inn (inn) *adv* in; ~ **i** into

innbefatte (*in*-beh-fah-ter) *v* comprise, include

innbille seg (*in*-bi-ler) imagine

innbilsk (*in*-bilsk) *adj* conceited

innbilt (*in*-bilt) *adj* imaginary

innblande (*in*-blah-ner) *v* involve

innblandet (*in*-blah-nert) *adj* concerned, involved

innblanding (*in*-blah-ning) *c* interference

innbringende (*in*-bri-nger-ner) *adj* profitable

innbrudd (*in*-brewd) *nt* burglary

innbruddstyv (*in*-brewds-tewv) *c* burglar

***innby** (*in*-bew) *v* ask; invite

innbydelse (in-*bew*-derl-ser) *c* invitation

innbygger (*in*-bew-gerr) *c* inhabitant

inndele (*in*-day-ler) *v* *break down, divide into

inne (*in*-ner) *adv* indoors; inside

***innebære** (*in*-ner-bæær-rer) *v* imply

innehaver (*in*-ner-haa-verr) *c* owner, bearer

***inneholde** (*in*-ner-ho-ler) *v* contain

innen (*in*-nern) *prep* inside; ~ **lenge** soon, shortly

innendørs (*in*-nern-dursh) *adj* indoor

innenfor (*in*-nern-for) *prep* inside; within

innenlands (*in*-nern-lahns) *adj* domestic

innfall (*in*-fahl) *nt* (pl ~) idea; whim; brain-wave

innfatning (*in*-faht-ning) *c* frame

innflytelse (*in*-flew-terl-ser) *c* influence

innflytelsesrik (*in*-flew-terl-serss-reek) *adj* influential

innfødt[1] (*in*-furt) *c* (pl ~e) native

innfødt[2] (*in*-furt) *adj* native

innføre (*in*-fur-rer) *v* import; introduce

innføring (*in*-fur-ring) *c* entry

innførsel (*in*-fur-sherl) *c* import

innførselstoll (*in*-fur-sherls-tol) *c* duty

inngang (*in*-gahng) *c* entrance, entry; way in

inngangspenger (*in*-gahngs-peh-ngerr) *pl* entrance-fee

innhold (*in*-hol) *nt* contents *pl*

innholdsfortegnelse (*in*-hols-fo-tay-nerl-ser) *c* table of contents

inni (*in*-ni) *adv* within; inside

innkassere (*in*-kah-*say*-rer) *v* collect

innkomst (*in*-komst) *c* revenue

innledende (*in*-*lay*-der-ner) *adj* preliminary

innledning (*in*-*layd*-ning) *c* introduction

innlysende (*in*-*lew*-ser-ner) *adj* obvious

innover (*in*-naw-verr) *adv* inwards

innpakning (*in*-pahk-ning) *c* packing, wrapping

innpakningspapir (*in*-pahk-nings-pah-peer) *nt* wrapping paper

innregistreringsblankett (*in*-reh-gi-stray-rings-blahng-kehtt) *c* registration form

innrette (*in*-reh-ter) *v* furnish; arrange

innrømme (*in*-rur-mer) *v* acknowledge, admit

innsamler (*in*-sahm-lerr) *c* collector

innsats (*in*-sahts) *c* achievement; contribution; stake

innsatt (*in*-saht) *c* (pl ~e) prisoner

*innse (*in*-*say*) *v* realize, *see

innside (*in*-see-der) *c* inside; interior

innsikt (*in*-sikt) *c* insight

innsirkle (*in*-seer-kler) *v* encircle

innsjø (*in*-shūr) *c* lake

innskipning (*in*-ship-ning) *c* embarkation

innskrenkning (*in*-skrehngk-ning) *c* reduction, restriction

*innskrive (*in*-skree-ver) *v* list, enter, register; ~ seg register

*innskyte (*in*-shēw-ter) *v* insert

innskytelse (*in*-shēw-terl-ser) *c* impulse

innsprøyte (*in*-sprur*ew*-ter) *v* inject

innstendig (in-*stehn*-di) *adj* urgent

inntekt (*in*-tehkt) *c* income, earnings *pl*; inntekter *pl* revenue

inntektsskatt (*in*-tehkt-skaht) *c* income-tax

inntil (*in*-til) *conj* until, till; *prep* till

inntreden (*in*-*tray*-dern) *c* entrance

inntrengende (*in*-treh-nger-ner) *adj* pressing

inntrykk (*in*-trewk) *nt* impression; *gjøre ~ på impress

innvende (*in*-veh-ner) *v* object; ~ mot object to

innvendig (*in*-vehn-di) *adv* within

innvending (*in*-veh-ning) *c* objection

innviklet (*in*-vik-lert) *adj* complex, complicated

innvilge (*in*-vil-ger) *v* grant

innvoller (*in*-vo-lerr) *pl* insides

innånde (*in*-no-ner) *v* inhale

insekt (*in*-sehkt) *nt* insect; bug *nAm*

insektmiddel (*in*-sehkt-mi-derl) *nt* (pl -midler) insecticide, insect repellent

insinuere (in-si-new-*ay*-rer) *v* hint

insistere (in-si-*stay*-rer) *v* insist

inskripsjon (in-skrip-*shōōn*) *c* inscription

inspeksjon (in-spehk-*shōōn*) *c* inspection

inspektør (in-spayk-*tūrr*) *c* inspector

inspirere (in-spi-*ray*-rer) *v* inspire

inspisere (in-spi-*say*-rer) *v* inspect

installasjon (in-stah-lah-*shōōn*) *c* installation

installere (in-stah-*lay*-rer) *v* install

instinkt (in-*stingt*) *nt* instinct

institusjon (in-sti-tew-*shōōn*) *c* institution

institutt (in-sti-*tewtt*) *nt* institution,

institute

instruktør (in-strewk-*tūrr*) *c* instructor

instrument (in-strew-*mehnt*) *nt* instrument

instrumentbord (in-strew-*mehnt*-bōōr) *nt* (pl ~) dashboard

intakt (in-*tahkt*) *adj* intact; unbroken

intellekt (in-teh-*lehkt*) *nt* intellect

intellektuell (in-teh-lehk-tew-*ehll*) *adj* intellectual

intelligens (in-teh-li-*gehns*) *c* intelligence

intelligent (in-teh-li-*gehnt*) *adj* intelligent; clever

intens (in-*tehns*) *adj* intense

interessant (in-ter-reh-*sahngng*) *adj* interesting

interesse (in-ter-*rehss*-ser) *c* interest

interessere (in-ter-reh-*sāy*-rer) *v* interest

interessert (in-ter-reh-*sāyt*) *adj* interested

internasjonal (*in*-ter-nah-shoo-naal) *adj* international

intervall (in-terr-*vahl*) *nt* interval

intervju (in-terr-*vʸew*) *nt* interview

intet (*in*-tert) *nt* nothing

intetkjønns- (*in*-tert-khurns) neuter

intetsigende (*in*-tert-see-er-ner) *adj* insignificant, petty

intim (in-*teem*) *adj* intimate

intrige (in-*tree*-ger) *c* intrigue

introduksjonsskriv (in-troo-dewk-*shōōn*-skreev) *nt* (pl ~) letter of recommendation

introdusere (in-troo-dew-*sāy*-rer) *v* introduce

invadere (in-vah-*dāy*-rer) *v* invade

invalid (in-vah-*leed*) *c* invalid; *adj* disabled

invasjon (in-vah-*shōōn*) *c* invasion

investere (in-vehss-*tāy*-rer) *v* invest

investering (in-vehss-*tāy*-ring) *c* investment

invitere (in-vi-*tāy*-rer) *v* invite

Irak (i-*raak*) Iraq

iraker (i-*raa*-kerr) *c* Iraqi

irakisk (i-*raa*-kisk) *adj* Iraqi

Iran (i-*raan*) Iran

iraner (i-*raa*-nerr) *c* Iranian

iransk (i-*rahnsk*) *adj* Iranian

Irland (*eer*-lahn) Ireland

irlending (*eer*-leh-ning) *c* Irishman

ironi (i-roo-*nee*) *c* irony

ironisk (i-*rōō*-nisk) *adj* ironical

irritabel (i-ri-*taa*-berl) *adj* irritable

irritere (i-ri-*tāy*-rer) *v* irritate; annoy

irriterende (i-ri-*tāy*-rer-ner) *adj* annoying

irsk (eeshk) *adj* Irish

is (eess) *c* ice

isbre (*eess*-brāy) *c* glacier

iskald (*eess*-kahl) *adj* freezing

iskrem (*eess*-krāym) *c* ice-cream

Island (*eess*-lahn) Iceland

islandsk (*eess*-lahnsk) *adj* Icelandic

islending (*eess*-leh-ning) *c* Icelander

isolasjon (i-soo-lah-*shōōn*) *c* isolation; insulation

isolator (i-soo-*laa*-toor) *c* insulator

isolere (i-soo-*lāy*-rer) *v* insulate; isolate

isolert (i-soo-*lāyt*) *adj* isolated

ispose (*eess*-pōō-ser) *c* ice-bag

Israel (*eess*-rah-ehl) Israel

israeler (iss-rah-*āy*-lerr) *c* Israeli

israelsk (iss-rah-*āylsk*) *adj* Israeli

istedenfor (i-*stāy*-dern-for) *prep* instead of

isvann (*eess*-vahn) *nt* iced water

især (i-*sæær*) *adv* especially

Italia (i-*taa*-li-ah) Italy

italiener (i-tah-li-*āy*-nerr) *c* Italian

italiensk (i-tah-li-*āynsk*) *adj* Italian

iver (*ee*-verr) *c* zeal

ivrig (*eev*-ri) *adj* zealous; anxious, eager

J

ja (Yaa) yes; ~ **vel!** well!

jade (Yaa-der) c jade

jage (Yaa-ger) v hunt, chase; ~ **bort** chase

jakke (Yahk-ker) c jacket

jakt (Yahkt) c hunt; chase

jakte (Yahk-ter) v hunt

jakthytte (Yahkt-hew-ter) c lodge

jamre (Yahm-rer) v moan

januar (Yah-new-aar) January

Japan (Yaa-pahn) Japan

japaner (Yah-paa-nerr) c Japanese

japansk (Yaa-pahnsk) adj Japanese

jeg (Yay) pron I

jekk (Yehkk) c jack

jeksel (Yehk-serl) c (pl -sler) molar

jente (Yehn-ter) c girl

jern (Yææn) nt iron

jernbane (Yææn-baa-ner) c railway; railroad nAm

jernbaneferje (Yææn-baa-ner-fær-Yer) c train ferry

jernbaneovergang (Yææn-baa-ner-aw-verr-gahng) c crossing

jernbanevogn (Yææn-baa-ner-vongn) c coach

jernvarehandel (Yææn-vaa-rer-hahn-derl) c (pl -dler) hardware store

jernvarer (Yææn-vaa-rerr) pl hardware

jernverk (Yææn-værk) nt (pl ~) ironworks

jersey (Yæsh-shi) c jersey

jetfly (Yeht-flew) nt (pl ~) jet

jevn (Yehvn) adj level; smooth, even

jo (Yoo) adv yes; certainly; **jo ... jo** the ... the

jobb (Yobb) c job

jockey (Yok-ki) c jockey

jod (Yodd) c iodine

jolle (Yol-ler) c dinghy

jomfru (Yom-frew) c virgin; **gammel ~** spinster

jord (Yoor) c earth; ground, soil

Jordan (Yoo-dahn) Jordan

jordaner (Yoo-daa-nerr) c Jordanian

jordansk (Yoo-daansk) adj Jordanian

jordbruk (Yoor-brewk) nt agriculture; **jordbruks-** agrarian

jordbunn (Yoor-bewn) c soil

jordbær (Yoor-bæær) nt (pl ~) strawberry

jordklode (Yoor-kloo-der) c globe

jordmor (Yoor-moor) c (pl -mødre) midwife

jordskjelv (Yoor-shehlv) c/nt (pl ~) earthquake

jordsmonn (Yoosh-mon) nt soil

journalist (shoo-nah-list) c journalist

journalistikk (shoor-nah-li-stikk) c journalism

jubileum (Yew-bi-lay-ewm) nt (pl -eer) jubilee; anniversary

jugoslav (Yew-goo-shlaav) c Yugoslav, Jugoslav

Jugoslavia (Yew-goo-shlaa-vi-ah) Yugoslavia, Jugoslavia

jugoslavisk (Yew-goo-shlaa-visk) adj Jugoslav

jukse (Yook-ser) v cheat

jul (Yewl) c Christmas, Xmas

juli (Yew-li) July

juling (Yew-ling) c spanking

jumper (Yoom-perr) c jumper

jungel (Yoong-ngerl) c jungle

juni (Yew-ni) June

junior (Yew-ni-oor) adj junior

juridisk (Yew-ree-disk) adj legal

jurist (Yew-rist) c lawyer

jury (Yew-ri) c jury

justere (Yewss-tay-rer) v adjust

juvel (Yew-vayl) c gem

jøde (Yur-der) c Jew

jødisk (Yur-disk) adj Jewish

K

kabaret (kah-bah-*rāy*) *c* cabaret

kabel (*kaa*-berl) *c* (pl kabler) cable

kabin (kah-*been*) *c* cabin

kabinett (kah-bi-*nehtt*) *nt* cabinet

kader (*kaa*-derr) *c* (pl kadrer) cadre

kafé (kah-*fāy*) *c* café

kafeteria (kah-feh-*tāy*-ri-ah) *c* cafeteria; self-service restaurant

kaffe (*kahf*-fer) *c* coffee

kaffein (kah-feh-*een*) *c* caffeine

kaffeinfri (kah-feh-*een*-free) *adj* decaffeinated

kaffetrakter (*kahf*-fer-trahk-terr) *c* percolator

kagge (*kahg*-ger) *c* keg

kai (kigh) *c* dock, quay

kajakk (kah-*Yahkk*) *c* kayak

kake (*kaa*-ker) *c* cake

kaki (*kaa*-ki) *c* khaki

kald (kahll) *adj* cold

kalender (kah-*lehn*-derr) *c* (pl -drer) calendar

kalk (kahlk) *c* lime

kalkun (kahl-*kēwn*) *c* turkey

kalle (*kahl*-ler) *v* call, name

kalori (kah-loo-*ree*) *c* calorie

kalsium (*kahl*-si-ewm) *nt* calcium

kalv (kahlv) *c* calf

kalvekjøtt (*kahl*-ver-khurt) *nt* veal

kalveskinn (*kahl*-ver-shin) *nt* (pl ~) calf skin

kalvinisme (kahl-vi-*niss*-mer) *c* Calvinism

kam (kahmm) *c* (pl ~mer) comb

kamaksel (*kahm*-mahk-serl) *c* (pl -sler) camshaft

kamé (kah-*māy*) *c* cameo

kamerat (kah-mer-*raat*) *c* friend, comrade

kamgarn (*kahm*-gaan) *nt* worsted

kammertjener (*kahm*-mer-t^Yāy-nerr) *c* valet

kamp (kahmp) *c* fight, battle, combat; struggle; match

kampanje (kahm-*pahn*-Yer) *c* campaign

kanadier (kah-*naa*-di-err) *c* Canadian

kanadisk (kah-*naa*-disk) *adj* Canadian

kanal (kah-*naal*) *c* channel, canal; **Den engelske ~** English Channel

kanarifugl (kah-*naa*-ri-fēwl) *c* canary

kandelaber (kahn-der-*laa*-berr) *c* (pl -bre) candelabrum

kandidat (kahn-di-*daat*) *c* candidate

kanel (kah-*nāyl*) *c* cinnamon

kanin (kah-*neen*) *c* rabbit

kano (*kaa*-noo) *c* canoe

kanon (kah-*nōōn*) *c* gun

kanskje (*kahn*-sher) *adv* perhaps, maybe

kant (kahnt) *c* edge, verge, rim, border

kantine (kahn-*tee*-ner) *c* canteen

kaos (*kaa*-oss) *nt* chaos

kaotisk (kah-*ōō*-tisk) *adj* chaotic

kapasitet (kah-pah-si-*tāyt*) *c* capacity

kapell (kah-*pehll*) *nt* chapel

kapellan (kah-peh-*laan*) *c* chaplain

kapital (kah-pi-*taal*) *c* capital

kapitalanbringelse (kah-pi-*taal*-ahn-bri-ngerl-ser) *c* investment

kapitalisme (kah-pi-tah-*liss*-mer) *c* capitalism

kapitulasjon (kah-pi-tew-lah-*shōōn*) *c* capitulation

kapp (kahpp) *nt* cape

kappe (*kahp*-per) *c* cloak

kappløp (*kahp*-lūrp) *nt* race

kapre (*kaap*-rer) *v* hijack

kaprer (*kaap*-rerr) *c* hijacker

kapsel (*kahp*-serl) *c* (pl -sler) capsule

kaptein (kahp-*tayn*) *c* captain

kar (kaar) *nt* vessel; *c* guy

karaffel (kah-*rahf*-ferl) *c* (pl -afler) carafe

karakter (kah-rahk-*tayr*) c character; mark

karakterisere (kah-rahk-teh-ri-*say*-rer) v characterize

karakteristisk (kah-rahk-teh-*riss*-tisk) adj characteristic

karaktertrekk (kah-rahk-*tay*-trehk) nt (pl ~) characteristic

karamell (kah-rah-*mehll*) c caramel

karantene (kah-rahn-*tay*-ner) c quarantine

karat (kah-*raat*) c carat

kardinal (kahr-di-*naal*) c cardinal

karneval (kaa-ner-vahl) nt carnival

karosseri (kah-ro-ser-*ree*) nt bodywork; body nAm

karpe (*kahr*-per) c carp

karri (*kahr*-ri) c curry

karriere (kah-ri-*ææ*-rer) c career

kart (kahtt) nt map

kartong (kah-*tongng*) c carton; **kartong-** cardboard

karusell (kah-rew-*sehll*) c merry-go-round

kaserne (kah-*sææ*-ner) c barracks pl

kasino (kah-*see*-noo) nt casino

kasjmir (kahsh-*meer*) c cashmere

kasse (*kahss*-ser) c pay-desk

kassere (kah-*say*-rer) v discard

kasserer (kah-*say*-rerr) c cashier; treasurer; teller nAm

kassererske (kah-*say*-rersh-ker) c cashier

kasserolle (kah-ser-*rol*-ler) c saucepan

kast (kahst) nt throw, cast

kastanje (kah-*stahn*-Yer) c chestnut

kastanjebrun (kah-*stahn*-Yer-brewn) adj auburn

kaste (*kahss*-ter) v *cast, *throw; toss; ~ **opp** vomit

katakombe (kah-tah-*koom*-ber) c catacomb

katalog (kah-tah-*lawg*) c catalogue

katarr (kah-*tahrr*) c catarrh

katastrofal (kah-tah-stroo-*faal*) adj disastrous

katastrofe (kah-tah-*stroo*-fer) c catastrophe, calamity, disaster

katedral (kah-ter-*draal*) c cathedral

kategori (kah-ter-goo-*ree*) c category

kateter (kah-*tay*-terr) nt (pl -tre) desk

katolsk (kah-*toolsk*) adj catholic

katt (kahtt) c cat

kausjon (kou-*shoon*) c bail, security; guarantee

kausjonist (kou-shoo-*nist*) c guarantor

kaviar (kah-vi-*aar*) c caviar

keiser (*kay*-serr) c emperor

keiserdømme (*kay*-ser-dur-mer) nt empire

keiserinne (kay-ser-*rin*-ner) c empress

keiserlig (*kay*-ser-li) adj imperial

keivhendt (*khayv*-hehnt) adj left-handed

kelner (*kehl*-nerr) c waiter

kenguru (*kehng*-gew-rew) c kangaroo

kennel (*kehn*-nerl) c kennel

Kenya (*kehn*-Yah) Kenya

keramikk (kheh-rah-*mikk*) c ceramics pl; pottery

kikke (*khik*-ker) v peep

kikkert (*khik*-kert) c binoculars pl

kilde (*khil*-der) c fountain, source, well, spring

kile (*khee*-ler) v tickle; c wedge

kilespill (*kee*-ler-spil) nt (pl ~) bowling

kilo (*khee*-loo) c/nt kilogram

kilometer (*khil*-loo-*may*-terr) c (pl ~) kilometre

kilometertall (*khil*-loo-*may*-ter-tahl) nt (pl ~) distance in kilometres

kim (kheem) c germ

Kina (*khee*-nah) China

kineser (khi-*nay*-serr) c Chinese

kinesisk (khi-*nay*-sisk) adj Chinese

kinin (khi-*neen*) c quinine

kinn (khinn) *nt* cheek

kinnbein (*khin*-bayn) *nt* (pl ~) cheek-bone

kinnskjegg (*khin*-shehg) *nt* sideburns *pl*, whiskers *pl*

kino (*khee*-noo) *c* cinema, pictures; movies *Am*, movie theater *Am*

kiosk (khosk) *c* kiosk

kirke (*kheer*-ker) *c* church; chapel

kirkegård (*kheer*-ker-gawr) *c* grave-yard, churchyard

kirketjener (*kheer*-ker-tᵞāy-nerr) *c* sex-ton

kirketårn (*kheer*-ker-tawn) *nt* (pl ~) steeple

kirsebær (*khish*-sher-bææær) *nt* (pl ~) cherry

kirurg (khi-*rewrg*) *c* surgeon

kiste (*khiss*-ter) *c* chest; coffin

kjede (*khāy*-deh) *v* bore

kjedelig (*khāy*-der-li) *adj* dull, boring

kjeft (khehft) *c* mouth

kjeks (khehks) *c* (pl ~) cookie; bis-cuit

kjele (*khāy*-ler) *c* kettle

kjelke (*khæl*-ker) *c* sledge, sleigh

kjeller (*khehl*-lerr) *c* cellar

kjelleretasje (*khehl*-lerr-eh-taa-sher) *c* basement

kjemi (kheh-*mee*) *c* chemistry

kjemisk (*khāy*-misk) *adj* chemical

kjempe (*khehm*-per) *v* combat, *fight, struggle, battle; *c* giant

kjenne (*khehn*-ner) *v* *know; ~ igjen recognize

kjennelse (*khehn*-nerl-ser) *c* verdict

kjennemerke (*khehn*-ner-mær-ker) *nt* feature

kjenner (*khehn*-nerr) *c* connoisseur

kjennetegn (*khehn*-ner-tayn) *nt* (pl ~) characteristic

kjennetegne (*khehn*-ner-tay-ner) *v* mark, characterize

kjennskap (*khehn*-skaap) *nt* knowl-edge

kjent (khehnt) *adj* noted

kjepphest (*khehp*-hehst) *c* hobby-horse

kjerne (*khææ*-ner) *c* pip; heart, es-sence, core, nucleus; **kjerne-** nu-clear

kjernehus (*khææ*-ner-hēwss) *nt* (pl ~) fruit core

kjernekraft (*khææ*-ner-krahft) *c* nu-clear energy

kjerre (*khær*-rer) *c* cart

kjertel (*khæt*-terl) *c* (pl -tler) gland

kjetting (*kheht*-ting) *c* chain

kjeve (*khāy*-ver) *c* jaw

kjole (*khōō*-ler) *c* gown, dress; frock; **lang ~** robe

kjælenavn (*khāy*-ler-nahvn) *nt* (pl ~) nickname

kjær (khæær) *adj* dear

kjæreste (*khææ*-rerss-ter) *c* darling

kjærlig (*khææ*-li) *adj* affectionate

kjærlighet (*khææ*-li-hāyt) *c* love

kjærlighetsaffære (*khææ*-li-hāyt-sah-fææ-rer) *c* affair

kjærlighetshistorie (*khææ*-li-hāyts-hiss-tōō-ri-er) *c* love-story

kjøkken (*khurk*-kern) *nt* kitchen

kjøkkenhage (*khurk*-kern-haager) *c* kitchen garden

kjøkkenhåndkle (*khurk*-kern-hong-kler) *nt* (pl -lær) kitchen towel

kjøkkenredskap (tᵞ*urk*-kehn-reh-skaap) *nt* utensil

kjøkkensjef (*khurk*-kern-shāyf) *c* chef

kjøl (khūrl) *c* keel

kjøleskap (*khūr*-ler-skaap) *nt* (pl ~) refrigerator, fridge

kjølesystem (*khūr*-ler-sew-stāym) *nt* cooling system

kjølig (*khūr*-li) *adj* chilly, cool

kjønn (khurnn) *nt* sex; gender; **kjønns-** genital

kjønnssykdom (*khurn*-sēwk-dom) *c*

venereal disease

kjøp (khūrp) *nt* purchase; **godt ~** bargain

kjøpe (khūr-per) *v* purchase, *buy

kjøper (khūr-perr) *c* purchaser, buyer

kjøpesum (khūr-per-sewm) *c* (pl ~mer) purchase price

kjøpmann (khūrp-mahn) *c* (pl -menn) shopkeeper; trader, merchant

***kjøpslå** (khūrp-shlo) *v* bargain

kjøre (khūr-rer) *v* *drive; *ride; ~ **forbi** *overtake; pass *vAm*; ~ **for fort** *speed

kjørebane (khūr-rer-baa-ner) *c* carriageway; roadway *nAm*

kjøretur (khūr-rer-tewr) *c* drive

kjøretøy (khūr-rer-tur^ew) *nt* vehicle

kjøtt (khurtt) *nt* meat; flesh

klage (klaa-ger) *v* complain; *c* complaint

klagebok (klaa-ger-bōōk) *c* (pl -bøker) complaints book

klandre (klahn-drer) *v* blame

klang (klahngng) *c* tone; sound

klappe (klahp-per) *v* clap

klar (klaar) *adj* clear; serene; ready; ***ha klart for seg** realize; ~ **over** aware

***klargjøre** (klaar-Υūr-rer) *v* elucidate, clarify

***klarlegge** (klaar-leh-ger) *v* clarify

klasse (klahss-ser) *c* class; form

klassekamerat (klahss-ser-kah-mer-raat) *c* class-mate

klasseværelse (klahss-ser-væææ-rerl-ser) *nt* classroom

klassifisere (klah-si-fi-sāy-rer) *v* classify, class

klassisk (klahss-sisk) *adj* classical

klatre (klaht-rer) *v* climb

klatring (klaht-ring) *c* climb

klausul (klou-sewl) *c* clause

kle (klāy) *v* *become; suit; ~ **av seg** undress; ~ **på** dress; ~ **på seg** dress; ~ **seg** dress; ~ **seg om** change

klebe (klāy-beh) *v* *stick

klebrig (klāyb-ri) *adj* sticky

klem (klehm) *c* (pl ~mer) hug

klemme (klehm-mer) *v* squeeze; cuddle, hug

klenodie (kleh-nōō-di-er) *nt* gem

klesbørste (klāyss-bursh-ter) *c* clothes-brush

kleshenger (klāyss-heh-ngerr) *c* coat-hanger

klesskap (klāy-skaap) *nt* (pl ~) wardrobe

klient (kli-ehnt) *c* client

klikk (klik) *c* set, clique; *nt* click

klima (klee-mah) *nt* climate

klinikk (kli-nikk) *c* clinic

klinkekule (kling-ker-kōō-ler) *c* marble

klippe (klip-per) *v* *cut; *c* cliff, rock; ~ **av** *cut off

klistre (kliss-trer) *v* paste

klo (klōō) *c* (pl klør) claw

kloakk (kloo-ahkk) *c* sewer

klok (klōōk) *adj* clever

klokke (klok-ker) *c* clock; bell; **klok-ken . . . at . . . o'clock**

klokkerem (klok-ker-rehm) *c* (pl ~mer) watch-strap

klokkespill (klok-ker-spil) *nt* chimes *pl*

klor (klōōr) *c* chlorine

kloss (kloss) *c* block

klosset (kloss-sert) *adj* awkward, clumsy

kloster (kloss-terr) *nt* (pl -tre) convent, monastery, cloister

klovn (klovn) *c* clown

klubb (klewbb) *c* club

klubbe (klewb-ber) *c* cudgel, club

klukke (klook-ker) *v* chuckle

klump (kloomp) *c* lump

klumpet (kloom-pert) *adj* lumpy

klut (klewt) *c* cloth

***klype** (klēw-per) *v* pinch

klær (klæær) *pl* clothes *pl*

klø (klūr) *v* itch

kløe (klūr-er) *c* itch

kløft (klurft) *c* chasm, cleft

kløver (klurv-verr) *c* clover

kløyve (klurew-ver) *v* *split

knagg (knahgg) *c* peg

knaggrekke (knahg-rehk-ker) *c* hat rack

knapp (knahpp) *c* button; *adj* scarce

knappe (knahp-per) *v* button; ~ **opp** unbutton

knappenål (knahp-per-nawl) *c* pin

knapphet (knahp-hāyt) *c* scarcity, shortage

knapphull (knahp-hewl) *nt* buttonhole

knapt (knahpt) *adv* scarcely

kne (knāy) *nt* (pl knær) knee

kneipe (knay-per) *c* pub

knekk (knehkk) *c/nt* (pl ~) toffee

***knekke** (knehk-ker) *v* crack; break

knekt (knehkt) *c* knave

knele (knāy-ler) *v* *kneel

knep (knāyp) *nt* trick

kneskål (knāy-skawl) *c* kneecap

knipetang (knee-per-tahng) *c* (pl -tenger) pincers *pl*

knipling (knip-ling) *c* lace

knirke (kneer-ker) *v* creak

kniv (kneev) *c* knife

knoke (knōo-ker) *c* knuckle

knopp (knopp) *c* bud

knott (knott) *c* knob

knurre (knewr-rer) *v* grumble

knust (knēwst) *adj* broken

knute (knēw-ter) *c* knot

knutepunkt (knēw-ter-poongt) *nt* junction

knytte (knēw-ter) *v* tie, knot; ~ **til** attach to; ~ **opp** untie

knyttneve (knewt-nāy-ver) *c* fist

knyttneveslag (knewt-nāy-ver-shlaag) *nt* (pl ~) punch

koagulere (koo-ah-gew-lāy-rer) *v* coagulate

kobbe (kob-ber) *c* seal

kode (kōo-der) *c* code

koffert (koof-fert) *c* case, suitcase, bag; trunk

kokain (koo-kah-een) *c/nt* cocaine

koke (kōō-ker) *v* boil

kokebok (kōō-ker-bōōk) *c* (pl -bøker) cookery-book; cookbook *nAm*

kokk (kokk) *c* cook

kokosnøtt (kook-kooss-nurt) *c* coconut

koldtbord (kolt-bōōr) *nt* (pl ~) buffet

kolje (kol-yer) *c* haddock

kolle (kol-ler) *c* hill, peak

kollega (koo-lāy-gah) *c* colleague

kollektiv (kol-lerk-teev) *adj* collective

kollidere (koo-li-dāy-rer) *v* collide, crash

kollisjon (koo-li-shōōn) *c* crash, collision

koloni (koo-loo-nee) *c* colony

kolonialvarer (koo-loo-ni-aal-vaa-rerr) *pl* groceries *pl*

kolonne (koo-lon-ner) *c* column

kolossal (koo-loo-saal) *adj* enormous, tremendous

koma (kōō-mah) *c* coma

kombinasjon (koom-bi-nah-shōōn) *c* combination

kombinere (koom-bi-nāy-rer) *v* combine

komedie (koo-māy-di-er) *c* comedy

komfort (koom-fawr) *c* comfort

komfortabel (koom-fo-taa-berl) *adj* comfortable

komfyr (koom-fēwr) *c* cooker; stove

komiker (kōō-mi-kerr) *c* comedian

komisk (kōō-misk) *adj* funny, comic

komité (koo-mi-tāy) *c* committee

komma (kom-mah) *nt* comma

komme (kom-mer) *nt* coming

***komme** (kom-mer) *v* *come; ~ **over**

*come across; ~ **på** *think of; ~ **seg** recover; ~ **tilbake** return

kommende (*kom*-mer-ner) *adj* oncoming

kommentar (koo-mehn-*taar*) *c* comment

kommentere (koo-mehn-*tāy*-rer) *v* comment

kommersiell (koo-mæ-shi-*ehll*) *adj* commercial

kommisjon (koo-mi-*shōon*) *c* commission

kommode (koo-*mōō*-der) *c* chest of drawers; bureau *nAm*

kommunal (koo-mew-*naal*) *adj* municipal

kommune (koo-*mēw*-ner) *c* local authority, municipality

kommunestyre (koo-*mēw*-ner-stēw-rer) *nt* local council

kommunikasjon (koo-mew-ni-kah-*shōon*) *c* communication

kommuniké (koo-mew-ni-*kāy*) *nt* communiqué

kommunisme (koo-mew-*niss*-mer) *c* communism

kommunist (koo-mew-*nist*) *c* communist

kompakt (koom-*pahkt*) *adj* compact

kompani (koom-pah-*nee*) *nt* company

kompanjong (koom-pahn-*Yongng*) *c* partner, associate

kompass (koom-*pahss*) *c/nt* compass

kompensasjon (koom-pehn-sah-*shōon*) *c* compensation

kompensere (koom-pehn-*sāy*-rer) *v* compensate

kompetent (koom-per-*tehnt*) *adj* qualified; capable

kompleks (koom-*plehks*) *nt* complex

komplett (koom-*plehtt*) *adj* complete

kompliment (koom-pli-*mahngng*) *c* compliment

komplimentere (koom-pli-mehn-*tāy*-

rer) *v* compliment

komplisert (koom-pli-*sāyt*) *adj* complicated

komplott (koom-*plott*) *nt* plot

komponist (koom-poo-*nist*) *c* composer

komposisjon (koom-poo-si-*shōon*) *c* composition

kompromiss (koom-proo-*miss*) *nt* compromise

kondisjon (koon-di-*shōon*) *c* physical fitness

konditor (koon-*dit*-toor) *c* confectioner

konditori (koon-di-too-*ree*) *nt* pastry shop

konduktør (koon-dewk-*tūrr*) *c* ticket collector

kone (*kōō*-ner) *c* wife

konfeksjons- (koon-fehk-*shōons*) ready-made

konfekt (koon-*fehkt*) *c* chocolate

konferanse (koon-fer-*rahng*-ser) *c* conference

konfidensiell (koon-fi-dehn-si-*ehll*) *adj* confidential

konfiskere (koon-fiss-*kāy*-rer) *v* confiscate

konflikt (koon-*flikt*) *c* conflict

konfrontere (kon-fron-*tāy*-rer) *v* face

konge (*kong*-nger) *c* king

kongelig (*kong*-nger-li) *adj* royal

kongerike (*kong*-nger-ree-ker) *nt* kingdom

kongress (kong-*grehss*) *c* congress

konjakk (kon-*Yahkk*) *c* cognac

konklusjon (koong-klew-*shōon*) *c* conclusion

konkret (koong-*krāyt*) *adj* concrete

konkurranse (koong-kew-*rahng*-ser) *c* contest, competition; rivalry

konkurrent (koong-kew-*rehnt*) *c* rival, competitor

konkurrere (koong-kew-*rāy*-rer) *v*

compete

konkurs (koong-*kewsh*) *adj* bankrupt

konsekvens (kon-ser-*kvehns*) *c* consequence

konsentrasjon (koon-sehn-trah-*shoon*) *c* concentration

konsentrere (koon-sehn-*tray*-rer) *v* concentrate

konsert (koon-*sætt*) *c* concert

konsertsal (koon-*sæt*-saal) *c* concert hall

konservativ (koon-*sær*-vah-teev) *adj* conservative

konservatorium (koon-sær-vah-*too*-ri-ewm) *nt* (pl -ier) music academy

konservere (kon-sær-*vay*-rer) *v* preserve

konservering (kon-sær-*vay*-ring) *c* preservation

konsesjon (koon-seh-*shoon*) *c* licence; concession

konsis (koon-*seess*) *adj* concise

konstant (koon-*stahnt*) *adj* constant; even

konstatere (koon-stah-*tay*-rer) *v* note; diagnose, ascertain

konstruere (koon-strew-*ay*-rer) *v* construct

konstruksjon (koon-strewk-*shoon*) *c* construction

konsul (*kon*-sewl) *c* consul

konsulat (kon-sew-*laat*) *nt* consulate

konsultasjon (kon-sewl-tah-*shoon*) *c* consultation

konsultasjonstid (kon-sewl-tah-*shoons*-teed) *c* consultation hours

konsument (koon-sew-*mehnt*) *c* consumer

kontakt (koon-*tahkt*) *c* touch, contact

kontakte (koon-*tahk*-ter) *v* contact

kontaktlinser (koon-*tahkt*-lin-serr) *pl* contact lenses

kontanter (koon-*tahn*-terr) *pl* cash

kontinent (koon-ti-*nehnt*) *nt* continent

kontinental (koon-ti-nehn-*taal*) *adj* continental

kontinuerlig (koon-ti-new-*ay*-li) *adj* continuous

konto (*kon*-too) *c* (pl ~er, -ti) account

kontor (koon-*toor*) *nt* office

kontorist (koon-too-*rist*) *c* clerk

kontormann (koon-*toor*-mahn) *c* (pl -menn) clerk

kontortid (koon-*too*-teed) *c* office hours, business hours

kontra (*kon*-trah) *prep* versus

kontrakt (koon-*trahkt*) *c* contract; agreement

kontrast (koon-*trahst*) *c* contrast

kontroll (koon-*troll*) *c* control; inspection

kontrollere (koon-troo-*lay*-rer) *v* verify, check, control

kontrollør (koon-troo-*lurr*) *c* supervisor

kontroversiell (kon-troo-væ-shi-*ehll*) *adj* controversial

kontur (kon-*toor*) *c* outline

konversasjon (koon-væ-shah-*shoon*) *c* conversation

konvolutt (koon-voo-*lewtt*) *c* envelope

kooperativ (koo-*op*-rah-teev) *adj* cooperative

koordinasjon (koo-o-di-nah-*shoon*) *c* co-ordination

kopi (koo-*pee*) *c* copy

kopiere (koo-pi-*ay*-rer) *v* copy

kople (kop-ler) *v* connect; ~ til connect

kopp (kopp) *c* cup

kopper (*kop*-perr) *pl* smallpox; *nt* copper

kor (*koor*) *nt* choir

korall (koo-*rahll*) *c* coral

kordfløyel (*kawd*-flur^ew-erl) *c* corduroy

korint (koo-*rint*) *c* currant

kork (kork) c cork; stopper

korketrekker (*kor*-ker-treh-kerr) c corkscrew

korn (kōōn) nt grain, corn

kornåker (*kōō*-naw-kerr) c (pl -krer) cornfield

korpulent (kor-pew-*lehnt*) adj stout, corpulent

korrekt (ko-*rehkt*) adj correct

korrespondanse (koo-rer-spoon-*dahng*-ser) c correspondence

korrespondent (koo-rer-spoon-*dehnt*) c correspondent

korridor (koo-ri-*dōōr*) c corridor

korrigere (ko-ri-*gāy*-rer) v correct

korrupt (ko-*rewpt*) adj corrupt

kors (koshsh) nt cross

korsett (ko-*shehtt*) nt corset

korsfeste (kosh-*fehss*-ter) v crucify

korsfestelse (kosh-*fehss*-terl-ser) c crucifixion

korstog (*kosh*-tawg) nt (pl ~) crusade

korsvei (*kosh*-vay) c road fork

kort (kott) adj short; brief; nt card

kortevarehandel (*ko*-ter-vaa-rer-hahn-derl) c (pl -dler) haberdashery

kortfattet (*kot*-fah-tert) adj brief

kortslutning (*kot*-slewt-ning) c short circuit

kortstokk c pack *nAm*

kortvarig (*kot*-vaa-ri) adj momentary

koselig (*kōō*-ser-li) adj cosy; nice

kosmetika (koss-meh-*tikk*) pl cosmetics *pl*

kost¹ (kost) c fare; ~ **og losji** room and board, bed and board, board and lodging

kost² (koost) c broom

kostbar (*kost*-baar) adj expensive; precious

koste (*koss*-ter) v *cost

kostfri (*kost*-free) adj free of charge

kostnad (*kost*-nah) c cost

kotelett (ko-ter-*lehtt*) c cutlet, chop

krabbe (*krahb*-ber) v crawl; c crab

kraft (krahft) c (pl krefter) force; energy, power

kraftig (*krahf*-ti) adj strong

kraftverk (*krahft*-værk) nt power-station

krage (*kraa*-ger) c collar

kragebein (*kraa*-ger-bayn) nt (pl ~) collarbone

krageknapp (*kraa*-ger-knahp) c collar stud

krampe (*krahm*-per) c cramp; clamp

krampetrekning (*krahm*-per-trehk-ning) c convulsion

kran (kraan) c crane; tap

krangel (*krahng*-ngerl) c/nt (pl -gler) dispute, row, quarrel

krangle (*krahng*-ler) v quarrel

krater (*kraa*-terr) nt crater

kratt (krahtt) nt scrub

krav (kraav) nt demand, claim; requirement

kreditor (*krāy*-di-toor) c creditor

kreditt (kreh-*ditt*) c credit

kredittkort (kreh-*dit*-kot) nt (pl ~) credit card; charge plate *Am*

kreere (kreh-*āy*-rer) v create

kreft (krehft) c cancer

krem (krāym) c cream

kremere (kreh-*māy*-rer) v cremate

kremering (kreh-*māy*-ring) c cremation

kremgul (*krāy*-m-gēwl) adj cream

krenke (*krehng*-ker) v offend, injure; trespass

krenkelse (*krehng*-kerl-ser) c violation

krenkende (*krehng*-ker-ner) adj offensive

kresen (*krāy*-sern) adj particular

krets (krehts) c ring, circle

kretsløp (*krehts*-lūrp) nt (pl ~) cycle

kreve (*krāy*-ver) v require, claim; charge

krig (kreeg) c war

krigsfange (kriks-fah-nger) c prisoner of war

krigsmakt (kriks-mahkt) c armed forces

krigsskip (krik-sheep) nt warship

kriminalitet (kri-mi-nah-li-tāyt) c criminality

kriminell (kri-mi-nehll) adj criminal

kringkaste (kring-kahss-ter) v *broadcast

kringkasting (kring-kahss-ting) c broadcast

krise (kree-ser) c crisis

kristen[1] (kriss-tern) c (pl -tne) Christian

kristen[2] (kriss-tern) adj Christian

Kristus (kriss-tewss) Christ

kritiker (kree-ti-kerr) c critic

kritikk (kri-tikk) c criticism

kritisere (kri-ti-sāy-rer) v criticize

kritisk (kree-tisk) adj critical

kritt (kritt) nt chalk

kro (kroo) c pub, tavern

krok (krook) c hook

kroket (kroo-kert) adj crooked

krokodille (kroo-koo-dil-ler) c crocodile

krom (kroomm) nt chromium

kronblad (kroon-blaa) nt (pl ~) petal

krone (kroo-ner) c crown; v crown

kronisk (kroo-nisk) adj chronic

kronologisk (kroo-noo-law-gisk) adj chronological

kropp (kropp) c body

krukke (krook-ker) c jar; pitcher

krum (kroomm) adj curved

krumning (kroom-ning) c bend; curve

krus (krēwss) nt mug

krusifiks (krew-si-fiks) nt crucifix

krutt (krewtt) nt gunpowder

krybbe (krewb-ber) c manger

krydder (krewd-derr) nt (pl ~) spice

krydderier (krew-der-ree-err) pl spices

krydret (krewd-rert) adj spiced, spicy

krykke (krewk-ker) c crutch

krympe (krewm-per) v *shrink

krympefri (krewm-per-free) adj shrinkproof

krypdyr (krēwp-dēwr) nt (pl ~) reptile

***krype** (krēw-per) v *creep

***krypskyte** (krewp-shēw-ter) v poach

kryss (krewss) nt cross

krysse (krewss-ser) v cross

krysse av (krewss-ser) tick off

krystall (krew-stahll) c/nt crystal; **krystall-** adj crystal

krøll (krurll) c curl

krølle (krurl-ler) v curl; crease

krøllet (krurl-lert) adj curly

krølltang (krurl-tahng) c (pl -tenger) curling-tongs pl

kråke (kraw-ker) c crow

ku (kēw) c (pl ~er, kyr) cow

kubaner (kew-baa-nerr) c Cuban

kubansk (kew-baansk) adj Cuban

kubbe (kewb-ber) c log

kube (kēw-ber) c cube

kul (kēwl) c lump

kulde (kewl-ler) c cold

kuldegysning (kewl-ler-gēwss-ning) c chill

kule (kēw-ler) c bullet; sphere

kulepenn (kēw-ler-pehn) c ballpoint-pen, Biro

kull (kewll) nt coal; litter

kultivert (kewl-ti-vāyt) adj cultured

kultur (kewl-tēwr) c culture

kun (kewnn) adv only

kunde (kewn-der) c client, customer

***kunne** (kewn-ner) v *can, *be able to; *may, *might

***kunngjøre** (kewn-Yūr-rer) v announce; proclaim

kunngjøring (kewn-Yūr-ring) c announcement; notice

kunst (kewnst) c art; ~ **og håndverk**

arts and crafts; **skjønne kunster** fine arts

kunstakademi (*kewnst*-ah-kah-deh-mee) *nt* art school

kunstferdig (*kewnst*-fææ-di) *adj* elaborate

kunstgalleri (*kewnst*-gah-ler-ree) *nt* gallery, art gallery

kunsthistorie (*kewnst*-hiss-tōō-ri-er) *c* art history

kunsthåndverk (*kewnst*-hon-værk) *nt* (pl ~) handicraft

kunstig (*kewn*-sti) *adj* artificial

kunstner (*kewnst*-nerr) *c* artist

kunstnerinne (kewnst-ner-*rin*-ner) *c* artist

kunstnerisk (*kewnst*-ner-risk) *adj* artistic

kunstsamling (*kewnst*-sahm-ling) *c* art collection

kunstsilke (*kewnst*-sil-ker) *c* rayon

kunstutstilling (*kewnst*-ewt-sti-ling) *c* art exhibition

kunstverk (*kewnst*-værk) *nt* work of art

kupé (kew-*pay*) *c* compartment

kupert (kew-*payt*) *adj* hilly

kupong (kew-pongng) *c* coupon

kuppel (*kewp*-perl) *c* (pl kupler) dome

kur (*kewr*) *c* cure

kuriositet (kew-ri-oo-si-*tayt*) *c* curio

kurs (*kewsh*) *nt* course; *c* course

kursivskrift (koo-*sheev*-skrift) *c* italics *pl*

kursted (*kew*-shtay) *nt* spa

kurv (kewrv) *c* basket; hamper

kurve (*kewr*-ver) *c* curve

kusine (kew-*see*-ner) *c* cousin

kusma (*kewss*-mah) *c* mumps

kutt (kewtt) *nt* cut

kuvertavgift (kew-*vææ*-raav-ᵛift) *c* cover charge

kuøye (*kew*-ur^ew-er) *nt* porthole

kvadrat (kvah-*draat*) *nt* square

kvadratisk (kvah-*draa*-tisk) *adj* square

kvaksalver (*kvahk*-sahl-verr) *c* quack

kvalifikasjon (kvah-li-fi-kah-*shōōn*) *c* qualification

kvalifisere seg (kvah-li-fi-*say*-rer) qualify

kvalifisert (kvah-li-fi-*sayt*) *adj* qualified

kvalitet (kvah-li-*tayt*) *c* quality

kvalm (kvahlm) *adj* sick

kvalme (*kvahl*-mer) *c* nausea; sickness

kvantitet (kvahn-ti-*tayt*) *c* quantity

kvart (kvahtt) *c* quarter

kvartal (kvah-*taal*) *nt* quarter; house block *Am*; **kvartals-** quarterly

kvarter (kvah-*tayr*) *nt* quarter of an hour; district; quarter

kveg (kvāyg) *nt* cattle *pl*

kveite (*kvay*-ter) *c* halibut

kveld (kvehll) *c* evening

kvele (*kvāy*-ler) *v* choke; strangle

kveles (*kvāy*-lerss) *v* choke

kveste (*kvehss*-ter) *v* injure

kvestelse (*kvehss*-terl-ser) *c* injury

kvikksølv (*kvik*-surl) *nt* mercury

kvinne (*kvin*-ner) *c* woman

kvinnelege (*kvin*-ner-lāy-ger) *c* gynaecologist

kvise (*kvee*-ser) *c* pimple

kvist (kvist) *c* twig

kvittering (kvi-*tay*-ring) *c* receipt

kvote (*kvōō*-ter) *c* quota

kylling (*khewl*-ling) *c* chicken

kyndig (*khewn*-di) *adj* skilled, skilful

kysk (khewsk) *adj* chaste

kyss (khewss) *nt* kiss

kysse (*khewss*-ser) *v* kiss

kyst (khewst) *c* coast; seashore, shore, seaside

kø (kūr) *c* line; queue; *** stå i ~** queue; stand in line *Am*

kølle (*kurl*-ler) *c* club; mallet

køye (*kur*^ew-er) *c* bunk, berth

kål (kawl) c cabbage

kåpe (kaw-per) c coat

L

***la** (laa) v *let; allow to; ~ **være** *keep off

laboratorium (lah-boo-rah-tōō-ri-ewm) nt (pl -ier) laboratory

labyrint (lah-bew-rint) c labyrinth; maze

ladning (lahd-ning) c charge

lag (laag) nt layer; team

lage (laa-ger) v *make

lager (laa-gerr) nt (pl lagre) depository

lagerbeholdning (laa-gerr-beh-hold-ning) c stock

lagerbygning (laagerr-bewg-ning) c store-house, warehouse

lagerplass (laa-gerr-plahss) c depot

lagre (laag-rer) v store; stock

lagring (laag-ring) c storage

lagune (lah-gēw-ner) c lagoon

laken (laa-kern) nt sheet

lakk (lahkk) c varnish, lacquer

lakkere (lah-kāy-rer) v varnish

lakris (lahk-riss) c liquorice

laks (lahks) c salmon

lam (lahmm) nt lamb; adj lame

lamme (lahm-mer) v paralyse

lammekjøtt (lahm-mer-khurt) nt lamb

lampe (lahm-per) c lamp

lampeskjerm (lahm-per-shærm) c lampshade

land (lahnn) nt country, land; ***gå i** ~ disembark, land; **i** ~ ashore; **på landet** in the country

landbruk (lahn-brewk) nt agriculture; **landbruks-** agrarian

lande (lahn-ner) v land

landemerke (lahn-ner-mær-ker) nt landmark

landflyktig c (pl ~e) exile

landgang (lahn-gahng) c gangway

landlig (lahn-li) adj rural

landmerke (lahn-mær-ker) nt landmark

landområde (lahnn-om-raw-der) nt country

landsby (lahns-bew) c village

landsens (lahn-serns) adj rustic

landskap (lahn-skaap) nt scenery, landscape

landsmann (lahns-mahn) c (pl -menn) countryman

landsted (lahn-stāy) nt country house

landstryker (lahn-strēw-kerr) c tramp

landtunge (lahn-tew-nger) c isthmus

lang (lahngng) adj long; tall

langs (lahngs) prep past, along; **på** ~ lengthways

langsom (lahng-som) adj slow

langvarig (lahng-vaa-ri) adj longlasting

lapp (lahp) c patch, scrap, note

lappe (lahp-per) v patch

larm (lahrm) c noise

last (lahst) c freight, cargo, load; bulk

laste (lahss-ter) v charge, load

lastebil (lahss-ter-beel) c lorry; truck nAm

lasterom (lahss-ter-room) nt (pl ~) hold

lat (laat) adj idle

***late som** (laa-ter somm) pretend

***late til** (laa-ter till) seem

Latin-Amerika (lah-teen-ah-māy-ri-kah) Latin America

latinamerikansk (lah-tee-nah-māy-ri-kaansk) adj Latin-American

latter (laht-terr) c laughter, laugh

latterlig (laht-ter-li) adj ridiculous; ludicrous

***latterliggjøre** (laht-ter-li-ᵞūr-rer) v

ridicule

lav (laav) *adj* low

lavland (laav-lahn) *nt* (pl ~) lowlands *pl*

lavsesong (laav-seh-song) *c* low season

lavtrykk (laav-trewk) *nt* (pl ~) low pressure; depression

lavvann (laa-vahn) *nt* low tide

*le (lāy) *v* laugh

ledd¹ (lehdd) *nt* joint; **gått av ~** dislocated

ledd² (lehdd) *nt* link

lede (lāy-der) *v* *lead, head

ledelse (lāy-derl-ser) *c* management, administration; lead

ledende (lāy-der-ner) *adj* leading

ledig (lāy-di) *adj* vacant, unoccupied

ledning (lāyd-ning) *c* flex; electric cord

ledsage (lāyd-saa-ger) *v* accompany, conduct

ledsager (lāyd-saa-gerr) *c* companion

legal (leh-gaal) *adj* legal

legalisasjon (leh-gah-li-sah-shōōn) *c* legalization

legasjon (leh-gah-shōōn) *c* legation

legat (leh-gaat) *nt* legacy

lege (lāy-ger) *c* physician, doctor; *v* cure, heal; **almenpraktiserende ~** general practitioner

legekontor (lāy-ger-koon-tōōr) *nt* surgery

legeme (lāy-ger-mer) *nt* body

legemiddel (lāy-ger-mi-derl) *nt* (pl -midler) remedy, medicine

legevitenskap (lāy-ger-vee-tern-skaap) *c* medical science

legg (lehgg) *c* calf

*legge (lehg-ger) *v* *put, *lay; pave; **~ igjen** *leave; **~ sammen** add; **~ seg** *go to bed; **~ seg nedpå** *lie down

leggevann (lehg-ger-vahn) *nt* setting

lotion

lei av (lay) fed up with, tired of

leie (lay-er) *v* hire, rent, lease; *c* rent; **~ ut** *let; lease; **til ~** for hire

leieboer (lay-er-bōō-err) *c* lodger, tenant

leiegård (lay-er-gawr) *c* block of flats; apartment house *Am*

leiekontrakt (lay-er-koon-trahkt) *c* tenancy agreement

lei for (lay) sorry

leilighet (lay-li-hāyt) *c* occasion, opportunity; flat; apartment *nAm*

leir (layr) *c* camp

leire (layr-er) *c* clay

leirvarer (layr-vaa-rerr) *pl* ceramics *pl*

lek (lāyk) *c* play

leke (lāy-ker) *v* play

lekeplass (lāy-ker-plahss) *c* recreation ground, playground

leketøy (lāy-ker-tur ew) *nt* toy

leketøysforretning (lāy-ker-tur ewss-fo-reht-ning) *c* toyshop

lekk (lehkk) *adj* leaky

lekkasje (leh-kaa-sher) *c* leak

lekke (lehk-ker) *v* leak

lekker (lehk-kerr) *adj* delicious, nice

lekkerbisken (lehk-kerr-biss-kern) *c* delicacy

lekmann (lāyk-mahn) *c* (pl -menn) layman

leksikon (lehk-si-kon) *nt* (pl ~, ~er, -ka) encyclopaedia

leksjon (lehk-shōōn) *c* lesson

lektor (lehk-toor) *c* master, teacher

lem (lehmm) *nt* (pl ~mer) limb

lene seg (lāy-ner) *v* *lean

lenestol (lāy-ner-stōōl) *c* armchair; easy chair

lengde (lehng-der) *c* length

lengdegrad (lehng-der-graad) *c* longitude

lenge (lehng-er) *adv* long

lengsel (*lehng*-serl) *c* (pl -sler) longing; wish

lengte etter (*lehng*-ter) long for

lenke (*lehng*-ker) *c* chain

leppe (*lehp*-per) *c* lip

leppepomade (*lehp*-per-poo-maa-der) *c* lipsalve

leppestift (*lehp*-per-stift) *c* lipstick

lerke (*lær*-ker) *c* lark

lerret (*lær*-rert) *nt* linen

lese (*lāy*-ser) *v* *read

leselampe (*lāy*-ser-lahm-per) *c* reading-lamp

leselig (*lāy*-ser-li) *adj* legible

lesesal (*lāy*-ser-saal) *c* reading-room

lesning (*lāyss*-ning) *c* reading

lesse av (*lehss*-ser) discharge, unload

lete etter (*lāy*-ter) look for, search; hunt for

leting (*lāy*-ting) *c* search

lett (lehtt) *adj* light; easy; gentle

lette (*leht*-ter) *v* *take off

lettelse (*leht*-terl-ser) *c* relief

letthet (*leht*-hāyt) *c* facility, ease

leve (*lāy*-ver) *v* live

levebrød (*lāy*-ver-brūr) *nt* livelihood

levende (*lay*-ver-ner) *adj* alive, live

lever (*lehv*-verr) *c* liver

leveranse (leh-ver-*rahng*-ser) *c* delivery

levere (leh-*vāy*-rer) *v* deliver

levering (leh-*vāy*-ring) *c* delivery; supply

levestandard (*lāy*-ver-stahn-dahr) *c* standard of living

levetid (*lāy*-ver-teed) *c* lifetime

levning (*lehv*-ning) *c* remnant

li (lee) *c* hillside

libaneser (li-bah-*nāy*-serr) *c* Lebanese

libanesisk (li-bah-*nāy*-sisk) *adj* Lebanese

Libanon (*lee*-bah-non) Lebanon

liberal (li-beh-*raal*) *adj* liberal

Liberia (li-*bāy*-ri-ah) Liberia

liberier (li-*bāy*-ri-err) *c* Liberian

liberisk (li-*bāy*-risk) *adj* Liberian

*lide (*lee*-der) *v* suffer

lidelse (*lee*-derl-ser) *c* suffering; ailment; affliction

lidenskap (*lee*-dern-skaap) *c* passion

lidenskapelig (lee-dern-*skaa*-per-li) *adj* passionate

*ligge (*lig*-ger) *v* *lie

lighter (*ligh*-terr) *c* lighter

lik¹ (leek) *adj* alike, like; equal; *være ~ equal

lik² (leek) *nt* corpse

like (*lee*-ker) *v* *be fond of, fancy, like; *adv* equally, as; *adj* even

likedan (*lee*-ker-dahn) *adv* alike; *adj* alike

likefrem (*lee*-ker-frehm) *adj* direct; simple

likegyldig (*lee*-ker-ʸewl-di) *adj* indifferent; careless

likeledes (*lee*-ker-lāy-derss) *adv* likewise; also

likesinnet (*lee*-ker-si-nert) *adj* likeminded

likestrøm (*lee*-ker-strurm) *c* direct current

likeså (*lee*-ker-so) *adv* likewise

likevekt (*lee*-ker-vehkt) *c* balance

likevel (*lee*-ker-vehl) *adv* yet, however; still

likhet (*leek*-hāyt) *c* equality; resemblance, similarity

likne (*lik*-ner) *v* resemble

liknende (*lik*-ner-ner) *adj* similar

liksom (*lik*-som) *conj* like, as

liktorn (*leek*-tōōn) *c* corn

likør (li-*kurr*) *c* liqueur

lilje (*lil*-ʸer) *c* lily

lilla (*lil*-lah) *adj* mauve

lillefinger (*lil*-ler-fi-ngerr) *c* (pl -gre) little finger

lim (leem) *nt* gum, glue

limbånd (*leem*-bon) *nt* (pl ~) adhesive tape

limett (li-*mehtt*) *c* lime

limonade (li-moo-*naa*-der) *c* lemonade

lind (linn) *c* lime

lindetre (*lin*-der-trāy) *nt* (pl -rær) lime-tree

lindre (*lin*-drer) *v* relieve

lindring (*lin*-dring) *c* relief

line (*lee*-ner) *c* line

linjal (lin-*Yaal*) *c* ruler

linje (*lin*-Yer) *c* line; extension

linse (*lin*-ser) *c* lens

lintøy (*leen*-tur^{ew}) *nt* linen

lirekasse (*lee*-rer-kah-ser) *c* street-organ

lisens (li-*sehns*) *c* licence

lisse (*liss*-ser) *c* lace

list (list) *c* cunning, ruse

liste (*liss*-ter) *c* list

lite (*lee*-ter) *adj* little

liten (*lee*-tern) *adj* (pl små) small, little; short; petty, minor; **bitte ~** tiny, minute

liter (*lee*-terr) *c* (pl ~) litre

litt (litt) *pron* some

litteratur (li-ter-rah-*tewr*) *c* literature

litterær (li-ter-*ræær*) *adj* literary

liv (leev) *nt* life

livbelte (*leev*-behl-ter) *nt* lifebelt

livfull (*leev*-fewl) *adj* vivid

livlig (*liv*-li) *adj* lively, brisk

livmor (*leev*-mōōr) *c* womb

livsfarlig (*lishs*-faa-li) *adj* perilous

livsforsikring (*lifs*-fo-shik-ring) *c* life insurance

livvakt (*lee*-vahkt) *c* bodyguard

lodd (lodd) *c* destiny, lot

lodde (*lod*-der) *v* solder

loddebolt (*lod*-der-bolt) *c* soldering-iron

loddrett (*lod*-reht) *adj* perpendicular

loft (loft) *nt* attic

logikk (loo-*gikk*) *c* logic

logisk (*lōō*-gisk) *adj* logical

lojal (loo-*Yaal*) *adj* loyal

lokal (loo-*kaal*) *adj* local

lokalisere (loo-kah-li-*sāy*-rer) *v* locate

lokalsamtale (loo-*kaal*-sahm-taa-ler) *c* local call

lokaltog (loo-*kaal*-tawg) *nt* (pl ~) local train

lokk (lokk) *nt* cover, lid, top

lokomotiv (loo-koo-moo-*teev*) *nt* engine, locomotive

lomme (*loom*-mer) *c* pocket

lommebok (*loom*-mer-bōōk) *c* (pl -bøker) wallet, pocket-book

lommekam (*loom*-mer-kahm) *c* (pl ~mer) pocket-comb

lommekniv (*loom*-mer-kneev) *c* penknife, pocket-knife

lommelykt (*loom*-mer-lewkt) *c* torch, flash-light

lommetørkle (*loom*-mer-turr-kler) *nt* (pl -lær) handkerchief

lommeur (*loom*-mer-ēwr) *nt* (pl ~) pocket-watch

lord (lord) *c* lord

los (lōōss) *c* pilot

losji (loo-*shee*) *nt* accommodation, lodgings *pl*

loslitt (*lōō*-shlit) *adj* threadbare

losse (*loss*-ser) *v* discharge

lotteri (lo-ter-*ree*) *nt* lottery

lov (lawv) *c* law; permission; *ha ~ til *be allowed to

love (*law*-ver) *v* promise

lovlig (*lawv*-li) *adj* lawful, legitimate

LP-plate (ehl-*pāy*-plaa-ter) *c* long-playing record

lubben (*lewb*-bern) *adj* plump

lue (*lēwer*) *c* cap

luft (lewkt) *c* air; sky; **luft-** pneumatic

lufte (*lewf*-ter) *v* air; ventilate; **~ ut** ventilate

luftfilter (*lewft*-fil-terr) *nt* (pl -tre) air-filter

luftig (*lewf*-ti) *adj* airy

luft-kondisjonering (*lewft*-koon-di-shoo-nāy-ring) *c* air-conditioning

luft-kondisjonert (*lewft*-koon-di-shoo-nāyt) *adj* air-conditioned

luftpost (*lewft*-post) *c* airmail

luftslange (*lewft*-shlahng-er) *c* inner tube

luftsyke (*lewft*-sēw-ker) *c* air-sickness

lufttett (*lewft*-teht) *adj* airtight

lufttrykk (*lewft*-trewkk) *nt* (pl ~) atmospheric pressure

lugar (lew-*gaar*) *c* cabin

luke (*lēw*-ker) *c* hatch

lukke (*look*-ker) *v* close, *shut; ~ opp unlock

lukket (*look*-kert) *adj* closed, shut

luksuriøs (lewk-sew-ri-*ūrss*) *adj* luxurious

luksus (*lewk*-sewss) *c* luxury

lukt (lookt) *c* odour, smell

lukte (*look*-ter) *v* *smell

lumbago (loom-*baa*-goo) *c* lumbago

lund (lewnn) *c* grove

lune (*lēw*-ner) *nt* mood, humour

lunge (*loong*-nger) *c* lung

lungebetennelse (*loong*-nger-beh-teh-nerl-ser) *c* pneumonia

lunken (*loong*-kern) *adj* lukewarm, tepid

lunsj (lurnsh) *c* luncheon, dinner, lunch

lunte (*lewn*-ter) *c* fuse

lur (lēwr) *c* nap; *adj* cunning

lus (lēwss) *c* (pl ~) louse

ly (lēw) *nt* shelter, cover; *gi ~ shelter

lyd (lēwd) *c* sound; noise

lydbånd (*lēwd*-bonn) *nt* (pl ~) tape

*lyde (*lēw*-der) *v* sound

lydig (*lēw*-di) *adj* obedient

lydighet (*lēw*-di-hāyt) *c* obedience

lydpotte (*lēwd*-po-ter) *c* silencer; muffler *nAm*

lydtett (*lēw*-d-teht) *adj* soundproof

lyge (*lēw*-ger) *v* lie, *tell a lie

lykke (*lewk*-ker) *c* happiness, fortune

lykkelig (*lewk*-li) *adj* happy

lykkes (*lewk*-kerss) *v* manage, succeed

lykkønskning (*lewk*-kurnsk-ning) *c* congratulation

lykt (lewkt) *c* lantern

lyktestolpe (*lewk*-ter-stol-per) *c* lamppost

lyn (lēwn) *nt* lightning

lyng (lewngng) *c* heather

lyngmo (*lewng*-mōō) *c* moor

lynkurs (*lēwn*-kēwsh) *nt* intensive course

lys (lēwss) *nt* light; *adj* light; **lyse-** pale; **skarpt** ~ glare

lysbilde (*lēwss*-bil-der) *nt* slide

lysende (*lēw*-ser-ner) *adj* luminous

lyserød (*lēw*-ser-rūr) *adj* pink

lyshåret (*lēwss*-haw-rert) *adj* fair

lyskaster (*lēwss*-kahss-terr) *c* searchlight

lyske (*lewss*-ker) *c* groin

lysmåler (*lēwss*-maw-lerr) *c* exposure meter

lysning (*lēwss*-ning) *c* clearing

lyspære (*lēwss*-pææ-rer) *c* light bulb

lyst (lewst) *c* desire; zest; *ha ~ til *feel like, fancy

lystbåt (*lewst*-bawt) *c* yacht

lystig (*lewss*-ti) *adj* cheerful, jolly

lystighet (*lewss*-ti-hāyt) *c* gaiety

lystspill (*lewst*-spil) *nt* (pl ~) comedy

lytt (lewtt) *adj* noisy

lytte (*lewt*-ter) *v* listen; eavesdrop

lytter (*lewt*-terr) *c* listener

lær (læær) *nt* leather; **lær-** leather

lærd (læærd) *adj* scholarly

lære (*lææ*-rer) *v* *learn; *teach; *c* teachings *pl*; ~ **utenat** memorize

lærebok (*lææ*-rer-bōōk) *c* (pl -bøker) textbook

lærer (*lææ*-rerr) *c* master, teacher,

schoolmaster, schoolteacher

lærerik (*lææ-rer-reek*) *adj* instructive

løfte (*lurf-ter*) *v* lift; *nt* vow; promise

løgn (*lurᵉʷn*) *c* lie

løk (*lurk*) *c* onion

løkke (*lurk-ker*) *c* loop

lønn (*lurnn*) *c* salary, pay, wages *pl*; maple

lønne (*lurn-ner*) *v* *pay; ~ **seg** *be worthwhile

lønnsom (*lurn-som*) *adj* profitable

lønnstaker (*lurns-taa-kerr*) *c* employee

lønnstillegg (*lurns-ti-lehg*) *nt* (pl ~) *pay rise; raise *nAm*

løp (*lūrp*) *nt* course

*løpe (*lūr-per*) *v* *run

lørdag (*lūr-dah*) *c* Saturday

løs (*lūrss*) *adj* loose

løse (*lūr-ser*) *v* solve; unfasten; ~ **opp** *undo

løsepenger (*lūr-ser-peh-ngerr*) *pl* ransom

løsne (*lurss-ner*) *v* unfasten, detach; loosen

løsning (*lūrss-ning*) *c* solution

løve (*lūr-ver*) *c* lion

løvetann (*lūr-ver-tahn*) *c* dandelion

lån (*lawn*) *nt* loan

låne (*law-ner*) *v* borrow; ~ **bort** *lend

lår (*lawr*) *nt* thigh

lås (*lawss*) *c* lock

låse (*law-ser*) *v* lock; ~ **inne** lock up; ~ **opp** unlock

låve (*law-ver*) *c* barn

M

madrass (*mahd-rahss*) *c* mattress

mage (*maa-ger*) *c* stomach; belly; **mage-** gastric

mager (*maa-gerr*) *adj* lean, thin

magesår (*maa-ger-sawr*) *nt* (pl ~) gastric ulcer

magi (*mah-gee*) *c* magic

magisk (*maa-gisk*) *adj* magic

magnetisk (*mahng-nāy-tisk*) *adj* magnetic

mai (*migh*) May

mais (*mighss*) *c* maize; corn *nAm*

maiskolbe (*mighss-kol-ber*) *c* corn on the cob

major (*mah-yōōr*) *c* major

makrell (*mah-krehll*) *c* mackerel

maksimumshastighet (*mahk-si-mewms-hahss-ti-hāyt*) *c* speed limit

makt (*mahkt*) *c* might, power; rule

maktesløs (*mahk-terss-lūrss*) *adj* powerless

malaria (*mah-laa-ri-ah*) *c* malaria

Malaysia (*mah-ligh-si-ah*) Malaysia

malaysier (*mah-ligh-sʸerr*) *c* Malay

malaysisk (*mah-ligh-sisk*) *adj* Malaysian

male (*maa-ler*) *v* paint; *grind

maler (*maa-lerr*) *c* painter

maleri (*mah-ler-ree*) *nt* picture, painting

malerisk (*maa-ler-risk*) *adj* picturesque

malerskrin (*maa-ler-shkreen*) *nt* (pl ~) paint-box

maling (*maa-ling*) *c* paint

malm (*mahlm*) *c* ore

malplassert (*maal-plah-sāyt*) *adj* misplaced

mammut (*mahm-mewt*) *c* mammoth

man (*mahnn*) *pron* one

mandag (*mahn-dah*) *c* Monday

mandarin (*mahn-dah-reen*) *c* tangerine, mandarin

mandat (*mahn-daat*) *nt* mandate

mandel (*mahn-derl*) *c* (pl -dler) almond

mandler (*mahn-dlerr*) *pl* tonsils *pl*; **betente** ~ tonsilitis

manerer (mah-*nāy*-rerr) *pl* manners *pl*

manesje (mah-*nāy*-sher) *c* ring

manet (mah-*nāyt*) *c* jelly-fish

mange (*mahng*-nger) *pron* many; much

mangel (*mahng*-ngerl) *c* (pl -gler) shortcoming, want, lack, deficiency; shortage

mangelfull (*mahng*-ngerl-fewl) *adj* faulty, defective

mangle (*mahng*-ler) *v* fail, lack

manglende (*mahng*-ler-ner) *adj* missing, lacking

mani (mah-*nee*) *c* craze

manikyr (mah-ni-*kewr*) *c* manicure

manikyrere (mah-ni-kew-*rāy*-rer) *v* manicure

mann (mahnn) *c* (pl menn) man; husband

mannekeng (mah-ner-*kehngng*) *c* model

mannskap (*mahn*-skaap) *nt* crew

mansjett (mahn-*shehtt*) *c* cuff

mansjettknapper (mahn-*sheht*-knah-perr) *pl* cuff-links *pl*

manufakturhandler (nah-new-fahk-*tewr*-hahnd-lerr) *c* draper

manuskript (mah-noo-*skript*) *nt* manuscript

marg (mahrg) *c* margin; marrow

margarin (mahr-gah-*reen*) *c* margarine

marine- (mah-*ree*-ner) naval

maritim (mah-ri-*teem*) *adj* maritime

mark (mahrk) *c* worm; field

marked (*mahr*-kerd) *nt* market

markere (mahr-*kāy*-rer) *v* mark; score

marmelade (mahr-mer-*laa*-der) *c* marmalade

marmor (*mahr*-moor) *c* marble

marokkaner (mah-ro-*kaa*-nerr) *c* Moroccan

marokkansk (mah-ro-*kaansk*) *adj* Moroccan

Marokko (mah-*rok*-koo) Morocco

mars (mahshsh) March

marsj (mahshsh) *c* march

marsjere (mah-*shāy*-rer) *v* march

marsjfart (*mahsh*-faht) *c* cruising speed

marsvin (*maa*-shveen) *nt* (pl ~) guinea-pig

martyr (*maa*-tēwr) *c* martyr

mas (maass) *nt* fuss

maske (*mahss*-ker) *c* mask; mesh

maskin (mah-*sheen*) *c* machine, engine

maskineri (mah-shi-ner-ree) *nt* machinery

maskinskade (mah-*sheen*-skaa-der) *c* breakdown

maskinskrevet (mah-*sheen*-skrāy-vert) *adj* typewritten

***maskinskrive** (mah-*sheen*-skree-ver) *v* type

maskinskriverske (mah-*sheen*-skree-versh-ker) *c* typist

maskulin (*mahss*-kew-leen) *adj* masculine

massasje (mah-*saa*-sher) *c* massage

masse (*mahss*-ser) *c* bulk

masseproduksjon (*mahss*-ser-proo-dewk-shōōn) *c* mass production

massere (mah-*sāy*-rer) *v* massage

massiv (mah-*seev*) *adj* massive; solid

massør (mah-*sūrr*) *c* masseur

mast (mahst) *c* mast

mat (maat) *c* food; **lage** ~ cook

matbit (*maat*-beet) *c* a bite to eat

mate (*maa*-ter) *v* *feed

matematikk (mah-ter-mah-*tikk*) *c* mathematics

matematisk (mah-ter-*maa*-tisk) *adj* mathematical

materiale (mah-ter-ri-*aa*-ler) *nt* material

materiell (mah-ter-ri-*ehll*) *adj* material

matforgiftning (*maat*-for-Yift-ning) *c*

food poisoning

matlyst (*maat*-lewst) *c* appetite

matolje (*maat*-ol-Yer) *c* salad-oil

matt (mahtt) *adj* mat, dull, dim

matte (*maht*-ter) *c* mat

matvareforretning (*maat*-vaa-rer-fo-reht-ning) *c* grocer's

matvarehandler (*maat*-vaa-rer-hahnd-lerr) *c* grocer

matvarer (*maat*-vaa-rerr) *pl* foodstuffs *pl*

maur (mour) *c* ant

mausoleum (mou-soo-*lāy*-ewm) *nt* (pl -eer) mausoleum

med (māy) *prep* with; by; ~ **mindre** unless

medalje (meh-*dahl*-Yer) *c* medal

***medbringe** (*māy*-bri-nger) *v* *bring

meddele (*māy*-dāy-ler) *v* communicate, inform; notify

meddelelse (*māy*-dāy-lerl-ser) *c* information, communication

medfødt (*māy*-furt) *adj* inborn

medfølelse (*māyd*-fūr-lerl-ser) *c* sympathy

medfølende (*māyd*-fūr-leh-ner) *adj* sympathetic

medisin (meh-di-*seen*) *c* medicine; drug

medisinsk (meh-di-*seensk*) *adj* medical

meditere (meh-di-*tāy*-rer) *v* meditate

medlem (*māyd*-lehm) *nt* (pl ~mer) member, associate

medlemskap (*māyd*-lehm-skaap) *nt* membership

medlidenhet (mehd-*lee*-dern-hāyt) *c* pity; *ha ~ med pity

medregne (*māyd*-ray-ner) *v* include, count in

medskyldig (*māyd*-shewl-di) *c* accessary

medvirkning (*māyd*-veerk-ning) *c* co-operation

meg (may) *pron* me, myself

meget (*māy*-gert) *adv* very; far

megle (mehg-ler) *v* mediate

megler (*mehg*-lerr) *c* mediator; broker

meieri (may-er-*ree*) *nt* dairy

meisel (may-serl) *c* (pl -sler) chisel

mekaniker (meh-*kaa*-ni-kerr) *c* mechanic

mekanisk (meh-*kaa*-nisk) *adj* mechanical

mekanisme (meh-kah-*niss*-mer) *c* mechanism

meksikaner (mehks-i-*kaa*-nerr) *c* Mexican

meksikansk (mehks-i-*kaansk*) *adj* Mexican

mektig (*mehk*-ti) *adj* powerful, mighty

mel (māyl) *nt* flour

melankoli (meh-lahng-koo-*lee*) *c* melancholy

melde (*mehl*-ler) *v* report; bid; ~ **seg** report

melding (*mehl*-ling) *c* report

melk (mehlk) *c* milk

melkaktig (*mehl*-kahk-ti) *adj* milky

melkemann (*mehl*-ker-mahn) *c* (pl -menn) milkman

mellom (*mehl*-lom) *prep* between; among

mellometasje (*mehl*-lom-eh-*taa*-sher) *c* mezzanine

mellommann (*mehl*-loo-mahn) *c* (pl -menn) intermediary

mellomrom (*mehl*-loom-room) *nt* (pl ~) space

mellomspill (*mehl*-loom-spil) *nt* (pl ~) interlude

mellomste (*mehl*-loom-ster) *adj* middle

mellomtid (*mehl*-loom-teed) *c* interim

i mellomtiden (ee *mehl*-lom-tee-dern) meanwhile

melodi (meh-loo-*dee*) *c* tune; melody

melodisk (meh-*lōō*-disk) *adj* tuneful

melodrama (meh-loo-*draa*-mah) *nt* melodrama

melon (meh-*lōōn*) *c* melon

membran (mehm-*braan*) *c* diaphragm

memorandum (meh-moo-*rahn*-dewm) *nt* (pl -da) memo

men (mehn) *conj* but; only

mene (*māy*-ner) *v* *mean; consider

mened (*māyn*-āyd) *c* perjury

mengde (*mehng*-der) *c* lot, amount, mass; crowd

menighet (*māy*-ni-hāyt) *c* congregation

mening (*māy*-ning) *c* opinion; meaning, sense

meningsløs (*māy*-nings-lūrss) *adj* meaningless, senseless

menneske (*mehn*-sker) *nt* human being, man

menneskehet (*mehn*-sker-hāyt) *c* humanity, mankind

menneskelig (*mehn*-sker-li) *adj* human

mens (mehns) *conj* whilst, while

menstruasjon (mehn-strew-ah-*shōōn*) *c* menstruation

mental (mehn-*taal*) *adj* mental

meny (meh-*nēw*) *c* menu

mer (*māyr*) *adj* more; litt ~ some more

merkbar (*mærk*-baar) *adj* perceptible, noticeable

merke[1] (*mær*-ker) *v* mark; *nt* tick, mark; brand

merke[2] (*mær*-ker) *v* sense; notice; *legge ~ til notice

merkelapp (*mær*-ker-lahp) *c* tag; *sette ~ på label

merkelig (*mær*-ker-li) *adj* funny, queer

merknad (*mærk*-nah) *c* note

merkverdig (mærk-*vær*-di) *adj* curious, strange

meslinger (*mehsh*-li-ngerr) *pl* measles

messe (*mehss*-ser) *c* Mass

messing (*mehss*-sing) *c* brass

mest (mehst) *adv* most of all

mester (*mehss*-terr) *c* (pl ~e, -trer) master; champion

mesterverk (*mehss*-terr-vayrk) *nt* masterpiece

metall (meh-*tahll*) *nt* metal; metall-metal

metalltråd (meh-*tahl*-traw) *c* wire

meter (*māy*-terr) *c* (pl ~) metre

metode (meh-*tōō*-der) *c* method

metodisk (meh-*tōō*-disk) *adj* methodical

metrisk (*māyt*-risk) *adj* metric

Mexico (*mehk*-si-koo) Mexico

middag (*mid*-dah) *c* dinner; midday; spise ~ dine

middel (*mid*-derl) *nt* (pl midler) means; antiseptisk ~ antiseptic

middelalderen (*mid*-derl-ahld-rern) Middle Ages

middelaldersk (*mid*-derl-ahl-dershk) *adj* mediaeval

Middelhavet (*mid*-derl-haa-vert) Mediterranean

middelklasse (*mid*-derl-klah-ser) *c* middle class

middelmådig (*mid*-derl-maw-di) *adj* average, commonplace

middels (*mid*-derls) *adj* medium

midje (*mid*-Yer) *c* waist

midlertidig (*mid*-ler-tee-di) *adj* temporary

midnatt (*mid*-nahtt) *c* midnight

midte (*mit*-ter) *c* midst, middle

midt i (mitt ee) amid

midtpunkt (*mit*-poongt) *nt* centre

midtsommer (*mit*-so-merr) *c* midsummer

migrene (mig-*rāy*-ner) *c* migraine

mikrofon (mik-roo-*fōōn*) *c* microphone

mikser (*mik*-serr) *c* mixer

mild (mill) *adj* mild; gentle
milestein (*mee*-ler-stayn) *c* milestone
militær- (mi-li-*tæær*) military
miljø (mil-*Yūr*) *nt* milieu; environment
million (mil-*Yōōn*) *c* million
millionær (mil-Yoo-*næær*) *c* millionaire
min (meen) *pron* my
mindre (*min*-drer) *adv* less; *adj* minor;
ikke desto ~ nevertheless
mindretall (*min*-drer-tahll) *nt* (pl ~) minority
mindreverdig (*min*-drer-vær-di) *adj* inferior
mindreårig (*min*-drer-aw-ri) *c* (pl ~e) minor
mineral (mi-ner-*raal*) *nt* mineral
mineralvann (mi-ner-*raal*-vahn) *nt* mineral water
miniatyr (mi-ni-ah-*tēwr*) *c* miniature
minimum (*mee*-ni-moom) *nt* (pl -ima) minimum
mink (mingk) *c* mink
minke (*ming*-ker) *v* decrease
minne (*min*-ner) *nt* remembrance, memory; **~ på** remind
minnefest (*min*-ner-fehst) *c* commemoration
minnes (*min*-nerss) *v* recall
minnesmerke (*min*-nerss-mær-ker) *nt* monument
minnestein (*min*-nerstayn) *c* memorial
minneverdig (*min*-ner-vær-di) *adj* memorable
minoritet (mi-noo-ri-*tāyt*) *c* minority
minske (*min*-sker) *v* lessen, reduce, decrease
minst (minst) *adj* least; *adv* at least; **i det minste** at least
minus (*mee*-newss) *adv* minus
minutt (mi-*newtt*) *nt* minute
mirakel (mi-*raa*-kerl) *nt* (pl -kler) miracle

mirakuløs (mi-rah-kew-*lūrss*) *adj* miraculous
misbillige (*miss*-bi-li-er) *v* disapprove
misbruk (*miss*-brewk) *nt* abuse, misuse
misdannet (*miss*-dahn-nert) *adj* deformed
misfornøyd (*miss*-fo-nur^(ew)d) *adj* discontented
***misforstå** (*miss*-fo-shtaw) *v* *misunderstand
misforståelse (*miss*-fo-*shtaw*-erl-ser) *c* misunderstanding
mishage (*miss*-haa-ger) *v* displease
mislike (*miss*-lee-ker) *v* dislike
mislykkes (*miss*-lew-kerss) *v* fail
mislykket (*miss*-lew-kert) *adj* unsuccessful
mistanke (*miss*-tahng-ker) *c* suspicion
miste (*miss*-ter) *v* miss; *lose
mistenke (*miss*-tehng-ker) *v* suspect
mistenkelig (miss-*tehng*-ker-li) *adj* suspicious
mistenksom (miss-*tehngk*-som) *adj* suspicious
mistenksomhet (*miss*-tehngk-som-hāyt) *c* suspicion
mistenkt (*miss*-tehngt) *c* suspect
mistro (*miss*-trōō) *v* mistrust
mistroisk (*miss*-trōō-isk) *adj* distrustful
misunne (mi-*sewn*-ner) *v* envy; grudge
misunnelig (mi-*sewn*-li) *adj* envious
misunnelse (mi-*sewn*-nerl-ser) *c* envy
mobil (moo-*beel*) *adj* mobile
modell (moo-*dehll*) *c* model
modellere (moo-der-*lāy*-rer) *v* model
moden (*mōō*-dern) *adj* ripe, mature
modenhet (*mōō*-dern-hāyt) *c* maturity
moderat (moo-der-*raat*) *adj* moderate
moderne (moo-*dææ*-ner) *adj* modern; fashionable
modifisere (moo-di-fi-*sāy*-rer) *v* mod-

ify

modig (*moo*-di) *adj* courageous, brave, plucky

mohair (moo-*hæær*) *c/nt* mohair

molo (*moo*-loo) *c* jetty

monark (moo-*nahrk*) *c* monarch, ruler

monarki (moo-nahr-*kee*) *nt* monarchy

monolog (moo-noo-*lawg*) *c* monologue

monopol (moo-noo-*pool*) *nt* monopoly

monoton (moo-noo-*toon*) *adj* monotonous

monter (*moon*-terr) *c* (pl -trer) showcase

monument (moo-new-*mehnt*) *nt* monument

moped (moo-*payd*) *c* moped; motorbike *nAm*

mor (*moor*) *c* (pl mødre) mother

moral (moo-*raal*) *c* morality; moral

moralsk (moo-*raalsk*) *adj* moral

morbær (*moor*-bæær) *nt* (pl ~) mulberry

mord (moord) *nt* assassination, murder

morder (*moor*-derr) *c* murderer

more (*moo*-rer) *v* amuse; entertain

morfar (*moor*-faar) *c* (pl -fedre) grandfather

morfin (moor-*feen*) *c* morphia, morphine

morgen (*maw*-ern) *c* morning; **i** ~ tomorrow; **i morges** this morning

morgenavis (*maw*-ern-ah-veess) *c* morning paper

morgenkåpe (*maw*-ern-kaw-per) *c* dressing-gown

morgenutgave (*maw*-ern-ewt-gaa-ver) *c* morning edition

mormor (*moor*-moor) *c* (pl -mødre) grandmother

morn! (mon) hello!

moro (*moor*-roo) *c* fun

morsmål (*moosh*-mawl) *nt* mother

tongue, native language

morsom (*moosh*-shom) *adj* enjoyable, entertaining; humorous

mort (moot) *c* roach

mosaikk (moo-sah-*ikk*) *c* mosaic

mose (*moo*-ser) *c* moss; *v* mash

moské (mooss-*kay*) *c* mosque

moskito (mooss-*kee*-too) *c* mosquito

mot (moot) *prep* against; towards; *nt* courage

motbydelig (moot-*bew*-der-li) *adj* disgusting, revolting

mote (*moo*-ter) *c* fashion

motell (moo-*tehll*) *nt* motel

motgang (*moot*-gahng) *c* adversity, hardship

motiv (moo-*teev*) *nt* motive; pattern

motor (*moo*-toor) *c* motor, engine

motorbåt (*moo*-toor-bawt) *c* motorboat

motorstopp (*moo*-toor-stop) *c/nt* (pl ~) breakdown

motorsykkel (*moo*-toor-sew-kerl) *c* (pl -sykler) motor-cycle

motorvei (*moo*-toor-vay) *c* motorway; highway *nAm*

motsatt (*moot*-saht) *adj* opposite, contrary; reverse; **det motsatte** the contrary

motsetning (*moot*-seht-ning) *c* contrast; reverse

****motsette seg** (*moot*-seh-ter) oppose

****motsi** (*moot*-see) *v* contradict

motstand (*moot*-stahn) *c* resistance

motstander (*moot*-stahn-derr) *c* opponent

motstridende (*moot*-stree-der-ner) *adj* contradictory

motsvarende (*moot*-svaa-rer-ner) *adj* equivalent

****motta** (*moo*-taa) *v* receive; accept

mottakelse (*moo*-taa-kerl-ser) *c* reception, receipt

motto (*moot*-too) *nt* motto

motvilje (*mōōt*-vil-Yer) *c* aversion, dislike, antipathy

mugg (mewgg) *c* mildew

mugge (*mewg*-ger) *c* jug

muggen (*mewg*-gern) *adj* mouldy

muldyr (*mewl*-dēwr) *nt* (pl ~) mule

mulesel (*mewl*-āy-serl) *nt* (pl -sler) mule

mulig (*mēw*-li) *adj* possible; eventual; realizable

muligens (*mēw*-li-erns) *adv* perhaps

mulighet (*mēw*-li-hāyt) *c* possibility

mulkt (mewlkt) *c* fine

mulle (*mewl*-ler) *c* mullet

multiplikasjon (mool-ti-pli-kah-*shōōn*) *c* multiplication

multiplisere (mool-ti-pli-*sāy*-rer) *v* multiply

munk (moongk) *c* monk

munkeorden (*moong*-ker-*or*-dern) *c* monastic order

munn (mewnn) *c* mouth

munning (*mewn*-ning) *c* outlet; estuary; muzzle

munnvann (*mewn*-vahn) *nt* mouthwash

munter (*mewn*-terr) *adj* merry, gay

munterhet (*mewn*-terr-hāyt) *c* gaiety

muntlig (*mewnt*-li) *adj* oral, verbal

mur (*mēwr*) *c* brick wall

mure (*mēw*-rer) *v* *lay bricks

murer (*mēw*-rerr) *c* bricklayer

murpuss (*mēwr*-pewss) *c* plaster

murstein (*mēw*-shtayn) *c* brick

mus (*mēwss*) *c* (pl ~) mouse

museum (mew-*sāy*-ewm) *nt* (pl -eer) museum

musical (*mˡYew*-si-kerl) *c* musical

musikalsk (mew-si-*kaalsk*) *adj* musical

musiker (*mēw*-si-kerr) *c* musician

musikk (mew-*sikk*) *c* music

musikkinstrument (mew-*sikk*-in-strew-mehnt) *nt* musical instrument

musikkspill (mew-*sikk*-spil) *nt* (pl ~) musical comedy

muskatnøtt (mewss-*kaat*-nurt) *c* nutmeg

muskel (*mewss*-kerl) *c* (pl -kler) muscle

muskuløs (mewss-kew-*lūrss*) *adj* muscular

musselin (mew-ser-*leen*) *c* muslin

musserende (mew-*sāy*-rer-ner) *adj* sparkling

mutter (*mewt*-terr) *c* (pl ~e, mutrer) nut

mye (*mēw*-er) *adj* much; *adv* much; **like ~** as much

mygg (mewgg) *c* (pl ~) mosquito

myggnett (*mewg*-neht) *nt* (pl ~) mosquito-net

myk (*mēwk*) *adj* supple, smooth, soft; tender

mynde (*mewn*-der) *c* greyhound

myndig (*mewn*-di) *adj* of age

myndighet (*mewn*-di-hāyt) *c* authority; **myndigheter** authorities *pl;* **utøvende ~** executive

mynt (mewnt) *c* coin

mynte (*mewn*-ter) *c* mint

myntenhet (*mewnt*-āyn-hāyt) *c* monetary unit

myr (*mēwr*) *c* swamp, bog

myrde (*mēwr*-der) *v* murder

mysterium (mewss-*tāy*-ri-ewm) *nt* (pl -ier) mystery

mystisk (*mewss*-tisk) *adj* mysterious

myte (*mēw*-ter) *c* myth

mytteri (mew-ter-*ree*) *nt* mutiny

møbler (*mūrb*-lerr) *pl* furniture

møblere (murb-*lāy*-rer) *v* furnish

møkk (murkk) *c* muck

møll (murll) *c* (pl ~) moth

mølle (*murl*-ler) *c* mill

møller (*murl*-lerr) *c* miller

mønster (*murn*-sterr) *nt* (pl -tre) pattern

mør (mūrr) *adj* tender

mørk (murrk) *adj* obscure, dark

mørke (murr-ker) *nt* dark; gloom

møte (mūr-ter) *v* encounter, *meet; *nt* encounter, meeting; appointment

møtende (mūr-ter-ner) *adj* oncoming

møtested (mūr-ter-stay) *nt* meeting-place

møye (mur^(ew)-er) *c* difficulty

måke (maw-ker) *c* gull

mål (mawl) *nt* measure; goal; target; tongue, language

målbevisst (mawl-beh-vist) *adj* determined

måle (maw-ler) *v* measure

målebånd (maw-ler-bon) *nt* (pl ~) tape-measure

måleinstrument (maw-ler-in-strew-mehnt) *nt* gauge

måler (maw-lerr) *c* meter

målestokk (maw-ler-stok) *c* scale

mållinje (mawl-lin-yer) *c* finish

målløs (mawl-lūrss) *adj* speechless

målmann (mawl-mahn) *c* (pl -menn) goalkeeper

måltid (mawl-teed) *nt* meal

måne (maw-ner) *c* moon

måned (maw-nerd) *c* month

månedlig (maw-nerd-li) *adj* monthly

månedsblad (maw-nerss-blaad) *nt* (pl ~) monthly magazine

måneskinn (maw-ner-shin) *nt* moonlight

måte (maw-ter) *c* fashion, way, manner; **på hvilken som helst ~** any way; **på ingen ~** by no means

***måtte** (mot-ter) *v* *must, *have to; *be bound to; need, need to

N

nabo (naa-boo) *c* neighbour

nabolag (naa-boo-laag) *nt* (pl ~) vicinity, neighbourhood

naiv (nah-eev) *adj* naïve

naken (naa-kern) *adj* nude, bare, naked

nakke (nahk-ker) *c* nape of the neck

narkose (nahr-kōō-ser) *c* narcosis

narkotika (nahr-kōō-ti-kah) *c* (pl ~) drug; **narkotisk middel** narcotic

narre (nahr-rer) *v* fool

nasjon (nah-shōōn) *c* nation

nasjonal (nah-shoo-naal) *adj* national

nasjonaldrakt (nah-shoo-naal-drahkt) *c* national dress

nasjonalisere (nah-shoo-nah-li-say-rer) *v* nationalize

nasjonalitet (nah-shoo-nah-li-tayt) *c* nationality

nasjonalpark (nah-shoo-naal-pahrk) *c* national park

nasjonalsang (nah-shoo-naal-sahng) *c* national anthem

natt (nahtt) *c* (pl netter) night; **i ~** tonight; **om natten** by night

nattergal (naht-terr-gaal) *c* nightingale

nattfly (naht-flew) *nt* (pl ~) night flight

nattkjole (naht-khōō-ler) *c* nightdress

nattklubb (naht-klewb) *c* cabaret, nightclub

nattkrem (naht-kraym) *c* night-cream

nattlig (naht-li) *adj* nightly

natt-takst (naht-tahkst) *c* night rate

natt-tog (naht-tawg) *nt* (pl ~) night train

natur (nah-tewr) *c* nature

naturlig (nah-tew-li) *adj* natural

naturligvis (nah-tew-li-veess) *adv* of course, naturally naturskjønn (nah-*tew*-shurn) *adj* scenic

naturvitenskap (nah-*tewr*-vee-tern-skaap) *c* natural science

navigasjon (nah-vi-gah-*shoon*) *c* navigation

navigere (nah-vi-*gay*-rer) *v* navigate

navle (nahv-ler) *c* navel

navn (nahvn) *nt* name; i . . . ~ on behalf of, in the name of

nebb (nehbb) *nt* beak

ned (nāyd) *adv* down; downstairs

nedbetale (nāyd-beh-taa-ler) *v* *pay off

nedbetaling (nāyd-beh-taa-ling) *c* down payment

nedbør (nāyd-būrr) *c* precipitation

nede (nāy-der) *adv* below

nedenfor (nāy-dern-for) *prep* under, below

nedenunder (nāy-dern-ew-nerr) *adv* underneath

nederlag (nāy-der-laag) *nt* (pl ~) defeat

Nederland (nāy-der-lahn) the Netherlands

nederlandsk (nāy-der-lahnsk) *adj* Dutch

nederlender (nāy-der-leh-nerr) *c* Dutchman

nedgang (nāyd-gahng) *c* decrease; depression

nedkomst (nāyd-komst) *c* delivery

nedover (nāy-do-verr) *adv* down, downwards

nedre (nāyd-rer) *adj* inferior, lower

nedrivning (nāyd-reev-ning) *c* demolition

nedslått (nāyd-shlot) *adj* down

nedstamning (nāyd-stahm-ning) *c* origin

nedstemt (nāyd-stehmt) *adj* depressed

nedstigning (nāyd-steeg-ning) *c* descent

nedtrykt (nāyd-trewkt) *adj* depressed

negativ (nāy-gah-teev) *adj* negative; *nt* negative

neger (nāy-gerr) *c* (pl ~e, negrer) Negro

negl (nayl) *c* nail

neglebørste (nay-ler-bursh-ter) *c* nailbrush

neglefil (nay-ler-feel) *c* nail-file

neglelakk (nay-ler-lahk) *c* nail-polish

neglesaks (nay-ler-sahks) *c* nail-scissors *pl*

neglisjé (nehg-li-*shay*) *c/nt* negligee

nei (nay) no

nekte (nehk-ter) *v* deny

nemlig (nehm-li) *adv* namely

neon (nāy-oon) *c* neon

neppe (nehp-per) *adv* hardly

nerve (nær-ver) *c* nerve

nervøs (nær-*vūrss*) *adj* nervous

nese (nāy-ser) *c* nose

neseblod (nāy-ser-bloo) *nt* nosebleed

nesebor (nāy-ser-boor) *nt* (pl ~) nostril

nesevis (nāy-ser-veess) *adj* impertinent

neshorn (nāyss-hoon) *nt* (pl ~) rhinoceros

neste (nehss-ter) *adj* next; following

nesten (nehss-tern) *adv* nearly, almost

nett (nehtt) *nt* net; *adj* neat

netthinne (neht-hi-ner) *c* retina

netto (neht-too) *adv* net

nettopp (neht-top) *adv* just

nettverk (neht-værk) *nt* network

nevne (nehv-ner) *v* mention

nevralgi (nehv-rahl-*gee*) *c* neuralgia

nevrose (nehv-*rōō*-ser) *c* neurosis

nevø (neh-*vūr*) *c* nephew

ni (nee) *num* nine

niende (*nee*-er-ner) *num* ninth

niese (ni-*āy*-ser) *c* niece

nifs (nifs) *adj* creepy

Nigeria (ni-*gay*-ri-ah) Nigeria

nigerianer (ni-geh-ri-*aa*-nerr) *c* Nigerian

nigeriansk (ni-geh-ri-*aansk*) *adj* Nigerian

nikk (nikk) *nt* nod

nikke (*nik*-ker) *v* nod

nikkel (*nik*-kerl) *c* nickel

nikotin (ni-koo-*teen*) *c* nicotine

nitten (*nit*-tern) *num* nineteen

nittende (*nit*-ter-ner) *num* nineteenth

nitti (*nit*-ti) *num* ninety

nivellere (ni-ver-*lay*-rer) *v* level

nivå (ni-*vaw*) *nt* level

noe (*noo*-er) *pron* something

noen (*noo*-ern) *pron* somebody, someone; some; ~ gang ever

nok (nokk) *adv* enough

nokså (*nok*-so) *adv* fairly, somewhat

nominasjon (noo-mi-nah-*shoon*) *c* nomination

nominell (noo-mi-*nehll*) *adj* nominal

nominere (noo-mi-*nay*-rer) *v* nominate

nonne (*non*-ner) *c* nun

nonnekloster (*non*-ner-kloss-terr) *nt* (pl -tre) nunnery

nonsens (*non*-serns) *nt* nonsense

nord (noor) *c* north

nordlig (*noo*-li) *adj* north, northern; northerly

nordmann (*noor*-mahn) *c* (pl -menn) Norwegian

Nordpolen (*noor*-poo-lern) North Pole

nordvest (noor-*vehst*) *c* north-west

nordøst (noor-*urst*) *c* north-east

Norge (*nor*-ger) Norway

norm (norm) *c* standard

normal (noor-maal) *adj* normal; regular

norsk (noshk) *adj* Norwegian

nota (*noo*-tah) *c* bill

notar (noo-*taar*) *c* notary

notat (noo-*taat*) *nt* note

notere (noo-*tay*-rer) *v* note

notis (noo-*teess*) *c* note

notisblokk (noo-*teess*-blok) *c* note pad

notisbok (noo-*teess*-book) *c* (pl -bøker) notebook

nougat (noogaa) *c* nougat

november (noo-*vehm*-berr) November

null (newll) *nt* zero, nought

nummer (*noom*-merr) *nt* (pl numre) number; act

nummerskilt (*noom*-mer-shilt) *nt* registration plate; licence plate *Am*

ny (new) *adj* new; recent

nyanse (new-*ahng*-ser) *c* nuance; shade

nybegynner (*new*-beh-Yew-nerr) *c* beginner; learner

nybygger (*new*-bew-gerr) *c* pioneer

nyhet (*new*-hayt) *c* news; nyheter *pl* news; tidings *pl*

nykke (newk-ker) *nt* fad, whim

nylig (*new*-li) *adv* recently, lately

nylon (*new*-lon) *nt* nylon

nynne (newn-ner) *v* hum

nyre (*new*-rer) *c* kidney

*nyse (*new*-ser) *v* sneeze

nysgjerrig (new-*shær*-ri) *adj* curious; inquisitive

nysgjerrighet (new-*shær*-ri-hayt) *c* curiosity

*nyte (*new*-ter) *v* enjoy

nytelse (*new*-terl-ser) *c* enjoyment

nytte (newt-ter) *c* utility, use; *v* *be of use

nytteløs (newt-ter-lürss) *adj* idle

nyttig (newt-ti) *adj* useful

nyttår (newt-tawr) *nt* New Year

Ny-Zealand (new-*say*-lahn) New Zealand

nær (næær) *adv* near; *adj* close, near

nærende (nææ-rer-ner) *adj* nourishing, nutritious

nærhet (næær-hayt) *c* vicinity

nærliggende (nææ-li-ger-ner) *adj*

neighbouring, nearby

nærme seg (*nær*-mer) approach

nærsynt (*nææ*-shewnt) *adj* short-sighted

nærvær (*næær*-væær) *nt* presence

nød (nūrd) *c* misery, distress

nøde (*nūr*-der) *v* compel; ***være nødt til** *be obliged to

nødsignal (*nūrd*-sing-naal) *nt* distress signal

nødssituasjon (*nūrd*-si-tew-ah-shōōn) *c* emergency

nødstilfelle (*nūrds*-til-feh-ler) *nt* emergency

nødtvungen (*nūrd*-tvoo-ngert) *adv* by force

nødutgang (*nūrd*-ēwt-gahng) *c* emergency exit

nødvendig (nurd-*vehn*-di) *adj* necessary

nødvendighet (nurd-*vehn*-di-hāyt) *c* necessity, need

nøkkel (*nurk*-kerl) *c* (pl nøkler) key

nøkkelhull (*nurk*-kerl-hewl) *nt* keyhole

nøktern (*nurk*-tern) *adj* down-to-earth, sober

nøle (*nūr*-ler) *v* hesitate

nøtt (nurtt) *c* nut

nøtteknekker (*nurt*-ter-kneh-kerr) *c* nutcrackers *pl*

nøtteskall (*nurt*-ter-skahl) *nt* (pl ~) nutshell

nøyaktig (nur*ew*-*ahk*-ti) *adj* accurate, precise, exact; careful

nøyaktighet (nur*ew*-*ahk*-ti-hāyt) *c* correctness

nøye seg med (nur*ew*-er) *make do with

nøytral (nur*ew*-*traal*) *adj* neutral

nå¹ (naw) *v* reach; *catch; *make

nå² (naw) *adv* now; ~ **og da** occasionally, now and then

nåde (*naw*-der) *c* mercy, grace

nål (nawl) *c* needle

nåletre (*naw*-ler-trāy) *nt* (pl -rær) fir-tree

når (norr) *adv* when; *conj* when; ~ **enn** whenever

nåtid (*naw*-teed) *c* present

nåtildags (*naw*-til-dahks) *adv* nowadays

nåværende (*naw*-væær-er-ner) *adj* current, present

O

oase (oo-*aa*-ser) *c* oasis

obduksjon (ob-dewk-*shōōn*) *c* autopsy

oberst (*ōō*-bersht) *c* colonel

objekt (oob-*Yehkt*) *nt* object

objektiv (ob-Yehk-*teev*) *adj* objective

obligasjon (ob-li-gah-*shōōn*) *c* bond

obligatorisk (oob-li-gah-*tōō*-risk) *adj* obligatory, compulsory

observasjon (op-sehr-vah-*shōōn*) *c* observation

observatorium (op-sehr-vah-*tōō*-ri-ewm) *nt* (pl -ier) observatory

observere (op-sehr-*vāy*-rer) *v* observe

odde (*od*-der) *c* headland

offensiv (*of*-fahng-seev) *adj* offensive; *c* offensive

offentlig (*of*-fernt-li) *adj* public

*offentliggjøre (o-fernt-li-*Yūr*-rer) *v* publish

offentliggjørelse (*of*-fernt-li-*Yūr*-rerl-ser) *c* publication

offer (*of*-ferr) *nt* (pl ofre) victim; casualty; sacrifice

offiser (o-fi-*sāyr*) *c* (pl ~er) officer

offisiell (o-fi-si-*ehll*) *adj* official

ofre (*of*-rer) *v* sacrifice

ofte (*of*-ter) *adv* frequently, often

og (o) *conj* and

også (*oss*-so) *adv* also; as well, too

okkupasjon (o-kew-pah-*shōōn*) *c* occupation

okse (*ook*-ser) *c* ox

oksekjøtt (*ook*-ser-khurt) *nt* beef

oksygen (ok-sew-*gayn*) *nt* oxygen

oktober (ok-*too*-berr) October

oldtid (*ol*-teed) *c* antiquity

oliven (oo-*lee*-vern) *c* (pl ~, ~er) olive

olivenolje (oo-*lee*-vern-ol-ʸer) *c* olive oil

olje (*ol*-ʸer) *c* oil

oljebrønn (*ol*-ʸer-brurn) *c* oil-well

oljefilter (*ol*-ʸer-fil-terr) *nt* (pl -tre) oil filter

oljemaleri (*ol*-ʸer-maa-ler-ree) *nt* oil-painting

oljeraffineri (*ol*-ʸer-rah-fi-ner-ree) *nt* oil-refinery

oljet (*ol*-ʸert) *adj* oily

oljetrykk (*ol*-ʸer-trewk) *nt* (pl ~) oil pressure

om (oomm) *prep* round; about; in; *conj* whether, if

om bord (om boor) aboard

omdanne (*oom*-dah-ner) *v* transform

omdreining (*om*-dray-ning) *c* revolution

omegn (*oom*-mayn) *c* surroundings *pl*

omelett (oo-mer-*lehtt*) *c* omelette

omfang (*oom*-fahng) *nt* extent

omfangsrik (*oom*-fahngs-reek) *adj* big, bulky, extensive

omfatte (*oom*-fah-ter) *v* comprise, include

omfattende (*oom*-fah-ter-ner) *adj* comprehensive, extensive

omfavne (*oom*-fahv-ner) *v* embrace, hug

omfavnelse (*oom*-fahv-nerl-ser) *c* embrace

omgang (*oom*-gahng) *c* round; half time; treatment

***omgi** (*oom*-ʸee) *v* encircle, circle, surround

***omgivelser** (*oom*-ʸee-verl-serr) *pl* environment; setting

***omgå** (*oom*-gaw) *v* by-pass

omgående (*oom*-gaw-er-ner) *adj* prompt

***omgås** (*oom*-gawss) *v* associate with; *~ med* mix with

omhyggelig (*oom*-hew-ger-li) *adj* careful, thorough

omkjøring (*oom*-khūr-ring) *c* detour, diversion

***omkomme** (*oom*-ko-mer) *v* perish

omkostninger (*oom*-kost-ni-ngerr) *pl* expenses *pl*

omkring (oom-*kringng*) *prep* round, around; *adv* about

omkringliggende (om-*kring*-li-ger-ner) *adj* surrounding

omløp (*oom*-lūrp) *nt* circulation

omregne (*oom*-ray-ner) *v* convert

omregningstabell (*oom*-ray-nings-tah-behll) *c* conversion chart

omreisende (*oom*-ray-ser-ner) *adj* itinerant

omringe (*oom*-ri-nger) *v* encircle, circle, surround

omriss (*oom*-riss) *nt* (pl ~) contour

område (*oom*-raw-der) *nt* zone, area, territory, region; sphere

omsetning (*oom*-seht-ning) *c* turnover

omsetningsskatt (*oom*-seht-ning-skaht) *c* purchase tax, turnover tax; sales tax

omslag (*oom*-shlaag) *nt* reverse; sleeve, jacket

omsorg (*oom*-sorg) *c* care

omstendighet (oom-*stehn*-di-hāyt) *c* condition, circumstance

omstridt (*oom*-strit) *adj* controversial

omtale (*oom*-taa-ler) *c* mention

omtanke (*oom*-tahng-ker) *c* consideration

omtenksom (oom-*tehngk*-som) *adj* thoughtful

omtrent (oom-*trehnt*) *adv* approximately; about

omtrentlig (oom-*trehnt*-li) *adj* approximate

omvei (*oom*-vay) *c* detour

omvende (*oom*-veh-ner) *v* convert

ond (oonn) *adj* wicked, ill, evil

ondartet (*oon*-naa-tert) *adj* malignant

onde (*oon*-der) *nt* evil

ondsinnet (*oon*-si-nert) *adj* evil

ondskapsfull (*oon*-skaaps-fewl) *adj* vicious, spiteful, malicious

onkel (*oong*-kerl) *c* (pl onkler) uncle

onsdag (*oons*-dah) *c* Wednesday

onyks ($\overline{oo}$-newks) *c* onyx

opal (oo-*paal*) *c* opal

opera (oo-per-rah) *c* opera; opera house

operasjon (oo-per-rah-*shoon*) *c* surgery, operation

operere (oo-per-*ray*-rer) *v* operate

operette (oo-per-*reht*-ter) *c* operetta

opp (oopp) *adv* up

oppblåsbar (*oop*-blawss-baar) *adj* inflatable

oppdage (*oop*-daa-ger) *v* discover, detect; notice

oppdagelse (*oop*-daa-gerl-ser) *c* discovery

oppdikte (*oop*-dik-ter) *v* invent

***oppdra** (*oop*-draa) *v* educate; *bring up; raise; rear

oppdrag (*oop*-draag) *nt* (pl ~) assignment

oppdragelse (*oop*-draa-gerl-ser) *c* upbringing

oppdrette (*oop*-dreh-ter) *v* *breed

oppfarende (*oop*-faa-rer-ner) *adj* irascible

oppfatning (*oop*-faht-ning) *c* opinion, view

oppfatte (*oop*-fah-ter) *v* conceive

***oppfinne** (*oop*-fi-ner) *v* invent

oppfinnelse (*oop*-fi-nerl-ser) *c* invention

oppfinner (*oop*-fi-nerr) *c* inventor

oppfinnsom (oop-*fin*-som) *adj* inventive

oppfostre (*oop*-foost-rer) *v* educate; *bring up; raise; rear

oppføre (*oop*-fūr-rer) *v* construct; ~ seg act, behave

oppførelse (*oop*-fūr-rerl-ser) *c* show; construction

oppførsel (*oop*-fur-sherl) *c* conduct, behaviour

oppgave (*oop*-gaa-ver) *c* duty; task; exercise

***oppgi** (*oop*-Yee) *v* declare; *give up

opphav (*oop*-haav) *nt* origin

opphisse (*oop*-hi-ser) *v* excite

opphisselse (*oop*-hi-serl-ser) *c* excitement

opphold (*oop*-hol) *nt* (pl ~) stay

***oppholde seg** (*oop*-ho-ler) stay

oppholdstillatelse (*oop*-hols-ti-laa-terl-ser) *c* residence permit

opphøre (*oop*-hūr-rer) *v* finish, cease, discontinue, expire, end

opphørssalg (*oop*-hūrsh-sahlg) *nt* (pl ~) clearance sale

oppkalle (*oop*-kahl-ler) *v* name after

opplag (*oop*-laag) *nt* (pl ~) issue

opplagt (*oop*-lahkt) *adj* fit; self-evident

oppleve (*oop*-lāy-ver) *v* experience

opplyse (*oop*-lēw-ser) *v* inform; illuminate

opplysning (*oop*-lēwss-ning) *c* information

oppløp (*oop*-lūrp) *nt* (pl ~) riot

oppløse (*oop*-lūr-ser) *v* dissolve

oppløselig (*oop*-fūr-ser-li) *adj* soluble

oppløsning (*oop*-lūrss-ning) *c* solution

oppmerksom (oop-*mærk*-som) *adj* attentive; *være ~ *pay attention; *være ~ på attend to, *pay attention to

oppmerksomhet (oop-*mærk*-som-hāyt) *c* notice, attention

oppmuntre (oop-mewn-trer) *v* encourage; cheer up

oppnå (oop-naw) *v* achieve, attain

oppnåelig (oop-*naw*-er-li) *adj* attainable; obtainable

opponere seg (oo-poo-*nāy*-rer) *v* oppose

opposisjon (oo-poo-si-*shōōn*) *c* opposition

oppover (oop-*paw*-verr) *adv* up, upwards

oppreist (oop-rayst) *adj* erect

opprette (oop-reh-ter) *v* found; institute

***oppretthholde** (oop-reht-ho-ler) *v* maintain

opprettstående (oop-reht-staw-er-ner) *adj* upright

oppriktig (oop-*rik*-ti) *adj* sincere, honest

oppringning (oop-ring-ning) *c* call

opprinnelig (oop-*rin*-ner-li) *adj* original, initial

opprinnelse (oop-*rin*-nerl-ser) *c* origin, source

opprør (oop-rūr) *nt* (pl ~) revolt, rebellion; *gjøre ~ revolt

opprørende (oop-rūr-rer-ner) *adj* revolting

opprørt (oop-rūrt) *adj* *upset

oppsiktsvekkende (oop-sikts-veh-ker-ner) *adj* sensational, striking

oppskrift (oop-skrift) *c* recipe

oppspore (oop-spōō-rer) *v* trace

oppstand (oop-stahn) *c* rising, rebellion, revolt

oppstigning (oop-steeg-ning) *c* ascent; rise

oppstyr (oop-stēwr) *nt* fuss

***oppstå** (oop-staw) *v* *arise

oppsyn (oop-sēwn) *nt* (pl ~) supervision

oppsynsmann (oop-sēwns-mahn) *c* (pl -menn) warden; custodian

***oppta** (oop-taa) *v* *take up; occupy

opptak (oop-taak) *nt* (pl ~) recording

opptakelse (oop-taa-kerl-ser) *c* admission

opptatt (oop-taht) *adj* busy, engaged; occupied

opptog (oop-tawg) *nt* (pl ~) procession

opptre (oop-trāy) *v* perform

opptreden (oop-trāy-dern) *c* appearance

oppvakt (oop-vahkt) *adj* bright

oppvarte (oop-vah-ter) *v* wait on

oppvarter (oop-vah-terr) *c* waiter

oppvarterske (oop-vah-tersh-ker) *c* waitress

oppvise (oop-vee-ser) *v* exhibit, show

oppå (oop-po) *prep* on top of

optiker (oop-ti-kerr) *c* optician

optimisme (oop-ti-*miss*-mer) *c* optimism

optimist (oop-t-*mist*) *c* optimist

optimistisk (oop-ti-*miss*-tisk) *adj* optimistic

oransje (oo-*rahng*-sher) *adj* orange

ord (ōōr) *nt* word

ordbok (ōōr-bōōk) *c* (pl -bøker) dictionary

orden (o-dern) *c* order; i ~ in order

ordentlig (o-dernt-li) *adj* tidy; neat

ordforråd (ōōr-fo-rawd) *nt* vocabulary

ordinær (o-di-*næær*) *adj* vulgar

ordliste (ōōr-liss-ter) *c* word list

ordne (oord-ner) *v* arrange, settle; sort; fix

ordning (oord-ning) *c* arrangement, method; settlement

ordre (oord-rer) *c* order

ordreblankett (oord-rer-blahng-keht) *c* order-form

ordspråk (ōōr-sprawk) *nt* (pl ~) proverb

ordstrid (o͞or-streed) c dispute

ordveksling (o͞or-vehk-shling) c argument

organ (or-gaan) nt organ

organisasjon (or-gah-ni-sah-shoon) c organization

organisere (or-gah-ni-say-rer) v organize

organisk (or-gaa-nisk) adj organic

orgel (or-gerl) nt (pl orgler) organ

orientalsk (o-ri-ehn-taalsk) adj oriental

Orienten (o-ri-ehn-tern) Orient

orientere seg (o-ri-ehn-tay-rer) orientate

original (o-ri-gi-naal) adj original

orkan (or-kaan) c hurricane

orke (or-ker) v sustain

orkester (or-kehss-terr) nt (pl -tre) orchestra; band

orkesterplass (or-kehss-terr-plahss) c stall; orchestra seat Am

ornament (o-nah-mehnt) nt ornament

ornamental (o-nah-mehn-taal) adj ornamental

ortodoks (o-too-doks) adj orthodox

oss (oss) pron us, ourselves

ost (oost) c cheese

ouverture (oo-ver-tew-rer) c overture

oval (oo-vaal) adj oval

ovenfor (aw-vern-for) prep above, over; adv above, overhead

ovenpå (aw-vern-paw) adv upstairs

over (aw-verr) prep across, over; adv over; over- upper; ~ **ende** down, over

overall (aw-ver-rol) c overalls pl

overalt (o-ver-rahlt) adv everywhere, throughout

overanstrenge (aw-ver-rahn-streh-nger) v strain; ~ **seg** overwork

overbevise (aw-verr-beh-vee-ser) v convince, persuade

overbevisning (aw-verr-beh-veess-ning) c conviction, persuasion

overdreven (aw-dray-vern) adj extravagant, excessive

*overdrive** (aw-ver-dree-ver) v exaggerate

overenskomst (aw-ver-rehns-komst) c settlement, agreement

overensstemmelse (aw-ver-rehns-steh-merl-ser) c agreement; **i** ~ **med** in accordance with, according to

overfall (aw-verr-fahl) nt (pl ~) hold-up

overfart (aw-verr-faht) c crossing, passage

overfladisk (aw-verr-flaa-disk) adj superficial

overflate (aw-verr-flaa-ter) c surface

overflod (aw-verr-flood) c abundance; plenty

overflødig (aw-verr-flur-di) adj superfluous; redundant

overfor (aw-verr-for) prep opposite, facing; towards

overfylt (aw-verr-fewlt) adj crowded

overføre (aw-verr-fur-rer) v transfer; remit

overgang (aw-verr-gahng) c transition

*overgi seg** (aw-verr-Yee) surrender

overgivelse (aw-verr-Yee-verl-ser) c surrender

overgrodd (aw-verr-grood) adj overgrown

*overgå** (aw-verr-gaw) v exceed, *outdo

overhale (aw-verr-haa-ler) v overhaul

overhodet (o-verr-hoo-der) adv at all

overlagt (aw-verr-lahkt) adj deliberate

*overlate** (aw-verr-laa-ter) v *leave to; entrust

overlegen (aw-verr-lay-gern) adj superior, haughty

overleve (aw-ver-lay-ver) v survive

overlærer (aw-ver-læææ-rerr) c headmaster, head teacher

overmodig (aw-verr-mōō-di) adj presumptuous

overoppsyn (awv-err-op-sēwn) nt supervision

overraske (aw-ver-rahss-ker) v surprise

overraskelse (aw-ver-rahss-kerl-ser) c surprise

*****overrekke** (aw-ver-reh-ker) v hand, *give

overrumple (aw-ver-roomp-ler) v *catch

*****overse** (aw-ver-shāy) v overlook

*****oversette** (aw-ver-sheh-ter) v translate

oversettelse (aw-ver-sheh-terl-ser) c translation; version

oversetter (aw-ver-sheh-terr) c translator

overside (aw-ver-shee-der) c top side, top

oversikt (aw-ver-shikt) c survey

oversjøisk (aw-ver-shūr-isk) adj overseas

*****overskride** (aw-ver-shkree-der) v exceed

overskrift (aw-ver-shkrift) c heading; headline

overskudd (aw-ver-shkewd) nt (pl ~) surplus

overskyet (aw-ver-shēw-ert) adj overcast, cloudy

overspent (aw-ver-shpehnt) adj overstrung

overstrømmende (aw-ver-shtrur-mer-ner) adj exuberant

oversvømmelse (aw-ver-shvur-merl-ser) c flood

*****overta** (aw-ver-taa) v *take over

overtale (aw-ver-taa-ler) v persuade

overtrett (aw-ver-trehtt) adj overtired

overtro (aw-ver-trōō) c superstition

overveie (aw-verr-vay-er) v consider; deliberate

overveielse (aw-verr-vay-erl-ser) c consideration; deliberation

overvekt (aw-ver-vehkt) c overweit; predominance

overvelde (aw-verr-veh-ler) v overwhelm

*****overvinne** (aw-verr-vi-ner) v *overcome; defeat

*****overvære** (aw-verr-vææ-rer) v attend, assist at

overvåke (awv-err-vaw-ker) v supervise; patrol

ovn (ovnn) c stove, furnace

P

padde (pahd-der) c toad

padleåre (pahd-ler-aw-rer) c paddle

Pakistan (pah-ki-staan) Pakistan

pakistaner (pah-ki-staa-nerr) c Pakistani

pakistansk (pah-ki-staansk) adj Pakistani

pakke[1] (pahk-ker) c package, parcel

pakke[2] (pahk-ker) v pack; ~ **inn** wrap; ~ **ned** pack up; ~ **opp** unpack, unwrap

pakkhus (pahk-hēwss) nt (pl ~) warehouse

palass (pah-lahss) nt palace

palme (pahl-mer) c palm

panel (pah-nāyl) nt panel

panelverk (pah-nāyl-værk) nt panelling

panikk (pah-nikk) c scare, panic

panne (pahn-ner) c forehead; pan

panser (pahn-serr) nt bonnet; hood nAm

pant (pahnt) c deposit

pantelån (*pahn*-ter-lawn) *nt* mortgage

pantelåner (*pahn*-ter-lawnerr) *c* pawn-broker

*pantsette (*pahnt*-seh-ter) *v* pawn

papegøye (pah-per-*gur*ew-er) *c* parrot; parakeet

papir (pah-*peer*) *nt* paper; **papir-** paper

papirhandel (pah-*peer*-hahn-derl) *c* (pl -dler) stationer's

papirkniv (pah-*peer*-kneev) *c* paper-knife

papirkurv (pah-*peer*-kewrv) *c* waste-paper-basket

papirlommetørkle (pah-*peer*-loo-mer-turr-kler) *nt* (pl -lær) tissue

papirpose (pah-*peer*-pōō-ser) *c* paper bag

papirserviett (pah-*peer*-sær-vi-eht) *c* paper napkin

papirvarer (pah-*peer*-vaa-rerr) *pl* stationery

papp (pahpp) *c* cardboard

pappa (*pahp*-pah) *c* daddy

par (paar) *nt* pair; couple

parade (pah-*raa*-der) *c* parade

parafin (pah-rah-*feen*) *c* paraffin

parallell (pah-rah-*lehll*) *c* parallel; *adj* parallel

paraply (pah-rah-*plew*) *c* umbrella

parasoll (pah-rah-*soll*) *c* sunshade

parat (pah-*raat*) *adj* ready

parfyme (pahr-*few*-mer) *c* perfume

park (pahrk) *c* park; **offentlig park-anlegg** public garden

parkere (pahr-*kay*-rer) *v* park

parkering (pahr-*kay*-ring) *c* parking; **~ forbudt** no parking

parkeringsavgift (pahr-*kay*-rings-aav-ʏift) *c* parking fee

parkeringslys (pahr-*kay*-rings-lewss) *nt* (pl ~) parking light

parkeringsplass (pahr-*kay*-rings-plahss) *c* car park; parking lot *Am*

parkeringssone (pahr-*kay*-ring-sōō-ner) *c* parking zone

parkometer (pahr-koo-*may*-terr) *nt* (pl ~, -tre) parking meter

parlament (pahr-lah-*mehnt*) *nt* parliament; **parlamentarisk** *adj* parliamentary

parlør (pah-*lurr*) *c* phrase-book

parti (pah-*tee*) *nt* party; side

partisk (*paa*-tisk) *adj* partial

partner (*paat*-nerr) *c* partner; associate

parykk (pah-*rewkk*) *c* wig

pasient (pah-si-*ehnt*) *c* patient

pasifisme (pah-si-*fiss*-mer) *c* pacifism

pasifist (pah-si-*fist*) *c* pacifist

pasifistisk (pah-si-*fiss*-tisk) *adj* pacifist

pass (pahss) *nt* passport; mountain pass

passasje (pah-*saa*-sher) *c* passage

passasjer (pah-sah-*shayr*) *c* passenger

passasjerbåt (pah-sah-*shayr*-bawt) *c* liner

passasjervogn (pah-sah-*shayr*-vongn) *c* carriage; passenger car *Am*

passe (*pahss*-ser) *v* fit, suit; tend; look after; **~ på** mind, *take care of; **~ seg for** mind, look out; **~ til** match

passende (*pahss*-ser-ner) *adj* appropriate, convenient, adequate; proper, just

passere (pah-*say*-rer) *v* pass

passfoto (*pahss*-fōō-too) *nt* (pl ~) passport photograph

passiv (*pahss*-seev) *adj* passive

passkontroll (*pahss*-koon-trol) *c* passport control

pasta (*pahss*-tah) *c* paste

patent (pah-*tehnt*) *nt* patent

pater (*paa*-terr) *c* Father

patriot (paht-ri-*ōōt*) *c* patriot

patron (paht-*rōōn*) *c* cartridge

patrulje (paht-*rewl*-Yer) *c* patrol

patruljere (pah-trewl-Y*ay*-rer) *v* patrol

pattedyr (*paht*-ter-d*ēw*r) *nt* (pl ~) mammal

pause (*pou*-ser) *c* pause; intermission, interval

pave (*paa*-ver) *c* pope

paviljong (pah-vil-Y*oangng*) *c* pavilion

peanøtt (*pee*-ah-nurt) *c* peanut

pedal (peh-*daal*) *c* pedal

pedikyr (peh-di-*kēw*r) *c* pedicure

peis (payss) *c* fireplace

peke (*pay*-ker) *v* point

pekefinger (*pay*-ker-fi-ngerr) *c* (pl -grer) index finger

pelikan (peh-li-*kaan*) *c* pelican

pels (pehls) *c* fur

pelskåpe (*pehls*-kaw-per) *c* fur coat

pelsverk (*pehls*-værk) *nt* furs

pen (p*ay*n) *adj* good-looking, handsome, pretty; fine, nice

pendler (*pehnd*-lerr) *c* commuter

pengeanbringelse (*pehng*-nger-ahn-bri-ngerl-ser) *c* investment

pengepung (*pehng*-nger-poong) *c* purse

penger (*pehng*-ngerr) *pl* money

pengeseddel (*pehng*-nger-seh-derl) *c* (pl -sedler) banknote

pengeskap (*pehng*-nger-skaap) *nt* (pl ~) safe

pengeutpresning (*pehng*-nger-*ēw*t-prehss-ning) *c* blackmail; **presse penger av** blackmail

penicillin (peh-ni-si-*leen*) *nt* penicillin

penn (pehnn) *c* pen

pensel (*pehn*-serl) *c* (pl -sler) paintbrush, brush

pensjon (pahng-*shōōn*) *c* pension; board; **full ~** full board, board and lodging, bed and board

pensjonat (pahng-shoo-*naat*) *nt* boarding-house, guest-house, pension

pensjonatskole (pahng-shoo-*naat*-skōō-ler) *c* boarding-school

pensjonert (pahng-shoo-*nayt*) *adj* retired

pensjonær (pahng-shoo-*næær*) *c* boarder

pepper (*pehp*-perr) *c* pepper

peppermynte (peh-perr-*mewn*-ter) *c* peppermint

pepperrot (*pehp*-per-r*ōō*t) *c* horseradish

perfeksjon (pær-fehk-*shōōn*) *c* perfection

perfekt (pær-*fehkt*) *adj* perfect; faultless

periode (peh-ri-*ōō*-der) *c* period

periodevis (peh-ri-*ōō*-der-veess) *adj* periodical

perle (*pææ*-ler) *c* pearl, bead

perlekjede (*pææ*-ler-kh*ay*-der) *nt* beads *pl*

perlemor (*pææ*-ler-m*ōō*r) *c* mother-of-pearl

perm (pærm) *c* cover

permanent (pær-mah-*nehnt*) *adj* permanent; *c* permanent wave

permisjon (pær-mi-*shōōn*) *c* leave; permit

perrong (peh-*rongng*) *c* platform

perrongbillett (peh-*rong*-bi-leht) *c* platform ticket

perser (*pæsh*-sherr) *c* Persian

Persia (*pæsh*-shi-ah) Persia

persienne (pæ-shi-*ehn*-ner) *c* blind, shutter

persille (pæ-*shil*-ler) *c* parsley

persisk (*pæsh*-shisk) *adj* Persian

person (pæ-*shōōn*) *c* person; **per ~** per person

personale (pæ-shoo-*naa*-ler) *nt* personnel, staff

personlig (pæ-*shōōn*-li) *adj* personal; private

personlighet (pæ-*shōōn*-li-h*ay*t) *c* personality

persontog (*pæ-shoon*-tawg) *nt* (pl ~) passenger train

perspektiv (*pæsh-pehk-teev*) *nt* perspective

pertentlig (*pæ-tehnt*-li) *adj* precise

pese (*pay*-ser) *v* pant

pessimisme (peh-si-*miss*-mer) *c* pessimism

pessimist (peh-si-*mist*) *c* pessimist

pessimistisk (peh-si-*miss*-tisk) *adj* pessimistic

petisjon (peh-ti-*shoon*) *c* petition

petroleum (peht-*roo*-leh-ewm) *c* petroleum; kerosene

pianist (piah-*nist*) *c* pianist

piano (pi-*aa*-noo) *nt* piano

pigg (pigg) *c* spike; peak

pigge (*pigg*-ger) *v* spike; prod

pikant (pi-*kahnt*) *adj* savoury

pike (*pee*-ker) *c* girl

pikenavn (*pee*-ker-nahvn) *nt* (pl ~) maiden name

pikespeider (*pee*-ker-spay-derr) *c* girl guide

pikkolo (*pik*-koo-loo) *c* bellboy, page-boy

piknik (*pik*-nik) *c* picnic; ***dra på ~** picnic

pil (peel) *c* arrow

pilar (pi-*laar*) *c* pillar, column

pilegrim (*pil*-grim) *c* pilgrim

pilegrimsreise (*pil*-grims-ray-ser) *c* pilgrimage

pille (*pil*-ler) *c* pill

pilot (pi-*loot*) *c* pilot

pimpstein (*pimp*-stayn) *c* pumice stone

pine (*pee*-ner) *v* torment; *c* torment

pingvin (ping-*veen*) *c* penguin

pinlig (*peen*-li) *adj* embarrassing, awkward

pinnsvin (*pin*-sveen) *nt* (pl ~) hedgehog

pinse (*pin*-ser) *c* Whitsun

pinsett (pin-*sehtt*) *c* tweezers *pl*

pipe (*pee*-per) *c* pipe

piperenser (*pee*-per-rehn-serr) *c* pipe cleaner

pipetobakk (*pee*-per-too-bahk) *c* pipe tobacco

pisk (pisk) *c* whip

pistol (piss-*tool*) *c* pistol

pittoresk (pi-too-*rehsk*) *adj* picturesque

plage (*plaa*-ger) *v* bother; *c* nuisance

plagg (plahgg) *nt* garment

plakat (plah-*kaat*) *c* poster, placard

plan (plaan) *c* scheme, project, plan; map; *nt* level; *adj* even, flat, level

planet (plah-*nayt*) *c* planet

planetarium (plah-neh-*taa*-ri-ewm) *nt* (pl -ier) planetarium

planke (*plahng*-ker) *c* board, plank

*planlegge (*plaan*-leh-ger) *v* plan

planovergang (*plaa*-naw-verr-gahng) *c* level crossing

plantasje (plahn-*taa*-sher) *c* plantation

plante (*plahn*-ter) *c* plant; *v* plant

planteskole (*plahn*-ter-skooler) *c* nursery

plass (plahss) *c* square; room; seat

plassanviser (*plahss*-sahn-vee-serr) *c* usherette, usher

plassere (plah-*say*-rer) *v* *put, *lay

plaster (*plah*-sterr) *nt* (pl ~, -tre) plaster

plastikk (plahss-*tikk*) *c* plastic; **plastikk-** plastic

plate (*plaa*-ter) *c* plate; sheet

platespiller (*plaa*-ter-spi-lerr) *c* record-player

platina (*plaa*-ti-nah) *c* platinum

pleie (*play*-er) *v* *be in the habit of; nurse

pleieforeldre (*play*-er-fo-rehl-drer) *pl* foster-parents *pl*

pleiehjem (*play*-er-yehm) *nt* (pl ~)

foster-home

plettfri (*pleht*-free) *adj* spotless, stainless

plikt (plikt) *c* duty

plog (ploog) *c* plough

plombe (*ploom*-ber) *c* filling

plomme (*ploom*-mer) *c* plum

plugge inn (*plewg*-er-in) plug in

plukke (*plook*-ker) *v* pick

pluss (plewss) *adv* plus

plutselig (*plewt*-ser-li) *adj* suddenly; sudden

plyndring (*plewn*-dring) *c* robbery

plystre (*plewss*-trer) *v* whistle

pløye (*plur*ew-er) *v* plough

pocketbok (pok-kert-book) *c* (pl -bøker) paperback

poengsum (po-*ehng*-sewm) *c* (pl ~mer) score

poesi (poo-eh-*see*) *c* poetry

pokal (poo-*kaal*) *c* cup

polakk (poo-*lahkk*) *c* Pole

Polen (*poo*-lern) Poland

polere (poo-*lay*-rer) *v* polish

polio (*poo*-li-oo) *c* polio

polise (poo-*lee*-ser) *c* policy

politi (poo-li-*tee*) *nt* police *pl*

politibetjent (poo-li-*tee*-beh-t*v*ehnt) *c* policeman

politiker (poo-*lee*-ti-kerr) *c* politician

politikk (poo-li-*tikk*) *c* politics; policy

politimann (poo-li-*tee*-mahn) *c* (pl -menn) policeman

politisk (poo-*lee*-tisk) *adj* political

politistasjon (poo-li-*tee*-stah-shoon) *c* police-station

polsk (poolsk) *adj* Polish

polstre (*pol*-strer) *v* upholster

pommes frites (pom fritt) chips; French fries *nAm*

ponni (*pon*-ni) *c* pony

poplin (*pop*-lin) *nt* poplin

popmusikk (*pop*-mew-sik) *c* pop music

populær (poo-pew-*læær*) *adj* popular

porselen (poo-sher-*layn*) *nt* china, porcelain

porsjon (poo-*shoon*) *c* portion; helping

port (poott) *c* gate

portier (poo-ti-*æær*) *c* (pl ~er) doorman

portner (*poot*-nerr) *c* porter

porto (*poot*-too) *c* postage

portrett (poot-*rehtt*) *nt* portrait

Portugal (*poo*-tew-gahl) Portugal

portugiser (poo-tew-*gee*-serr) *c* Portuguese

portugisisk (poo-tew-*gee*-sisk) *adj* Portuguese

pose (*poo*-ser) *c* bag

posisjon (poo-si-*shoon*) *c* position; station

positiv (*poo*-si-teev) *adj* positive; **positivt bilde** positive

post (post) *c* mail, post; item; **ledig ~** vacancy; **poste restante** poste restante

postanvisning (*poss*-tahn-veess-ning) *c* money order, postal order; mail order *Am*

postbud (*post*-bewd) *nt* (pl ~) postman

poste (*poss*-ter) *v* mail, post

poster (*poewss*-terr) *c* poster

postisj (poss-*teesh*) *c* hair piece

postkasse (*post*-kah-ser) *c* pillar-box, letter-box; mailbox *nAm*

postkontor (*post*-koon-toor) *nt* postoffice

postkort (*post*-kot) *nt* (pl ~) postcard

postnummer (*post*-noo-merr) *nt* (pl -numre) zip code *Am*

postvesen (*post*-vay-sern) *nt* postal service

pote (*poo*-ter) *c* paw

potet (poo-*tayt*) *c* potato

praksis (*prahk*-siss) *c* practice

prakt (prahkt) *c* splendour

praktfull (*prahkt*-fewl) *adj* magnificent, gorgeous, splendid

praktisere (prahk-ti-*sāy*-rer) *v* practise

praktisk (*prahk*-tisk) *adj* practical; ~ **talt** practically

prat (praat) *c/nt* chat

prate (*praa*-ter) *v* chat

preke (*prāy*-ker) *v* preach

preken (*prāy*-kern) *c* sermon

prekestol (*prāy*-ker-stōōl) *c* pulpit

premie (*prāy*-mi-er) *c* prize

preposisjon (preh-poo-si-*shōōn*) *c* preposition

presang (preh-*sahngng*) *c* gift, present

presenning (preh-*sehn*-ning) *c* tarpaulin

presentasjon (preh-sahng-tah-*shōōn*) *c* introduction

presentere (preh-sahng-*tāy*-rer) *v* present, introduce

president (preh-si-*dehnt*) *c* president

presis (preh-*seess*) *adj* punctual, precise

press (prehss) *nt* pressure

presse (*prehss*-ser) *v* press; *c* press; **permanent press** permanent press

pressekonferanse (*prehss*-ser-koon-feh-rahng-ser) *c* press conference

presserende (preh-*sāy*-rer-ner) *adj* urgent, pressing

prest (prehst) *c* clergyman, parson; rector, minister; **katolsk** ~ priest

prestasjon (prehss-tah-*shōōn*) *c* feat, achievement

prestegård (*prehss*-ter-gawr) *c* vicarage, parsonage, rectory

prestere (prehss-*tāy*-rer) *v* achieve

prestisje (prehss-*tee*-sher) *c* prestige

prevensjonsmiddel (preh-vahng-*shōōns*-mi-derl) *nt* (pl -midler) contraceptive

prikke (*prik*-ker) *v* prick

primær (pri-*mæær*) *adj* primary

prins (prins) *c* prince

prinsesse (prin-*sehss*-ser) *c* princess

prinsipp (prin-*sipp*) *nt* principle

prioritet (pri-oo-ri-*tāyt*) *c* priority

pris (preess) *c* cost, price; charge, rate; award

prisfall (*preess*-fahl) *nt* drop in price, slump

prisliste (*preess*-liss-ter) *c* price-list

privat (pri-*vaat*) *adj* private

privatliv (pri-*vaat*-leev) *nt* privacy

privilegere (pri-vi-leh-*gāy*-rer) *v* favour

privilegium (pri-vi-*lāy*-gi-ewm) *nt* (pl -ier) privilege

problem (proo-*blāym*) *nt* problem; question

produksjon (proo-dook-*shōōn*) *c* production; output

produkt (proo-*dewkt*) *nt* product; produce

produsent (proo-dew-*sehnt*) *c* producer

produsere (proo-dew-*sāy*-rer) *v* produce

profesjon (proo-feh-*shōōn*) *c* profession

profesjonell (proo-feh-shoo-*nehll*) *adj* professional

professor (proo-*fehss*-soor) *c* professor

profet (proo-*fāyt*) *c* prophet

program (proo-*grahmm*) *nt* (pl ~mer) programme

progressiv (*proog*-reh-seev) *adj* progressive

promenade (proo-mer-*naa*-der) *c* promenade

pronomen (proo-*nōō*-mern) *nt* pronoun

propaganda (proo-pah-*gähn*-dah) *c* propaganda

propell (proo-*pehll*) *c* propeller

proporsjon (proo-poo-*shōōn*) *c* proportion

proppfull (*prop*-fewl) *adj* chock-full

prosent (proo-*sehnt*) *c* percent

prosentsats (proo-*sehnt*-sahts) *c* percentage

prosesjon (proo-seh-*shoon*) *c* procession

prosess (proo-*sehss*) *c* process

prosjekt (proo-*shehkt*) *nt* project

prosjektør (proo-shehk-*türr*) *c* spotlight

prospekt (proo-*spehkt*) *nt* prospectus

prospektkort (proo-*spehkt*-kot) *nt* (pl ~) picture postcard, postcard

prostituert (proo-sti-tew-*āyt*) *c* prostitute

protein (proo-teh-*een*) *nt* protein

protest (proo-*tehst*) *c* protest

protestantisk (proo-ter-*stahn*-tisk) *adj* Protestant

protestere (proo-ter-*stāy*-rer) *v* protest; object

protokoll (proo-too-*koll*) *c* record

proviant (proo-vi-*ahnt*) *c* provisions *pl*

provins (proo-*vins*) *c* province

provinsiell (proo-vin-si-*ehll*) *adj* provincial

prute (*prew*-ter) *v* bargain

prøve (*prūr*-ver) *v* try, attempt; try on; rehearse; *c* specimen; test; rehearsal; **på** ~ on approval

prøverom (*prūr*-ver-room) *nt* (pl ~) fitting room

psykiater (sew-ki-*aa*-terr) *c* psychiatrist

psykisk (*sēw*-kisk) *adj* psychic

psykoanalytiker (sew-koo-ah-nah-*lewt*-ti-kerr) *c* analyst, psychoanalyst

psykolog (sew-koo-*lawg*) *c* psychologist

psykologi (sew-koo-loo-*gee*) *c* psychology

psykologisk (sew-koo-*law*-gisk) *adj* psychological

publikum (*pewb*-li-kewm) *nt* audience, public

publisitet (pewb-li-si-*tāyt*) *c* publicity

pudder (*pewd*-derr) *nt* powder

pudderdåse (*pewd*-der-daw-ser) *c* powder compact

pudderkvast (*pewd*-derr-kvahst) *c* powder-puff

puff (pewff) *nt* push

pullover (*pewl*-lo-verr) *c* pullover

puls (pewls) *c* pulse

pulsåre (*pewls*-aw-rer) *c* artery

pult (pewlt) *c* desk

pumpe (*poom*-per) *v* pump; *c* pump

pund (pewnn) *nt* pound

pung (poongng) *c* purse; pouch

punkt (poongt) *nt* point; item

punktering (poong-*tāy*-ring) *c* puncture, blow-out; flat tyre

punktert (poong-*tāyt*) *adj* punctured

punktlig (*poongt*-li) *adj* punctual

punktum (*pewng*-tewm) *nt* full stop, period

pur (pēwr) *adj* sheer

purpurfarget (*pewr*-pewr-fahr-gert) *adj* purple

pusekatt (*pēw*-ser-kaht) *c* pussy-cat

pusle (*pewsh*-ler) *v* potter; busy oneself

puslespil (*pewsh*-ler-spil) *nt* (pl ~) jigsaw puzzle

pusse (*pewss*-ser) *v* polish

pussig (*pewss*-si) *adj* funny

pust (pewst) *c* breath

puste (*pewss*-ter) *v* breathe; ~ **ut** expire, exhale

pute (*pēw*-ter) *c* cushion; pillow; pad

putevar (*pēw*-ter-vaar) *nt* (pl ~) pillow-case

putte (*pewt*-ter) *v* *put

pyjamas (pew-*shaa*-mahss) *c* pyjamas *pl*

pytt (pewtt) *c* puddle

pære (*pææ*-rer) c pear

pæreholder (*pææ*-rer-hoa-lerr) c socket

pølse (*purl*-ser) c sausage

på (paw) *prep* upon, on, at; to

*****pådra seg** (*paw*-draa) contract

påfallende (*paw*-fah-ler-ner) *adj* striking

påfugl (*paw*-fēwl) c peacock

påkledningsrom (*paw*-klaid-nings-room) *nt* dressing-room

påkrevd (*paw*-krehvd) *adj* requisite

pålegg (*paw*-lehg) *nt* (pl ~) rise; sandwich spread, cold cuts

*****pålegge** (*paw*-lehg-er) *v* raise, charge

pålitelig (po-*lee*-ter-li) *adj* sound, reliable, trustworthy

påseiling (*paw*-say-ling) c ship collision

påske (*pawss*-ker) c Easter

påskelilje (*pawss*-ker-lil-Yer) c daffodil

påskjønne (*paw*-shur-ner) *v* appreciate

påskrift c inscription

påskudd (*paw*-skewd) *nt* (pl ~) pretext, pretence

*****påstå** (*paw*-staw) *v* claim

*****påta seg** (*paw*-taa) *take charge of

påvirke (*paw*-veer-ker) *v* affect, influence

R

rabalder (rah-*bahl*-derr) *nt* racket

rabarbra (rah-*bahr*-brah) c rhubarb

rabatt (rah-*bahtt*) c discount, rebate

rabies (*raa*-bi-ehss) c rabies

racket (*ræk*-kert) c racquet

rad (raad) c row

radering (rah-*dāy*-ring) c etching

radiator (rah-di-*aa*-toor) c radiator

radikal (rah-di-*kaal*) *adj* radical

radio (*raa*-di-oo) c wireless, radio

radius (*raa*-di-ewss) c (pl -ier) radius

raffineri (rah-fi-ner-*ree*) *nt* refinery

rak (raak) *adj* straight

rake (*raa*-ker) c rake

rakett (rah-*kehtt*) c rocket

ramme (*rahm*-mer) c frame; *v* *hit

rampe (*rahm*-per) c ramp

ran (raan) *nt* robbery

rand (rahnn) c (pl render) brim

rane (*raa*-ner) *v* rob

rang (rahngng) c rank

ransake (rahn-*saa*-ker) *v* search

ransel (*rahn*-serl) c (pl -sler) satchel

ransmann (*raans*-mahn) c (pl -menn) robber

rapphøne (*rahp*-hūr-ner) c partridge

rapport (rah-*pott*) c report

rapportere (rah-po-*tāy*-rer) *v* report

rar (raar) *adj* odd

rase (*raa*-ser) c race; breed; *v* rage; rase- racial

rasende (*raa*-ser-ner) *adj* mad, furious

raseri (raa-ser-*ree*) *nt* rage, anger; passion

rasjon (rah-*shōōn*) c ration

rask (rahsk) *adj* swift, fast; *nt* trash

raskhet (*rahsk*-hāyt) c speed

raspe (*rahss*-per) *v* grate

rastløs (*rahst*-lūrss) *adj* restless

rastløshet (*rahst*-lūrss-hāyt) c unrest

ratt (rahtt) *nt* steering-wheel

rattstamme (*raht*-stah-mer) c steering-column

rav (raav) *nt* amber

ravn (rahvn) c raven

reaksjon (reh-ahk-*shōōn*) c reaction

realisere (reh-ah-li-*sāy*-rer) *v* realize

realistisk (reh-ah-*liss*-tisk) *adj* matter-of-fact

redaktør (reh-dahk-*tūrr*) c editor

redd (rehdd) *adj* afraid; *være ~

*be afraid

redde (*rehd*-der) *v* rescue, save

reddik (*rehd*-dik) *c* radish

rede (*rāy*-der) *nt* nest

redegjørelse (*rāy*-der-Yūr-rerl-ser) *c* account

redning (*rehd*-ning) *c* rescue

redningsmann (*rehd*-nings-mahn) *c* (pl -menn) saviour

redsel (*reht*-serl) *c* (pl -sler) terror, horror

redselsfull (*reht*-serls-fewl) *adj* awful, horrible

redskap (*rehss*-kaap) *nt* utensil, tool

reduksjon (reh-dewk-*shōōn*) *c* reduction

redusere (reh-dew-*sāy*-rer) *v* reduce

referanse (reh-fer-*rahng*-ser) *c* reference

referat (reh-fer-*raat*) *nt* minutes

refill (ri-*fill*) *c* (pl ~) refill

refleks (reh-*flehks*) *c* reflection

reflektere (rehf-lehk-*tāy*-rer) *v* reflect

reflektor (reh-*flehk*-toor) *c* reflector

Reformasjonen (reh-for-mah-*shōō*-nern) the Reformation

refundere (reh-fewn-*dāy*-rer) *v* refund

regatta (reh-*gaht*-tah) *c* regatta

regel (*rāy*-gerl) *c* (pl regler) rule; regulation; **som** ~ in general, as a rule

regelmessig (*rāy*-gerl-meh-si) *adj* regular

regent (reh-*gehnt*) *c* ruler

regi (reh-*shee*) *c* direction, staging

regime (reh-*shee*-mer) *nt* régime

regional (reh-gi-oo-*naal*) *adj* regional

regissere (reh-shi-*sai*-rer) *v* direct

regissør (reh-shi-*sūrr*) *c* director

register (reh-*giss*-terr) *nt* (pl ~, -tre) index

registrere (reh-gi-*strāy*-rer) *v* record

registrering (reh-gi-*strāy*-ring) *c* registration

registreringsnummer (reh-gi-*strāy*-rings-noo-merr) *nt* (pl -numre) registration number; licence number *Am*

regjere (reh-*Yāy*-rer) *v* govern, rule

regjering (reh-*Yāy*-ring) *c* government, rule

regjeringstid (reh-*Yāy*rings-teed) *c* reign

regn (rayn) *nt* rain

regnbue (*rayn*-bēw) *c* rainbow

regne¹ (*ray*-ner) *v* rain

regne² (*ray*-ner) *v* reckon; ~ **for** reckon; ~ **ut** calculate

regnemaskin (*ray*-ner-mah-sheen) *c* adding-machine

regnfrakk (*rayn*-frahk) *c* raincoat, mackintosh

regnfull (*rayn*-fewl) *adj* rainy

regning (*ray*-ning) *c* arithmetic; bill; check *nAm*

regnskur (*rayn*-skōōr) *c* shower

regulere (reh-gew-*lāy*-rer) *v* regulate

regulering (reh-gew-*lāy*-ring) *c* regulation

rehabilitering (reh-hah-bi-li-*tāy*-ring) *c* rehabilitation

reinsdyr (*rayns*-dēwr) *nt* (pl ~) reindeer

reise¹ (*ray*-ser) *v* travel; *c* voyage, journey, trip; ~ **bort** depart

reise² (*ray*-ser) *v* erect; ~ **seg** *rise

reisebyrå (*ray*-ser-bew-raw) *nt* travel agency

reisebyråagent (ray-ser-bew-raw-ah-gehnt) *c* travel agent

reiseforsikring (*ray*-ser-fo-shik-ring) *c* travel insurance

reisehåndbok (*ray*-ser-hon-bōōk) *c* (pl -bøker) travel guide

reisende (*ray*-ser-ner) *c* (pl ~) traveller

reiseplan (*ray*-ser-plaan) *c* itinerary

reiserute (*ray*-ser-rēw-ter) *c* itinerary

reisesjekk (*ray-ser-shehk*) *c* traveller's cheque

reiseutgifter (*ray-ser-ēwt-ᵞif-terr*) *pl* travelling expenses

reke (*rāy-ker*) *c* shrimp; prawn

rekke (*rehk-ker*) *c* rank, file; chain

***rekke** (*rehk-ker*) *v* pass, *catch

rekkefølge (*rehk-ker-fur-ler*) *c* sequence, order

rekkevidde (*rehk-ker-vi-der*) *c* reach; range

rekkverk (*rehk-værk*) *nt* railing

reklame (*reh-klaa-mer*) *c* advertising; commercial

rekommandere (*reh-koo-mahn-dāy-rer*) *v* register

rekord (*reh-koord*) *c* record

rekreasjon (*rehk-reh-ah-shōōn*) *c* recreation

rekreasjonssenter (*reh-kreh-ah-shōōn-sehn-terr*) *nt* (pl -trer) recreation centre

rekrutt (*rehk-rewtt*) *c* recruit

rektangel (*rehk-tahng-ngerl*) *nt* (pl -gler) oblong, rectangle

rektangulær (*rehk-tahng-gew-læær*) *adj* rectangular

rektor (*rehk-toor*) *c* headmaster, principal

relativ (*rehl-lah-teev*) *adj* comparative, relative

relieff (*reh-li-ehff*) *nt* relief

religion (*reh-li-gi-ōōn*) *c* religion

religiøs (*reh-li-gi-ūrss*) *adj* religious

relikvie (*reh-leek-vi-er*) *c* relic

rem (*rehmm*) *c* (pl ~mer) strap

remisse (*reh-miss-ser*) *c* remittance

ren (*rāyn*) *adj* clean; pure; **gjøre rent** clean

rengjøring (*rāyn-ᵞūr-ring*) *c* cleaning

rengjøringsmiddel (*rāyn-ᵞūr-rings-mi-derl*) *nt* (pl -midler) detergent

rennestein (*rehn-ner-stayn*) *c* gutter

rense (*rehn-ser*) *v* clean

rensemiddel (*rehn-ser-mi-derl*) *nt* (pl -midler) cleaning fluid

renseri (*rehn-ser-ree*) *nt* dry-cleaner's

renslig (*rāyn-shli*) *adj* clean, cleanly

rente (*rehn-ter*) *c* interest

rep (*rāyp*) *nt* rope

reparasjon (*reh-pah-rah-shōōn*) *c* reparation, repair

reparere (*reh-pah-rāy-rer*) *v* repair; mend, fix

repertoar (*reh-peh-too-aar*) *nt* repertory

reporter (*reh-paw-terr*) *c* reporter

representant (*reh-preh-sern-tahnt*) *c* agent

representasjon (*reh-preh-sern-tah-shōōn*) *c* representation

representativ (*reh-preh-sehn-tah-teev*) *adj* representative

representere (*reh-preh-sern-tāy-rer*) *v* represent

reproduksjon (*reh-proo-dewk-shōōn*) *c* reproduction

reprodusere (*reh-proo-dew-sāy-rer*) *v* reproduce

republikansk (*reh-pewb-li-kaansk*) *adj* republican

republikk (*reh-pew-blikk*) *c* republic

resepsjon (*reh-sehp-shōōn*) *c* reception office

resepsjonsdame (*reh-sehp-shōōns-daa-mer*) *c* receptionist

resept (*reh-sehpt*) *c* prescription

reservasjon (*reh-sær-vah-shōōn*) *c* reservation, booking

reserve (*reh-sær-ver*) *c* reserve; **reserve-** spare

reservedekk (*reh-sær-ver-dehk*) *nt* (pl ~) spare tyre

reservedel (*reh-sær-ver-dāyl*) *c* spare part

reservehjul (*reh-sær-ver-ᵞewl*) *nt* (pl ~) spare wheel

reservere (*reh-sær-vāy-rer*) *v* reserve;

book

reservert (reh-sær-*vayt*) *adj* reserved

reservoar (reh-sær-voo-*aar*) *nt* reservoir

resonnere (reh-soo-*nay*-rer) *v* reason

respekt (rehss-*pehkt*) *c* esteem, respect; regard

respektabel (rehss-pehk-*taa*-berl) *adj* respectable

respektere (rehss-pehk-*tay*-rer) *v* respect

respektiv (rehss-pehk-teev) *adj* respective

rest (rehst) *c* rest; remainder, remnant

restaurant (rehss-tew-*rahngng*) *c* restaurant

resterende (rehss-*tay*-rer-ner) *adj* remaining

resultat (reh-sewl-*taat*) *nt* result; outcome, issue

resultere (reh-sewl-*tay*-rer) *v* result

resymé (reh-sew-*may*) *nt* résumé

retning (*reht*-ning) *c* direction; way

retningsviser (*reht*-nings-vee-serr) *c* trafficator; blinker *nAm*

rett¹ (rehtt) *c* dish, course

rett² (rehtt) *c* law, justice; *adj* right; appropriate; *adv* straight; *ha ~ * be right; ~ **frem** straight on, straight ahead

rette¹ (*reht*-ter) *v* correct; **med ~** rightly

rette² (*reht*-ter) *v* direct; ~ **mot** aim at

rettelse (*reht*-terl-ser) *c* correction

rettergang (*reht*-terr-gahng) *c* trial

rettferdig (reht-*fær*-di) *adj* just, fair, right

rettferdighet (reht-*fær*-di-hayt) *c* justice

rettighet (*reht*-ti-hayt) *c* right

rettskaffen (*reht*-skah-fern) *adj* righteous, honourable

rettslig (*reht*-shli) *adj* legal

rettssak (*reht*-saak) *c* lawsuit, trial

returnere (reh-tewr-*nay*-rer) *v* *send back

reumatisme (rehv-mah-*tiss*-mer) *c* rheumatism

rev (rayv) *c* fox; *nt* reef

revers (reh-*væshsh*) *c* reverse

revidere (reh-vi-*day*-rer) *v* revise

revisjon (reh-vi-*shoon*) *c* revision

revolusjon (reh-voo-lew-*shoon*) *c* revolution

revolusjonær (reh-voo-lew-shoo-*næær*) *adj* revolutionary

revolver (reh-*vol*-verr) *c* gun, revolver

revy (reh-*vew*) *c* revue

revyteater (reh-*vew*-teh-aa-terr) *nt* (pl ~, -tre) music-hall

ribbein (*rib*-bayn) *nt* (pl ~) rib

ridder (*rid*-derr) *c* knight

*ride (*ree*-der) *v* *ride

rideskole (*ree*-der-skoo-ler) *c* riding-school

ridning (*reed*-ning) *c* riding

rift (rift) *c* tear

rik (reek) *adj* wealthy, rich

rikdom (*reek*-dom) *c* (pl ~mer) wealth, riches *pl*

rike (*reeker*) *nt* kingdom

rikelig (*ree*-ker-li) *adj* plentiful; abundant

rikelighet (*reek*-li-hayt) *c* plenty

rikstelefonsamtale (*riks*-teh-ler-foon-sahm-taa-ler) *c* trunk-call; long distance call *Am*

riksvei (*riks*-vay) *c* highway

riktig (*rik*-ti) *adj* correct, just, right; proper; *adv* rather

rim (reem) *nt* rhyme

rimelig (*ree*-mer-li) *adj* reasonable

ring (ringng) *c* ring

ringe (*ring*-nger) *v* *ring; *adj* small; ~ **opp** call; ring up, phone; call up *Am*

ringeakt (*ring*-nger-ahkt) *c* contempt, disdain

ringeklokke (*ring*-nger-klo-ker) *c* doorbell, bell

ringvei (*ring*-vay) *c* by-pass

rips (rips) *c* (pl ~) currant

ris (reess) *c* rice

risikabel (ri-si-*kaa*-berl) *adj* risky; precarious, critical

risikere (ri-si-*kāy*-rer) *v* risk

risiko (*riss*-si-koo) *c* risk; hazard, chance

risp (risp) *nt* scratch

rispe (*riss*-per) *v* scratch

rist (rist) *c* grate

riste (*riss*-ter) *v* roast; *shake

rival (ri-*vaal*) *c* rival

rivalisere (ri-vah-li-*sāy*-rer) *v* rival

rivalitet (ri-vah-li-*tāyt*) *c* rivalry

***rive** (*ree*-ver) *v* *tear; ~ **i stykker** rip; ~ **ned** demolish

rivjern (*reev*-Yæn) *nt* (pl ~) grater

ro[1] (rōō) *c* quiet; **falle til** ~ calm down; **roe seg** calm down; ~ **og mak** leisure

ro[2] (rōō) *v* row

robust (roo-*bewst*) *adj* robust

robåt (*rōō*-bawt) *c* rowing-boat

rogn (rongn) *c* roe

rolig (*rōō*-li) *adj* quiet, calm, tranquil; serene

rom (roomm) *nt* room, chamber; space

roman (roo-*maan*) *c* novel

romanforfatter (roo-*maan*-for-faht-terr) *c* novelist

Romania (roo-*maa*-ni-ah) Rumania

romantisk (roo-*mahn*-tisk) *adj* romantic

romerbad (*rōō*-merr-baad) *nt* (pl ~) Turkish bath

romersk-katolsk (*rōō*-mersh-kah-tōōlsk) *adj* Roman Catholic

romme (*room*-mer) *v* contain

rommelig (*room*-mer-li) *adj* spacious, roomy; large

rop (rōōp) *nt* call, cry; shout

rope (*rōō*-per) *v* cry, call; shout

ror (rōōr) *nt* helm, rudder

rorgjenger (*rōōr*-Yeh-ngerr) *c* helmsman

rormann (*rōōr*-mahn) *c* (pl -menn) helmsman

ros (rōōss) *c* glory, praise

rosa (*rōō*-sah) *adj* rose

rose (*rōō*-ser) *c* rose; *v* praise

rosenkrans (*rōō*-sern-krahns) *c* beads *pl*, rosary

rosenkål (*rōō*-sern-kawl) *c* sprouts *pl*

rosin (roo-*seen*) *c* raisin

rot[1] (rōōt) *c* (pl røtter) root

rot[2] (rōōt) *nt* muddle, mess

rote (*rōō*-ter) *v* muddle; ~ **til** mess up

rotte (*rot*-ter) *c* rat

rouge (rōōsh) *c* rouge

rovdyr (*rawv*-dēwr) *nt* (pl ~) beast of prey

ru (rēw) *adj* rough; harsh

rubin (rew-*been*) *c* ruby

rubrikk (rew-*brikk*) *c* column

ruin (rew-*een*) *c* ruins

rulett (rew-*lehtt*) *c* roulette

rull (rewll) *c* roll

rulle (*rewl*-ler) *v* roll

rullegardin (*rewl*-ler-gah-deen) *c/nt* blind

rulleskøyteløping (rewl-ler-shur*ew*-ter-lūrp-ing) *c* roller-skating

rullestein (*rewl*-ler-stayn) *c* boulder

rullestol (*rewl*-ler-stōōl) *c* wheelchair

rulletrapp (*rewl*-ler-trahp) *c* escalator

rumener (roo-*māy*-nerr) *c* Rumanian

rumensk (roo-*māynsk*) *adj* Rumanian

rumpeballe (*room*-per-bah-ler) *c* buttock

rund (rewnn) *adj* round

runde (*rewn*-der) *c* round

rundhåndet (*rewn*-ho-nert) *adj* generous

rundkjøring (*rewn*-khūr-ring) *c* roundabout

rundreise (*rewn*-ray-ser) *c* tour

rundspørring (*rewn*-spur-ring) *c* enquiry

rundstykke (*rewn*-stew-ker) *nt* roll; bun *nAm*

rundt (rewnt) *prep* about; *adv* around

rushtid (*rursh*-teed) *c* rush-hour, peak hour

russer (*rewss*-serr) *c* Russian

russisk (*rewss*-sisk) *adj* Russian

Russland (*rewss*-lahn) Russia

rust (rewst) *c* rust

rusten (*rewss*-tern) *adj* rusty

rustning (*rewst*-ning) *c* armour

rute (*rēw*-ter) *c* check; pane; route

ruteplan (*rēw*-ter-plaan) *c* schedule

rutet (*rēw*-tert) *adj* chequered

rutine (rew-*tee*-ner) *c* routine

rutsjebane (*rewt*-sher-baa-ner) *c* slide

rydde opp (*rewd*-der) tidy up

rydde vekk (*rewd*-der vehkk) *put away

rye (*rēw*-er) *c* rug

rygg (rewgg) *c* back

rygge (*rewg*-ger) *v* reverse

ryggrad (*rewg*-raad) *c* spine, backbone

ryggsekk (*rewg*-sehk) *c* knapsack, rucksack; haversack

ryggsmerter (*rewg*-smæ-terr) *pl* backache

rykk (rewkk) *nt* wrench, tug

rykte (*rewk*-ter) *nt* rumour; reputation, fame

rynke (*rewng*-ker) *c* wrinkle; crease

ryste (*rewss*-ter) *v* *shake

rytme (*rewt*-mer) *c* rhythm

rytter (*rewt*-terr) *c* horseman, rider

rød (rūr) *adj* red

rødbete (*rūr*-bāy-ter) *c* beetroot

rødme (*rurd*-mer) *v* blush

rødspette (*rūr*-speh-ter) *c* plaice

rødstrupe (*rūr*-strēw-per) *c* robin

røkelse (*rūr*-kerl-ser) *c* incense

rømling (*rurm*-ling) *c* runaway

rømme (*rurm*-mer) *c* sour cream, *v* escape

røntgenbilde (*rurnt*-kern-bil-der) *nt* X-ray

røntgenfotografere (*rurnt*-kern-foo-too-grah-fāy-rer) *v* X-ray

røpe (*rūr*-per) *v* *give away

rør (rūr) *nt* tube, pipe; cane

røre (*rūr*-rer) *v* touch; stir; ~ seg move

rørende (*rūr*-rer-ner) *adj* touching

rørlegger (*rūr*-leh-gerr) *c* plumber

røyk (rur*ew*k) *c* smoke

røyke (rur*ew*-ker) *v* smoke; **røyking forbudt** no smoking

røykekupé (rur*ew*-ker-kew-*pāy*) *c* smoking-compartment, smoker

røyker (rur*ew*-kerr) *c* smoker

røykerom (rur*ew*-ker-room) *nt* (pl ~) smoking-room

rå (raw) *adj* raw

råd (rawd) *nt* advice; counsel, council; *ha ~ til *can afford

råde (*raw*-der) *v* advise

rådgiver (*rawd*-ʸee-verr) *c* counsellor

rådhus (*rawd*-hēwss) *nt* (pl ~) town hall

rådslagning (*rawd*-shlaag-ning) *c* deliberation

***rådslå** (*rawd*-shlaw) *v* deliberate

rådsmedlem (*rawds*-māyd-lerm) *nt* (pl ~mer) councillor

***rådspørre** (*rawd*-spur-rer) *v* consult

råmateriale (*raw*-mah-ter-ri-aa-ler) *nt* raw material

råtten (*rot*-tern) *adj* rotten

S

safe (sayf) *c* safe

safir (sah-*feer*) *c* sapphire

saft (sahft) *c* juice

saftig (*sahf*-ti) *adj* juicy

sag (saag) *c* saw

sagbruk (*saag*-brook) *nt* (pl ~) saw-mill

sagflis (*saag*-fleess) *c* sawdust

sak (saak) *c* matter, cause; case; issue

sakfører (*saak*-fūr-rerr) *c* solicitor

sakkarin (sah-kah-*reen*) *c/nt* saccharin

sakkyndig (*saak*-khewn-di) *adj* expert

saks (sahks) *c* scissors *pl*

sakte (*sahk*-ter) *adj* slow

sal (saal) *c* hall; saddle

salat (sah-*laat*) *c* salad, lettuce

saldo (*sahl*-doo) *c* balance

salg (sahlg) *nt* sale; **til salgs** for sale

salgbar (*sahlg*-baar) *adj* saleable

salme (*sahl*-mer) *c* hymn

salmiakk (sahl-mi-*ahkk*) *c* ammonia

salong (sah-*longng*) *c* salon; lounge, drawing-room

salt (sahlt) *nt* salt; *adj* salty

saltkar (*sahlt*-kaar) *nt* (pl ~) salt-cellar

salve (*sahl*-ver) *c* ointment, salve

samarbeid (*sahm*-mahr-bayd) *nt* co-operation

samarbeidsvillig (*sahm*-mahr-bayds-vi-li) *adj* co-operative

same (*saa*-mer) *c* Lapp

samfunn (*sahm*-fewn) *nt* (pl ~) society; community; **samfunns-** social

samle (*sahm*-ler) *v* collect, gather; assemble; compile; ~ **inn** collect

samler (*sahm*-lerr) *c* collector

samles (*sahm*-lerss) *v* gather

samling (*sahm*-ling) *c* collection

samme (*sahm*-mer) *adj* same

sammen (*sahm*-mern) *adv* together

sammendrag (*sahm*-mern-draag) *nt* (pl ~) summary

sammenføye (*sahm*-mern-fur^{ew}-er) *v* join

sammenheng (*sahm*-mern-hehng) *c* connection; coherence

sammenkomst (*sahm*-mern-komst) *c* meeting, assembly

sammenligne (*sahm*-mern-ling-ner) *v* compare

sammenligning (*sahm*-mern-ling-ning) *c* comparison; **uten** ~ by far

sammensetning (*sahm*-mern-seht-ning) *c* composition

sammensmeltning (*sahm*-mern-smehlt-ning) *c* merger

sammenstille (*sahm*-mern-sti-ler) *v* combine

sammenstøt (sahm-mern-stūrt) *nt* (pl ~) collision

sammensvergelse (*sahm*-mern-svær-gerl-ser) *c* plot

sammensverge seg (*sahm*-mern-svær-ger) conspire

sammentreff (sahm-mern-trehf) *nt* (pl ~) coincidence

samordne (*sahm*-mor-dner) *v* co-ordinate

samtale (*sahm*-taa-ler) *c* talk, conversation; discussion

samtidig[1] (*sahm*-tee-di) *adj* simultaneous; contemporary; *adv* simultaneously

samtidig[2] (*sahm*-tee-di) *c* (pl ~e) contemporary

samtykke (*sahm*-tew-ker) *v* consent; *nt* consent

samvirkelag (*sahm*-veer-ker-laag) *nt* co-operative

samvittighet (sahm-*vit*-ti-hāyt) *c* conscience

sanatorium (sah-nah-*tōō*-ri-ewm) *nt* (pl -ier) sanatorium

sand (sahnn) *c* sand

sandal (sahn-*daal*) *c* sandal

sanddyne (sahn-*dēw*-ner) *c* dune

sandet (*sahn*-nert) *adj* sandy

sandpapir (*sahn*-pah-peer) *nt* sandpaper

sandwich (*sæn*-vich) *c* sandwich

sang (sahngng) *c* song

sanger (*sahng*-ngerr) *c* vocalist, singer

sangerinne (sah-nger-*rin*-ner) *c* singer

sanitetsbind (sah-ni-*tāyts*-bin) *nt* (pl ∼) sanitary towel

sanitær (sah-ni-*tæær*) *adj* sanitary

sann (sahnn) *adj* true

sannferdig (sahn-*fær*-di) *adj* truthful

sannhet (*sahn*-hāyt) *c* truth

sannsynlig (sahn-*sēwn*-li) *adj* probable, likely

sannsynligvis (sahn-*sēwn*-li-veess) *adv* probably

sans (sahns) *c* sense

sardin (sah-*deen*) *c* sardine

satellitt (sah-ter-*litt*) *c* satellite

sateng (sah-*tehngng*) *c* satin

satt (sahtt) *adj* sedate

sau (sou) *c* sheep

Saudi-Arabia (sou-di-ah-rah-bi-ah) Saudi Arabia

saudiarabisk (sou-di-ah-raa-bisk) *adj* Saudi Arabian

saus (souss) *c* sauce

savn (sahvn) *nt* lack

savne (*sahv*-ner) *v* miss; lack; savnet person missing person

scene (*sāy*-ner) *c* stage; scene; shot

*se (sāy) *v* *see; look; notice; ∼ opp look out; ∼ på look at; ∼ ut look; ∼ ut til appear

sebra (*sāyb*-rah) *c* zebra

seder (*sāy*-derr) *pl* customs; morals

sedvane (*sāyd*-vaa-ner) *c* usage

sedvanlig (sehd-*vaan*-li) *adj* customary

seer (*sāy*-err) *c* spectator

seg (say) *pron* himself, herself, itself, oneself; themselves

segl (sayl) *nt* seal

seier (*say*-err) *c* victory

seig (say) *adj* tough

seil (sayl) *nt* sail

seilbar (*sayl*-baar) *adj* navigable

seilbåt (*sayl*-bawt) *c* sailing-boat

seilduk (*sayl*-dēwk) *c* canvas

seile (*say*-ler) *v* sail

seilerforening (*say*-lerr-fo-*rāy*-ning) *c* yacht-club

seilsport (*sayl*-spot) *c* yachting

sekk (sehkk) *c* sack

sekretær (sehk-rer-*tæær*) *c* secretary; clerk

seks (sehks) *num* six

seksjon (sehk-*shōōn*) *c* section

seksten (*sayss*-tern) *num* sixteen

sekstende (*sayss*-ter-ner) *num* sixteenth

seksti (*sehks*-ti) *num* sixty

seksualitet (sehk-sew-ah-li-*tāyt*) *c* sexuality

seksuell (sehk-sew-*ehll*) *adj* sexual

sekund (seh-*kewnn*) *nt* second

sekundær (seh-kewn-*dæær*) *adj* secondary; subordinate

sel (*sāyl*) *c* seal

*selge (*sehl*-ler) *v* *sell; ∼ i detalj retail

selleri (seh-ler-*ree*) *c* celery

selskap (*sehl*-skaap) *nt* party, company; society

selskapsantrekk (*sehl*-skaap-sahn-trehk) *nt* (pl ∼) evening dress

selskapsdyr *nt* (pl ∼) pet

selters (*sehl*-tersh) *c* soda-water

selv (sehll) *pron* myself, yourself, herself, himself, itself, oneself, ourselves, yourselves, themselves; ∼ om though, although selvbetjening (*sehl*-beh-t^vay-ning) *c* self-service

selvbetjeningsvaskeri (*sehl*-beh-t^vay-nings-vahss-ker-ree) *nt* launderette

selvfølgelig (sehl-*furl*-ger-li) *adv* naturally, of course

selvgod (*sehl*-goo) *adj* conceited

selvisk (*sehl*-visk) *adj* selfish

selvmord (*sehl*-moord) *nt* (pl ~) suicide

selvopptatt (*sehl*-lop-taht) *adj* self-centred

selvstendig (sehl-*stehn*-di) *adj* independent; self-employed

selvstyre (sayl-*stew*-rer) *nt* self-government

selvstyrt (*sehl*-stewt) *adj* autonomous

sement (seh-*mehnt*) *c* cement

semikolon (seh-mi-*koo*-lon) *nt* semicolon

sen (sayn) *adj* late; **for sent** too late; **senere** afterwards

senat (seh-*naat*) *nt* senate

senator (seh-*naa*-toor) *c* senator

sende (*sehn*-ner) *v* *send; transmit; ~ **av sted** dispatch, *send off; ~ **bort** dismiss; ~ **tilbake** *send back

sendemann (*sehn*-ner-mahn) *c* (pl -menn) envoy

sender (*sehn*-nerr) *c* transmitter

sending (*sehn*-ning) *c* consignment; transmission

sene (*say*-ner) *c* sinew, tendon

seng (sehngng) *c* bed

sengeteppe (*sehng*-nger-teh-per) *nt* bedspread

sengetøy (*sehng*-nger-tur^{ew}) *nt* bedding

senil (seh-*neel*) *adj* senile

senit (*say*-nit) *nt* zenith

senke (*sehng*-ker) *v* lower

sennep (*sehn*-nerp) *c* mustard

sensasjon (sehn-sah-*shoon*) *c* sensation

sensasjonell (sehn-sah-shoo-*nehll*) *adj* sensational

sensur (sehn-*sewr*) *c* censorship

sentimental (sehn-ti-mehn-*taal*) *adj* sentimental

sentral (sehn-*traal*) *adj* central

sentralbord (sehn-*traal*-boor) *nt* (pl ~) switchboard

sentralborddame (sehn-*traal*-boor-daa-mer) *c* telephone operator

sentralfyring (sehn-*traal*-few-ring) *c* central heating

sentralisere (sehn-trah-li-*say*-rer) *v* centralize

sentralstasjon (sehn-*traal*-stah-shoon) *c* central station

sentrum (*sehn*-trewm) *nt* (pl -ra) town centre, centre

separat (seh-pah-*raat*) *adv* apart, separately

separere (seh-pah-*ray*-rer) *v* separate

september (sehp-*tehm*-berr) September

septisk (*sehp*-tisk) *adj* septic

seremoni (seh-reh-moo-*nee*) *c* ceremony

serie (*say*-ri-er) *c* series, sequence

seriøs (seh-ri-*urss*) *adj* serious

serum (*say*-rewm) *nt* (pl sera) serum

servere (sær-*vay*-rer) *v* serve

serveringsavgift (sær-*vay*-ring-saav-^vift) *c* service charge

serviett (sær-vi-*ehtt*) *c* napkin, serviette

servise (sær-*vee*-ser) *nt* dinner-service

sesjon (seh-*shoon*) *c* session

sesong (seh-*songng*) *c* season; **utenfor sesongen** off season

sesongkort (seh-*song*-kot) *nt* (pl ~) season-ticket

sete (*say*-ter) *nt* seat; chair

setning (*seht*-ning) *c* sentence

sett (sehtt) *nt* set

*sette (*seht*-ter) *v* *lay, place, *set; ~ **i gang** launch; ~ **inn** insert; ~ **i stand** enable; ~ **opp** *make up; *draw up; ~ **på** turn on; ~ **sammen** compose, assemble; ~ **seg** *sit down

severdighet (*say*-vær-di-hāyt) *c* sight; scenic place

sex (sehks) *c* sex

shorts (shåwts) *c* (pl ~) shorts *pl*

*si (see) *v* *say, *tell

Siam (*si*-ahm) Siam

siameser (si-ah-*māy*-serr) *c* Siamese

siamesisk (si-ah-*māy*-sisk) *adj* Siamese

side (*see*-der) *c* page; side; **på den andre siden** across; **på den andre siden av** across, beyond; **til** ~ aside; **til siden** sideways; aside; **ved siden av** next-door

sidegate (*see*-der-gaa-ter) *c* side-street

sidelys (*see*-der-lēwss) *nt* (pl ~) side-light

siden (*see*-dern) *adv* since; *prep* since; *conj* since; **for . . . siden** ago

siffer (*sif*-ferr) *nt* (pl ~, sifre) digit

sifong (si-*fongng*) *c* syphon, siphon

sigar (si-*gaar*) *c* cigar

sigarbutikk (si-*gaar*-bew-tik) *c* cigar shop

sigarett (si-gah-*rehtt*) *c* cigarette

sigarettenner (si-gah-*reht*-teh-nerr) *c* cigarette-lighter

sigarettetui (si-gah-*reht*-teh-tew-ee) *nt* cigarette-case

sigarettmunnstykke (si-gah-*reht*-mewn-stew-ker) *nt* cigarette-holder

sigarettobakk (si-gah-*reht*-too-bahk) *c* cigarette tobacco

signal (sing-*naal*) *nt* signal

signalement (sing-nah-ler-*mahngng*) *nt* description

signalere (sing-nah-*lāy*-rer) *v* signal

signalhorn (sing-*naal*-hōōn) *nt* (pl ~) horn

signatur (sing-nah-*tewr*) *c* signature

sigøyner (si-*gurew*-nerr) *c* gipsy

sikker (*sik*-kerr) *adj* secure, safe; certain, sure

sikkerhet (*sik*-kerr-hāyt) *c* security, safety

sikkerhetsbelte (*sik*-kerr-hāyts-behl-ter) *nt* seat-belt, safety-belt

sikkerhetsforanstaltning (*sik*-kerr-hāyts-fo-rahn-stahlt-ning) *c* precaution

sikkerhetsnål (*sik*-kerr-hāyts-nawl) *c* safety-pin

sikkert (*sik*-kert) *adv* surely; **helt** ~ without fail

sikre seg (*sik*-rer) secure

sikring (*sik*-ring) *c* fuse

sikt (sikt) *c* visibility

sikte¹ (*sik*-ter) *nt* aim; ***ta** ~ **på** aim at

sikte² (*sik*-ter) *v* aim; ~ **på** aim at

sil (seel) *c* sieve

sild (sill) *c* (pl ~) herring

sile (*see*-ler) *v* strain

silke (*sil*-ker) *c* silk; **silke-** silken

simpel (*sim*-perl) *adj* common; vulgar

simpelthen (*sim*-pehlt-hehn) *adv* simply

simulere (si-mew-*lāy*-rer) *v* simulate

sindig (*sin*-di) *adj* sedate, sober-minded

sink (singk) *c* zinc

sinke (*sing*-ker) *v* impede

sinn (sinn) *nt* mind

sinne (*sin*-ner) *nt* anger, temper

sinnsbevegelse (*sins*-beh-vāy-gerl-ser) *c* emotion

sinnsforvirring (*sins*-for-vi-ring) *c* insanity

sinnssvak (*sin*-svaak) *adj* mad

sinnssyk¹ (*sin*-sēwk) *adj* insane,

crazy; lunatic

sinnssyk² (*sin*-sewk) *c* (pl ~e) lunatic

sint (sint) *adj* cross, angry

sirene (si-*ray*-ner) *c* siren

siriss (si-*riss*) *c* cricket

sirkel (*seer*-kerl) *c* (pl -kler) circle

sirkulasjon (seer-kew-lah-*shoon*) *c* circulation

sirkus (*seer*-kewss) *nt* circus

sirup (*seer*-rewp) *c* syrup

sist (sist) *adj* last

siste (*siss*-ter) *adj* ultimate; **i det ~** lately

sitat (si-*taat*) *nt* quotation

sitere (si-*tay*-rer) *v* quote

sitron (si-*troon*) *c* lemon

***sitte** (*sit*-ter) *v* *sit

sitteplass (*sit*-ter-plahss) *c* seat

situasjon (si-tew-ah-*shoon*) *c* position, situation

siv (seev) *nt* rush, reed

sivil (si-*veel*) *adj* civil; civilian

sivilisasjon (si-vi-li-sah-*shoon*) *c* civilization

sivilisert (si-vi-li-*sayt*) *adj* civilized

sivilperson (si-*veel*-pæ-shoon) *c* civilian

sivilrett (si-*veel*-reht) *c* civil law

sjakk (shahkk) *c* chess; **sjakk!** check!

sjakkbonde (*shahk*-boo-ner) *c* (pl -bønder) pawn

sjakkbrett (*shahk*-breht) *nt* (pl ~) chessboard; checkerboard *nAm*

sjal (shaal) *nt* shawl

sjalu (shah-*lew*) *adj* jealous; envious

sjalusi (shah-lew-*see*) *c* jealousy

sjampinjong (shahm-pin-*Yongng*) *c* mushroom

sjampo (*shahm*-poo) *c* shampoo

sjanse (*shahng*-ser) *c* chance

sjarlatan (*shaa*-lah-tahn) *c* quack

sjarm (shahrm) *c* charm; glamour, attraction

sjarmerende (shahr-*may*-rer-ner) *adj* charming

sjef (shayf) *c* manager, boss, chief

sjekk (shehkk) *c* cheque; check *nAm*

sjekke (*shehk*-ker) *v* check

sjekkhefte (*shehk*-hehf-ter) *nt* cheque-book; check-book *nAm*

sjel (shayl) *c* soul

sjelden (*shehl*-dern) *adv* rarely, seldom; *adj* rare, uncommon, infrequent

sjenere (sheh-*nay*-rer) *v* embarrass

sjenert (sheh-*nayt*) *adj* shy

sjenerthet (sheh-*nayt*-hayt) *c* timidity

sjetong (sheh-*tong*) *c* token

sjette (*sheht*-ter) *num* sixth

sjofel (*shoof*-erl) *adj* mean

sjokk (shokk) *nt* shock

sjokkere (sho-*kay*-rer) *v* shock

sjokkerende (sho-*kay*-rer-ner) *adj* shocking

sjokolade (shoo-koo-*laa*-der) *c* chocolate

sjokoladeforretning (shoo-koo-*laa*-der-fo-reht-ning) *c* sweetshop; candy store *Am*

sju (shew) *num* seven

sjuende (*shew*-er-ner) *num* seventh

sjusket (*shewss*-kert) *adj* slovenly

sjy (shew) *c* gravy

sjø (shur) *c* sea

sjøbilde (*shur*-bil-der) *nt* seascape

sjøfugl (*shur*-fewl) *c* sea-bird

sjøkart (*shur*kaht) *nt* chart

sjøkyst (*shur*-khewst) *c* sea-coast

sjømann (*shur*-mahn) *c* (pl -menn) sailor, seaman

sjøpinnsvin (*shur*-pin-sveen) *nt* (pl ~) sea-urchin

sjøreise (*shur*-ray-ser) *c* cruise

sjørøver (*shur*-rur-verr) *c* pirate

sjøsetning (*shur*-seht-ning) *c* launching

sjøsyk (*shur*-sewk) *adj* seasick

sjøsyke (*shūr*-sēw-ker) *c* seasickness

sjøvann (*shūr*-vahn) *nt* sea-water

sjåfør (sho-*fūrr*) *c* chauffeur

skade (*skaa*-der) *c* injury, damage; harm, mischief; *v* *hurt, harm, injure; damage

skadelig (*skaa*-der-li) *adj* harmful, hurtful

skadeserstatning (*skaa*-der-sææsh-taht-ning) *c* compensation, indemnity

skadet (*skaa*-dert) *adj* injured

skaffe (*skahf*-fer) *v* provide, furnish

skaft (skahft) *nt* handle

skala (*skaa*-lah) *c* scale

skall (skahll) *nt* shell; skin

skalldyr (*skahl*-dēwr) *nt* (pl ~) shellfish

skalle (*skahl*-ler) *c* skull

skallet (*skahl*-lert) *adj* bald

skam (skahmm) *c* shame, disgrace

skamfull (*skahm*-fewl) *adj* ashamed

skamme seg (*skahm*-mer) *be ashamed

skandale (skahn-*daa*-ler) *c* scandal

skandinav (skahn-di-*naav*) *c* Scandinavian

Skandinavia (skahn-di-*naa*-vi-ah) Scandinavia

skandinavisk (skahn-di-*naa*-visk) *adj* Scandinavian

skap (skaap) *nt* cupboard, closet

skape (*skaa*per) *v* create

skapning (*skaap*-ning) *c* creature

skarlagenrød (skah-*laa*-gern-rur) *adj* scarlet

skarp (skahrp) *adj* keen

skatt (skahtt) *c* treasure; tax; darling

skattefri (*skaht*-ter-free) *adj* tax-free

*skattlegge** (*skaht*-leh-ger) *v* tax

ski (shee) *c* (pl ~) ski; *gå på ~ ski

skibukse (*shee*-book-ser) *c* ski pants

skifer (*shee*-ferr) *c* slate

skift (shift) *nt* shift

skifte (*shif*-ter) *v* switch; change

skiftenøkkel (*shif*-ter-nur-kerl) *c* (pl -nøkler) spanner; monkey wrench *nAm*

skiheis (*shee*-hayss) *c* ski-lift

skihopp (*shee*-hop) *nt* (pl ~) ski-jump

skikk (shikk) *c* custom

skikkelse (*shi*-kerl-ser) *c* figure

skille (*shil*-ler) *v* separate, part; divide

skilles (*shil*-lerss) *v* divorce

skillevegg (*shil*-ler-vehg) *c* partition

skillevei (*shil*-ler-vay) *c* road fork

skilpadde (*shil*-pah-der) *c* turtle

skilsmisse (*shils*-mi-ser) *c* divorce

skiløper (*shee*-lūr-perr) *c* skier

skiløping (*shee*-lūr-ping) *c* skiing

skimte (*shim*-ter) *v* glimpse

skinke (*shing*-ker) *c* ham

skinn (shinn) *nt* skin; hide; glare; **semsket** ~ suede; **skinn-** leather

skinne (*shin*-ner) *v* *shine

skinnegang (*shin*-ner-gahng) *c* railway

skinnende (*shin*-ner-ner) *adj* bright

skinnhellig (*shin*-heh-li) *adj* hypocritical

skip (sheep) *nt* boat, ship

skipe (*shee*-per) *v* ship

skipsfart (*ships*-faht) *c* navigation, navigation; shipping

skipsfartslinje (*ships*-fahts-lin-ᵞer) *c* shipping line

skipsreder (*ships*-rāy-derr) *c* shipowner

skipsverft (*ships*-værft) *nt* shipyard

skisse (*shiss*-ser) *c* sketch

skissebok (*shiss*-ser-bōōk) *c* (pl -bøker) sketch-book

skissere (shi-*sāy*-rer) *v* sketch

skistaver (*shee*-staa-verr) *pl* ski sticks; ski poles *Am*

skistøvler (*shee*-sturv-lerr) *pl* ski boots

skitt (shitt) *c* dirt

skitten (*shit*-tern) *adj* filthy, dirty,

foul; soiled

skive (*shee*-ver) *c* disc; slice

skiveprolaps (*shee*-ver-pro-lahps) *c* slipped disc

skje (shāy) *v* occur, happen; *c* spoon

skjebne (*shāyb*-ner) *c* destiny, fate; fortune, luck

skjebnesvanger (*shāyb*-ner-svah-ngerr) *adj* fatal

skjefull (*shāy*-fewl) *c* spoonful

skjegg (shehgg) *nt* beard

skjelett (*sheh*-lehtt) *nt* skeleton

skjell (shehll) *nt* shell, sea-shell; scale

skjelle (*shehl*-ler) *v* scold; ~ ut call names

skjelne (*shehl*-ner) *v* distinguish

*****skjelve** (*shehl*-ver) *v* tremble, shiver

skjeløyd (*shāyl*-ur^(ew)d) *adj* cross-eyed

skjema (*shāy*-mah) *nt* scheme

skjemme bort (*shehm*-mer boot) *v* *spoil

skjenke (*shehng*-ker) *v* pour; donate

skjenne på (*shehn*-ner) *v* scold

skjerf (shærf) *nt* scarf

skjerm (shærm) *c* screen

skjermbrett (*shærm*-breht) *nt* folding screen

skjev (shāyv) *adj* slanting

skjorte (*shoot*-ter) *c* shirt

skjul (shewl) *nt* cover

skjule (*shew*-ler) *v* *hide, conceal

skjær (shæær) *adj* sheer; *nt* rock

skjære (*shææ*-rer) *c* magpie

*****skjære** (*shææ*-rer) *v* *cut; carve; ~ av *cut off; ~ i carve; ~ ned *cut; ~ ut carve

skjødesløs (*shūr*-derss-lūrss) *adj* careless

skjønn (shurnn) *adj* wonderful, lovely

skjønne (*shurn*-ner) *v* *understand, *see

skjønnhet (*shurn*-hāyt) *c* beauty

skjønnhetspleie (*shurn*-hāyts-play-er) *c* beauty treatment

skjønnhetssalong (*shurn*-hāyt-sah-long) *c* beauty parlour, beauty salon

skjønt (shurnt) *conj* though, although

skjør (shūr) *adj* fragile

skjørt (shurtt) *nt* skirt

skjøteledning (*shūr*-ter-lāyd-ning) *c* extension cord

skli (sklee) *v* slip

sko (skoo) *c* (pl ~) shoe

skog (skōog) *c* wood, forest

skogkledd (*skōog*-klehd) *adj* wooded

skogtrakt (*skōog*-trahkt) *c* woodland

skokrem (*skōo*-krāym) *c* shoe polish

skole (*skōo*-ler) *c* school; høyere ~ secondary school

skolebestyrer (*skōo*-ler-beh-stēw-rerr) *c* principal

skolegutt (*skōo*-ler-gewt) *c* schoolboy

skolelærer (*skōo*-ler-læær-rerr) *c* teacher

skolepike (*skōo*-ler-pee-ker) *c* schoolgirl

skolisse (*skōo*-li-ser) *c* shoe-lace

skomaker (*skōo*-maa-kerr) *c* shoemaker

skorpe (*skor*-per) *c* crust

skorstein (*skosh*-tayn) *c* chimney

skotsk (skotsk) *adj* Scottish, Scotch

skotte (*skot*-ter) *c* Scot

Skottland (*skot*-lahn) Scotland

skotøy (*skōo*-tur^(ew)) *nt* footwear

skotøyforretning (*skōo*-tur^(ew)-fo-reht-ning) *c* shoe-shop

skramme (*skrahm*-mer) *c* scratch

skrap (skraap) *nt* junk

skrape (*skraa*-per) *v* scrape, scratch

skrapjern (*skraap*-Yæn) *nt* scrap-iron

skravle (*skrahv*-ler) *v* chat

skravlebøtte (*skrahv*-ler-bur-ter) *c* chatterbox

skredder (*skrehd*-derr) *c* tailor

skreddersydd (*skrehd*-der-shewd) *adj* tailor-made

skrekk (skrehkk) *c* fright
skrekkelig (skreh-ker-li) *adj* horrible
skrell (skrehll) *nt* peel
skrelle (skrehl-ler) *v* peel
skremme (skrehm-mer) *v* scare, terrify
skremmende (skrehm-mer-ner) *adj* terrifying
skremt (skrehmt) *adj* frightened
skrifte (skrif-ter) *v* confess
skriftemål (skrif-ter-mawl) *nt* (pl ~) confession
skriftlig (skrift-li) *adj* in writing; written
skrik (skreek) *nt* scream, cry
***skrike** (skree-ker) *v* shout, scream, cry; shriek
skritt (skritt) *nt* step, pace, move
***skrive** (skree-ver) *v* *write; ~ **bak på** endorse; ~ **inn** book; ~ **ned** *write down; ~ **seg inn** check in; ~ **seg på** book
skriveblokk (skree-ver-blok) *c* writing-pad
skrivebord (skree-ver-boor) *nt* desk, bureau
skrivemaskin (skree-ver-mah-sheen) *c* typewriter
skrivemaskinpapir (skree-ver-mah-sheen-pah-peer) *nt* typing paper
skrivepapir (skree-ver-pah-peer) *nt* writing-paper
skriver (skree-verr) *c* clerk
skru (skrew) *v* screw; ~ **av** turn off; ~ **på** turn on
skrubbe (skrewb-ber) *v* scrub
skrubbsår (skrewb-sawr) *nt* (pl ~) graze
skrue (skrew-er) *c* screw
skruestikke (skrew-er-sti-ker) *c* clamp
skrujern (skrew-Yæææn) *nt* (pl ~) screw-driver
skrukke (skrook-ker) *v* crease
skrunøkkel (skrew-nur-kerl) *c* (pl

-nøkler) wrench
***skryte** (skrew-ter) *v* boast
skrøne (skrūr-ner) *v* *tell tall tales
skrøpelig (skrūr-per-li) *adj* fragile
skrå (skraw) *adj* slanting
skråne (skraw-ner) *v* slant
skrånende (skraw-ner-ner) *adj* sloping, slanting
skråning (skraw-ning) *c* incline, slope
skudd (skewdd) *nt* shot
skuddår (skewd-dawr) *nt* (pl ~) leap-year
skue (skōo-er) *nt* sight
skuespill (skēw-er-spil) *nt* (pl ~) drama
skuespiller (skēw-er-spi-lerr) *c* actor, comedian
skuespillerinne (skēw-er-spi-ler-rin-ner) *c* actress
skuespillforfatter (skēw-er-spil-for-fah-terr) *c* playwright
skuff (skooff) *c* drawer
skuffe (skewf-fer) *v* disappoint; *være skuffende* *be disappointing
skuffelse (skewf-ferl-ser) *c* disappointment
skulder (skewl-derr) *c* (pl -drer) shoulder
skulke (skewl-ker) *v* play truant
***skulle** (skewl-ler) *v* *shall; *should
skulptur (skewlp-tēwr) *c* sculpture
skum (skoomm) *nt* froth, foam; lather
skumgummi (skoom-gew-mi) *c* foam-rubber
skumme (skoom-mer) *v* foam
skumring (skoom-ring) *c* twilight
skur (skewr) *nt* shed; *c* shower
skurd (skewrd) *c* carving
skurk (skewrk) *c* bastard, villain, rascal
skvette (skveht-ter) *v* splash
skvettskjerm (skveht-shærm) *c* mud-guard

sky (sh<u>ew</u>) c cloud; adj shy
skybrudd (sh<u>ew</u>-brewd) nt (pl ~) cloud-burst
skyet (sh<u>ew</u>-ert) adj cloudy
skyffel (shewf-ferl) c (pl skyfler) shovel
skygge (shewg-ger) c shadow, shade
skyggefull (shewg-ger-fewl) adj shady
skyggelue (shewg-er-lew-er) c cap
skyhet (sh<u>ew</u>-h<u>ay</u>t) c shyness
skyld (shewll) c blame, guilt
skylde (shewl-ler) v owe
skyldig (shewl-di) adj guilty; due; *være ~ owe
skylle (shewl-ler) v rinse
skylling (shewl-ling) c rinse
skynde seg (shewn-ner) hurry, hasten
skyskraper (sh<u>ew</u>-skraa-perr) c sky-scraper
***skyte** (sh<u>ew</u>-ter) v fire, *shoot
skyteskive (sh<u>ew</u>-ter-shee-ver) c mark, target
***skyve** (sh<u>ew</u>-ver) v push
skyvedør (sh<u>ew</u>-ver-d<u>ur</u>) c sliding door
skøyeraktig (skur^{ew}-er-rahk-ti) adj mischievous
skøyte (shur^{ew}-ter) c skate; *gå på skøyter skate
skøytebane (shur^{ew}-ter-baa-ner) c skating-rink
skøyteløping (shur^{ew}-ter-l<u>ur</u>-ping) c skating
skål (skawl) c saucer; toast
sladder (shlahd-derr) c gossip
sladre (shlahd-rer) v gossip
slag (shlaag) nt blow; breed; battle; lapel
slaganfall (shlaagahn-fahl) nt (pl ~) stroke
slagord (shlaa-g<u>oo</u>r) nt (pl ~) slogan
slags (shlahks) c/nt sort; alle ~ all sorts of

slakter (shlahk-terr) c butcher
slange (shlahng-nger) c snake
slank (shlahngk) adj slender, slim
slanke seg (shlahng-ker) slim
slapp (shlahpp) adj limp
slappe av (shlahp-per) relax
slave (shlaa-ver) c slave
slede (shl<u>ay</u>-er) c sleigh, sledge
sleip (shlayp) adj slippery
slekt (shlehkt) c family
slektning (shlehkt-ning) c relation, relative
slem (shlehmm) adj naughty, bad
slenge (shlehng-nger) v *throw
slentre (shlehn-trer) v stroll
slepe (shl<u>ay</u>-per) v haul, drag
slepebåt (shl<u>ay</u>-per-bawt) c tug
slette (shleht-ter) c plain
slettvar (shleht-vaar) c brill
slik (shleek) pron such; adv thus, so, such; ~ at so that; ~ som such as
slikke (shlik-ker) v lick
slips (shlips) nt tie, necktie
***slite** (shlee-ter) v labour; ~ ut wear out
sliten (shlee-tern) adj weary, worn out
slitt (shlitt) adj worn
slokke (shlook-ker) v *put out, extinguish
slott (shlott) nt castle
slu (shl<u>ew</u>) adj sly, cunning
sludder (shlewd-derr) nt rubbish
sluke (shl<u>ew</u>-ker) v swallow
slukt (shlewkt) c gorge
slum (shlewmm) c slum
slump (shloomp) c chance; på ~ by chance
slurk (shlewrk) c sip
slurvet (shlewr-vert) adj sloppy
sluse (shl<u>ew</u>-ser) c lock, sluice
slutning (shlewt-ning) c conclusion; end
slutt (shlewtt) c finish, end; til ~ at

last
slutte (*shlewt*-ter) *v* finish; end; quit;
~ **seg til** join
sluttresultat (*shlewt*-reh-sewl-taat) *nt*
final result
slyngel (*shlewng*-ngerl) *c* (pl -gler)
rascal
slør (shlūrr) *nt* veil
sløse bort (*shlūr*-ser boot) waste
sløseri (shlūr-ser-*ree*) *nt* waste
sløv (shlūrv) *adj* dull, blunt
sløyfe (*shlūrew*-fer) *c* bow tie
slå (shlaw) *c* bolt
***slå** (shlaw) *v* *strike, *beat, *hit;
punch; bruise; ~ **av** switch off; ~
hakk i chip; ~ **igjen** slam; ~ **i hjel**
kill; ~ **i stykker** crack; ~ **ned**
knock down; ~ **opp** look up; ~ **på**
switch on; ~ **seg ned** settle down;
~ **til** *strike
slående (*shlaw*-er-ner) *adj* striking
***slåss** (shloss) *v* *fight; struggle
smak (smaak) *c* taste; flavour; ***sette**
~ **på** flavour
smake (*smaa*-ker) *v* taste; ~ **på** taste
smakløs (*smaak*-lūrss) *adj* tasteless
smal (smaal) *adj* narrow
smaragd (smah-*rahgd*) *c* emerald
smart (smaat) *adj* smart
smed (smāȳ) *c* smith
smekke (*smehk*-ker) *v* smack
smell (smehll) *nt* crack
***smelle** (*smehl*-ler) *v* crack
smelte (*smehl*-ter) *v* melt, thaw
smerte (*smæt*-ter) *c* pain; grief, sor-
row
smertefri (*smæt*-ter-free) *adj* painless
smertefull (*smæ*-ter-fool) *adj* painful
***smette** (*smeht*-ter) *v* slip
smidig (*smee*-di) *adj* supple
smil (smeel) *nt* smile
smile (*smee*-ler) *v* smile
sminke (*sming*-ker) *c* make-up
smitte (*smit*-ter) *v* infect

smittende (*smi*-ter-ner) *adj* con-
tagious
smittsom (*smit*-som) *adj* infectious,
contagious
smoking (*smaw*-king) *c* dinner-jacket;
tuxedo *nAm*
smug (smēw̄g) *nt* alley, lane
smugle (*smewg*-ler) *v* smuggle
smul (smēwl) *adj* smooth
smule (*smēw*-ler) *c* crumb; bit
smykke (*smewk*-ker) *nt* jewel; **smyk-
ker** jewellery
smør (smurr) *nt* butter
smørbrød (*smūrr*-brūr) *nt* (pl ~) open
sandwich
***smøre** (*smūr*-rer) *v* grease; lubricate
smøreolje (*smūr*-rer-ol-ȳer) *c* lubrica-
tion oil
smøring (*smūr*-ring) *c* lubrication
smøringssystem (*smūr*-rings-sewss-
tāȳm) *nt* lubrication system
smågris (smaw-*greess*) *c* piglet
småkake (*smaw*-kaa-ker) *c* biscuit;
cracker *nAm*
smålig (*smaw*-li) *adj* stingy
småpenger (*smaw*-peh-ngerr) *pl* petty
cash, change
smårolling (*smaw*-ro-ling) *c* toddler
småstein (*smaw*-stayn) *c* pebble
snackbar (*snæk*-baar) *c* snack-bar
snakke (*snahk*-ker) *v* *speak, talk
snakkesalig (*snahk*-ker-saa-li) *adj*
talkative
snapshot (*snæp*-shot) *nt* (pl ~)
snapshot
snart (snaat) *adv* presently, soon,
shortly; **så** ~ **som** as soon as
snegl (snayl) *c* snail
snekker (*snehk*-kerr) *c* carpenter
snever (*snāȳ*-verr) *adj* narrow, re-
stricted
sneversynt (*snāȳ*-ver-shēwnt) *adj* nar-
row-minded
snikskytter (*sneek*-shew-terr) *c* sniper

snill (snill) *adj* good, nice, kind

snitte (*snit*-ter) *v* *cut, slice

sno (snoo) *v* twist; ~ seg *wind

snor (snoor) *c* string; cord

snorke (*snor*-ker) *v* snore

snorkel (*snor*-kerl) *c* (pl -kler) snorkel

snu (snew) *v* turn round; ~ om invert; ~ seg turn round

snuble (*snewb*-ler) *v* stumble

snurre (*snewr*-rer) *v* *spin

snute (*snew*-ter) *c* snout

*snyte (*snew*-ter) *v* cheat

snø (snur) *v* snow; *c* snow

snødekket (*snur*-deh-kert) *adj* snowy

snøskred (*snur*-skrayd) *nt* (pl ~) avalanche

snøslaps (*snur*-shlahps) *nt* slush

snøstorm (*snur*-storm) *c* blizzard, snowstorm

sodavann (*soo*-dah-vahn) *nt* soda-water

sofa (*soof*-fah) *c* sofa

sogn (songn) *nt* parish

sogneprest (*song*-ner-prehst) *c* rector, vicar

sokk (sokk) *c* sock

sol (sool) *c* sun

solbrent (*sool*-brehnt) *adj* sunburned

solbriller (*sool*-bri-lerr) *pl* sun-glasses *pl*

solbær (*sool*-bæær) *nt* (pl ~) black-currant

soldat (sool-*daat*) *c* soldier

sole seg (*soo*-ler) sunbathe

solid (soo-*leed*) *adj* solid, firm

solistkonsert (soo-*list*-koon-sæt) *c* recital

sollys (*sool*-lewss) *nt* sunlight

solnedgang (*sool*-nay-gahng) *c* sunset

sololje (*sool*-lol-Yer) *c* suntan oil

soloppgang (*soo*-lop-gahng) *c* sunrise

solrik (*sool*-reek) *adj* sunny

solseil (*sool*-sayl) *nt* (pl ~) awning

solskinn (*sool*-shin) *nt* sunshine

solstikk (*sool*-stik) *nt* (pl ~) sun-stroke

som (somm) *pron* who, that, which; *conj* as; ~ om as if

somletog (*soom*-ler-tawg) *nt* (pl ~) slow train; milk train *nAM*

sommer (*som*-merr) *c* (pl somrer) summer

sommerfugl (*som*-merr-fewl) *c* butter-fly

sommertid (*som*-mer-teed) *c* summer time

sone (*soo*-ner) *c* zone

sopp (sopp) *c* mushroom; toadstool

sorg (sorg) *c* sorrow, grief

sort (sott) *c* kind, sort

sortere (so-*tay*-rer) *v* sort, assort

sortiment (so-ti-*mahngng*) *nt* assort-ment

sosial (soo-si-*aal*) *adj* social

sosialisme (soo-si-ah-*liss*-mer) *c* socialism

sosialist (soo-si-ah-*list*) *c* socialist

sosialistisk (soo-si-ah-*liss*-tisk) *adj* socialist

*sove (*saw*-ver) *v* *sleep

sovende (*saw*-ver-ner) *adj* asleep

sovepille (*saw*-ver-pi-ler) *c* sleeping-pill

sovepose (*saw*-ver-poo-ser) *c* sleep-ing-bag

sovesal (*saw*-ver-saal) *c* dormitory

sovevogn (*saw*-ver-vongn) *c* sleeping-car; Pullman

soveværelse (*saw*-ver-væææ-rerl-ser) *nt* bedroom

sovjetisk (sov-*Yeht*-tisk) *adj* Soviet

Sovjetunionen (sov-*Yeht*-tew-ni-oo-nern) Soviet Union

sovne (*sov*-ner) *v* *fall asleep

spade (*spaa*-er) *c* spade

spalte (*spahl*-ter) *c* column

spandere (spahn-*day*-rer) *v* *spend

Spania (*spaa*-ni-ah) Spain

spanier (*spaa*-ni-err) *c* Spaniard

spanjol (spahn-*yool*) *c* Spaniard

spann (spahnn) *nt* pail, bucket

spansk (spahnsk) *adj* Spanish

spare (*spaa*-rer) *v* save; economize

sparebank (*spaa*-rer-bahngk) *c* savings bank

sparepenger (*spaa*-rer-peh-ngerr) *pl* savings *pl*

spark (spahrk) *nt* kick

sparke (*spahr*-ker) *v* kick; *gi sparken dismiss

sparsommelig (spaa-*shom*-mer-li) *adj* thrifty, economical

spasere (spah-*say*-rer) *v* walk

spaserstokk (spah-*say*-shtok) *c* walking-stick

spasertur (spah-*say*-tewr) *c* stroll, walk

spedalskhet (speh-*daalsk*-hayt) *c* leprosy

spedbarn (*spay*-baan) *nt* (pl ~) infant

speil (spayl) *nt* looking-glass, mirror

speilbilde (*spayl*-bil-der) *nt* reflection

spekulere (speh-kew-*lay*-rer) *v* speculate

spenne (*spayn*-ner) *c* buckle

spennende (*spehn*-ner-ner) *adj* exciting

spenning (*spehn*-ning) *c* tension; voltage

spe opp (*speh*) dilute

sperre (*spehr*-rer) *v* block; ~ inne lock up

spesialisere seg (speh-si-ah-li-*say*-rer) specialize

spesialist (speh-si-ah-*list*) *c* specialist

spesialitet (speh-si-ah-li-*tayt*) *c* speciality

spesiell (speh-si-*ehll*) *adj* particular, special

spesifikk (speh-si-*fikk*) *adj* specific

spidd (spidd) *nt* spit

spiker (*spee*-kerr) *c* (pl ~, -krer) nail

spill (spill) *nt* game

spille (*spil*-ler) *v* play; act

spillemerke (*spil*-ler-mær-ker) *nt* chip

spiller (*spil*-lerr) *c* player

spillkort (*spil*-kot) *nt* (pl ~) playing-card

spillopper (spi-*lop*-perr) *pl* mischief

spinat (spi-*naat*) *c* spinach

spindelvev (*spin*-derl-vayv) *c* (pl ~) cobweb, spider's web

*spinne (*spin*-ner) *v* *spin

spion (spi-*oon*) *c* spy

spir (speer) *nt* spire

spirituosa (spi-ri-tew-*oo*-sah) *pl* spirits

spise (*spee*-ser) *v* *eat

spisekart (*spee*-ser-kaht) *nt* menu

spiselig (*spee*-ser-li) *adj* edible

spisesal (*spee*-ser-saal) *c* dining-room

spiseskje (*spee*-ser-shay) *c* tablespoon

spisestue (*spee*-ser-stew-er) *c* dining-room

spisevogn (*spee*-ser-vongn) *c* dining-car

spiskammer (*spiss*-kah-merr) *nt* (pl ~, -kamre) larder

spiss (spiss) *adj* pointed, sharp; *c* tip, point

spissborgerlig (*spiss*-bor-ger-li) *adj* bourgeois

spisse (*spiss*-ser) *v* sharpen

splint (splint) *c* splinter

splinter ny (*splin*-terr new) brand-new

spole (*spoo*-ler) *c* spool

spor (spoor) *nt* trace; trail, track

sport (spott) *c* sport

sportsbil (*spotsh*-beel) *c* sports-car

sportsjakke (*spotsh*-Yah-ker) *c* blazer, sports-jacket

sportsklær (*spotsh*-klæær) *pl* sportswear

sprang (sprahng) *nt* jump

spray (spray) *c* atomizer

sprayflaske (*spray*-flahss-ker) *c* atom-

izer
spre (*sprāy*) *v* *spread; scatter; *shed
sprekk (sprehkk) *c* crack, chink
*sprekke (*sprehk*-ker) *v* *burst; crack
sprengstoff (*sprehng*-stof) *nt* explosive
springvann (*spring*-vahn) *nt* (pl ~) fountain
sprinkelkasse (*spring*-kerl-kah-ser) *c* crate
sprit (spreet) *c* liquor; **denaturert ~** methylated spirits
spritapparat (*spree*-tah-pah-raat) *nt* spirit stove
sprut (sprewt) *c* squirt
sprø (sprūr) *adj* crisp
sprøyte (*sprur^ew*-ter) *c* syringe; shot
språk (sprawk) *nt* language
språklaboratorium (*sprawk*-lah-boorah-tōō-ri-ewm) *nt* (pl -ier) language laboratory
spurv (spewrv) *c* sparrow
spyd (spēwd) *nt* spear
spytt (spewtt) *nt* spit
spytte (*spewt*-ter) *v* *spit
spøk (spūrk) *c* joke
spøkelse (*spūr*-kerl-ser) *nt* ghost; spirit, spook
*spørre (*spurr*-rer) *v* ask
spørrelek (*spurr*-rer-lāyk) *c* quiz
spørsmål (*spursh*-mawl) *nt* (pl ~) question; matter, issue
spørsmålstegn (*spursh*-mawls-tayn) *nt* (pl ~) question mark
spå (spaw) *v* predict, tell fortunes
sta (staa) *adj* dogged, head-strong, stubborn, pig-headed, obstinate
stabel (*staa*-berl) *c* (pl -bler) stack
stabil (stah-*beel*) *adj* stable
stable (*stahb*-ler) *v* pile
stadig (*staa*-di) *adj* continual, frequent
stadion (*staa*-di-oon) *nt* stadium
stadium (*staa*-di-ewm) *nt* (pl -ier)

stage, phase
stakitt (stah-*kitt*) *nt* picket fence
stall (stahll) *c* stable
stamme (*stahm*-mer) *c* trunk; tribe; *v* stammer
stampe (*stahm*-per) *v* stamp
stand[1] (stahnn) *c* (pl stender) state; ***gjøre i ~** mend; **i ~ til** able
stand[2] (stahnn) *c* stand
standard- (*stahn*-dahr) standard
standhaftig (stahn-*hahf*-ti) *adj* steadfast
stang (stahngng) *c* (pl stenger) bar, pole; rod
stanse (*stahn*-ser) *v* stop, halt, pull up
start (staat) *c* take-off; beginning, start
startbane (*staat*-baa-ner) *c* runway
starte (*staht*-ter) *v* start, *begin
starter (*staa*-terr) *c* starter motor
stasjon (stah-*shōōn*) *c* station; depot *nAm*
stasjonsmester (stah-*shōōns*-mehss-terr) *c* station-master
stat (staat) *c* state; **stats-** national
statistikk (stah-ti-*stikk*) *c* statistics *pl*
statsborgerskap (*staats*-bor-ger-shkaap) *nt* citizenship
statskasse (*staats*-kahs-ser) *c* public purse
statsmann (*staats*-mahn) *c* (pl -menn) statesman
statsminister (*staats*-mi-niss-terr) *c* (pl ~e, -trer) premier, Prime Minister
statsoverhode (*staat*-saw-verr-hōō-der) *nt* head of state
statsråd (*staats*-rawd) *c* minister
statstjenestemann (*staats*-t^yāy-ner-ster-mahn) *c* (pl -menn) civil servant
statue (*staa*-tew-er) *c* statue
stave (*staa*-ver) *v* *spell

stavelse (*staa*-verl-ser) *c* syllable

stavemåte (*staa*-ver-maw-ter) *c* spelling

stearinlys (steh-ah-*reen*-lewss) *nt* (pl ~) candle

stebarn (*stay*-baan) *nt* (pl ~) stepchild

sted (stay) *nt* spot, site, place; locality

stedfortreder (*stay*-fo-tray-derr) *c* substitute; deputy

stedlig (*stayd*-li) *adj* local; resident

stefar (*stay*-faar) *c* (pl -fedre) stepfather

steg (stayg) *nt* step

steil (stayl) *adj* steep

stein (stayn) *c* stone; **stein-** stone

steinbrudd (*stayn*-brewd) *nt* (pl ~) quarry

steinet (*stay*-nert) *adj* rocky

steintøy (*stayn*-turew) *nt* earthenware, stoneware, crockery

steke (*stay*-ker) *v* fry; roast

stekeovn (*stay*-ker-ovn) *c* oven

stekepanne (*stay*-ker-pah-ner) *c* frying-pan

stemme (*stehm*-mer) *c* voice; vote; *v* vote; ~ **overens** agree

stemmerett (*stehm*-mer-reht) *c* franchise, suffrage

stemning (*stehm*-ning) *c* atmosphere; mood

stemor (*stay*-moor) *c* (pl -mødre) stepmother

stempel (*stehm*-perl) *nt* (pl ~, -pler) stamp; piston

stempelring (*stehm*-perl-ring) *c* piston ring

stempelstang (*stehm*-perl-stahng) *c* (pl -stenger) piston-rod

stenge (*stehng*-nger) *v* fasten; ~ **av** turn off; *get off; ~ **inne** *shut in

stengt (stehngt) *adj* closed, shut

stenograf (steh-noo-*graaf*) *c* stenographer

stenografi (steh-noo-grah-*fee*) *c* shorthand

steril (steh-*reel*) *adj* sterile

sterilisere (steh-ri-li-*say*-rer) *v* sterilize

sterk (stærk) *adj* strong; powerful

stevning (*stehv*-ning) *c* summons

sti (stee) *c* trail, path

stift (stift) *c* staple

stifte (*stif*-ter) *v* found, institute

stiftelse (*stif*-terl-ser) *c* foundation

stigbøyle (*steeg*-burew-ler) *c* stirrup

stige (*stee*-ger) *c* ladder

*****stige** (*stee*-ger) *v* ascend, *rise; ~ **av** *get off; ~ **opp** ascend; ~ **på** *get on

stigning (*steeg*-ning) *c* increase; ascent

stikk (stikk) *nt* bite, sting; picture, engraving

*****stikke** (*stik*-ker) *v* *sting

stikkelsbær (*stik*-kerls-bæær) *nt* (pl ~) gooseberry

stikkontakt (*stik*-koon-tahkt) *c* plug

stikkpille (*stik*-pi-ler) *c* suppository

stil (steel) *c* style; essay

stilk (stilk) *c* stem

stillas (sti-*laass*) *nt* scaffolding

stille (*stil*-ler) *adj* calm, quiet, still; silent; *v* place, *put; ~ **inn** tune in

Stillehavet (*stil*-ler-haa-ver) Pacific Ocean

stillestående (*stil*-ler-staw-er-ner) *adj* stationary

stillferdig (stil-*fæædi*) *adj* quiet

stillhet (*stil*-hayt) *c* silence, stillness, quiet

stilling (*stil*-ling) *c* position; job

stimulans (sti-mew-*lahngs*) *c* stimulant

stimulere (sti-mew-*lay*-rer) *v* stimulate

sting (stingng) *nt* stitch

*****stinke** (*sting*-ker) *v* *smell, *stink

stipend (sti-*pehnd*) *nt* grant, scholarship

stipulere (sti-pew-*lay*-rer) *v* stipulate

stirre (*steer*-rer) *v* stare, gaze

stiv (steev) *adj* stiff

stive (*stee*-ver) *v* starch

stivelse (*stee*-verl-ser) *c* starch

*****stjele** (st*yay*-ler) *v* *steal

stjerne (st*yææ*-ner) *c* star

stoff (stoff) *nt* cloth, material, fabric; matter

stokk (stokk) *c* cane, stick

stokke (*stok*-ker) *v* shuffle

stol (st*oo*l) *c* chair

stola (st*oo*-lah) *c* stole

stole på (st*oo*-ler) trust; rely on

stolpe (*stol*-per) *c* post; pillar

stolt (stolt) *adj* proud

stolthet (*stolt*-h*ay*t) *c* pride

stopp! (stopp) stop!

stoppe (*stop*-per) *v* stop; quit; darn

stoppegarn (*stop*-per-gaan) *nt* (pl ∼) darning wool

stor (st*oo*r) *adj* great, major, big; large

storartet (st*oo*-raa-tert) *adj* superb, grand, terrific

Storbritannia (st*oo*r-bri-tah-ni-ah) Great Britain

stork (stork) *c* stork

storm (storm) *c* gale; storm

stormagasin (st*oo*r-mah-gah-seen) *nt* department store

stormfull (*storm*-fewl) *adj* stormy

stormlykt (*storm*-lewkt) *c* hurricane lamp

storslått (st*oo*-shlot) *adj* magnificent

Stortinget (st*oo*r-ti-nger) Norwegian Parliament

stortingsmann (st*oo*-tings-mahn) *c* (pl -menn) Member of Parliament

straff (strahff) *c* punishment; penalty

straffe (*strahf*-fer) *v* punish

strafferett (*strahf*-fer-reht) *c* criminal law

straffespark (*strahf*-fer-spahrk) *nt* (pl ∼) penalty kick

straks (strahks) *adv* instantly, at once, immediately

stram (strahmm) *adj* tight

stramme (*strahm*-mer) *v* tighten; **strammes** to be tightened

strand (strahnn) *c* (pl strender) beach

strebe (st*ray*-ber) *v* aspire; ∼ **etter** pursue, aim at

streife omkring (*stray*-fer) roam

streik (strayk) *c* strike

streike (stray-ker) *v* *strike

strek (str*ay*k) *c* line

strekning (*strehk*-ning) *c* stretch

streng (strehngng) *adj* strict, severe, harsh; *c* string

stress (strehss) *nt* stress

strid (streed) *c* contest; fight, battle, strife, struggle

*****strides** (*stree*-derss) *v* dispute

strikk (strikk) *c* rubber band

strikke (*strik*-ker) *v* *knit

strimmel (*strim*-merl) *c* (pl strimler) strip

stripe (*stree*-per) *c* stripe

stripet (*stree*-pert) *adj* striped

strofe (str*oo*-fer) *c* stanza

struktur (strewk-t*ewr*) *c* structure; texture; fabric

strupekatarr (*strew*per-kah-tahr) *c* laryngitis

struts (strewts) *c* ostrich

*****stryke** (st*rew*-ker) *v* iron; *strike; fail an exam

strykefri (st*rew*-ker-free) *adj* drip-dry, wash and wear

strykejern (st*rew*-ker-Y*ææ*n) *nt* (pl ∼) iron

strøm (strurmm) *c* (pl ∼mer) current, stream; **med strømmen** downstream; **mot strømmen** upstream

strømfordeler (*strurm*-fo-dāy-lerr) *c* distributor

strømme (*strurm*-mer) *v* flow, stream

strømpe (*strurm*-per) *c* stocking

strømpebukse (*strurm*-per-book-ser) *c* tights *pl*, panty-hose

strømpeholder (*strurm*-per-ho-lerr) *c* suspender belt; garter belt *Am*

stråle (*straw*-ler) *c* beam, ray; spout, jet; *v* *shine

strålende (*straw*-ler-ner) *adj* brilliant; glorious

student (stew-*dehnt*) *c* student

studere (stew-*dāy*-rer) *v* study

studerværelse (stew-*dāyr*-vææ-rerl-ser) *nt* study

studium (*stēw*-di-oom) *nt* (pl -ier) study

stue (*stēw*-er) *c* sitting-room

stuert (*stōō*-ert) *c* steward

stum (stewmm) *adj* mute, dumb

stund (stewnn) *c* while

stup (stēwp) *nt* precipice

stupe (*stēw*-per) *v* dive

stusse (*stewss*-ser) *v* trim

stygg (stewgg) *adj* ugly

stykke (*stewk*-ker) *nt* piece, fragment, lump, part; ***gå i stykker** *break down; **i stykker** broken; **stort ~** chunk

styrbord (*stewr*-bōōr) starboard

styre (*stēw*-rer) *v* direct; *nt* board, direction; government, rule

styrke (*stewr*-ker) *c* power, strength; force; **væpnede styrker** armed forces

styrkemiddel (*stewr*-ker-mi-derl) *nt* (pl -midler) tonic, restorative

styrte (*stewrt*-ter) *v* crash; rush, dash

stær (stæær) *c* starling

stø (stēū) *adj* steady

stønne (*sturn*-ner) *v* groan

støpejern (*stēū*-per-Yææn) *nt* (pl ~) cast iron

størkne (*sturr*-kner) *v* coagulate, harden

størrelse (*sturr*-rerl-ser) *c* size; **stor ~** outsize

størsteparten (*stursh*-ter-pah-tern) *c* bulk, the greater part of

støt (stūrt) *nt* bump

støtdemper (*stūrt*-dehm-perr) *c* shock absorber

støte (*stū̄r*-ter) *v* bump; **~ på** run into, *come across; knock against; **~ sammen** bump

støtfanger (*stūrt*-fah-ngerr) *c* bumper

støtte (*sturt*-ter) *v* *hold up; *c* support

støttestrømpe (*sturt*-ter-strurm-per) *c* support hose

støv (stūrv) *nt* dust

støvel (*sturv*-verl) *c* (pl -vler) boot

støvet (*stū̄r*-vert) *adj* dusty

støvsuge (*stūrv*-sēw-ger) *v* hoover; vacuum *vAm*

støvsuger (*stūrv*-sēw-gerr) *c* vacuum cleaner

støy (stur^ew) *c* noise

støyende (stur^ew-er-ner) *adj* noisy

***stå** (staw) *v* *stand; **~ opp** *get up; *rise

stående (*staw*-er-ner) *adj* erect

stål (stawl) *nt* steel; **rustfritt ~** stainless steel

ståltråd (*stawl*-traw) *c* wire

subjekt (sewb-*Yehkt*) *nt* subject

substans (sewb-*stahns*) *c* substance

substansiell (sewb-stahn-si-*ehl*) *adj* substantial

substantiv (*sewp*-stahn-teev) *nt* noun

subtil (sewb-*teel*) *adj* subtle

suge (*sēw*-ger) *v* suck

suite (*svit*-ter) *c* suite

sukke (*sewk*-ker) *v* sigh

sukker (*sook*-kerr) *nt* sugar

sukkerbit (*sook*-kerr-beet) *c* lump of sugar

sukkerlake (*sook*-kerr-laa-ker) *c* syrup

sukkersyke (*sook*-ker-shew-ker) *c* diabetes

sukkersykepasient (*sook*-ker-shew-ker-pah-si-ehnt) *c* diabetic

sukkertøy (*sook*-ker-tur^(ew)) *nt* sweet; candy *nAm*

sukre (*sook*-rer) *v* sweeten

suksess (*sook-sehss*) *c* success; hit

sult (sewlt) *c* hunger

sulten (*sewl*-tern) *adj* hungry

sum (sewmm) *c* (pl ~mer) sum; amount

sump (soomp) *c* marsh

sumpet (*soom*-pert) *adj* marshy

sunn (sewnn) *adj* healthy; wholesome

superlativ (sew-*pæl*-lah-teev) *c* superlative

superlativisk (sew-*pæl*-lah-tee-visk) *adj* superlative

supermarked (*sew*-perr-mahr-kerd) *nt* supermarket

suppe (*sewp*-per) *c* soup

suppeskje (*sewp*-per-shay) *c* soup-spoon

suppetallerken (*sewp*-per-tah-lær-kern) *c* soup-plate

suppeøse (*sewp*-per-ūr-ser) *c* soup ladle

sur (sewr) *adj* sour

surfingbrett (*surr*-fing-breht) *nt* surf-board

surstoff (*sew*-shtof) *nt* oxygen

suspendere (sewss-pahng-*day*-rer) *v* suspend

suvenir (sew-ver-*neer*) *c* souvenir

svak (svaak) *adj* weak, feeble; faint; slight

svakhet (*svaak*-hayt) *c* weakness

svale (*svaa*-ler) *c* swallow

svamp (svahmp) *c* sponge

svane (*svaa*-ner) *c* swan

svanger (*svahng*-ngerr) *adj* pregnant

svar (svaar) *nt* answer, reply; som ~ in reply

svare (*svaa*-rer) *v* answer, reply; ~ til correspond

svart (svahtt) *adj* dirty; black

svartebørs (*svaht*-ter-būrsh) *c* black market

svarttrost (*svaht*-rost) *c* blackbird

sveise (*svay*-ser) *v* weld

sveisesøm (*svay*-ser-surm) *c* (pl ~mer) joint

Sveits (svayts) Switzerland

sveitser (*svayt*-serr) *c* Swiss

sveitsisk (*svayt*-sisk) *adj* Swiss

svelge (*svehl*-ger) *v* swallow

svelle (*svehl*-ler) *v* *swell

svensk (svehnsk) *adj* Swedish

svenske (*svehn*-sker) *c* Swede

sverd (sværd) *nt* sword

*sverge (*svær*-ger) *v* vow, *swear

Sverige (*svær*-^(y)er) Sweden

svette (*sveht*-ter) *v* perspire, sweat; *c* perspiration, sweat

*svi (svee) *v* *burn

svigerfar (*svee*-gerr-faar) *c* (pl -fedre) father-in-law

svigerforeldre (*svee*-gerr-fo-rehl-drer) *pl* parents-in-law *pl*

svigerinne (svee-ger-*rin*-ner) *c* sister-in-law

svigermor (*svee*-gerr-mōōr) *c* (pl -mødre) mother-in-law

svigersønn (*svee*-ger-shurn) *c* son-in-law

svikte (*svik*-ter) *v* *let down

svimmel (*svim*-merl) *adj* dizzy, giddy

svimmelhet (*svim*-merl-hayt) *c* dizziness, vertigo, giddiness

svindel (*svin*-derl) *c* swindle

svindle (*svin*-dler) *v* swindle

svindler (*svin*-dlerr) *c* swindler

svinekjøtt (*svee*-ner-khurt) *nt* pork

svinelær (*svee*-ner-læær) *nt* pigskin

sving (svingng) *c* turning, bend, turn

svingdør (*sving*-dūrr) *c* revolving door

svinge (*sving*-nger) *v* turn; **swing

sviske (*sviss*-ker) *c* prune

svoger (*svaw*-gerr) *c* (pl ~e, -grer) brother-in-law

svulst (svewlst) *c* tumour, growth

svær (svæær) *adj* huge

svært (svæært) *adv* very

svømme (*svurm*-mer) *v* **swim

svømmebasseng (*svurm*-mer-bah-sehng) *nt* swimming pool

svømmer (*svurm*-merr) *c* swimmer

svømming (*svurm*-ming) *c* swimming

swahili (svah-*hee*-li) *c* Swahili

sy (sēw) *v* **sew; ~ sammen **sew up

syd (sēwd) *c* south

sydame (*sēw*-daa-mer) *c* dressmaker

sydlig (*sēwd*-li) *adj* southerly

Sydpolen (*sēwd*-pōō-lern) South Pole

syk (sēwk) *adj* sick, ill

sykdom (*sēwk*-dom) *c* (pl ~mer) sickness, illness; disease; ailment

sykebil (*sēw*-ker-beel) *c* ambulance

sykehus (*sēw*-ker-hēwss) *nt* (pl ~) hospital

sykepleierske (*sēw*-ker-play-ersh-ker) *c* nurse

sykestue (*sēw*-ker-stew-er) *c* infirmary

sykesøster (*sēw*-ker-surss-terr) *c* (pl -tre) nurse

sykkel (*sewk*-kerl) *c* (sykler) bicycle, cycle

syklist (sewk-*list*) *c* cyclist

syklus (*sēwk*-lewss) *c* cycle

sylinder (sew-*lin*-derr) *c* (pl ~e, -drer) cylinder

syltetøy (*sewl*-ter-tur[ew]) *nt* jam

symaskin (*sēw*-mah-sheen) *c* sewing-machine

symbol (sewm-*bōōl*) *nt* symbol

symfoni (sewm-foo-*nee*) *c* symphony

sympati (sewm-pah-*tee*) *c* sympathy

sympatisk (sewm-*paa*-tisk) *adj* nice

symptom (sewm-*tōōm*) *nt* symptom

syn (sēwn) vision; outlook, view; sight, spectacle

synagoge (sew-nah-*gōō*-ger) *c* synagogue

synd (sewnn) *c* sin; **så synd!** what a pity!; **synes ~ på** pity

synde (*sewnn*-der) *v* sin

syndebukk (*sewn*-der-book) *c* scapegoat

synder (*sewnn*-derr) *c* sinner

synes (*sēw*-nerss) *v* appear, look, seem

*synge (*sewng*-nger) *v* **sing

*synke (*sewng*-ker) *v* **sink

synlig (*sēwn*-li) *adj* visible

synonym (sew-noo-*nēwm*) *nt* synonym

synspunkt (*sēwns*-poongt) *nt* point of view

syntetisk (sewn-*tāy*-tisk) *adj* synthetic

syre (*sēw*-rer) *c* acid

syrer (*sēw*-rerr) *c* Syrian

Syria (*sēw*-ri-ah) Syria

syrisk (*sēw*-risk) *adj* Syrian

system (sewss-*tāym*) *nt* system

systematisk (sewss-teh-*maa*-tisk) *adj* systematic

sytten (*surt*-tern) *num* seventeen

syttende (*surt*-ter-ner) *num* seventeenth

sytti (*surt*-ti) *num* seventy

syv (sēwv) *num* seven

syvende (*sēw*-ver-ner) *num* seventh

sær (sæær) *adj* queer

særdeles (sæ-*dāy*-lerss) *adv* quite

i særdeleshet (ee sæ-⊗*ðāy*-lerss-hāyt) in particular

særegen (*sææ*-reh-gern) *adj* particular

særskilt (*sææ*-shilt) *adj* separate

søke (*sūr*-ker) *v* **seek

søker (*sūr*-kerr) *c* view-finder

søknad (*sūrk*-nah) c application
søle (*sū*-ler) v *spill; c mud
sølet (*sū*-lert) adj muddy
sølibat (sur-li-*baat*) nt celibacy
sølv (surll) nt silver; **sølv-** silver
sølvsmed (*surl*-smāy) c silversmith
sølvtøy (*surl*-tur^ew) nt silverware
søm (surmm) c (pl ~mer) seam;
  uten ~ seamless
sømmelig (*surm*-mer-li) adj proper
søndag (*surn*-daa) c Sunday
sønn (surnn) c son
sønnedatter (*surn*-ner-dah-terr) c (pl
  -døtre) granddaughter
sønnesønn (*surn*-ner-surn) c grandson
søppel (*surp*-perl) nt garbage, litter
søppelbøtte (*surp*-perl-bur-ter) c rub-
  bish-bin; waste basket *nAm*
søppelkasse (*surp*-perl-kah-ser) c
  dustbin; trash can *Am*
sør (*sūrr*) c south
Sør-Afrika (*sūr*-rahf-ri-kah) South
  Africa
sørge (*surr*-ger) v grieve; ~ for see
  to, look after
sørgespill (*surr*-ger-spil) nt (pl ~)
  drama
sørgetid (*surr*-ger-teed) c time of
  mourning
sørlig (*sūr*-li) adj southern
sørvest (surr-*vehst*) c south-west
sørøst (surr-*urst*) c south-east
søster (*surss*-terr) c (pl -tre) sister
søt (sūrt) adj sweet
søtsaker (*sūrt*-saa-kerr) pl candy
  nAm
søvn (survn) c sleep
søvnig (*surv*-ni) adj sleepy
søvnløs (*survn*-lūrss) adj sleepless
søvnløshet (*survn*-lūrss-hāyt) c insom-
  nia
søyle (*sur^ew*-ler) c column
så (saw) adv so; then; conj so, so
  that; v *sow; ~ vel som as well as;

~ **vidt** barely; as much
såkalt (*saw*-kahlt) adj so-called
såle (*saw*-ler) c sole
sånn (sonn) adj such
såpe (*saw*-per) c soap
såpepulver (*saw*-per-pewl-verr) nt
  soap powder
sår (sawr) nt wound; ulcer, sore; adj
  sore
sårbar (*sawr*-baar) adj vulnerable
såre (*saw*-rer) v wound; *hurt

T

***ta** (taa) v *take; ~ **bort** *take out;
  ~ **ille opp** resent; *~ **imot** accept;
  ~ **inn** stay; ~ **med** *bring; ~
  med seg *take away; ~ **opp** pick
  up; *bring up; ~ **på** *put on; ~
  seg av attend to, *deal with; ~
  seg i vare beware; ~ **vare på**
  *take care of; ~ **vekk** *take away
tabell (tah-*behll*) c chart, table
tablett (tahb-*lehtt*) c tablet
tabu (*taa*-bew) nt taboo
tak (taak) nt roof; ceiling; grip
takk (tahkk) thank you
takke (*tahk*-ker) v thank; *ha å ~ for
  owe
takknemlig (tahk-*nehm*-li) adj grate-
  ful, thankful
takknemlighet (tahk-*nehm*-li-hāyt) c
  gratitude
taksameter (tahk-sah-*māy*-terr) nt (pl
  ~, -tre) taxi-meter
taksere (tahk-*sāy*-rer) v value, esti-
  mate
takstein (*taak*-stayn) c tile
taktikk (tahk-*tikk*) c tactics pl
tale (*taa*-ler) c speech
taleevne (*taa*-ler-ehv-ner) c speech
talent (tah-*lehnt*) nt talent

talerstol (*taa*-ler-shto͞ol) *c* pulpit

talkum (*tahl*-kewm) *c* talc powder

tall (tahll) *nt* figure, number

tallerken (tah-*lær*-kern) *c* plate, dish

tallord (*tahl*-lo͞or) *nt* (pl ~) numeral

tallrik (*tahl*-reek) *adj* numerous

talong (tah-*longng*) *c* stub, counterfoil

tam (tahmm) *adj* tame

tampong (tahm-*pongng*) *c* tampon

tang (tahngng) *c* (pl tenger) tongs *pl*, pliers *pl*

tank (tahngk) *c* tank

tankbåt (*tahngk*-bawt) *c* tanker

tanke (*tahng*-ker) *c* thought, idea

tankefull (*tahng*-ker-fewl) *adj* thoughtful

tankestrek (*tahng*-ker-strāyk) *c* dash

tann (tahnn) *c* (pl tenner) tooth

tannbørste (*tahn*-bursh-ter) *c* toothbrush

tannkjøtt (*tahn*-khurt) *nt* gum

tannkrem (*tahnn*-krāym) *c* toothpaste

tannlege (*tahn*-lāy-ger) *c* dentist

tannpasta (*tahn*-pahss-tah) *c* toothpaste

tannpine (*tahn*-pee-ner) *c* toothache

tannpirker (*tahn*-peer-kerr) *c* toothpick

tannpulver (*tahn*-pewl-verr) *nt* toothpowder

tante (*tahn*-ter) *c* aunt

tap (taap) *nt* loss

tape (*taa*-per) *v* *lose

tapet (tah-*pāyt*) *nt* wallpaper

tapper (*tahp*-perr) *adj* brave, courageous

tapperhet (*tahp*-perr-hāyt) *c* courage

tariff (tah-*riff*) *c* rate, tariff

tarm (tahrm) *c* intestine, gut; **tarmer** bowels *pl*, intestines

tau (tou) *nt* cord

taue (*tou*-er) *v* tow, tug

taus (touss) *adj* silent

tavle (*tahv*-ler) *c* blackboard; board

taxi (*tahk*-si) *c* taxi

te (tāy) *c* tea

teater (teh-*aa*-terr) *nt* (pl ~, -tre) theatre

teaterstykke (teh-*aa*-ter-shtew-ker) *nt* play

tegn (tayn) *nt* sign, token, signal; indication

tegne (*tay*-ner) *v* *draw; sketch; ~ opp design

tegnefilm (*tay*-ner-film) *c* cartoon

tegneserie (*tay*-ner-sāy-ri-er) *c* comics *pl*

tegnestift (*tay*-ner-stift) *c* drawing-pin; thumbtack *nAm*

tegning (*tay*-ning) *c* sketch, drawing

tekanne (*tāy*-kah-ner) *c* teapot

tekniker (*tehk*-ni-kerr) *c* technician

teknikk (tehk-*nikk*) *c* technique

teknisk (*tehk*-nisk) *adj* technical

teknologi (tehk-noo-loo-*gee*) *c* technology

tekopp (*tāy*-kop) *c* teacup

tekst (tehkst) *c* text; subtitle

tekstil (tehk-*steel*) *c/nt* textile

tekstilvarer (tehk-*steel*-vaa-rerr) *pl* drapery

telefon (teh-ler-*fo͞on*) *c* phone, telephone

telefonere (teh-ler-foo-*nāy*-rer) *v* phone

telefonist (teh-ler-fo-*nist*) *c* operator, telephonist

telefonkatalog (teh-ler-*fo͞on*-kah-tah-lawg) *c* telephone directory; telephone book *Am*

telefonkiosk (teh-ler-*fo͞on*-khosk) *c* telephone booth

telefonoppringning (teh-ler-*fo͞o*-nop-ring-ning) *c* telephone call

telefonrør (teh-ler-*fo͞on*-rürr) *nt* (pl ~) receiver

telefonsamtale (teh-ler-*fo͞on*-sahm-taa-ler) *c* telephone call telefonsentral (teh-ler-*fōōn*-sehn-traal) *c* telephone exchange

telegrafere (teh-ler-grah-*fāy*-rer) *v* cable, telegraph

telegram (teh-ler-*grahmm*) *nt* (pl ~mer) cable, telegram

teleobjektiv (*tāy*-ler-ob-ᵞehk-teev) *nt* telephoto lens

telepati (teh-ler-pah-*tee*) *c* telepathy

*telle (*tehl*-ler) *v* count; ~ opp count

telt (tehlt) *nt* tent

tema (*tāy*-mah) *nt* theme

temme (*tehm*-mer) *v* tame

temmelig (*tehm*-mer-li) *adv* rather, pretty, fairly, quite

tempel (*tehm*-perl) *nt* (pl ~, -pler) temple

temperatur (tehm-per-rah-*tewr*) *c* temperature

tempo (*tehm*-poo) *nt* pace

tendens (tehn-*dehns*) *c* tendency; *ha ~ til tend

tenke (*tehng*-ker) *v* *think; ~ over *think over; ~ på *think of; ~ seg imagine, fancy; ~ ut conceive

tenker (*tehng*-kerr) *c* thinker

tenne (*tehn*-ner) *v* *light

tenning (*tehn*-ning) *c* ignition

tennis (*tehn*-niss) *c* tennis

tennisbane (*tehn*-niss-baa-ner) *c* tennis-court

tennissko (*tehn*-ni-skōō) *pl* tennis shoes

tennmagnet (*tehn*-mahng-nāyt) *c* magneto

tennplugg (*tehn*-plewg) *c* sparking-plug

tennspole (*tehn*-spōō-ler) *c* ignition coil

tenåring (*tāy*-naw-ring) *c* teenager

teologi (teh-oo-loo-*gee*) *c* theology

teoretisk (teh-oo-*rāy*-tisk) *adj* theoretical

teori (teh-oo-*ree*) *c* theory

teppe (*tehp*-per) *nt* blanket; carpet; curtain

terapi (teh-rah-*pee*) *c* therapy

termin (tær-*meen*) *c* term

termometer (tær-moo-*māy*-terr) *nt* (pl ~, -tre) thermometer

termosflaske (tær-mooss-flahss-ker) *c* vacuum flask, thermos flask

termostat (tær-moo-*staat*) *c* thermostat

terning (*tææ*-ning) *c* cube; dice *pl*

terpentin (tær-pehn-*teen*) *c* turpentine

terrasse (tæ-*rahss*-ser) *c* terrace

terreng (tæ-*rehngng*) *nt* terrain

terror (*tær*-roor) *c* terror

terrorisme (tæ-roo-*riss*-mer) *c* terrorism

terrorist (tæ-roo-*rist*) *c* terrorist

terskel (*tæsh*-kerl) *c* threshold

terylen (teh-rew-*lāyn*) *c* terylene

tesalong (*tāy*-sah-long) *c* tea-shop

tese (*tāy*-ser) *c* thesis

teservise (*tāy*-sær-vee-ser) *nt* tea-set

teskje (*tāy*-shāy) *c* teaspoon; teaspoonful

test (tehst) *c* test

testamente (tehss-tah-*mehn*-ter) *nt* will

teste (*tehss*-ter) *v* test

tett (tehtt) *adj* dense, thick

tettpakket (*teht*-pah-kert) *adj* crowded

Thailand (*tigh*-lahn) Thailand

thailandsk (*tigh*-lahnsk) *adj* Thai

thailender (*tigh*-leh-nerr) *c* Thai

ti (tee) *num* ten

tid (teed) *c* time; period; hele tiden all the time; i tide in time

tidevann (*tee*-der-vahn) *nt* tide

tidlig (*tee*-li) *adj* early; tidligere before, former, previous, formerly, *adv* before; past

tidsbesparende (tits-beh-spaa-rer-ner)

adj time-saving

tidsskrift (*tit*-skrift) *nt* magazine, periodical, review, journal

tie (*tee*-er) *v* *be silent, *keep quiet

tiende (*tee*-er-ner) *num* tenth

tiger (*tee*-gerr) *c* tiger

tigge (*tig*-ger) *v* beg

tigger (*tig*-gerr) *c* beggar

til (till) *prep* to; for; until, till; **en ~** another

tilbake (til-*baa*-ker) *adv* back; ***gå ~** *get back

tilbakebetale (til-*baa*-ker-beh-taa-ler) *v* reimburse, *repay

tilbakebetaling (til-*baa*-ker-beh-taa-ling) *c* repayment, refund

tilbakeflyvning (til-*baa*-ker-flewv-ning) *c* return flight

tilbakegang (til-*baa*-ker-gahng) *c* recession

tilbakekalle (til-*baa*-ker-kah-ler) *v* recall

tilbakekomst (til-*baa*-ker-komst) *c* return

tilbakereise (til-*baa*-ker-ray-ser) *c* return journey

tilbakevei (til-*baa*-ker-vay) *c* way back

tilbakevise (til-*baa*-ker-vee-ser) *v* reject

***tilbe** (til-*bāy*) *v* worship

tilbehør (til-beh-*hūrr*) *nt* accessories *pl*

tilberede (til-beh-*rāy*-der) *v* prepare; cook

***tilbringe** (til-bri-nger) *v* *spend

tilbud (til-*bēwd*) *nt* (pl ~) offer; supply

***tilby** (til-*bēw*) *v* offer

tilbøyelig (til-*bur*ew-er-li) *adj* inclined; ***være ~ til** tend to

tilbøyelighet (til-*bur*ew-er-li-hāyt) *c* inclination, tendency

tildele (til-*dāy*-ler) *v* allot; award; assign to; administer

tilfeldig (til-*fehl*-di) *adj* incidental, accidental, casual

tilfeldigvis (til-*fehl*-di-veess) *adv* by chance

tilfelle (*til*-feh-ler) *nt* case, instance; chance; **i ~ av** in case of

tilfluktssted (*til*-flewkt-steh) *nt* shelter

tilfreds (til-*frehts*) *adj* content; satisfied

tilfredshet (til-*frehts*-hāyt) *c* satisfaction

tilfredsstille (*til*-freht-sti-ler) *v* satisfy

tilfredsstillelse (*til*-freht-sti-lerl-ser) *c* satisfaction

tilfredsstilt (*til*-freht-stilt) *adj* satisfied

tilførsel (*til*-fur-sherl) *c* (pl -sler) supply

tilføye (*til*-fur*ew*-er) *v* add

tilføyelse (*til*-fur*ew*-erl-ser) *c* addition

tilgang (*til*-gahng) *c* access

***tilgi** (*til*-Yee) *v* *forgive

tilgivelse (*til*-Yee-verl-ser) *c* pardon

tilgjengelig (*til*-Yehng-nger-li) *adj* available; accessible

tilhenger (*til*-heh-ngerr) *c* trailer; supporter

tilhøre (*til*-hūr-rer) *v* belong, belong to

tilhører (*til*-hūr-rerr) *c* auditor

***tilintetgjøre** (ti-*lin*-tert-Yūr-rer) *v* destroy; destroy, ruin

***tillate** (*til*-laa-ter) *v* permit, allow; ***være tillatt** *be allowed

tillatelse (*til*-laa-terl-ser) *c* permission, authorization; permit; ***gi ~** license

tillegg (*til*-lehg) *nt* (pl ~) supplement; surcharge; annex

tillit (*til*-leet) *c* faith, confidence, trust

tillitsfull (*til*-leets-fewl) *adj* confident

tilpasse (*til*-pah-ser) *v* adapt, suit; adjust

tilrettevise (til-*reht*-ter-vee-ser) *v* reprimand

tilråde (*til*-raw-der) *v* recommend

tilsiktet (*til*-sik-tert) *adj* intentional

*tilskrive (*til*-skree-ver) *v* assign to

tilskudd (*til*-skewd) *nt* (pl ~) subsidy; grant

tilskuer (*til*-skew-err) *c* spectator

tilsluttet (*til*-shlew-tert) *adj* affiliated

tilstand (*til*-stahn) *c* condition

tilstedeværelse (til-*stay*-der-væææ-rerl-ser) *c* presence

tilstedeværende (til-*stay*-der-væææ-rer-ner) *adj* present

tilstrekkelig (til-*streh*-ker-li) *adj* enough, sufficient; adequate; ***være ~ suffice; *do**

tilstøtende (*til*-stur-ter-ner) *adj* neighbouring, adjacent

*tilstå (*til*-staw) *v* confess, admit

tilståelse (*til*-staw-erl-ser) *c* confession

tilsvare (*til*-svaa-rer) *v* correspond

tilsvarende (*til*-svaa-rer-ner) *adj* equivalent

tilsynelatende (til-*sew*-ner-laa-ter-ner) *adj* apparent

*tilta (*til*-taa) *v* increase

tiltakende (*til*-taa-ker-ner) *adj* progressive

*tiltrekke (*til*-treh-ker) *v* attract

tiltrekkende (*til*-treh-ker) *adj* attractive

tiltrekning (*til*-trehk-ning) *c* attraction

time (*tee*-mer) *c* hour; lesson; **hver ~** hourly

timeplan (*ti*-mer-plaan) *c* schedule

timian (*tee*-mi-ahn) *c* thyme

tind (tinn) *c* peak

tine (*tee*-ner) *v* thaw

ting (tingng) *c* (pl ~) thing

tingest (*ting*-ngerst) *c* gadget

tinn (tinn) *nt* pewter, tin

tinnfolie (tin-*foo*-li-er) *c* tinfoil

tinning (tin-ning) *c* temple

tirsdag (*teesh*-dah) *c* Tuesday

tispe (*tiss*-per) *c* bitch

tistel (*tiss*-terl) *c* (pl -tler) thistle

tittel (*tit*-terl) *c* (pl titler) title

tiur (tee-*ewr*) *c* wood grouse

tjene (*t*Υ*ay*-ner) *v* earn; *make

tjener (*t*Υ*ay*-nerr) *c* boy, servant, domestic

tjeneste (*t*Υ*ay*-nerss-ter) *c* favour; service

tjue (*khew*-er) *num* twenty

tjuende (*khew*-er-ner) *num* twentieth

tjære (*khææ*-rer) *c* tar

to (too) *num* two

toalett (too-ah-*lehtt*) *nt* bathroom, lavatory, toilet; washroom *nAm*

toalettbord (too-ah-*leht*-boor) *nt* dressing-table

toalettpapir (too-ah-*leht*-pah-peer) *nt* toilet-paper

toalettsaker (too-ah-*leht*-saa-kerr) *pl* toiletry

toalettveske (too-ah-*leht*-vehss-ker) *c* toilet case

tobakk (too-*bahkk*) *c* tobacco

tobakksforretning (too-*bahks*-fo-reht-ning) *c* tobacconist's

tobakkshandler (too-*bahks*-hahnd-lerr) *c* tobacconist

tobakkspung (too-*bahks*-poong) *c* tobacco pouch

todelt (*too*-dehlt) *adj* two-piece

tog (tawg) *nt* train, parade

tolk (tolk) *c* interpreter

tolke (*tol*-ker) *v* interpret

toll (toll) *c* Customs duty; Customs *pl*

tollavgift (*tol*-laav-Υift) *c* Customs duty

toller (*tol*-lerr) *c* Customs officer

tollfri (*toll*-free) *adj* duty-free

tolv (toll) *num* twelve

tolvte (*tol*-ter) *num* twelfth

tom (tomm) *adj* empty

tomat (too-*maat*) *c* tomato

tommelfinger (*tom*-merl-fi-ngerr) *c* (pl -gre) thumb

tomt (tomt) *c* grounds, plot

tone (*too*-ner) *c* note, tone

tonn (tonn) *nt* ton

topp (topp) *c* summit, top; peak

topplokk (*top*-lok) *nt* (pl ~) cylinder head

torden (*too*-dern) *c* thunder; tordenthundery

tordenvær (*too*-dern-væær) *nt* (pl ~) thunderstorm

tordne (*tood*-ner) *v* thunder

*tore (*too*-rer) *v* dare

torg (torg) *nt* market-place

torn (*toon*) *c* thorn

torsdag (*tawsh*-dah) *c* Thursday

torsk (toshk) *c* (pl ~) cod

tortur (too-*tewr*) *c* torture

torturere (too-tew-*ray*-rer) *v* torture

tosk (tosk) *c* fool

tospråklig (*too*-sprawk-li) *adj* bilingual

total (too-*taal*) *adj* total; overall; utter

totalisator (too-tah-li-*saa*-toor) *c* totalizator; bookmaker

totalitær (too-tah-li-*tæær*) *adj* totalitarian

totalsum (too-*taal*-sewm) *c* (pl ~mer) total

totalt (too-*taalt*) *adv* completely

tradisjon (trah-di-*shoon*) *c* tradition

tradisjonell (trah-di-shoo-*nehll*) *adj* traditional

trafikk (trah-*fikk*) *c* traffic

trafikk-kork (trah-*fik*-kork) *c* jam, traffic jam

trafikklys (trah-*fik*-lewss) *nt* (pl ~) traffic light

tragedie (trah-*gay*-di-er) *c* tragedy

tragisk (*traa*-gisk) *adj* tragic

trakt (trahkt) *c* region; funnel

traktat (trahk-*taat*) *c* treaty

traktor (*trahk*-toor) *c* tractor

trang (trahngng) *adj* tight, narrow; *c* urge

transaksjon (trahn-sahk-*shoon*) *c* deal, transaction

transatlantisk (*trahn*-saht-lahn-tisk) *adj* transatlantic

transformator (trahns-for-*maa*-toor) *c* transformer

transpirasjon (trahn-spi-rah-*shoon*) *c* perspiration

transpirere (trahn-spi-*ray*-rer) *v* perspire

transport (trahns-*pott*) *c* transport, transportation

transportabel (trahns-po-*taa*-berl) *adj* portable

transportere (trahns-po-*tay*-rer) *v* transport

trapp (trahpp) *c* stairs *pl*, staircase

travel (*traa*-verl) *adj* busy

travelhet (*traa*-verl-hāyt) *c* bustle

*tre (tray) *v* step; thread

tre¹ (tray) *num* three

tre² (tray) *nt* (pl trær) tree; wood; tre- wooden

tredje (*trayd*-Yer) *num* third

*treffe (*trehf*-fer) *v* *hit; *meet

treg (trāyg) *adj* slack

trekant (*tray*-kahnt) *c* triangle

trekantet (*tray*-kahn-tert) *adj* triangular

trekk (trehkk) *nt* move; trait; *c* draught

*trekke (*trehk*-ker) *v* pull, *draw; upholster; ~ fra deduct; subtract; ~ opp *wind; uncork; ~ tilbake *withdraw; ~ ut extract

trekkpapir (*trehk*-pah-peer) *nt* blotting paper

trekløver (*tray*-klur-verr) *c* shamrock

trekning (*trehk*-ning) *c* draw

trekull (*tray*-kewl) *nt* charcoal

trene (*tray*-ner) *v* drill; train

trener (*tray*-nerr) *c* coach

trenge (trehng-nger) *v* need; ~ seg

frem push

trening (*trāy*-ning) *c* training

treskjærerarbeid (*trāy*-shææ-rerr-ahr-bayd) *nt* wood-carving

tresko (*trāy*-skōō) *c* (pl ~) wooden shoe

trett (trehtt) *adj* tired, weary

trette (*treht*-ter) *v* argue, quarrel; tire; *c* quarrel

tretten (*treht*-tern) *num* thirteen

trettende (*treht*-ter-ner) *num* thirteenth; *adj* tiring

tretti (*treht*-ti) *num* thirty

trettiende (*treht*-ti-er-ner) *num* thirtieth

trevle opp (*trehv*-ler) fray

tribune (tri-*bēw*-ner) *c* stand

trick (trikk) *nt* trick

trikk (trikk) *c* tram; streetcar *nAm*

trikotasje (tri-koo-*taa*-sher) *c* hosiery

trillebår (*tril*-ler-bawr) *c* wheelbarrow

trinn (trinn) *nt* step

trinse (*trin*-ser) *c* pulley

trist (trist) *adj* sad

triumf (tri-*ewmf*) *c* triumph

triumfere (tri-ewm-*fāy*-rer) *v* triumph

triumferende (tri-ewm-*fāy*-rer-ner) *adj* triumphant

tro (trōō) *v* believe; reckon; *c* belief, faith; *adj* faithful

trofast (*trōō*-fahst) *adj* faithful, true

trolig (*trōō*-li) *adj* credible

trolldom (*trol*-dom) *c* magic

trolleybuss (*trol*-li-bewss) *c* trolley-bus

tromme (*troom*-mer) *c* drum

trommehinne (*troom*-mer-hi-ner) *c* ear-drum

trompet (troom-*pāyt*) *c* trumpet

trone (*trōō*-ner) *c* throne

tropene (*trōō*-per-ner) *pl* tropics *pl*

tropisk (*trōō*-pisk) *adj* tropical

tropper (*trop*-perr) *pl* troops *pl*

tross (tross) *prep* in spite of, despite;

til ~ for in spite of

trost (trost) *c* thrush

true (*trēw*-er) *v* threaten

truende (*trēw*-er-ner) *adj* threatening

trumf (trewmf) *c* trump, trump card

trupp (trewpp) *c* band; company

trusel (*trewss*-serl) *c* (pl -sler) threat

truser (*trēw*-serr) *pl* briefs *pl*, knickers *pl*, panties *pl*; underpants *plAm*

trykk[1] (trewkk) *nt* pressure

trykk[2] (trewkk) *nt* engraving, print

trykk[3] (trewkk) *nt* stress; *legge ~ på stress

trykke[1] (*trewk*-ker) *v* press; ~ på press

trykke[2] (*trewk*-ker) *v* print

trykkende (*trewk*-ker-ner) *adj* stuffy

trykknapp (*trewk*-knahp) *c* push-button; press-stud

trykkoker (trewk-kōō-kerr) *c* pressure-cooker

trykksak (*trewk*-saak) *c* printed matter

tryllekunstner (*trewl*-ler-kewnst-nerr) *c* magician

trøbbel (*trurb*-berl) *nt* trouble

trøst (trurst) *c* comfort

trøste (*trurss*-ter) *v* comfort

trøstepremie (*trurss*-ter-prāy-mi-er) *c* consolation prize

trå (traw) *v* step

tråd (traw) *c* thread

tsjekkoslovak (cheh-koo-shloo-*vaak*) *c* Czech

Tsjekkoslovakia (cheh-koo-shloo-*vaa*-ki-ah) Czechoslovakia

tsjekkoslovakisk (cheh-koo-shloo-*vaa*-kisk) *adj* Czech

tube (*tēw*-ber) *c* tube

tuberkulose (tew-bær-kew-*lōō*-ser) *c* tuberculosis

tulipan (tew-li-*paan*) *c* tulip

tull (tewll) *nt* rubbish

tunfisk (*tēwn*-fisk) *c* tuna

tung (toongng) *adj* heavy
tunge (toong-nger) *c* tongue
tungnem (toong-nehm) *adj* slow
tunika (tew-ni-kah) *c* tunic
Tunisia (tew-nee-si-ah) Tunisia
tunisier (tew-nee-si-err) *c* Tunisian
tunisisk (tew-nee-sisk) *adj* Tunisian
tunnel (tew-nehll) *c* tunnel
tur (tewr) *c* ride, trip; turn
turbin (tewr-been) *c* turbine
turbojet (tewr-boo-Yeht) *c* turbojet
turgjenger (tewr-Yeh-ngerr) *c* walker
turist (tew-rist) *c* tourist
turistklasse (tew-rist-klah-ser) *c* tourist class
turistkontor (tew-rist-koon-toor) *nt* tourist office
turisttrafikk (tew-riss-trah-fik) *c* tourism
turnbukse (tewrn-book-ser) *c* trunks *pl*
turner (tew-nerr) *c* gymnast
turnering (tew-nay-ring) *c* tournament
turnsko (tewrn-skoo) *pl* gym shoes; sneakers *plAm*
tur-retur (tewr-reh-tewr) round trip *Am*
tusen (tew-sern) *num* thousand
tusmørke (tewss-murr-ker) *nt* dusk
tut (tewt) *c* nozzle
tute (tew-ter) *v* hoot; honk *vAm*, toot *vAm*
tvang (tvahng) *c* constraint; force
tverr (tværr) *adj* cross
tvert imot (tvæt i-moot) on the contrary
tvert om (tvæt om) the other way round
tvetydig (tvay-tew-di) *adj* ambiguous
tvil (tveel) *c* doubt; **uten ~** without doubt
tvile (tvee-ler) *v* doubt
tvillinger (tvil-li-ngerr) *pl* twins *pl*
tvilsom (tveel-som) *adj* doubtful

*tvinge (tving-nger) *v* force
tvist (tvist) *c* dispute
tydelig (tew-der-li) *adj* clear, distinct, plain; evident, apparent; explicit
tyfus (tew-fewss) *c* typhoid
tygge (tewg-ger) *v* chew
tyggegummi (tewg-ger-gew-mi) *c* chewing-gum
tykk (tewkk) *adj* thick; corpulent, fat, big
tykkelse (tewk-kerl-ser) *c* thickness
tykkfallen (tewk-fah-lern) *adj* stout
tykne (tewk-ner) *v* thicken
tyngde (tewng-der) *c* weight
tyngdekraft (tewng-der-krahft) *c* gravity
tynge (tewng-nger) *v* oppress
tynn (tewnn) *adj* thin; sheer; weak
type (tew-per) *c* type
typisk (tew-pisk) *adj* typical
tyr (tewr) *c* bull
tyrann (tew-rahnn) *c* tyrant
tyrefektning (tew-rer-fehkt-ning) *c* bullfight
tyrefektningsarena (tew-rer-fehkt-ning-sah-ray-nah) *c* bullring
tyrker (tewr-kerr) *c* Turk
Tyrkia (tewr-ki-ah) Turkey
tyrkisk (tewr-kisk) *adj* Turkish
tysk (tewsk) *adj* German
tysker (tewss-kerr) *c* German
Tyskland (tewsk-lahn) Germany
tyv (tewv) *c* thief
tyve (tew-ver) *num* twenty
tyvende (tew-ver-ner) *num* twentieth
tyveri (tew-ver-ree) *nt* robbery, theft
tøffel (turf-ferl) *c* (pl tøfler) slipper
tømme (turm-mer) *v* empty
tømmer (turm-merr) *nt* timber
tømmermenn (turm-merr-mehn) *pl* hangover
tømming (turm-ming) *c* emptying
tønne (turn-ner) *c* cask, barrel
tørke (turr-ker) *c* drought; *v* wipe,

dry; ~ **av** wipe; ~ **bort** wipe

tørkeapparat (*turr*-ker-ah-pah-raat) *nt* dryer

tørr (turrr) *adj* dry

tørst (tursht) *adj* thirsty; *c* thirst

tøvær (*tūr*-væær) *nt* thaw

tøye (*turᵉʷ*-er) *v* stretch

tøyelig (*turᵉʷ*-er-li) *adj* elastic

tøyelighet (*turᵉʷ*-er-li-hāyt) *c* elasticity

tøyle (*turᵉʷ*-ler) *v* curb; restrain

tå (taw) *c* (pl tær) toe

tåke (*taw*-ker) *c* mist, fog

tåkelykt (*taw*-ker-lewkt) *c* foglamp

tåket (*taw*-kert) *adj* foggy

tålmodig (tol-*mōō*-di) *adj* patient

tålmodighet (tol-*mōō*-di-hāyt) *c* patience

tåpe (*taw*-per) *c* fool

tåpelig (*taw*-per-li) *adj* silly, foolish; crazy

tåre (*taw*-rer) *c* tear

tåreperse (*taw*-rer-pæ-sher) *c* tearjerker

tårn (tawn) *nt* tower

U

ualminnelig (ew-ahl-*mi*-ner-li) *adj* unusual

uanselig (ew-ahn-*sāy*-li) *adj* inconspicuous, insignificant

uanstendig (*ēw*-ahn-stehn-di) *adj* indecent; obscene

uantakelig (*ēw*-ahn-*taa*-ker-li) *adj* unacceptable

uavbrutt (*ēw*-ahv-brewt) *adj* continuous

uavhengig (*ēw*-ahv-heh-ngi) *adj* independent

uavhengighet (*ēwahv*-heh-ngi-hāyt) *c* independence

ubebodd (*ēw*-beh-bood) *adj* uninhabited

ubeboelig (*ēw*-beh-*bōō*-er-li) *adj* uninhabitable

ubegrenset (*ēw*-beh-grehn-sert) *adj* unlimited

ubehagelig (*ēw*-beh-haa-ger-li) *adj* disagreeable, unpleasant; nasty

ubekvem (*ēw*-beh-kvehm) *adj* uncomfortable

ubekymret (*ēw*-beh-khewm-rert) *adj* carefree

ubeleilig (*ēw*-beh-lay-li) *adj* inconvenient

ubeleilighet (*ēw*-beh-lay-li-hāyt) *c* inconvenience

ubemyndiget (*ēw*-beh-mewn-di-ert) *adj* unauthorized

ubesindig (*ēw*-beh-sin-di) *adj* rash

ubeskjeden (*ēw*-beh-shāy-dern) *adj* immodest

ubeskyttet (*ēw*-beh-shew-tert) *adj* unprotected

ubestemt (*ēw*-beh-stehmt) *adj* indefinite

ubesvart (*ēw*-beh-svaat) *adj* unanswered

ubetydelig (*ēw*-beh-*tēw*-der-li) *adj* insignificant; slight, petty

ubevisst (ew-ber-vist) *adj* unconscious

ubotelig (ew-*bōō*-ter-li) *adj* irreparable

udugelig (ew-*dēw*-ger-li) *adj* incapable

udyrket (ew-dewr-kert) *adj* uncultivated

uegnet (*ēw*-ay-nert) *adj* unsuitable, unfit

uekte (*ēw*-ehk-ter) *adj* false

uendelig (ew-*ehn*-ner-li) *adj* endless, infinite

***være uenig** (vææ-rer ew-*āy*-ni) disagree

uerfaren (ēw-ær-faa-rern) *adj* inexperienced

ufaglært (ēw-faag-lææt) *adj* unskilled

uflaks (ēw-flahks) *c* bad luck

uforklarlig (ēw-for-*klaa*-li) *adj* unaccountable

uformell (ēw-for-mehll) *adj* casual, informal

uforskammet (ēw-fo-shkah-mert) *adj* insolent, impertinent, impudent; rude

uforskammethet (ēw-fo-shkah-mert-hāyt) *c* insolence

uforståelig (ēw-fo-shtaw-er-li) *adj* puzzling

ufortjent (ēw-fo-t^yāynt) *adj* unearned

ufremkommelig (ēw-frehm-ko-mer-li) *adj* impassable

ufullkommen (ēw-fewl-ko-mern) *adj* imperfect

ufullstendig (ēw-fewl-stehn-di) *adj* incomplete

ufølsom (ēw-fur-l-som) *adj* insensitive

ugift (ēw-ʏift) *adj* single

ugjenkallelig (ew-ʏehn-*kahl*-ler-li) *adj* irrevocable

ugle (*ewg*-ler) *c* owl

ugress (ēw-grehss) *nt* weed

ugunstig (ēw-gewn-sti) *adj* unfavourable

ugyldig (ēw-ʏewl-di) *adj* invalid, void

uhelbredelig (ēw-hehl-*brāy*-der-li) *adj* incurable

uheldig (ew-*hehl*-di) *adj* unfortunate, unlucky

uheldigvis (ew-*hehl*-di-veess) *adv* unfortunately

uhell (ēw-hehl) *nt* misfortune; accident

uhyggelig (ew-*hew*-ger-li) *adj* creepy; ominous

uhøflig (ew-*hurf*-li) *adj* impolite

ujevn (ēw-ʏehvn) *adj* uneven

uke (ēw-ker) *c* week

ukentlig (ēw-kernt-li) *adj* weekly

ukeslutt (ēw-ker-slewt) *c* weekend

ukjent (ēw-khehnt) *adj* unknown, unfamiliar

uklar (ēw-klaar) *adj* obscure, dim

uklok (ēw-klōōk) *adj* unwise

uknuselig (ew-*knēw*-ser-li) *adj* unbreakable

ukvalifisert (ēw-kvah-li-fi-sāyt) *adj* unqualified

uleilighet (ew-*lay*-li-hāyt) *c* trouble

ulempe (ēw-lehm-per) *c* disadvantage; nuisance

uleselig (ew-*lāy*-ser-li) *adj* illegible

ulik (ēw-leek) *adj* unequal, uneven

ulike (ēw-lee-ker) *adj* odd

ull (ewll) *c* wool; **ull-** woollen

ulljakke (*ewl*-ʏah-ker) *c* sweater, cardigan

ulovlig (ēw-lawv-li) *adj* illegal, unlawful

ultrafiolett (*ewl*-trah-fi-oo-leht) *adj* ultraviolet

ulv (ewlv) *c* wolf

ulykke (ēw-lew-ker) *c* accident, misfortune; calamity, disaster; misery

ulykkelig (ew-*lewk*-ker-li) *adj* unhappy; miserable

ulærd (ēw-læærd) *adj* uneducated

umake (ēw-maa-ker) *c* pains; ***være umaken verd** *be worthwhile

umiddelbart (ēw-*mi*-derl-baat) *adv* immediately, instantly

umoderne (ēw-moo-dææ-ner) *adj* out of date

umulig (ew-*mēw*-li) *adj* impossible

umyndig (ēw-mewn-di) *adj* under age

umøblert (ēw-murb-lāyt) *adj* unfurnished

umåtelig (ew-*maw*-ter-li) *adj* vast, immense

under[1] (*ewn*-derr) *nt* wonder

under[2] (*oon*-nerr) *prep* below, during, beneath, under; *adv* beneath

underbukse (*ewn*-nerr-book-ser) *c*
panties *pl*, drawers, pants *pl*;
shorts *plAm*

underernæring (*ewn*-nerr-æ-næææ-ring)
c malnutrition

undergang (*ewn*-nerr-gahng) *c* ruin,
destruction

undergrunnsbane (*ewn*-nerr-grewns-
baa-ner) *c* underground; subway
nAm

*****underholde** (*ewn*-nerr-ho-ler) *v* en-
tertain, amuse

underholdende (*ewn*-nerr-ho-ler-ner)
adj entertaining

underholdning (*ewn*-nerr-hol-ning) *c*
entertainment

underholdsbidrag (*ewn*-nerr-hols-bee-
draag) *nt* alimony

underjordisk (*ewn*-nerr-Yoor-disk) *adj*
underground

underkaste seg (*ewn*-nerr-kahss-ter)
submit

underkjole (*ewn*-nerr-khōō-ler) *c* slip

underkue (*ewn*-nerr-kēw-er) *v* subject

underlagskrem (*ewn*-ner-laags-krāym)
c foundation cream

underlegen (*ewn*-ner-lāy-gern) *adj* in-
ferior

underlig (*ewn*-der-li) *adj* odd, strange,
queer; peculiar

underordnet (*ewn*-ner-oord-nert) *adj*
subordinate; minor, secondary; ad-
ditional

underretning (*ewn*-ner-reht-ning) *c*
notice

underrette (*ewn*-ner-reh-ter) *v* inform;
notify

underskrift (*ewn*-nerr-skrift) *c* signa-
ture

underskudd (*ewn*-ner-shkewd) *nt* (pl
~) deficit

understreke (*ewn*-ner-shtrāy-ker) *v*
underline; emphasize

understrøm (*ewn*-ner-shtrurm) *c* (pl
~mer) undercurrent

undersøke (*ewn*-ner-shūr-ker) *v* en-
quire; examine

undersøkelse (*ewn*-ner-shūr-kerl-ser) *c*
investigation, enquiry; check-up,
examination

undersått (*ewn*-ner-shot) *c* subject

undertegne (*ewn*-ner-tay-ner) *v* sign

undertegnede (*ewn*-ner-tay-ner-der) *c*
(pl ~) undersigned

undertrykke (*ewn*-ner-trew-ker) *v* op-
press, suppress

undertrøye (*ewn*-ner-trur^(ew)-er) *c* un-
dershirt, vest

undertøy (*ewn*-ner-tur^(ew)) *pl* under-
wear

undervanns- (*ewn*-nerr-vahns) under-
water

undervise (*ewn*-ner-vee-ser) *v* *teach;
instruct

undervisning (*ewn*-ner-veess-ning) *c*
tuition, instruction

undervurdere (*ewn*-nerr-vew-dāy-rer)
v underestimate

undre seg (*ewn*-drer) wonder; marvel

ung (oongng) *adj* young

ungarer (oong-gaa-rerr) *c* Hungarian

Ungarn (ewng-gaan) Hungary

ungarsk (ewng-gaashk) *adj* Hun-
garian

ungdom (oong-dom) *c* (pl ~mer)
youth; **ungdoms-** juvenile

ungdomsherberge (oong-doms-hær-
bær-ger) *nt* youth hostel

unge (oong-nger) *c* kid

ungkar (oong-kaar) *c* bachelor

uniform (ew-ni-*form*) *c* uniform

union (ew-ni-ōōn) *c* union

univers (ew-ni-væshsh) *nt* universe

universell (ew-ni-væ-shehll) *adj* uni-
versal

universitet (ew-ni-væ-shi-*tāyt*) *nt* uni-
versity

*****unngå** (*ewn*-gaw) *v* avoid; escape

unnskyld! (*ewn*-shewl) sorry!

unnskylde (*ewn*-shew-ler) v excuse

unnskyldning (*ewn*-shewl-ning) c apology, excuse; *be om ~ apologize

***unnslippe** (*ewn*-shli-per) v escape

unntagen (*ewn*-taa-gern) prep but, except

unntak (*ewn*-taak) nt (pl ~) exception

unntatt (*ewn*-taht) prep except

***unnvike** (*ewn*-vee-ker) v avoid

***unnvære** (*ewn*-væææ-rer) v spare

unyttig (*ēw*-new-ti) adj useless

unødvendig (*ēw*-nurd-vern-di) adj unnecessary

unøyaktig (*ēw*-nur^ew-ahk-ti) adj inaccurate

uoffisiell (*ēw*-o-fi-si-erl) adj unofficial

uopphørlig (*ēw*-oop-hūr-li) adv continually

uorden (*ēw*-o-dern) c disorder; **i ~** out of order; broken

uordentlig (*ēw*-ont-li) adj untidy

uoverkommelig (*ēw*-o-verr-ko-mer-li) adj prohibitive, insurmountable

uovertruffen (*ēw*-o-ver-troo-fern) adj unsurpassed

upartisk (*ēw*-paa-tisk) adj impartial

upassende (*ēw*-pah-ser-ner) adj improper

upersonlig (*ēw*-pæ-shōōn-li) adj impersonal

upopulær (*ēw*-poo-pew-læær) adj unpopular

upålitelig (*ēw*-po-lee-ter-li) adj unreliable, untrustworthy

ur (*ēwr*) nt watch

uregelmessig (*ēw*-rāy-gerl-meh-si) adj irregular

uren (*ēw*-rāyn) adj unclean

urett (*ēw*-reht) c wrong, injustice; *gjøre ~ wrong; *ha ~ *be wrong

urettferdig (*ēw*-reht-fæ-di) adj unfair, unjust

uriktig (ew-*rik*-ti) adj incorrect, wrong

urimelig (ew-*ree*-mer-li) adj unreasonable; absurd

urin (ew-*reen*) c urine

urmaker (*ēwr*-maa-kerr) c watchmaker

uro (*ēw*-rōō) c unrest

urolig (ew-*rōō*-li) adj restless; uneasy

urskog (*ēw*-shkōōg) c jungle

urt (ewtt) c herb

urtids- (*ēw*-tits) ancient

Uruguay (ew-rew-gew-*igh*) Uruguay

uruguayaner (ew-rew-gew-igh-*aa*-nerr) c Uruguayan

uruguayansk (ew-rew-gew-igh-*aansk*) adj Uruguayan

usann (*ēw*-sahn) adj untrue

usannsynlig (*ēw*-sahn-*sēwn*-li) adj improbable, unlikely

usedvanlig (ew-sehd-*vaan*-li) adj uncommon, extraordinary, exceptional

uselvisk (*ēw*-sehl-visk) adj unselfish

usikker (*ēw*-si-kerr) adj uncertain; doubtful; unsafe

uskadd (*ēw*-skahd) adj unhurt; whole

uskadelig (ew-*skaa*-der-li) adj harmless

uskikkelig (ew-*shik*-ker-li) adj naughty

uskyld (*ēw*-shewl) c innocence

uskyldig (ew-*shewl*-di) adj innocent

uspiselig (ew-*spee*-ser-li) adj inedible

ustabil (*ēw*-stah-beel) adj unstable

ustadig (ew-*staa*-di) adj unsteady

ustø (*ēw*-stūr) adj unsteady

usunn (*ēw*-sewn) adj unhealthy, unsound

usympatisk (*ēw*-sewm-paa-tisk) adj unpleasant

usynlig (ew-*sēwn*-li) adj invisible

ut (ēwt) *adv* out; ***gå** ~ ***go** out; ~ **over** beyond

utad (ēw-taad) *adv* outwards

utakknemlig (ēw-tahk-nehm-li) *adj* ungrateful

utbre (ēwt-brāy) *v* expand

utbrudd (ēwt-brewd) *nt* (pl ~) outbreak

***utbryte** (ēwt-brēw-ter) *v* exclaim

utbytte (ēwt-bew-ter) *nt* benefit; ***ha** ~ **av** profit

utdanne (ēwt-dah-ner) *v* educate

utdannelse (ēwt-dah-nerl-ser) *c* education; background

utdele (ēwt-dāy-ler) *v* distribute

utdrag (ēwt-draag) *nt* (pl ~) extract, excerpt

utdype (ēwt-dēw-per) *v* elaborate

ute (ēw-ter) *adv* out

***utelate** (ēw-ter-laa-ter) *v* omit, *leave out

utelukke (ēw-ter-loo-ker) *v* exclude

utelukkende (ēw-ter-loo-ker-ner) *adv* solely, exclusively

uten (ēw-tern) *prep* without

utenat (ēw-ter-naht) *adv* by heart

utendørs (ēw-tern-dūrsh) *adv* outdoors

utenfor (ēw-tern-for) *prep* outside; *adv* outside

utenkelig (ew-tehng-ker-li) *adj* inconceivable

utenlands (ēw-tern-lahns) *adv* abroad

utenlandsk (ēw-tern-lahnsk) *adj* alien, foreign

utflukt (ēwt-flookt) *c* trip, excursion

utfolde (ēwt-fo-ler) *v* unfold, display

utfordre (ēwt-foord-rer) *v* challenge; dare; **utfordrende** challenging, defiant

utforske (ēwt-fosh-ker) *v* explore

utføre (ēwt-fūr-rer) *v* execute, perform, implement, carry out; export

utførlig (ewt-fūr-li) *adj* detailed

utførsel (ēwt-fur-sherl) *c* (pl -sler) exportation, export

utgang (ēwt-gahng) *c* way out, exit; outcome

utgangspunkt (ēwt-gahngs-poongt) *nt* starting-point

utgave (ēwt-gaa-ver) *c* edition

***utgi** (ēwt-yee) *v* publish; issue

utgift (ēwt-yift) *c* expense; **utgifter** expenditure

utgravning (ēwt-graav-ning) *c* excavation

***utgyte** (ēwt-yēw-ter) *v* *shed

***utholde** (ēwt-ho-ler) *v* endure

utholdelig (ēwt-ho-ler-li) *adj* tolerable

utholdenhet (ēwt-ho-lern-hāyt) *c* stamina

utilfreds (ēw-til-frehts) *adj* dissatisfied

utilfredsstillende (ēw-til-freht-sti-ler-ner) *adj* unsatisfactory

utilgjengelig (ēw-til-yeh-nger-li) *adj* inaccessible

utilsiktet (ēw-til-sik-tert) *adj* unintentional

utilstrekkelig (ēw-til-streh-ker-li) *adj* insufficient; inadequate

utiltalende (ēw-til-taa-ler-ner) *adj* unpleasant

utjevne (ēwt-yehv-ner) *v* equalize

utkant (ēwt-kahnt) *c* outskirts *pl*

utkast (ēwt-kahst) *nt* draft

utkjørsel (ēwt-khur-sherl) *c* exit, driveway

utklippsbok (ēwt-klips-bōōk) *c* (pl -bøker) scrap-book

utkople (ēwt-kop-ler) *v* disconnect

utlede (ēwt-lāy-der) *v* deduce, infer

utlending (ēwt-lehn-ing) *c* alien, foreigner

utlikne (ēwt-lik-ner) *v* level

utluftning (ēwt-lewft-ning) *c* ventilation

utløp (ēwt-lūrp) *nt* (pl ~) expiry

*utløpe (ēwt-lūr-per) v expire

utløpt (ēwt-lurpt) adj expired

utmatte (ēwt-mah-ter) v exhaust

utmattet (ēwt-mah-tert) adj tired

utmerke seg (ēwt-mær-ker) excel

utmerket (ēwt-mær-kert) adj fine, excellent

utnevne (ēwt-nehv-ner) v appoint

utnevnelse (ēwt-nehv-nerl-ser) c nomination, appointment

utnytte (ēwt-new-ter) v exploit

utpresse (ēwt-preh-ser) v extort

utpressing (ēwt-preh-sing) c extortion

utregning (ēwt-ray-ning) c calculation

utrivelig (ew-tree-ver-li) adj unpleasant

utro (ēw-trōō) adj unfaithful

utrolig (ew-trōō-li) adj incredible

utrop (ēwt-rōōp) nt (pl ~) exclamation

utruste (ēwt-rewss-ter) v equip

utrustning (ēwt-rewst-ning) c outfit

utsalg (ēwt-sahlg) nt (pl ~) sales

utseende (ēwt-sāy-er-ner) nt look, appearance; semblance

utsending (ēwt-seh-ning) c delegate

*utsette (ēwt-seh-ter) v postpone, delay, *put off, adjourn; expose; **utsatt for** liable to; subject to

utsettelse (ēwt-seh-terl-ser) c delay

utside (ēwt-seeer) c outside; exterior

utsikt (ēwt-sikt) c view; prospect, outlook

utskeielse (ēwt-shay-erl-ser) c excess

utslett (ēwt-sleht) nt rash

utslitt (ēwt-shlit) adj worn-out

utsolgt (ēwt-solt) adj sold out

utstedelse (ēwt-stāy-derl-ser) c issue

utstikker (ēwt-sti-kerr) c pier

utstille (ēwt-sti-ler) v *show, exhibit; display

utstilling (ēwt-sti-ling) c exposition, exhibition, show, display

utstillingsdukke (ēwt-sti-lings-dew-ker) c mannequin

utstillingslokale (ēwt-sti-lings-loo-kaa-ler) nt showroom

utstillingsvindu (ēwt-sti-lings-vin-dew) nt shop-window

utstrakt (ēwt-strahkt) adj extensive, broad

utstyr (ēwt-stēwr) nt equipment; kit, gear

utstyre (ēwt-stēw-rer) v equip

utsøkt (ēwt-surkt) adj exquisite, select

uttale (ēw-taa-ler) c pronunciation; v pronounce; ~ **galt** mispronounce

uttenke (ēw-tehng-ker) v devise

uttrykk (ēw-trewk) nt (pl ~) expression; phrase; term; *gi ~ for express

uttrykke (ēw-trew-ker) v express

uttrykkelig (ew-trewk-ker-li) adj explicit, express

uttørret (ēw-tur-rert) adj arid

utvalg (ēwt-vahlg) nt (pl ~) choice, selection; variety, assortment; committee

utvalgt (ēwt-vahlt) adj select

utvandre (ēwt-vahn-drer) v emigrate

utvei (ēwt-vay) c way out; course

utveksle (ēwt-vehk-shler) v exchange

*utvelge (ēwt-vehl-ger) v select

utvendig (ēwt-vehn-di) adj external, outward

utvide (ēwt-vee-der) v widen; extend, expand, enlarge

utvidelse (ēwt-vee-derl-ser) c extension

utvikle (ēwt-vik-ler) v develop

utvikling (ēwt-vik-ling) c development

utvilsomt (ew-tveel-somt) adv undoubtedly

utvise (ēwt-vee-ser) v expel

utvungenhet (ēw-tvoo-ngern-hāyt) c ease

utydelig (ew-tēw-der-li) adj dim

utøve (ēw-tūr-ver) *v* exercise

utålelig (ew-*taw*-ler-li) *adj* intolerable

utålmodig (ēw-tol-mōō-di) *adj* eager, impatient

uunngåelig (ew-ewng-*gaw*-er-li) *adj* unavoidable, inevitable

uunnværlig (ew-ewn-*vææ*-li) *adj* essential

uutholdelig (ew-ewt-*hol*-ler-li) *adj* unbearable

uvanlig (ew-*vahn*-li) *adj* unusual

uvant (ēw-vahnt) *adj* unaccustomed

uvedkommende (ēw-*vāyd*-ko-mer-ner) *c* (pl ~) trespasser

uvel (ēw-vehl) *adj* unwell

uvennlig (ēw-vehn-li) *adj* unkind, unfriendly

uventet (ēw-vehn-tert) *adj* unexpected

uvesentlig (ew-*vāy*-sernt-li) *adj* insignificant

uviktig (ēw-vik-ti) *adj* unimportant

uvillig (ēw-vi-li) *adj* unwilling; averse

uvirkelig (ēw-veer-ker-li) *adj* unreal

uvirksom (ēw-veerk-som) *adj* idle

uviss (ew-viss) *adj* uncertain

uvitende (ēw-vi-ter-ner) *adj* ignorant

uvurderlig (ēw-vew-*dāy*-li) *adj* priceless

uvær (ew-væær) *nt* (pl ~) tempest

uærlig (ēw-ææ-li) *adj* dishonest; crooked

uønsket (ēw-urn-skert) *adj* undesirable

V

vable (*vahb*-ler) *c* blister

vadested (*vaa*-der-stāy) *nt* ford

vaffel (*vahf*-ferl) *c* (pl vafler) waffle

vaffelkjeks (*vahf*-ferl-khehks) *c* wafer

vag (vaag) *adj* vague, faint

vagabond (vah-gah-*bonn*) *c* tramp

vagabondere (vah-gah-bon-*dāy*-rer) *v* tramp

vakker (*vahk*-kerr) *adj* handsome, fair, beautiful

vakle (*vahk*-ler) *v* falter

vaklende (*vahk*-ler-ner) *adj* shaky

vaksinasjon (vahk-si-nah-*shōōn*) *c* inoculation

vaksinere (vahk-si-*nāy*-rer) *v* vaccinate, inoculate

vaksinering (vahk-si-*nāy*-ring) *c* vaccination

vakt (vahkt) *c* guard; attendant

vaktel (*vahk*-terl) *c* (pl -tler) quail

vaktmann (*vahkt*-mahn) *c* (pl -menn) warden

vaktmester (*vahkt*-mehss-terr) *c* (pl ~e, -trer) concierge, caretaker, janitor

vakuum (*vaa*-kewm) *nt* vacuum

valen (*vaa*-lern) *adj* numb

valg (vahlg) *nt* choice, pick; election

valgfri (*vahlg*-free) *adj* optional

valgkrets (*vahlg*-krehts) *c* constituency

valgspråk (*vahlg*-sprawk) *nt* (pl ~) slogan

valmue (*vahl*-mēwer) *c* poppy

valnøtt (*vaal*-nurt) *c* walnut

vals (vahls) *c* waltz

valuta (vah-*lewt*-tah) *c* currency

valutakurs (vah-*lewt*-tah-kēwsh) *c* rate of exchange, exchange rate

vandre (*vahn*-drer) *v* wander

vane (*vaa*-ner) *c* custom, habit

vanfør (*vahn*-fūrr) *adj* invalid, crippled, disabled

vanilje (vah-*nil*-Yer) *c* vanilla

vanlig (*vaan*-li) *adj* common, usual, ordinary, habitual; customary, regular, simple

vanligvis (*vaan*-li-veess) *adv* as a rule, usually

vann (vahnn) *nt* water; **innlagt ~** running water

vannfarge (*vahn*-fahr-ger) *c* water-colour

vannkarse (*vahn*-kah-sher) *c* watercress

vannkopper (*vahn*-ko-perr) *pl* chickenpox

vannkran (*vahn*-kraan) *c* faucet *nAm*

vannmelon (*vahn*-meh-loon) *c* watermelon

vannpumpe (*vahn*-poom-per) *c* water pump

vannski (*vahn*-shee) *c* water ski

vannstoff (*vahn*-stof) *nt* hydrogen; **~ hyperoksyd** peroxide

vanntett (*vahn*-teht) *adj* rainproof, waterproof

vannvei (*vaa*-vay) *c* waterway

vanskapt (*vahn*-skahpt) *adj* deformed

vanskelig (*vahn*-sker-li) *adj* difficult; hard

vanskelighet (*vahn*-sker-li-hayt) *c* difficulty

vant (vahnt) *adj* accustomed; **være ~ til* **be used to

vanvidd (*vahn*-vid) *nt* lunacy

vanvittig (*vahn*-vi-ti) *adj* mad

vaporisator (vah-poo-ri-*saa*-toor) *c* atomizer

vare (*vaa*-rer) *v* last

varebil (*vaa*-rer-beel) *c* pick-up van, van, delivery van

varehus (*vaa*-rer-hewss) *nt* (pl ~) department store

varemerke (*vaa*-rer-mær-ker) *nt* trademark

varemesse (*vaa*-rer-meh-ser) *c* fair

vareopptelling (*vaa*-rer-oop-teh-ling) *c* inventory

vareprøve (*vaarer*-prūr-ver) *c* sample

varer (*vaa*-rerr) *pl* merchandise, wares *pl*, goods *pl*

varetekt (*vaa*-rer-tehkt) *c* custody

variabel (vah-ri-*aa*-berl) *adj* variable

variere (vah-ri-*ay*-rer) *v* vary

variert (vah-ri-*ayt*) *adj* varied

varietéforestilling (vah-ri-er-*tay*-faw-rer-sti-ling) *c* variety show

varietéteater (vah-ri-er-*tay*-teh-aa-terr) *nt* (pl -tre) variety theatre

varig (*vaa*-ri) *adj* lasting; permanent

varighet (*vaa*-ri-hayt) *c* duration

varm (vahrm) *adj* hot, warm

varme (*vahr*-mer) *c* heat, warmth; *v* warm; **~ opp** heat

varmeflaske (*vahr*-mer-flahss-ker) *c* hot-water bottle

varmeovn (*vahr*-mer-ovn) *c* heater

varmepute (*vahr*-mer-pew-ter) *c* heating pad

varsle (*vahsh*-ler) *v* forecast

vase (*vaa*-ser) *c* vase

vask (vahsk) *c* washing; laundry; sink

vaskbar (*vahsk*-baar) *adj* washable

vaske (*vahss*-ker) *v* wash; **~ opp** wash up

vaskeekte (*vahss*-ker-ehk-ter) *adj* fast-dyed

vaskemaskin (*vahss*-ker-mah-sheen) *c* washing-machine

vaskepulver (*vahss*-ker-pewl-verr) *nt* washing-powder

vaskeri (vahss-ker-*ree*) *nt* laundry

vaskeservant (*vahss*-ker-sær-vahnt) *c* wash-stand

vasse (*vahss*-ser) *v* wade

vaterpass (*vaa*-terr-pahss) *nt* (pl ~) spirit level

vatt (vahtt) *c* cotton-wool

vatt-teppe *nt* quilt

ved (vay) *c* firewood; *prep* by; on; **~ siden av** beside, next to

vedde (*vehd*-der) *v* *bet

veddeløp (*vehd*-der-lūrp) *nt* race

veddeløpsbane (*vehd*-der-lūrps-baa-ner) *c* race-course; race-track

veddeløpshest (*vehd*-der-lūrps-hehst)

c race-horse

veddemål (*vehd*-der-mawl) *nt* (pl ~) bet

vedlegg (*vāy*-lehg) *nt* enclosure

***vedlegge** (*vāy*-leh-ger) *v* attach, enclose

vedlikehold (*veh-lee*-ker-hol) *nt* maintenance, upkeep

vedrøre (*vāy*-rūr-rer) *v* affect

vedrørende (*vāy*-rūr-rer-ner) *prep* with reference to, concerning

***vedta** (*vāy*-taa) *v* adopt, decide

vedvarende (*vāy*-vaa-rer-ner) *adj* permanent

veg (vay) *c* road; way

vegetarianer (veh-ger-tah-ri-*aa*-nerr) *c* vegetarian

vegg (vehgg) *c* wall

veggedyr (*vehg*-ger-dēwr) *nt* (pl ~) bug

veggteppe (*vehg*-teh-per) *nt* tapestry

vei (vay) *c* road; way; **på ~ til** bound for

veiarbeid (*vay*-ahr-bayd) *nt* road work

veiavgift (*vay*-aav-ᵞift) *c* toll

veidekke (*vay*-deh-ker) *nt* pavement

veie (*vay*-er) *v* weigh

veikant (*vay*-kahnt) *c* roadside, wayside

veikart (*vay*-kaht) *nt* road map

veikryss (*vay*-krewss) *nt* (pl ~) intersection, junction

veilede (*vay*-lāy-der) *v* direct

veinett (*vay*-neht) *nt* (pl ~) road system

veiskilt (*vay*-shilt) *nt* road sign

veivaksel (*vayv*-ahk-sherl) *c* (pl -sler) crankshaft

veiviser (*vay*-vee-serr) *c* signpost

veivkasse (*vayv*-kah-ser) *c* crankcase

vekk (vehkk) *adv* off

vekke (*vehk*-ker) *v* *wake, *awake

vekkerklokke (*vehk*-kerr-klo-ker) *c* alarm-clock

veksel (*vehk*-serl) *c* (pl -sler) draft

vekselstrøm (*vehk*-serl-strurm) *c* alternating current

vekselvis (*vehk*-sherl-veess) *adv* alternate

veksle (*vehk*-shler) *v* change; exchange

vekslepenger (*vehk*-shler-peh-ngerr) *pl* change

vekslingskontor (*vehk*-shlings-koon-tōōr) *nt* money exchange, exchange office

vekst (vehkst) *c* growth

vekstliv (*vehkst*-leev) *nt* vegetation

vekt (vehkt) *c* weight; scales *pl*; ***legge ~ på** stress

vektstang (*vehkt*-stahng) *c* (pl -tenger) lever

velbefinnende (*vehl*-beh-fi-ner-ner) *nt* ease

velbegrunnet (*vehl*-beh-grew-nert) *adj* well-founded

velbehag (*vehl*-beh-haag) *nt* pleasure

veldig (*vehl*-di) *adj* huge; immense

velferd (*vehl*-fæær) *c* welfare

***velge** (*vehl*-ger) *v* *choose; pick; elect; ~ **ut** select

velgjørenhet (*vehl*-ᵞūr-rern-hāyt) *c* charity

velhavende (*vehl*-haa-ver-ner) *adj* well-to-do

velkjent (*vehl*-khehnt) *adj* familiar; well-known

velkommen (vehl-kom-mern) *adj* welcome; **hilse ~** welcome

velkomst (*vehl*-komst) *c* welcome

vellykket (*vehl*-lew-kert) *adj* successful

velsigne (vehl-sing-ner) *v* bless

velsignelse (vehl-sing-nerl-ser) *c* blessing

velsmakende (*vehl*-smaa-ker-ner) *adj* tasty, savoury

velstand (*vehl*-stahn) *c* prosperity

velstående (*vehl*-stawer-ner) *adj* prosperous

velvære (*vehl*-væææ-rer) *nt* comfort

vemmelig (*vehm*-mer-li) *adj* nasty

vemod (*vāy*-mōōd) *nt* sadness

vemodig (*vāy*-mōō-di) *adj* sad

vende (*vehn*-ner) *v* turn; ~ **bort** avert; ~ **om** turn over; ~ **tilbake** return; *go back, turn back

vendepunkt (*vehn*-ner-pewngt) *nt* turning-point

vending (*vehn*-ning) *c* turn

Venezuela (veh-neh-sew-*āy*-lah) Venezuela

venezuelaner (veh-neh-sew-eh-*laa*-nerr) *c* Venezuelan

venezuelansk (veh-neh-sew-eh-*laansk*) *adj* Venezuelan

venn (vehnn) *c* friend

venne (*vehn*-ner) *v* accustom

venninne (veh-*nin*-ner) *c* friend

vennlig (*vehn*-li) *adj* kind, friendly

vennligst (*vehn*-likst) please

vennskap (*vehn*-skaap) *nt* friendship

vennskapelig (vehn-*skaa*-per-li) *adj* friendly

venstre (*vehn*-strer) *adj* left; left-hand

vente (*vehn*-ter) *v* wait; expect; ~ **på** await

venteliste (*vehn*-ter-liss-ter) *c* waiting-list

ventet (*vehn*-tert) *adj* due

venteværelse (*vehn*-ter-væææ-rerl-ser) *nt* waiting-room

ventil (vehn-*teel*) *c* valve

ventilasjon (vehn-ti-lah-*shōōn*) *c* ventilation

ventilator (vehn-ti-*laa*-toor) *c* ventilator

ventilere (vehn-ti-*lāy*-rer) *v* ventilate

venting (*vehn*-ting) *c* waiting

veps (vehps) *c* wasp

veranda (væ-*rahn*-dah) *c* veranda

verb (værb) *nt* verb

verd (værd) *nt* worth; *være ~ *be worth

verden (*vær*-dern) *c* world

verdensberømt (*vær*-derns-beh-rurmt) *adj* world-famous

verdensdel (*vær*-derns-dāyl) *c* continent

verdenskrig (*vær*-derns-kreeg) *c* world war

verdensomfattende (*vær*-dern-soom-fah-ter-ner) *adj* global

verdensomspennende (*vær*-dern-soom-speh-ner-ner) *adj* world-wide

verdensrom (*vær*-derns-room) *nt* outer space

verdi (væædee) *c* value

verdifull (væ-*dee*-fewl) *adj* valuable

verdig (*væ*-di) *adj* dignified; worthy of

verdiløs (væ-dee-*lūrss*) *adj* worthless

verdipapirer (væ-dee-pah-pee-rerr) *pl* stocks and shares

verdisaker (væ-dee-saa-kerr) *pl* valuables *pl*

***verdsette** (værd-seh-ter) *v* appreciate; estimate

verdsettelse (værd-seh-terl-ser) *c* appreciation

verk (værk) *c* ache; pus

verke (*vær*-ker) *v* ache

verken ... eller (*vær*-kern ... ehl-err) neither ... nor

verksted (*værk*-stāy) *nt* workshop

verktøy (*værk*-turew) *nt* implement, tool

verktøykasse (*værk*-turew-kah-ser) *c* tool kit

vern (væææn) *nt* defence

vernepliktig (vææ-ner-plik-ti) *c* conscript

verre (*vær*-rer) *adv* worse; *adj* worse; **verst** worst

vers (væshsh) *nt* verse

versjon (væ-*shōōn*) *c* version

vert (vætt) *c* host; landlord

vertikal (væ-ti-*kaal*) *adj* vertical

vertinne (væ-*tin*-ner) *c* hostess; landlady

vertshus (væts-*hewss*) *nt* (pl ~) public house; inn; *c* roadside restaurant

vertshusholder (væts-*hewss*-ho-lerr) *c* inn-keeper

vesen (*vāy*-sern) *nt* being; essence

vesentlig (*vāy*-sernt-li) *adj* essential; vital

veske (*vehss*-ker) *c* bag

vest (vehst) *c* west; waistcoat; vest *nAm*

vestibyle (vehss-ti-*bēw*-ler) *c* lobby, hall

vestlig (*vehst*-li) *adj* western, westerly

veterinær (veh-ter-ri-*næær*) *c* veterinary surgeon

vett (vehtt) *nt* brains, sense

vev (*vāyv*) *c* loom; *nt* tissue

veve (*vāy*-ver) *v* *weave

vever (*vāy*-verr) *c* weaver

vi (vee) *pron* we

via (*vee*-ah) *prep* via

viadukt (vi-ah-*dewkt*) *c* viaduct

vibrasjon (vi-brah-*shōōn*) *c* vibration

vibrere (vi-*brāy*-rer) *v* vibrate

vid (vee) *adj* wide

videre (*vee*-der-rer) *adj* further; **og så** ~ and so on, etcetera

vidstrakt (*vee*-strahkt) *adj* vast, broad

vidunder (vi-*dewn*-derr) *nt* (pl ~, ~e) marvel

vidunderlig (vi-*dewn*-der-li) *adj* wonderful, marvellous

vie (*vee*-er) *v* devote; marry

vielse (*vee*-erl-ser) *c* wedding

vielsesring (*vee*-erl-serss-ring) *c* wedding-ring

vifte (*vif*-ter) *c* fan

vifterem (*vif*-ter-rehm) *c* fan belt

vik (veek) *c* inlet, creek

vikle (*vik*-ler) *v* *wind

viktig (*vik*-ti) *adj* important; big, capital

viktighet (*vik*-ti-hāyt) *c* importance

vilje (*vil*-Yer) *c* will; **med** ~ on purpose

viljestyrke (*vil*-Yer-stewr-ker) *c* willpower

vilkår (*vil*-kawr) *nt* condition

vilkårlig (vil-*kaw*-li) *adj* arbitrary

vill (vill) *adj* savage, wild; fierce; **gått** ~ lost

villa (*vil*-lah) *c* villa

*ville (*vil*-ler) *v* *will, want

villig (*vil*-li) *adj* willing

vilt (vilt) *nt* game, quarry

vilthandler (*vilt*-hahnd-lerr) *c* poulterer

viltreservat (*vilt*-reh-sær-vaat) *nt* game reserve

vin (veen) *c* wine

vind (vinn) *c* wind

vindebro (*vin*-ner-brōō) *c* drawbridge

vindhard (*vin*-haar) *adj* windy

vindkast (*vin*-kahst) *nt* (pl ~) blow, gust

vindmølle (*vin*-mur-ler) *c* windmill

vindu (*vin*-dew) *nt* window

vinduskarm (*vin*-dewss-kahrm) *c* window-sill

vinduslem (*vin*-dewss-lehm) *c* (pl ~mer) shutter

vindusvisker (*vin*-dewss-viss-kerr) *c* windscreen wiper; windshield wiper *Am*

vinge (*vingng*-er) *c* wing

vingård (*veen*-gawr) *c* vineyard

vinhandler (*veen*-hahnd-lerr) *c* wine-merchant

vinhøst (*veen*-hurst) *c* vintage

vink (vingk) *nt* sign

vinkart (*veen*-kaht) *nt* wine-list

vinke (*ving*-ker) v wave

vinkel (*ving*-kerl) c (pl -kler) angle

vinkelner (*veen*-kehl-nerr) c wine-waiter

vinkjeller (*veen*-kheh-lerr) c wine-cellar

vinmonopol (*veen*-moo-noo-pōōl) nt off-licence

***vinne** (*vin*-ner) v gain, *win

vinnende (*vin*-ner-ner) adj winning

vinner (*vin*-nerr) c winner

vinranke (*veen*-rahng-ker) c vine

vinter (*vin*-terr) c (pl -trer) winter

vintersport (*vin*-ter-shpot) c winter sports

vipe (*vee*-per) c pewit

vippe (*vip*-per) c seesaw

virke (*veer*-ker) v work; operate

virkelig (*veer*-ker-li) adj actual, real; very, true; substantial; adv indeed, really

***virkeliggjøre** (*veer*-ker-li-Yŭr-rer) v realize

virkelighet (*veer*-ker-li-hāyt) c reality; **i virkeligheten** as a matter of fact

virkemåte (*veer*-ker-maw-ter) c mode of operation

virkning (*veerk*-ning) c effect

virkningsfull (*veerk*-nings-fewl) adj effective, efficient

virkningsløs (*veerk*-nings-lŭrss) adj inefficient, ineffective

virksom (*veerk*-som) adj active

virksomhet (*veerk*-som-hāyt) c enterprise, business; hairpin

virvar (*veer*-vahr) nt muddle

vis (veess) adj wise; nt way, manner

visdom (*veess*-dom) c wisdom

vise (*vee*-ser) v *show; point out; display; ~ **frem** *show; ~ **seg** appear; prove

vise vei guide

visepresident (*vee*-ser-preh-si-dehnt) c vice-president

visitere (vi-si-*tāy*-rer) v search

visitt (vi-*sitt*) c call, visit

visittkort (vi-*sit*-kot) nt (pl ~) visiting-card

viskelær (*viss*-ker-læær) nt (pl ~) rubber, eraser

vispe (*viss*-per) v whip, whisk

viss (viss) adj certain

visse (*viss*-ser) pron some

visum (*vee*-sewm) nt (pl visa) visa

vitamin (vi-tah-*meen*) nt vitamin

***vite** (*vee*-ter) v *know

vitebegjærlig (*vee*-ter-beh-Yææ-li) adj curious

vitenskap (*vee*-tern-skaap) c science

vitenskapelig (*vee*-tern-skaaper-li) adj scientific

vitenskapsmann (*vee*-tern-skaaps-mahn) c (pl -menn) scientist

vitne (*vit*-ner) nt witness; v testify

vitnesbyrd (*vit*-nerss-bewrd) nt certificate

vits (vits) c joke

vittig (*vit*-ti) adj humorous, witty

vogn (voangn) c carriage

vokal (voo-*kaal*) c vowel; adj vocal

voks (voks) c wax

vokse (*vok*-ser) v *grow

voksen¹ (*vok*-sern) c (pl -sne) adult, grown-up

voksen² (*vok*-sern) adj adult, grown-up

vokskabinett (*voks*-kah-bi-neht) nt waxworks pl

vokte seg (*vok*-ter) beware

vold (voll) c violence; force

volde (*vol*-ler) v cause

voldshandling (*vols*-hahnd-ling) c outrage

voldsom (*vol*-som) adj violent

***voldta** (*vol*-taa) v rape; assault

vollgrav (*vol*-graav) c moat

volt (volt) c volt

volum (voo-*lēwm*) nt volume

vond (voonn) *adj* bad, painful; evil;
gjøre vondt *hurt; *ha vondt*
*have a pain

vorte (*vor*-ter) *c* wart

votter (*vot*-terr) *pl* mittens *pl*

vrak (vraak) *nt* wreck

vrengt (vrehngt) *adj* inside out

***vri** (vree) *v* twist, wrench; ~ *om*
turn

vridning (*vreed*-ning) *c* twist

vrien (*vree*-ern) *adj* difficult

vrøvle (*vrurv*-ler) *v* talk rubbish

vugge (vewg-ger) *c* cradle

vulgær (vewl-*gæær*) *adj* vulgar

vulkan (vewl-*kaan*) *c* volcano

vurdere (vew-*day*-rer) *v* evaluate;
value, estimate

vurdering (vew-*day*-ring) *c* estimate;
appreciation

vær (væær) *nt* weather

***være** (*vææ*-rer) *v* *be; *vær så god*
here you are

værelse (*væ*-rerl-ser) *nt* room; ~
med frokost bed and breakfast

værelsesbetjening (*væææ*-rerl-serss-
beh-t*yay*-ning) *c* room service

værelsespike (*væææ*-rerl-serss-pee-ker)
c chambermaid

værelsestemperatur (*væææ*-rerl-serss-
tehm-peh-rah-tewr) *c* room tempera-
ture

værmelding (*væær*-meh-ling) *c*
weather forecast

væske (*vehss*-ker) *c* fluid

våge (*vaw*-ger) *v* dare; venture

vågemot (*vaw*-ger-m $\overline{oo}$ t) *nt* guts

våken (*vaw*-kern) *adj* awake

våkne (*vok*-ner) *v* wake up

våningshus (*vaw*-nings-h $\overline{ew}$ ss) *nt* (pl
~) farmhouse

våpen (*vaw*-pern) *nt* (pl ~) arm,
weapon

vår[1] (vawr) *pron* our

vår[2] (vawr) *c* spring; springtime

våt (vawt) *adj* wet; moist

W

watt (vahtt) *c* watt

Y

ydmyk ($\overline{ew}$ d-m $\overline{ew}$ k) *adj* humble

ynde (*ewn*-der) *c* grace

yndig (*ewn*-di) *adj* lovely, graceful

yndling (*ewnd*-ling) *c* favourite; **ynd-
lings-** pet, favourite

ynkelig (*ewng*-ker-li) *adj* lamentable

yrke (*ewr*-ker) *nt* trade; occupation

yte ($\overline{ew}$ -ter) *v* yield, produce

ytre (*ewt*-rer) *v* utter; express; *adj* ex-
terior

ytterfrakk (*ewt*-terr-frahk) *c* overcoat

ytterlig (*ewt*-ter-li) *adj* extreme

ytterligere (*ewt*-ter-li-er-rer) *adj* addi-
tional, further

ytterlighet (*ewt*-ter-li-h $\overline{ay}$ t) *c* extreme

ytterside (*ewt*-ter-shee-der) *c* outside

ytterst (*ewt*-tersht) *adj* utmost, ex-
treme

Z

zoo (s $\overline{oo}$) *c* zoo; **zoologisk hage** zo-
ological gardens

zoologi (soo-loo-*gi*) *c* zoology

zoomlinse (s $\overline{oo}$ m-lin-ser) *c* zoom lens

Æ

ærbødig (ær-*būr*-di) *adj* respectful

ærbødighet (ær-*būr*-di-hāyt) *c* respect

ære (*ææ*-rer) *c* honour; glory; *v* honour

ærefull (*ææ*-rer-fewl) *adj* honourable

ærend (*ææ*-rern) *nt* errand

æresfølelse (*ææ*-rerss-*fūr*-erl-ser) *c* sense of honour

ærgjerrig (ær-*Yær*-ri) *adj* ambitious

ærlig (*ææ*-li) *adj* honest; straight

ærlighet (*ææ*-li-hāyt) *c* honesty

ærverdig (ær-*vær*-di) *adj* venerable

Ø

øde (*ūr*-der) *adj* desert; waste

*ødelegge (*ūr*-der-leh-ger) *v* wreck, destroy; ruin; *spoil

ødeleggelse (*ūr*-der-leh-gerl-ser) *c* destruction; ruination

ødsel (*urt*-serl) *adj* wasteful; lavish

øke (*ūr*-ker) *v* increase; raise

økning (*ūrk*-ning) *c* increase

økonom (ur-koo-*nōōm*) *c* economist

økonomi (ur-koo-noo-*mee*) *c* economy

økonomisk (ur-koo-*nōō*-misk) *adj* economic; economical

øks (urks) *c* axe

øl (urll) *nt* beer; ale

øm (urmm) *adj* sore; gentle, tender

ønske (*urns*-ker) *v* wish, want, desire; *nt* wish, desire; ~ **til lykke** compliment

ønskelig (*urns*-ker-li) *adj* desirable

øre (*ūr*-rer) *nt* ear

øredobb (*ūr*-rer-dob) *c* earring

øreverk (*ūr*-rer-værk) *c* earache

ørken (*urr*-kern) *c* desert

ørn (*ūrn*) *c* eagle

ørret (*urr*-rert) *c* trout

øsregn (*ūrss*-rayn) *nt* downpour

øst (urst) *c* east

Østerrike (*urss*-ter-ree-ker) Austria

østerriker (*urss*-ter-ree-kerr) *c* Austrian

østerriksk (*urss*-ter-reeksk) *adj* Austrian

østers (*urss*-tersh) *c* (pl ~) oyster

østlig (*urst*-li) *adj* eastern; easterly

østre (*urst*-rer) *adj* eastern

øve (*ūr*-ver) *v* exercise; ~ **seg** practise

øvelse (*ūrv*-erl-ser) *c* exercise

øverst (*ūr*-versht) *adj* top

øvre (*ūrv*-rer) *adj* upper

for øvrig (for *ūrv*-ri) moreover

øy (ur^ew) *c* island

øye (ur^ew-er) *nt* (pl øyne) eye

øyeblikk (ur^ew-er-blik) *nt* instant, second, moment

øyeblikkelig (ur^ew-er-*blik*-li) *adv* instantly, immediately; *adj* immediate

øyenblyant (ur^ew-ern-blew-ahnt) *c* eye-pencil

øyenbryn (ur^ew-ern-brēwn) *nt* (pl ~) eyebrow

øyenlege (ur^ew-ern-lāy-ger) *c* oculist

øyenlokk (ur^ew-ern-lok) *nt* eyelid

øyenskygge (ur^ew-ern-shew-ger) *c* eye-shadow

øyensverte (ur^ew-ern-svæ-ter) *c* mascara

øyensynlig (ur^ew-ern-*sēwn*-li) *adv* apparently

øyenvippe (ur^ew-ern-vi-per) *c* eyelash

øyenvitne (ur^ew-ern-vit-ner) *nt* eye-witness

Å

åbor (*ob*-boor) *c* bass, perch
åk (awk) *nt* yoke
åker (*aw*-kerr) *c* (pl åkrer) field
ål (awl) *c* eel
ånd (onn) *c* spirit; ghost
åndedrett (*on*-der-dreht) *nt* breathing, respiration
åndelig (*on*-der-li) *adj* spiritual
åpen (*aw*-pern) *adj* open
åpenbare (*aw*-pern-baa-rer) *v* reveal
åpenbaring (*o*-pern-baa-ring) *c* apparition
åpenbart (*aw*-pern-baat) *adv* apparently
åpenhjertig (*aw*-pern-Υæ-ti) *adj* open
åpne (*awp*-ner) *v* open; *undo
åpning (*awp*-ning) *c* opening; breach, gap

åpningstid (*awp*-nings-teed) *c* business hours
år (awr) *nt* year; **per** ~ per annum
årbok (*awr*-bōōk) *c* (pl -bøker) annual
åre (*aw*-rer) *c* oar; vein
åreknute (*aw*-rer-knēw̄-ter) *c* varicose vein
århundre (*awr*-hewn-drer) *nt* century
årlig (*aw*-li) *adj* yearly, annual
årsak (*aw*-shaak) *c* reason, cause
årsdag (*awsh*-daag) *c* anniversary
årstid (*awsh*-teed) *c* season
årvåken (*awr*-vaw-kern) *adj* vigilant
åtte (*ot*-ter) *num* eight
åttende (*ot*-ter-ner) *num* eighth
åtti (*ot*-ti) *num* eighty

Food

agurk cucumber
ananas pineapple
and duck
ansjos marinated sprats
appelsin orange
aprikos apricot
arme riddere French toast; slices of bread dipped in batter and fried, served with jam
asparges asparagus
~ bønne French bean (US green bean)
~ topp asparagus tip
bakt baked
banan banana
bankebiff slices or chunks of beef simmered in gravy
bekkørret river trout
benløse fugler rolled slices of veal stuffed with minced meat
betasuppe thick soup of meat, bone marrow and vegetables
biff beefsteak
~ med løk with fried onions
~ tartar steak tartare, minced raw steak
bjørnebær blackberry
blandede grønnsaker mixed vegetables
blodpudding black pudding (US blood sausage)
blomkål cauliflower

bløtkake rich sponge layer cake
blåbær bilberry (US blueberry)
blåskjell mussel
brekkbønne French bean (US green bean)
bringebær raspberry
brisling sprat
broiler specially fed 2-months-old chicken
brød bread
buljong broth, consommé
bønne bean
daddel (pl dadler) date
dagens meny day's menu
dagens rett day's special
drue grape
dyrestek roast venison
eddik vinegar
egg egg
~ og bacon bacon and eggs
bløtkokt ~ soft-boiled
forlorent ~ poached
hårdkokt ~ hard-boiled
kokt ~ boiled
speil~ fried (US sunny side up)
eggerøre scrambled eggs
elgstek roast elk (US moose)
eple apple
~ kake apple cake
ert pea
ertesuppe pea soup

estragon tarragon
fasan pheasant
fenalår cured leg of mutton
fersken peach
ferskt kjøtt og suppe meat-and-vegetable soup
fiken fig
fisk fish
fiskebolle fish ball
fiskegrateng fish casserole
fiskekabaret fish and shellfish in aspic
fiskekake fried fish ball
fiskepudding fish pudding
fiskesuppe fish soup
flatbrød thin wafer of rye and sometimes barley
fleskepannekake thick oven-baked pancake with bacon
fleskepølse pork sandwich spread
flyndrefilet fillet of flounder
fløte cream
  ~**ost** cream cheese
  ~**vaffel** cream-enriched waffle often served with Arctic cloud-berries or jam
forrett first course, starter
frokost breakfast
fromasj mousse, blancmange
frukt fruit
  ~**is** water-ice, sherbet
  ~**salat** fruit salad
  ~**terte** fruit tart
fugl fowl
fyll stuffing, forcemeat
fårefrikassé mutton or lamb fricassee
fårekjøtt mutton
fårestek leg of lamb
fårikål mutton or lamb in cabbage stew
gaffelbiter salt- and sugar-cured herring fillets
gammelost a semi-hard cheese

with grainy texture and strong flavour
geitekilling kid
geitost a bitter-sweet brown cheese made from goat's milk
gjedde pike
grapefrukt grapefruit
gravet ørret salt-cured trout flavoured with dill
gravlaks salt- and sugar-cured salmon flavoured with dill, often served with creamy dill-and-mustard sauce
gressløk chive
griljert breaded
grillet grilled
grovbrød brown bread
grønnsak vegetable
grøt porridge, cereal
gudbrandsdalsost a slightly sweet brown cheese made from goat's and cow's milk
gulrot (pl **gulrøtter**) carrot
gås goose
gåselever(postei) goose liver (paste)
gåsestek roast goose
hasselnøtt hazelnut
havre oats
  ~**grøt** oatmeal (porridge)
  ~**kjeks** oatmeal biscuit (US oatmeal cookie)
helkornbrød wholemeal (US whole-wheat) bread
hellefisk halibut
helstekt roasted whole
hjemmelaget home-made
hoffdessert layers of meringue and whipped cream, topped with chocolate sauce and toasted almonds
honning honey
hummer lobster
hvalbiff steak of whale

hvetebolle sweet roll, bun
~ **med rosiner** with raisins
hvitløk garlic
hvitting whiting
hønsefrikassé chicken fricassée
is ice, water ice (US sherbet)
~ **krem** ice-cream
italiensk salat salad of diced cold meat or ham, apples, potatoes, gherkins and other vegetables in mayonnaise
jordbær strawberry
julekake rich fruit cake (Christmas speciality)
kake cake, tart
kalkun turkey
kalvekjøtt veal
kalvekotelett veal chop
kalvemedaljong a small round fillet of veal
kalvetunge calf's tongue
kanel cinnamon
karamellpudding caramel blancmange (US pudding)
karbonadekake hamburger steak
kardemomme cardamom
karri curry
karve caraway seed
kastanje chestnut
kirsebær cherry
kjeks biscuit (US cracker or cookie)
kjøtt meat
~ **bolle** meat ball
~ **deig** minced meat
~ **kake** small hamburger steak
~ **pudding** meat loaf
~ **suppe** broth with diced meat or sausage
klippfisk salted and dried cod
knekkebrød crisp bread (US hardtack)
kokosmakron coconut macaroon
kokosnøtt coconut

kokt cooked, boiled
koldtbord a buffet of cold dishes such as fish, meat, salad, cheese and dessert
kolje haddock
korint currant
kotelett chop, cutlet
krabbe crab
kransekake cone-shaped pile of almond-macaroon rings
krem whipped cream
kreps crayfish
kringle ring-twisted bread with raisins
kryddersild soused herring
kumle potato dumpling
kylling chicken
~ **bryst** breast
~ **lår** leg, thigh
~ **vinge** wing
kål cabbage
~ **ruletter** cabbage leaves stuffed with minced meat
laks salmon
lammebog shoulder of lamb
lammebryst brisket of lamb
lammekotelett lamb chop
lapskaus thick stew of diced or minced meat (generally beef, lamb or pork), potatoes, onions and other vegetables
lefse thin pancake (without eggs)
lettstekt sautéed
lever liver
~ **postei** liver paste
loff white bread
lompe kind of potato pancake
lungemos hash of pork lungs and onions
lutefisk boiled stockfish, served with white sauce or melted butter and potatoes
løk onion
makrell mackerel

mandel (pl **mandler**) almond
marengs meringue
marinert marinated
medisterkake hamburger steak made of pork
meny bill of fare, menu
middag dinner
morell morello cherry
morkel (pl **morkler**) morel mushroom
multe Arctic cloudberry
musling mussel
mysost a brown whey cheese similar to *gudbrandsdalsost*
mørbrad rumpsteak
napoleonskake custard slice (US napoleon)
normannaost blue cheese
nype rose hip
nyre kidney
nøtt nut
oksefilet fillet of beef
oksehalesuppe oxtail soup
oksekjøtt beef
okserull rolled stuffed beef, served cold
oksestek roast beef
omelett med sjampinjonger button mushroom omelet
ost cheese
pai pie
pale young coalfish
panert breaded
pannekake pancake
pepperkake ginger biscuit (US ginger snap)
pepperrot horse-radish
 ~ **saus** horse-radish sauce
persille parsley
pinnekjøtt salted and fried ribs of mutton roasted on twigs (Christmas speciality)
pir small mackerel
pisket krem whipped cream

plomme plum
 ~ **grøt med fløtemelk** stewed plums and cream
plukkfisk poached fish (usually dried cod or haddock) in white sauce
pommes frites potato chips (US French fries)
postei 1) vol-au-vent 2) meat or fish pie
potet potato
 ~ **chips** crisps (US chips)
 ~ **gull** crisps (US chips)
 ~ **kake** potato fritter
pultost a soft, sometimes fermented cheese, usually flavoured with caraway seeds
purre leek
pyttipanne diced meat and potatoes fried with onions, sometimes topped with a fried egg
pære pear
pølse sausage
rabarbra rhubarb
rakørret salt-cured trout
rapphøne partridge
reddik radish
regnbueørret rainbow trout
reinsdyrstek roast reindeer
reke shrimp
remuladesaus mayonnaise mixed with cream, chopped gherkins and parsley
rips redcurrant
ris rice
risengrynsgrøt rice pudding sprinkled with cinammon and sugar, served warm
riskrem boiled rice mixed with whipped cream, served with raspberry or strawberry sauce
rislapp small sweet rice cake
ristet grilled, sautéed, toasted

rogn roe
rosenkål brussels sprout
rosin raisin
rundstykke roll
rype ptarmigan, snow grouse
rødbete beetroot
rødgrøt fruit pudding served with vanilla custard or cream
rødkål red cabbage
rødspette plaice
røkelaks smoked salmon
røkt smoked
rømme thick sour cream
~grøt boiled and served with sugar
rørte tyttebær cranberry jam made without cooking
rå raw
~stekt underdone
saus sauce
sei coalfish
selleri celery
sennep mustard
service inkludert service included
sild herring
sildekake herring patty
sildesalat salad of diced salt herring, cucumber, onions, vegetables, spices and mayonnaise
sirupssnipp ginger biscuit (US ginger snap)
sitron lemon
~fromasj lemon blancmange (US lemon custard)
sjampinjong button mushroom, champignon
sjokolade chocolate
sjøtunge sole
sjøørret sea trout
skalldyr shellfish
skilpaddesuppe turtle soup
skinke ham
skive slice
slangeagurk cucumber

smør butter
~brød open-faced sandwich
småkake biscuit (US cookie)
snittebønner sliced French beans
solbær blackcurrant
sopp mushroom
speilegg fried egg
spekemat cured meat (beef, mutton, pork, reindeer), often served with scrambled eggs and chives
spekepølse large air-dried sausage
spekesild salted herring, often served with cabbage, potatoes and pickled beetroot
spekeskinke cured ham
spinat spinach
stangselleri branch celery
stek roast
stekt fried, roasted
stikkelsbær gooseberry
stuet 1) stewed (of fruit)
2) creamed (of vegetables)
sukker sugar
~brød sponge cake
~ert sugar pea
suppe soup
surkål boiled cabbage flavoured with sugar, vinegar and caraway seeds
sursild soused herring
svinekjøtt pork
svinekotelett pork chop
svineribbe spare-rib
svinestek roast pork
sviske prune
~grøt stewed prunes
sylte brawn (US head cheese)
~agurk pickled gherkin (US pickle)
syltelabb boiled and salt-cured pig's trotter (US pig's foot)
syltetøy jam
terte tart, cake

tilslørte bondepiker dessert made from layers of apple sauce and bread-crumbs, topped with whipped cream
timian thyme
torsk cod
torskerogn cod roe
torsketunge cod tongue
trøffel (pl **trøfler**) truffle
tunfisk tunny (US tuna)
tunge tongue
tyttebær kind of cranberry
vaffel waffle

vaktel quail
valnøtt walnut
vannbakkels cream puff
vannis water-ice (US sherbet)
vilt game
voksbønne butter bean (US wax bean)
vørterkake spiced malt bread
wienerbrød Danish pastry
ørret (salmon) trout
østers oyster
ål eel
årfugl black grouse

Drinks

akevitt spirits distilled from potatoes or grain, often flavoured with aromatic seeds and spices
alkoholfri non-alcoholic
aperitiff aperitif
appelsinbrus orangeade
bar neat (US straight)
brennevin brandy, spirit
brus fizzy (US carbonated) fruit drink
dobbel double
dram shot of spirit
eplemost applejuice
fløte cream
fruktsaft fruit juice
gløgg similar to mulled wine, with spirits and spices
is ice
  med ~ on the rocks
kaffe coffee
  ~ med fløte with cream

  ~ uten fløte black
  ~ likør coffee-flavoured liqueur
  is~ iced
kakao cocoa
kefir kefir, fermented milk
konjakk cognac
likør liqueur
linjeakevitt *akevitt* which is stored in oak casks in the holds of Norwegian ships; the rolling motion of the ship is said to produce a unique taste
melk milk
  kald ~ cold
  varm ~ warm
mineralvann mineral water
pils lager
pjolter long drink of whisky or brandy and soda water
portvin port (wine)
rom rum

rødvinstoddi mulled wine
saft squash (US fruit drink)
sjokolade chocolate drink
te tea
  ~ med sitron with lemon
vann water
vin wine
  het~ fortified
  hvit~ white

musserende ~ sparkling
rød~ red
tørr ~ dry
øl beer
  bayer~ medium-strong, dark
  bokk~ bock
  export~ strong, light coloured
  lager~ light lager
  vørter~ non-alcoholic beer

Norwegian Irregular Verbs

Note that Norwegian verbs maintain the same form for all persons in any given tense.

There is a large number of prefixes in Norwegian, like *an-, av-, be-, etter-, for-, fra-, frem-, inn-, med-, ned-, om-, opp-, over-, på-, til-, under-, unn-, unna-, ut-, ved-,* etc. A prefixed verb is conjugated in the same way as the stem verb.

Infinitive	Preterite	Past participle	
be	ba	bedt	*ask, pray*
binde	bandt	bundet	*bind, tie*
bite	bet	bitt	*bite*
bli	ble	blitt	*become, remain*
brekke	brakk	brukket	*break*
brenne	brant/brente*	brent	*burn*
bringe	brakte	brakt	*bring*
briste	brast	bristet/brustet	*burst*
bryte	brøt	brutt	*break*
by(de)	bydde/bød	budt	*offer; command*
bære	bar	båret	*bear*
dra	dro(g)	dradd/dratt	*pull; go, travel*
drikke	drakk	drukket	*drink*
drive	drev	drevet	*lead, manage; drift*
ete	åt	ett	*eat (animals)*
falle	falt	falt	*fall*
fare	fór	faret/fart	*go away, leave*
finne	fant	funnet	*find*
fly	fløy	fløyet	*fly*
flyte	fløt	flytt	*flow, float*
forstå	forsto	forstått	*understand*
forsvinne	forsvant	forsvunnet	*disappear*
fortelle	fortalte	fortalt	*tell, relate*
fryse	frøs	frosset	*be cold, freeze*
følge	fulgte	fulgt	*follow*
få	fikk	fått	*get*
gi	ga(v)	gitt	*give*
gjelde	gjaldt	gjaldt/gjeldt	*concern; be valid*
gjøre	gjorde	gjort	*do, make*
gli	gled	glidd	*slide, glide*
gnage	gnagde/gnog	gnagd	*gnaw*
gni	gnidde/gned	gnidd	*rub*
grave	gravde/grov	gravd	*dig*
gripe	grep	grepet	*catch, seize*
gråte	gråt	grått	*weep, cry*

---

* These verbs are regular when used transitively, i.e. when they take an object.

gyte	gytte/gjøt	gytt	*spawn*
gå	gikk	gått	*walk, go*
ha	hadde	hatt	*have*
henge	hang/hengte*	hengt	*hang*
hete	het/hette	hett	*be called*
hive	hev	hevet	*throw*
hjelpe	hjalp	hjulpet	*help*
holde	holdt	holdt	*hold*
klinge	klang	kling(e)t	*ring*
klype	klypte/kløp	klypt/kløpet	*pinch*
klyve	kløv	kløvet	*climb*
knekke	knakk/knekte*	knekt/knekket	*crack, break*
knipe	knep	knepet	*pinch*
komme	kom	kommet	*come*
krype	krøp	krøpet	*creep, crawl*
kunne (kan)	kunne	kunnet	*can*
kveppe	kvapp	kveppet	*startle*
la(te)	lot	latt	*let*
le	lo	ledd	*laugh*
legge	la	lagt	*lay, put*
lide	led	lidd	*suffer*
ligge	lå	ligget	*lie*
lyde	lød	lydt	*sound*
lyge	løy	løyet	*tell a lie*
løpe	løp	løpt	*run*
måtte (må)	måtte	måttet	*must*
nyse	nyste/nøs	nyst	*sneeze*
nyte	nøt	nytt	*enjoy*
pipe	pep	pepet	*chirp*
rekke	rakte/rakk	rakt/rukket	*reach; hand*
renne	rant/rente*	rent	*run, flow*
ri(de)	red	ridd	*ride*
rive	rev	revet	*tear*
ryke	røk	røket	*smoke*
se	så	sett	*see*
selge	solgte	solgt	*sell*
sette	satte	satt	*set*
si	sa	sagt	*say*
sitte	satt	sittet	*sit*
skjelve	skalv	skjelvet	*tremble*
skjære	skar	skåret	*cut*
skri(de)	skred	skredet/skridd	*stride, stalk*
skrike	skrek	skreket	*scream*
skrive	skrev	skrevet	*write*
skryte	skrøt	skrytt	*boast*
skulle (skal)	skulle	skullet	*shall*
skvette	skvatt/skvettet*	skvettet	*startle; splash*
skyte	skjøt	skutt	*shoot*

---

*These verbs are regular when used transitively, i.e. when they take an object.

skyve	skjøv	skjøvet	*push, shove*
slenge	slang/slengte*	slengt	*throw, fling*
slippe	slapp	sluppet	*let go, drop*
slite	slet	slitt	*pull, tear*
slå	slo	slått	*strike, beat*
slåss	sloss	slåss	*fight*
smelle	smalt/smelte*	smelt	*smack, slam*
smette	smatt	smettet	*slip away*
smøre	smurte	smurt	*smear*
snike	snek	sneket	*sneak*
snyte (seg)	snøt	snytt	*blow one's nose; cheat*
sove	sov	sovet	*sleep*
spinne	spant	spunnet	*spin; purr*
sprekke	sprakk	sprukket	*burst*
sprette	spratt	sprettet	*bound*
springe	sprang	sprunget	*run; jump*
spørre	spurte	spurt	*ask*
stige	steg	steget	*rise, climb*
stikke	stakk	stukket	*sting*
stjele	stjal	stjålet	*steal*
strekke	strakk	strukket	*stretch*
stri(de)	stridde/stred	stridd	*quarrel*
stryke	strøk	strøket	*iron; cross out*
stå	sto	stått	*stand*
sverge	sverget/svor	sverget/svoret	*swear*
svi	sved/svidde*	svidd	*singe*
svike	svek	sveket	*betray, disappoint*
svinge	svang	sving(e)t/svunget	*swing*
synge	sang	sunget	*sing*
synke	sank	sunket	*sink*
ta	tok	tatt	*take*
telle	talte/telte	talt/telt	*count*
tie	tidde	tidd	*be/keep silent*
tigge	tigget/tagg	tigget/tigd	*beg*
tre	trådte	trådt	*tread, step*
treffe	traff	truffet	*meet; hit*
trekke	trakk	trukket	*pull*
tvinge	tvang	tvunget	*force*
tygge	tygde	tygd	*chew*
vekke	vakte	vakt	*wake*
velge	valgte	valgt	*choose, elect*
vike	vek	veket	*yield*
ville (vil)	ville	villet	*will*
vinde	vandt	vundet	*wind*
vinne	vant	vunnet	*win*
vite	visste	visst	*know*
vri	vred	vridd	*wrench, twist*
være	var	vært	*be*

---

* These verbs are regular when used transitively, i.e. when they take an object.

Norwegian Abbreviations

adm. dir.	*administrerende direktør*	managing director
alm.	*alminnelig(het)*	general(ly)
A/S	*aksjeselskap*	Ltd., Inc.
bl.a.	*blant annet/andre*	among other things
ds	*denne måned*	inst., of this month
dvs.	*det vil si*	i.e.
E6	*Europavei 6*	European main road No. 6
EF	*De europeiske fellesskap (Fellesmarkedet)*	EEC, European Economic Community (Common Market)
eft.	*etterfølger(e)*	successor(s) (of a firm)
e.Kr.	*etter Kristi fødsel*	A.D.
ekskl.	*eksklusiv*	not included
el.	*eller*	or
eng.	*engelsk*	English
fag.	*faguttrykk*	terminology
f.eks.	*for eksempel*	e.g.
fj.	*fjord*	fjord
f.Kr.	*før Kristi fødsel*	B.C.
flt.	*flertall*	plural
FN	*De forente nasjoner*	UN. United Nations
fon.	*fonetisk*	phonetics
fork.	*forkortelse*	abbreviation
fr.	*fransk*	French
frk.	*frøken*	Miss
gen.sekr.	*generalsekretær*	secretary general
...gt.	*gate*	street
iflg.	*ifølge*	according to
inkl.	*inklusiv*	included
innb.	*innbyggere*	inhabitants, population
istf.	*istedenfor, i stedet for*	instead of
KFUK	*Kristelig Forening av Unge Kvinner*	YWCA, Young Women's Christian Association
KFUM	*Kristelig Forening av Unge Menn*	YMCA, Young Men's Christian Association
kl.	*klokken*	hour, o'clock
KNA	*Kongelig Norsk Automobil-klub*	Royal Norwegian Automobile Association
KNM	*Den Kongelige Norske Marine*	Royal Norwegian Navy
kom.	*komité*	committee
komm.	*kommunal; kommanderende*	municipal; commanding

318

kr	*krone*	crown (currency)
LO	*Landsorganisasjonen i Norge*	Association of Norwegian Trade Unions
MA	*Motorførernes Avholdsforbund*	Association of Abstinent Drivers
mht.	*med hensyn til*	concerning
moms	*meromsetningsskatt*	VAT, value added tax
mots.	*motsatt*	contrary
M/S	*motorskip*	motor ship
N	*Norge*	Norway
n.	*nøytrum*	neutral
NAF	*Norges Automobil-Forbund*	Automobile Association of Norway
NMK	*Norsk Motor-Klubb*	Norwegian Automobile Association
nr.	*nummer*	number
NRK	*Norsk Rikskringkasting*	Norwegian Broadcasting Service
NSB	*Norges Statsbaner*	Norwegian National Railways
NTB	*Norsk Telegrambyrå*	Norwegian News Agency
NUH	*Norske ungdomsherberger*	Norwegian Youth Hostels
o.a.	*og annet, og andre*	etc., and others
off.	*offentlig*	public
osv.	*og så videre*	etc., and so on
pga.	*på grunn av*	because of
siv.ing.	*sivilingeniør*	graduate engineer
stk.	*stykke(r)*	piece(s)
tlf.	*telefon*	telephone
...vn.	*veien, vegen*	road
årh.	*århundre*	century

Numerals

Cardinal numbers

0	null
1	en
2	to
3	tre
4	fire
5	fem
6	seks
7	syv/sju
8	åtte
9	ni
10	ti
11	elleve
12	tolv
13	tretten
14	fjorten
15	femten
16	seksten
17	sytten
18	atten
19	nitten
20	tyve/tjue
21	enogtyve/tjueen
30	tredve/tretti
31	enogtredve/trettien
40	førti
41	enogførti/førtien
50	femti
51	enogfemti/femtien
60	seksti
61	enogseksti/sekstien
70	sytti
71	enogsytti/syttien
80	åtti
81	enogåtti/åttien
90	nitti
91	enognitti/nittien
100	hundre
101	hundre og en
1 000	tusen
1 000 000	en million

Ordinal numbers

1.	første
2.	annen
3.	tredje
4.	fjerde
5.	femte
6.	sjette
7.	syvende/sjuende
8.	åttende
9.	niende
10.	tiende
11.	ellevte
12.	tolvte
13.	trettende
14.	fjortende
15.	femtende
16.	sekstende
17.	syttende
18.	attende
19.	nittende
20.	tyvende/tjuende
21.	enogtyvende/tjueførste
22.	toogtyvende/tjueandre
23.	treogtyvende/tjuetredje
24.	firogtyvende/tjuefjerde
25.	femogtyvende/tjuefemte
26.	seksogtyvende/tjuesjette
27.	syvogtyvende/ tjuesjuende
28.	åtteogtyvende/ tjueåttende
29.	niogtyvende/tjueniende
30.	tredevte/trettiende
40.	førtiende
50.	femtiende
60.	sekstiende
70.	syttiende
80.	åttiende
90.	nittiende
100.	hundrede
1 000.	tusende

Time

Although official time in Norway is based on the 24-hour clock, the 12-hour system is used in conversation.

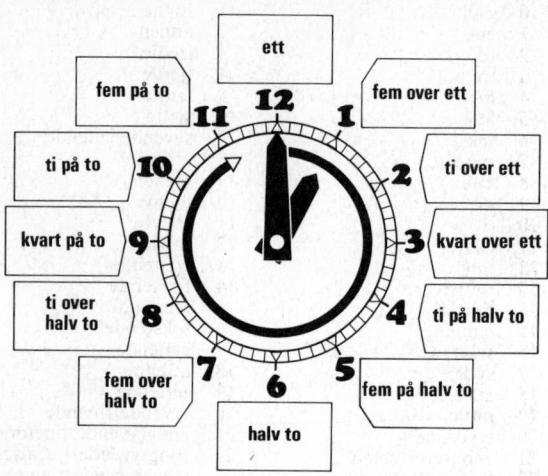

If you have to indicate that it is a.m. or p.m., add *om morgenen, om formiddagen, om ettermiddagen, om kvelden, om natten.*

Thus:

klokken syv om morgenen	7 a.m.
klokken elleve om formiddagen	11 a.m.
klokken to om ettermiddagen	2 p.m.
klokken åtte om kvelden	8 p.m.
klokken to om natten	2 a.m.

Days of the Week

søndag	Sunday	*torsdag*	Thursday
mandag	Monday	*fredag*	Friday
tirsdag	Tuesday	*lørdag*	Saturday
onsdag	Wednesday		